中国西南民族研究学会
Southwestern Chinese Nationalities Society

民族传统生态文明与
江河湖泊保护研究

中国西南民族研究学会2018年会议论文集

中国西南民族研究学会 ◎ 主编

知识产权出版社
全国百佳图书出版单位

图书在版编目（CIP）数据

民族传统生态文明与江河湖泊保护研究：中国西南
民族研究学会 2018 年会议论文集 / 中国西南民族研究
学会主编 .—北京：知识产权出版社，2018.8
　　ISBN 978-7-5130-5713-4

　　Ⅰ．①民… Ⅱ．①中… Ⅲ．①民族文化—关系—水环
境—环境保护—研究—中国 Ⅳ．① K28 ② X143

　　中国版本图书馆 CIP 数据核字 (2018) 第 174794 号

内容提要

　　本书是众多学者研究生态文明、长江流域社会经济发展及民族地区社会、文化等的成果合集。全书分生态文明研究、洱海专题研究、民族文化研究三个专题，共收录了 30 篇论文，有的属于专题研究，有的是以实际调查为基础，运用相关理论进行研究的调查报告，所涉及的研究范围非常广，研究视角多样化，从不同角度展现了长江流域及西南地区的生态文明与文化。

责任编辑：宋　云　褚宏霞　　　　　责任校对：王　岩
文字编辑：褚宏霞　　　　　　　　　责任印制：孙婷婷

民族传统生态文明与江河湖泊保护研究：

中国西南民族研究学会 2018 年会议论文集

中国西南民族研究学会　主编

出版发行：知识产权出版社有限责任公司	网　　址：http：//www.ipph.cn
社　　址：北京市海淀区气象路 50 号院	邮　　编：100081
责编电话：010-82000860 转 8388	责编邮箱：songyun@cnipr.com
发行电话：010-82000860 转 8101/8102	发行传真：010-82000893/82005070/82000270
印　　刷：北京虎彩文化传播有限公司	经　　销：各大网上书店、新华书店及相关专业书店
开　　本：720mm×1000mm　1/16	印　　张：25.5
版　　次：2018 年 8 月第 1 版	印　　次：2018 年 8 月第 1 次印刷
字　　数：430 千字	定　　价：98.00 元

ISBN 978-7-5130-5713-4

中国西南民族研究学会论文集编委

目　录

生态文明研究

洱海专题研究

民族文化研究

生态文明研究

生态环境的变化对民族村寨生计的影响与适应性研究——以云南红河沿岸为例 *

陈海军　Jean-Franois Rousseau　陈　刚 **

摘　要　本文对红河沿岸7个相邻村寨进行了长期的田野调查，从首次对106户农民的问卷调查中来看，干旱使得人们对生计资产的形式进行了重新权衡，持续的干旱对当地居民的生计（甚至在文化方面）带来了较大的影响，其不仅影响到了自然资本的可利用性，而且缩小了人们生计的多样化策略选项。生计多样化手段的减少对当地生计可持续性，以及当地人应对由干旱引发的生计压力的能力等方面都带来了损害。之后进一步对90户农民的调查发现，虽然这几个村寨都坐落在红河沿岸，但受当地特殊的地形环境、水利基础设施、用水的成本与收益、作物种植结构等方面的影响，存在着有水难用、有地难用等问题，这些对当地农民生计在干旱条件下的适应性调整都形成了制约。同时通过对比当地农民在过去、现在以及将来可能的应对手段，发现当地居民逐步地从被动适应，开始有了一些积极的社区集体适应行为，但社区的集体应对行为已经达到一定限度，在缺乏必要的外部支持下很难进一步应对持续的或更大程度的干旱。

关键词　生态环境；干旱；生计；适应性；红河；少数民族

*　本文是加拿大人文和社会科学研究会项目"FRONTIER LIVELI-HOODS ON THE SINO-VIETNAMESE PERIPHERY"（SSH R C Partnership Development Grant 2015 — 2017）和云南财经大学研究生创新基金项目"基于CVM 的农业生态补偿研究——以云南元阳县为例"（项目编号：云财研创〔2013〕22）的阶段性成果。

**　陈海军，男，云南财经大学社会与经济行为研究中心硕士研究生；Jean-Franois Rousseau，男，加拿大麦吉尔大学地理系，博士生；陈刚，男，云南财经大学社会与经济行为研究中心教授、博士生导师。

一、引言

生态环境是指影响人类生存与发展的水资源、土地资源、生物资源以及气候资源数量与质量的总称，是关系到社会和经济持续发展的复合生态系统。[1] 本文通过讨论与水和气候资源相关的干旱，考察生态环境的变化对少数民族生计的影响。干旱通常包含两种含义：一是干旱气候，指某地多年无降水或降水很少的一种气候现象；二是干旱灾害，指某地在某一时段内的降水量比其多年平均降水量显著偏少，导致经济活动（尤其是农业生产）和人类生活受到较大危害的现象。[2] 国内一般将干旱分成四类：气象干旱、农业干旱、水文干旱、社会经济干旱。[3]

气象干旱，是指某时段内，由于蒸发量和降水量的收支不平衡，水分支出大于水分收入而造成的水分短缺现象；农业干旱，是指在作物生育期内，由于土壤水分持续不足而造成的作物体内水分亏缺，影响作物正常生长发育的现象；水文干旱，是指由于降水的长期短缺而造成某段时间内，地表水或地下水收支不平衡，出现水分短缺，使江河流量、湖泊水位、水库蓄水等减少的现象；社会经济干旱，是指由自然系统与人类社会经济系统中水资源供需不平衡造成的异常水分短缺现象（社会对水的需求通常分为工业需水、农业需水和生活与服务行业需水等，如果需大于供，就会发生社会经济干旱）。气象干旱是其他三种干旱类型的基础。

目前，这种分类方法已基本被国内研究者所认同，但国内外对于干旱的定义还未达成一致。[4] 世界气象组织（WMO）认为[5]，干旱是指一个地区持续几个月或几年的、主要由于降水量异常减少所带来的水供给短缺。中国气象局认为，干旱是指因水分的收与支或供与求不平衡而形成的持续的

---

[1] Baidu 百科：生态环境（https://baike.baidu.com/item/ 生态环境 /84119 ?fr=aladdin ）。

[2] 中国气象局：《干旱的类型及其相互关系》，http://www.cma.gov.cn/kppd/kppdqxwq/kppdjckp/201211/t20121128_192964.html，2013 年 1 月 16 日。

[3] 刘华民、王立新、杨劼等：《气候变化对农牧民生计影响及适应性研究——以鄂尔多斯市乌审旗为例》，《资源科学》2012 年第 2 期。

[4] 张俊、陈桂亚、杨文：《国内外干旱研究进展综述》，《人民长江》2011 年第 10 期，第 65 ~ 69 页。

[5] World Meteorological Organization,What is a Drought ，http://www.wmo.int/pages/prog/wcp/drought/bak_index_en.php,2013 年 5 月 17 日。

水分短缺现象。❶ 我们可以从相关定义中发现，干旱的一个重要特征是人们可明显感知水的缺乏。

和"干旱"概念一样，对"生计"的概念目前也有多种解读。苏芳等人将生计的概念做了如下归纳：

在以强调农村生计多样化的研究中给出的生计是"生计包括资产（自然、物质、人力、金融和社会资本），行动和获得这些资产的途径（受到制度和社会关系的调节），这一切决定了个人或农户生存所需资源的获取"。在以强调生计的可持续性研究中给出的生计是"生计由生活所需要的能力、资产（包括物资资源和社会资源）以及行动组成"。一个普遍接受的生计概念是：一种生计包括能力（capacities）、资产（assets）以及一种生活方式所需要的活动（activities）。❷

结合本研究的需要，我们在本文中所指的干旱，是农村地区存在的农业干旱；而生计是指人们谋生的方式，它建立在能力、各种资源和活动基础之上，是人们使用的资源与他们谋生活动的结合。❸ 其关注农民拥有资源状况与其谋生（提高收入）的决策之间的联系。

在全球气候变化的大背景下，自 2009 年以来，云南持续四年严重干旱。即使在水存量充足的地区，由于地形、水利设施等原因，也存在着"有水难用"的干旱情况。这样持续性、严重的干旱对云南的农民生计造成了怎样的影响，农户是否有应对干旱的措施以及其限制因素，这些都是本文将讨论的问题。我们将基于红河沿岸 7 个村寨的田野调查，来分析干旱对这一地区农民生计的影响及其适应性。

二、研究区概况

红河（元江）将本文所选研究区域自然分开，这一区域是多民族聚居地区，包括傣族、瑶族、彝族、哈尼族、苗族等。这一地区属于云南"元江干热河谷水土保持与林业生态功能区"，是我国重要的生态屏障所在。

❶ 中国气象局：《干旱的类型及其相互关系》，http://www.cma.gov.cn/kppd/kppdqxwq/kppdjckp/201211/t20121128_192964.html，2013 年 1 月 16 日。
❷ 苏芳、徐中民、尚海洋：《可持续生计分析研究综述》，《地球科学进展》2009 年第 1 期，第 62 页。
❸ 耿鸿江：《干旱定义述评》，《灾害学》1993 年第 1 期，第 19~22 页。

从图1中可见，总体来说研究区的降水量有减少的趋势，气温波动明显，而且从2008年开始，研究区的降水量持续减少（如图2所示）。

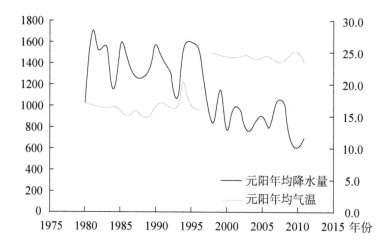

图1　元阳县1980～2011年年均气温（℃）与年均降水量（mm）

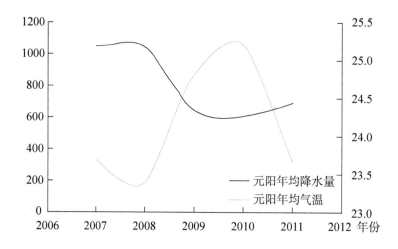

图2　元阳县2007～2011年年均气温（℃）与年均降水量（mm）

注：图1、图2是从《红河哈尼族彝族自治州统计年鉴》（1980～1992）、《红河哈尼族彝族自治州统计年鉴》（1990～2000）、《红河州统计年鉴》（2005～2008）、《红河州年鉴》（2009～2012）中整理而来。其中，1997年云阳县县城搬迁到南沙镇，年均气温缺失。

A村，海拔272米，距南沙镇（云阳县新县城所在地）不远，与B村隔河相望。A村以傣族为主，有33户共计约145人，人口比30年前增加了约1倍，其收入主要来自种地和养牛（水牛、黄牛），以及偶尔的捕鱼。A村的农作物主要有香蕉、金豆、稻谷等。B村，海拔260米，有86户共计约365人，近十年人口增加了约120人，其村民也基本是傣族，其收入主要来自种地、养牛、捕鱼，以及沿街摆摊。其农作物主要是香蕉、金豆和稻谷等。C村，海拔255米，有120户共计约525人，以及还有十多个没有户口的人员，其收入来源主要是种地、做生意、养牛、捕鱼等，主要的农作物有香蕉、芒果、水稻等，粮食作物也在不断减少。D村有81户，E村有64户，F村有58户，这三个寨子相邻，海拔在250～270米，农户为傣族，以香蕉、金豆、水稻等为主。与前几年相比，这一两年养牛的人越来越少，基本都以香蕉、蔬菜种植为主了。G村有142户，是水利移民村，来自下游的3个寨子，目前以香蕉、金豆、蔬菜种植为主，因缺乏必要的灌溉用水，没有水稻种植。这七个村寨基本都采用套种与轮种的方法，各村寨可开垦出来的土地都已开垦得差不多了，在干旱条件下粮食作物正在减少。

三、调查问卷分析

（一）数据来源与方法

我们利用包括参与式观察、访谈、问卷调查等定性与定量方法，在研究区域进行了很长时间的田野调查，下文使用的数据与结论便是我们的田野调查所得。我们在这些村寨中首先采用分层取样的方法，首次共调查了106户，占这一地区总户数的31%，置信区间为95%，误差为7%。在当地向导的帮助下，我们的调查问题得以变成受访者易懂的当地方言，受访者以各家户主为主。对当地生计的变迁，我们采用干旱前（以2007年为参考时间点）和2012年的情况进行对比调查。在此之后我们在当地向导的带领下，采用简单随机抽样，受访者基本也是各户户主，再调查了90户农户，占这一地区总户数的18%。

（二）结果与分析

1. 村民对干旱与当地水资源的认识和感知

相对于高海拔地区，我们所调查的地区位于低海拔地带，这一地带的土地能够从红河（或其支流）中得到较为稳定的农业灌溉用水，在2012年4月以前，A村也只断流过一次。从调查结果来看（如图3所示），20%的受访者认为其土地全年都能得到充足的灌溉，63%的受访者认为其土地全年大部分时间能够得到充足的灌溉，5%的受访者认为在春耕的2～4月用水不足，8%的人认为全年有一半的时间是缺水的。在询问目前与五年前的水相比时，各有41%的人认为目前的水更多了和少了，18%的受访者认为没有什么变化（如图4所示）。从访谈中，我们了解到，几年前在附近建了个蓄水池，或许使得有近一半的人认为目前的水更多了。在我们询问未来一年的降水情况时，只有2人坚定地认为未来一年降雨将会增加，认为降雨可能会增加的人也很少，44%的人认为未来一年降雨不会增加。当地居民希望在旱季能有更多的降水，在雨季则少一些降雨以减少塌方等地质灾害。有约66.7%的人担心未来会缺水（即使其靠近河流地带），有79%的受访者认为未来大家对水的争夺会加剧，大部分受访者认为这会影响到他们的生计。

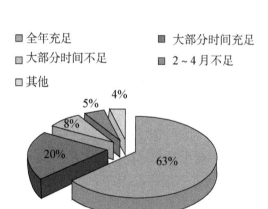

图3　土地用水情况感知

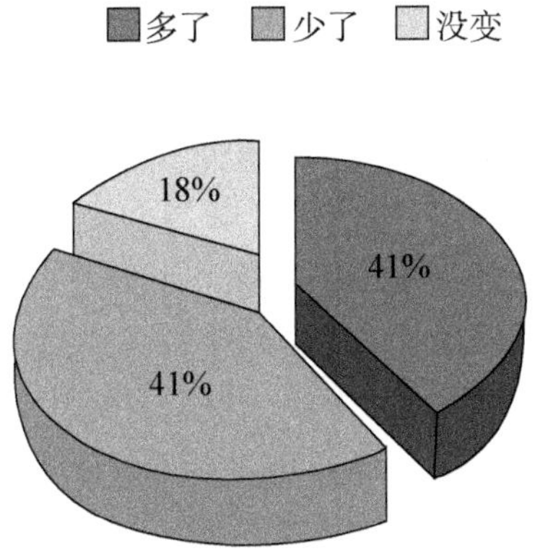

■多了 ■少了 □没变

图4   2012年与五年前对水的感知

从 A、B、C 三个村子的问卷调查来看，缺水问题在这一地区并不严重，只有少数受访者在一年中的少数月份受到影响。这一问题初看之下，似乎并不重要，但是这几个月一般都是发生在作物需水、生长的关键时段。当地居民也认识到了这个问题，他们希望降水符合作物的生长需水时段。同时，他们也意识到未来持续干旱的可能性。但是在对这三个村周围的 D村、E村、F村、G村四个村寨的调查来看，只有 F村没感觉到干旱与缺水（其位于小河沟的上游），其他三个村则明显感觉到干旱与缺水。

同时，我们在调查中注意到，在与 C村隔河相望的 H村，其大片的土地在距红河河流 100～300米范围内的山地，由于缺乏水源，目前这些土地基本搁在那里没用，因此 H村大面积的土地闲置，可从侧面说明此地区的干旱情况与地形有密切的关系。这一点在之后的进一步调查中得到了证实。进一步的调查发现，这一地区的农业用水以流入红河的各小河沟水为主，位于小河沟上游的村寨基本不会感到缺水，即使在每年 3～5月的干旱季节也是如此。

对干旱的感知，家庭收入以种地（农业）为主的农户与非种地为主农户是否有差别呢？我们通过对数据的相关性检验，发现家庭收入以种地（农业）为主的农户，与收入来自非种地为主农户之间，对干旱以及对水资源的争夺的感知没有显著的差别。同样地，收入高低与未来的用水压力的感知也没有显著的相关性。换句话说，家庭收入是否依靠种地与否，在统计上并不显著影响其对未来干旱可能带来的影响的感知。

另外，家庭收入高低与其土地的灌溉方式之间，也没有显著的相关

9

性。这说明，干旱对富人与穷人的影响并没有区别。在过去的几年里，这几个村子很少有土地闲置与流转，因为所有的可用来耕作的土地基本都被开发出来了，当地居民对土地转让持非常消极的感知。同样地，有人可能会认为富有家庭可能会试图获得良好灌溉的土地，来减少其干旱土地比例，这种看法从我们的数据来看，在统计上也并不显著。或许，当地居民也意识到土地流转对提高自身的生计效果并不明显。❶

2. 干旱对村民生计的影响

我们从访谈中发现，A 村缺水问题比 B、C 两村要严重，A 村的春季稻常因为缺水而被推迟播种，而在之后进一步的调查中发现，G 村的情况更为糟糕，而与其相隔不远的 F 村所受到的影响基本没有。可见，即使在同一地带，水资源的分布与可利用性也存在明显差异。我们的研究发现，干旱是影响当地农产品产量的重要因素之一，缺少降雨给当地居民带来了一系列的在生计方面的较大影响。

首先，春季缺少降雨影响了芒果树、荔枝树的生长以及水果产量。在2012 年春季，这一情况尤为严重。芒果树和荔枝树是这几个村子种植的主要农作物（调查的 106 户中，有 78 户种植了芒果树，65 户种了荔枝树）。大多数家庭都种了这些水果树，然而种植数量超过 10 棵的只有 25% 的家庭。种植芒果树和荔枝树既费钱也费力，在现有的条件下，很多家庭并不愿（也没有能力）在这上面投入太多。由于春季降雨不足带来的歉收，按理说很可能意味着种植这些芒果、荔枝树的农户有重大的经济损失。然而，这些家庭的收入却没有因此而受到很大冲击。另外，缺乏降雨几乎不会对成年果木造成大面积伤害，因此对大规模种植户来说也不会有长期的经济负担。

大多数种植芒果、荔枝树的农户基本都是一直如此，并且主要将这些作物作为多样性生计中的一种可选择使用的手段。❷ 这意味着只有在觉得这些水果值得他们去摘下来卖的时候（比如，如果他们有时间、价钱还不错或者他们想摘去卖的时候，等等），他们才会去这样做。因此，很多村民都是沿街、很随意地去卖这些水果。一般来说，他们可以从中赚取 100

---

❶ 赖玉珮、李文军:《草场流转对干旱半干旱地区草原生态和牧民生计影响研究——以呼伦贝尔市新巴尔虎右旗 M 嘎查为例》,《资源科学》2012 年第 6 期, 第 1039～1048 页。

❷ Sarah Turner, " Trading Old Textiles: the Selective Diversification of Highland Livelihoods in Northern Vietnam", *Human Organization*, 66, 2007, pp. 401–416.

元左右的收入，作为家庭的附加收入。2012年春季的干旱造成的这些水果的歉收，使得在2012年很多农户都失去了这一生计手段。

其次，干旱导致牛群数量的急剧减少，进一步导致了当地居民可采用的生计策略的多样性减少。据我们对106户农户的问卷调查结果来看，在2012年，有9%的农户拥有共计45头水牛。而在五年前，有57%的农户拥有共计超过305头牲口。干旱是导致这一生计、文化变迁的主要因素之一。在过去的五年里，牲口并没有因为干旱而死掉的现象，然而雨水的缺乏使得当地草地萎缩，并不能承载像过去那么多的牲口。因此，干旱成为一个使当地居民将其实物资本变为金融资本的刺激因素。这带来了相对的文化变迁，黄牛在当地傣族文化中扮演着重要的角色，很多仪式、民俗活动（例如结婚、生子等）都会用到黄牛，以前很多家庭都有数量不等的黄牛，但是现在各种仪式、民俗活动所需的黄牛都是以较高的价钱从其他养牛人家买来的。而在G村，由于干旱缺水，使得其原来一直沿用的"香蕉—水稻—蔬菜—香蕉"的轮种模式无法实现，使得其生计中的粮食作物无法种植，生计资产与原来比亦变得单一。一旦香蕉等经济作物的价格波动较大时，其可能面临严重的亏损，从而对生计带来严重影响。

从上述案例中，我们发现干旱使得人们对生计资产的形式进行了重新权衡，而且减少了生计的多样性组合，持续的干旱对当地居民的生计（甚至在文化方面）带来了较大的影响，其不仅影响到了自然资本的可利用性，而且缩小了人们生计的多样化策略选项，增加了农户生计的风险性。

所以，本文认为干旱对当地居民的生计资产组合带来了负面影响。生计多样化手段的减少对当地生计可持续性，以及当地人应对由干旱引发的生计压力的能力都受到了损害。正如上面的分析中所指出的，很多受访者认为这一生计变化还将持续，同时，水资源问题在今后将变得益发严峻。

3. 当地居民对干旱的适应性

第二次调查在第一次调查的基础之上增加了周围4个村寨，调查结果进一步显示农户对干旱的适应性与其地理位置、经济能力等有密切关系，而且这7个村寨所采用的适应性方法有相同的地方，也有较大差异的地方。从调查来看，总体上来说都采用协调用水，即村寨之间、各户之间都轮流排队用水，除此之外，基本没有什么别的集体行为来适应干旱缺水的情况。这之前也经历了抢水的事情，例如在A村、C村、G村都出现过。而不同之处在于，位于红河水面50～100米的田地，农户可以在自身条件允许的情况下从红河里抽水来浇灌，此外也无实际可行的办法，只能听天由命，例如 D 村还存在着求雨仪式——"祭龙"。据了解，"祭龙"这一仪式还广泛存在于调查地区的下游地区。

从问卷调查来看，在十多年或二十年前，这些村寨基本不会出现如现在的干旱程度。在过去，如果有干旱也不会连续地存在，因此大部分受访者并不存在有效的应对措施，基本上都是将作物种植之后，如果干旱便"听天由命"，同时其中也约有 16% 的人会寻找政府帮助，有 4 户曾抽水灌溉，有 2 户曾出去打工，但农户基本都不会将土地放荒（只有 6 户选择了少种些地）。而在最近几年，除了位于小河沟上游的 F 村之外，其他几个村寨则明显感受到了干旱对其收入的影响，特别是 G 村尤为明显，由于干旱少水，G 村此前广泛应用的"香蕉—水稻—蔬菜—香蕉"的轮种模式，不得不减少轮种品种，变为"香蕉—蔬菜—香蕉"，甚至是只种香蕉。其目前的自身适应性是一种被动的适应，是以减少生计资产种类为前提的。此外，最近几年的干旱，使得约 33% 的农户选择从河里抽水来灌溉，同时约有 20% 的农户选择了向政府寻求帮助，但目前真正有效的适应措施还是分村寨、分农户排队用水。在被询问以后如果干旱时会选择什么办法时，选择外出打工和向政府寻求帮助的人数大为增加，分别约为 24%、60%；选择从河里抽水的人数则基本持平，约为 35%。

可见，面对干旱，农户已认识到个体力量不足以应对，需要外部力量的帮助；适应的办法主要以轮流用水为主，同时抽水、外出打工、向政府寻求帮助的办法越来越被农户所选择。进一步分析发现，选择将"从河里抽水"来缓解干旱的农户比例在近期与将来基本持平的情况再次说明，田地地理位置与红河的距离密切相关。有些农户也想从河里抽水，但是高昂的费用使得他们无法选择，而向政府寻求帮助的农户比例的大幅升高，则说明干旱已是个体力量无法应对的了，依靠社区（集体）力量的适应变得越来越重要。

四、结论与讨论

从调查结果来看，研究地区的农户生计受到了干旱的影响，而且对当地居民的生计资产组合带来了负面影响。本文认为干旱使得人们对生计资产的形式进行了重新权衡，持续的干旱对当地居民的生计（甚至在文化方面）带来了较大的影响，其不仅影响到了自然资本的可利用性，而且缩小了人们生计的多样化策略。生计多样化手段的减少对当地生计可持续性，以及当地人应对由干旱引发的生计压力的能力等方面都带来了损害。干旱条件下的农业生产方式的适应性转型困难。❶ 这一结论在本研究地区也同样存在。因为这一地区主要以香蕉这一经济作物为主，其生产方式很难在短时间内调整。而且有研究认为，通过改变原有的产权制度和生产方式等来应对干旱的措施，其效果也并不理想。❷

研究区内的农户目前主要以分户轮流用水为主，部分靠近红河的田地则选择抽水灌溉。目前这一地区抗旱的主要限制因素是地形、缺乏经济支持以及水利基础设施等。从调查结果来看个体力量抗旱越来越不可行，依靠社区（集体）力量变得愈发重要，而且很多农户已经意识到这一问题。个体力量在这一地区特殊的地理条件下，一是无法完成大量的资金、人力等投入，二是因为存在潜在的"搭便车"可能而不愿投入。

总的来说，研究地区的生计不仅变得越来越脆弱，而且对干旱的适应性亦是如此。目前这一地区存在的"有水难用"的干旱情况，主要是地理因素再加之投入的成本与费用倒挂等因素所造成。加强本地区生计的可持续性，以及对干旱的适应性需要更多地依靠集体力量（主要是政府，此外也需要村寨内部、村寨之间加强协调合作）来应对。然后，在抗旱的适应性措施中，村寨社区内部意见基本是统一的，而且从目前的实际情况来看，社区内部的协商、协调机制运转良好，使得这一地区有限的水资源能够得以被有效分配。但是社区自身受必要水利基础设施、资金能力等所限，进一步的应对变得困难，如果必要的水利基础设施、资金等能够投入，社区可以凭借自身能力实现抗旱。

同时值得注意的是，社区（集体）适应干旱的能力在不同规模的社区之间也是有差异的。在人口规模较大的村寨（如 G 村、C 村），用水协调的难度、成本等远大于其他几个人口规模小的村寨。这主要在于社区内部的这一协商、协调机制是建立在亲缘关系之上的，随着人口规模的增加，这一亲缘关系被淡化，从而动摇了这一基础，使得内部成本外部化，从而带来整体机制出现问题。

---

❶ 王晓毅：《干旱下的牧民生计——兴安盟白音哈嘎屯调查》，《华中师范大学学报（人文社会科学版）》2009 年第 4 期，第 309~320 页。

❷ 同上。

浅论维系生态文明共同体的源与流

——以民族传统生态智慧为视角的探讨

高小和*

摘　要　本文以云南各民族传统文化和生态智慧为视角，透视云南绿色经济强省战略的曲折道路。以吴征镒院士对云南绿色发展的科学建议和杨善洲的崇高思想境界、大亮山林场的组织创新为切入点，阐述了习近平生态文明建设理论的丰富内涵，从开源长流的角度，提出科学推进云南生态文明建设的创新领域和扬长避短的方法和路径。

关键词　绿色发展；吴征镒的思想；杨善洲的业绩；生态文明建设；路径与方法

一、绿色发展的国际背景和云南绿色经济建设的初始命题

1.绿色发展的国际背景和中国进程

绿色发展即可持续发展。可持续发展的概念，最先是1972年在斯德哥尔摩举行的联合国人类环境研讨会上正式讨论的。这次研讨会云集了全球的工业化和发展中国家的代表，共同界定人类在缔造一个健康和富有生机的环境方面所享有的权利与责任。

1987年，世界环境与发展委员会在《我们共同的未来》报告中第一次阐述了可持续发展的概念，得到了国际社会的广泛共识。1991年，中国发起召开了"发展中国家环境与发展部长会议"，发表了《北京宣言》，表达了在责任有别的基础上，"全力以赴积极参与全球环境保护和持续发展"的积极态度。

1992年6月3～14日，联合国环境与发展大会在巴西里约热内卢国际

---

*　高小和，曲靖师范学院教授。

会议中心隆重召开。180多个国家派代表团出席了会议，103位国家元首或政府首脑亲自与会并讲话。参加会议的还有联合国及其下属机构等70多个国际组织的代表。会议讨论并通过了《里约环境与发展宣言》（又称《地球宪章》，规定国际环境与发展的27项基本原则）、《21世纪议程》（确定21世纪39项战略计划）和《关于森林问题的原则声明》，并签署了联合国《气候变化框架公约》（防止地球变暖）和《生物多样化公约》（制止动植物濒危和灭绝）两个公约。

本届环境与发展大会提出了人类"可持续发展"的新战略和新观念：人类应与自然和谐一致，可持续地发展并为后代提供良好的生存发展空间；人类应珍惜共有的资源环境，有偿地向大自然索取……人类为此应变革现有的生活和消费方式，与自然重修旧好，建立新的"全球伙伴关系"，人与自然和谐统一，人类之间和平共处。

1994年3月25日，中华人民共和国国务院通过了《中国21世纪议程》。为了配合《中国21世纪议程》的有效实施，同时还出台了《中国21世纪议程优先项目计划》。再往后，就是众所周知的《巴黎气候协定》，中国政府在绿色发展的现代进程中，日益成为世界瞩目的重要引领者。

2．云南绿色经济强省战略的初始命题及其成效

根据《中国21世纪议程》和《中国21世纪议程优先项目计划》，2000年，云南省委省政府顺应世界发展潮流，积极回应云南学术界的迫切呼吁，确立了云南跨世纪发展的三大战略，首要战略就是要"把云南建设成为绿色经济强省"，确立了云南绿色发展的主体战略，出台了《云南绿色经济强省建设纲要》。其中，经过39位两院院士参与讨论确定的"绿色经济强省"定义是："充分运用现代高新技术，开发具有比较优势的绿色资源，以实施生物资源开发创新工程为重点，发展绿色生产，改善和优化生态环境，实现经济社会的可持续发展。"[1] 应当说，这个发展战略是经过科学论证并符合云南发展实际情况的，是充分总结云南发展历史和现实经验的实事求是的科学决策。这一决策不仅符合绿色发展的国际趋势和国家战略，也符合云南区域发展的整体特点和环境优势。

国家最高科学技术奖获奖者、中国科学院院士、原中国科学院昆明植物研究所名誉所长吴征镒教授，曾于2000年6月系统阐述过他的观点。吴

---

[1] 殷红：《建设一个"绿色经济强省"》，《中国青年报》2000年2月29日（第1版）。

老认为："现在云南提出建设绿色经济强省的发展战略是非常切合实际的，同时也是有优势和条件的，问题的关键在于扬长避短，只要做到扬长避短，把云南建成绿色经济强省是完全可以实现的。"❶

吴老在云南工作了半个多世纪，踏遍了云南的山山水水，对云南的植物资源可以说是了如指掌。他认为云南发展绿色经济是有其独特优势的，他说："云南自然资源丰富，历来就有动植物王国的美誉，自然环境复杂，可以利用的动植物资源比较多。然而事物都是一分为二的，有优点就必然有缺点，只有积极地克服缺点，利用和发扬优点才能获得成功。比如从黑龙江到海南岛的各种气候类型云南都有，相应地就有多样的生物资源，但同时也就使得发展农、林、牧、副、渔产业难以形成较大的面积和规模，制约了生产的发展并带来研究和管理上的困难（复杂性）。另外，云南处于热带、亚热带，而且多数是山区，发展农、林、牧业都有条件，但较广大的云南红土高原和坝区还有很多地方旱季特别缺水，需要实施灌溉农业。虽然云南有着丰富的水资源，然而都从几条大江大河流出去了。开发就要克服这些短处，搞一些微、小、中、大相结合的雨季分层蓄、旱季分层放的水利系统工程网络来解决大农业缺水问题。"

吴老反复告诫我们："应充分利用植物来改善和保护日益恶化的人类生存环境，荒山荒地应尽快绿化起来以保持好水土。在所有的资源中植物是人类最忠实可靠的伙伴。世界是一个完整的生态系统，是一个食物链，缺了什么都不行。肉食动物吃草食动物，草食动物吃植物，人类生存于食物链顶端，而在这个相互关联的食物链中唯有植物能够直接吸收阳光、空气，为人类制造食物，只有生物资源、植物资源是真正可以再生和繁殖扩大的，而其他的如矿产资源是不能再生更不能扩大，人类离开了植物资源是无法生存的。所以在开发过程中，一方面要合理利用资源，另一方面又要对资源进行有效的保护，以形成一种良性循环的发展机制，不能为了眼前利益而损害了长远利益。让土地全部绿遍并保持下去，这才是绿色经济的根本。"

他在进一步阐述保护云南的植物资源时特别强调："云南有着丰富多样的野生植物种质资源，这些种质资源不是人能制造出来的，丢了一个就少了一个，是找不回来的。它们是植物、动物、微生物长期在自然环境条件

---

❶ 《扬长避短　建绿色经济强省》，《云南日报》2000年6月26日（第3版）。下同。

中选择和生物不断进化中形成的，无论利用什么高科技手段培育的良种，其中的各种具有优势的和抵御灾害的种质基因都只能从野生的原生种质资源中获得，所以云南在建设绿色经济强省的开发过程中就得尤其注意野生种质资源的保护！"

吴老的这些意见，充满对云南的深刻了解，充满了对政府科学决策的理论支持，也为云南绿色发展的科学内涵和技术支持提出了十分系统的建议，并重点指明了"林业科技强滇"的必由之路。

但是，吴老的建议并没有真正引起历届省委省政府的足够重视。在"唯GDP论英雄"潮流的驱使下，云南形成"矿烟独大"的单一产业结构，生态环境保护尤其是森林资源规模化建设严重滞迟。

二、推动区域绿色发展典型创新实例的调查分析和反思

如前所说，云南省委省政府在第九个五年计划末期就提出了把云南建设成为"绿色经济强省"的发展战略。而在此10年之前，刚刚退休的保山地委书记杨善洲同志就开始了他走区域绿色发展道路、扎根大亮山植树造林的民心工程。可以说，杨善洲同志是推进绿色发展的伟大的先行者、实践者和创新者。仔细分析、认识和领悟杨善洲同志的人生目标和崇高精神价值，推进云南绿色发展的整体布局、科学布局，应当成为云南4700多万各族人民坚持理论自信、文化自信和道德自信的重要动力源泉。

1. 杨善洲为何选择大亮山植树造林作为人生的终极事业

首先，杨善洲的选择是为了兑现自己对人民群众的郑重承诺。他曾饱含深情地诉说："我对家乡人说过，退休后会给家乡办一两件事。现在退休了，我想回家乡施甸大亮山种树。"他是这么想的，也是这么做的。其实，许许多多领导干部都有过同样的心愿和做法，有的通过各方面的努力协调，争取到一些资金，为家乡人民修了公路，给人民群众的往来和致富带来诸多方便；有的领导通过带头捐款等方式，在家乡建起了崭新的校园，为父老乡亲的后代成长成才提供了更好的基础条件；也同样有领导拿起锄头回家乡栽种果园，想通过自己个人的努力为家乡人民造福……应该说，老一辈优秀领导干部为人民谋福利的思想和精神，感动后人的事迹是多方面的。

其次，杨善洲植树为民、美化环境是长期扎根农村工作所积累和养成

的一种习惯和爱好，从普通农民、抗战支前队员开始，一步一个脚印成为党的高级干部，他始终保持劳动者的本色。果树嫁接工具是他一生从不离身的"六件宝"之一，在适合的季节，无论走到哪里，他总是主动挨家挨户帮助农户嫁接果树；一到植树的季节，他总是忙着在机关单位的空地上栽树种花；为了解决"省一分是一分"的低成本造林育苗难题，他无论走到哪里，都忙着遍街一颗颗收集果核；为了帮妻子儿女解决生活困难，他利用回家的短暂空余，给家里种了7亩核桃；他回到家乡，领着生产队开了一山茶地，还掏钱为生产队买茶种，亲自育苗，领着大家栽苗培土；无论哪家的李树、柿子树、桃树，他都帮助嫁接，传授管理技术……总之，植树造林，在他眼里是农民致富最为实际的方法，在他心里成为一种乐趣、爱好和习惯。这种习惯和爱好的发展和延续，自然而然地成就了大亮山22年植树造林的不朽功业。

再次，作为一名来自农村基层的高级干部，杨善洲更为切实和深刻地领悟了农业发展、农民幸福和乡村建设可持续发展、绿色发展的本质内涵。在宣布成立"施甸县大亮山国社联营林场"的大会上，他饱含深情地对乡亲们说：

> 大亮山的林木，多年来只砍不种，毁坏严重，这样长期下去，就会影响到子孙后代的生存。办大亮山林场，是我多年的愿望，过去我当地委书记，没时间来种树，现在，我退休了，有时间了，我就和大家一道上山种树，绿化我们的家园！

22年艰苦卓绝的植树造林，终于迎来了5.6万亩成材林、1.6万亩杂木林、7000多亩茶树的勃勃生机。2009～2010年，云南省遭受百年不遇特大干旱，但由于大亮山广阔植被的全面恢复，茫茫林海涵养的丰富水源使无数干涸多年的山沟淌满源源不绝的清泉，大亮山周围姚关镇、旧城乡、万兴乡、酒屋乡的数万百姓结束了饮水艰难、灌溉无源的历史。

就在家乡百姓的幸福渴望得以实现的丰收季节，2010年10月10日3时8分，杨善洲同志阖然离世，悄悄地走了。身后留下兴边富民的绿色发展之路，让无数人去深刻思考，并为之奋斗不息……

2. 大亮山林场的成功开拓是组织创新和市场运作的杰出成果

杨善洲同志目睹了"大跃进"和"文革"十年对自然生态毁坏的严重后

果，集自己一生的农村工作经验，深知大规模植树造林远非一家一户的能力所为，而是一个必须依靠强大组织力量方能有效实施的整体功能项目。所以，面对山林承包之后却依然荒芜的现实状况，他同地、县林业部门的领导和科技人员一道多次深入大亮山调查研究，最终确定了采取"国社联营"组织创新方式建创大亮山林场，实施有组织、成规模、长期坚持的植树造林的组织创新模式。

施甸县从林业部门抽调了17名同志和老书记杨善洲一起筹办和创建大亮山林场。到达林场的第二天，杨善洲又把大亮山社的社长李宗清找来，讲清楚在大亮山建立林场的目的和意义。李宗清无比感动，连声表态："老书记为的是给咱老百姓造福，咱们还有什么可说的，办什么事，就老书记一句话，说什么我们都支持。"有了这样的基础，"国社联营"模式才逐步落地生根，成长壮大。

随着改革开放的深入，杨善洲同志意识到大亮山林场要发展壮大，必须顺应市场经济的大潮，改变单一的经营方式，进行多种经营。建场之初，杨善洲主要以种植华山松为主，在党的十四大后，他感到仅仅种植华山松不能最快地产生效益，林场要以林养林，要提高经济效益。于是，他们从广东、福建等地引种龙眼树苗，开辟了龙眼水果基地。施甸县的立体气候十分突出，海拔较高的山上常年云遮雾罩，是种植茶叶的好地方。酒房乡供销社茶厂生产的袋装黑山银峰茶，1994年曾荣获省农业厅优质产品称号，供不应求。他们从中得到启示，也建立了茶叶生产基地，还专门投资建了一个粗茶叶加工厂。另外，杨善洲号召林场职工开拓新的生产经营领域，在他和林场职工的努力下，大亮山林场没几年工夫，就红火起来了，家业不断扩大，经济效益也逐步显现出来。

杨善洲22年不改初衷，坚持绿色发展，造福家乡百姓，在自己生命的最后一刻，依然谆谆交代林场同事："你们一定要继续种树，一定要管好林子，一定要把林场的收益按比例分给群众，不能让群众吃亏！"他还托付同事，把他的骨灰埋在大亮山林场的雪松树下，要永远陪伴同事继续造林护林，实现绿化家园、造福子孙后代的人生梦想。

仔细考察大亮山区40平方公里的杨善洲林场，一遍又一遍看过杨善洲事迹展览，温习杨善洲干部学院的一门又一门党性教育课程，我们一步步清晰地感悟到：杨善洲为什么把选择大亮山植树造林作为自己人生价值的最终依恋和总结？还是他那句朴实无华却无比忠诚的话语：

我是一名共产党员，说过的话要兑现，我不能欺骗乡亲们！

这就是杨善洲选择大亮山植树造林，建设"国社联营"林场的最为内在的深刻原因。

3.对杨善洲绿色发展先进理念和实践精神学习传播的反思

如今，大亮山林场更名为杨善洲林场，并在此基础上成立了"杨善洲干部学院"。满目的翠绿映衬着分布其间的善洲小道、瞭望塔、老窝棚、善洲井等杨善洲艰苦奋斗的旧址遗迹；杨善洲事迹陈列室里的蓑衣、嫁接刀、竹叶帽、砍刀、收音机……所有的一切，都在诉说着杨善洲感人至深的故事。今天，这里已成为开展党性教育的红色氧吧，共产党人的精神家园，广大人民群众的敬仰之地。杨善洲干部学院，自2014年12月成立至今，除云南各州市外，还培训了来自省内各州市和北京、上海、广东、江苏、江西、四川、贵州、海南等省外的学员超过3万人。

作为云南省委批准命名的干部教育培训现场教学基地、中组部公布为全国13个地方党性教育特色基地之一、国家公务员局评定的全国10个公务员特色实践教育基地之一，杨善洲干部学院的课程设置及开发始终"围绕干部思想转"。

根据不同班次和学员的特点，学院在教学布局上围绕坚守共产党人精神家园，按"缅怀、事迹、家园、对照、感悟"五个篇章进行安排设置，开设了现场教学、专题教学、音像教学、访谈教学、激情教学、体验教学、拓展延伸教学等课程，有针对性地设计了"1～10"的教学课程供培训单位选择。

配合课程建设需要，学院开发了《弘扬善洲精神加强党员干部队伍作风建设》《杨善洲精神与党风廉政建设》《杨善洲精神与公务员职业道德建设》《学习善洲精神　践行群众路线》《传承善洲精神　践行"三严三实"》《学习杨善洲精神　做"忠诚干净担当"的好干部》《传承善洲精神　做一名合格党员》等专题辅导，根据培训班具体情况和需求，选择相应的专题教学，帮助学员运用理论深入分析解决思想认识问题，把对杨善洲精神的粗浅认识进行深化，增强教学的渗透力。

认真了解学习杨善洲精神的各种组织活动，严格对照杨善洲同志的一心为民植树造林的思想动因和工作目标，我们觉得学习杨善洲精神的现场教育形式多样、效果较好。但是，许多思想教育的说教意味较重，形式比较空泛，既没有安排培训过程的植树造林活动，也没有"杨善洲精神和绿色发展"方面的培训课程,这同杨善洲坚持22年植树造林的实践精神存在着较为严重的错位。

这令人想到刘云山同志关于学习杨善洲的思考和追问的三个问题:"为什么、差什么、学什么"! ❶ 杨善洲之所以感动人们、深受百姓爱戴,是因为"为人民服务的理想信念成为他安身立命之本",真正做到"捧着一颗心来,不带半根草去",真正做到"权为民所用、情为民所系、利为民所谋"。如何学习杨善洲呢?就是要把杨善洲同志当作一面镜子,在这面镜子面前照一照,"对照杨善洲同志我们差什么",然后就知道"我们应当向杨善洲同志学什么"。用今天的话说就叫作针对实际"补齐短板"。

生态文明建设的主题就是保护、恢复和再造青山绿水,绿色发展的主题就是要改变"只砍不种"、严重毁坏自然的行为,就是要调动更多的干部群众"上山种树,绿化我们的家园",使青山常在、绿水长流,使每个村庄都能记住"乡愁",使云南真正发挥优势,早日建成"绿色经济强省",这才是杨善洲精神实质所在,也是我们学习他的根本目的所在。❷

三、科学推进生态文明建设急切呼唤制度、组织和技术保障

1. 云南各族人民的生态智慧对我国生态文明建设的独特贡献

2015年1月20日上午,习近平总书记来到大理市湾桥镇古生村,步行穿过村中街巷,同当地干部边走边聊,向他们了解村民增收和古村落保护情况。他强调,"新农村建设一定要走符合农村实际的路子,遵循乡村自身发展规律,充分体现农村特点,注意乡土味道,保留乡村风貌,留得住青山绿水,记得住乡愁。"在洱海边,习近平总书记仔细察看生态保护湿地,听取洱海保护情况介绍。他强调,"经济要发展,但不能以破坏生态环境为代价。生态环境保护是一个长期任务,要久久为功。一定要把洱海保护好,让'苍山不墨千秋画,洱海无弦万古琴'的自然美景永驻人间。"习近平总书记还指出,"要把生态环境保护放在更加突出位置,像保护眼睛一样保护生态环境,像对待生命一样对待生态环境,在生态环境保护上一定要算大账、算长远账、算整体账、算综合账,不能因小失大、顾此失

❶ 转引自李自良:《杨善洲的100个故事》,北京:新华出版社,2014年,第4页。
❷ 本文关于杨善洲和大亮山林场的事实,均来自本文作者的现场调查;相关数据由杨善洲干部学院青年教师、杨善洲事迹陈列馆讲解员马路平提供。

彼、寅吃卯粮、急功近利。" ❶

2015年11月5日，在党的十八届三中全会上，习近平总书记对《中共中央关于全面深化改革若干重大问题的决定》作说明时指出：

> 山水林田湖是一个生命共同体，人的命脉在田，田的命脉在水，水的命脉在山，山的命脉在土，土的命脉在树。用途管制和生态修复必须遵循自然规律，如果种树的只管种树、治水的只管治水、护田的单纯护田，很容易顾此失彼，最终造成生态的系统性破坏。由一个部门负责领土范围内所有国土空间用途管制职责，对山水林田湖进行统一保护、统一修复是十分必要的。

习总书记的这一科学论断，是集传统文化和发展创新为一体的理论产物。其中关于人类生存自然"命脉"的推论，同华夏各民族的传统生态意识密切联系，浑然一体；特别是同云南西双版纳傣族的一摘民间谚语可谓如出一辙——

没有森林就没有水，没有水就没有田地；
没有田地就没有粮食，没有粮食就无法生存。

人们都说，青山绿水是云南最宝贵的资源，云南北回归线以南的热带雨林，是地球上同纬度范围内唯一的"绿色宝石"。客观地讲，云南西部和南部之所以能够为人类保留下如此众多的生态遗迹，正是云南各少数民族世代相传、共同坚守的传统生态伦理、生态意识和生态智慧的伟大功劳。

---

❶ 中国农业信息网（http://www.agri.gov.cn/V 20/ZX/nyyw/201501/t 201502122_4346577.htm）。

他们把砍树的人当作罪人，要将其赶出村庄数日，要他反省过错并当众认错，并完成相应的赔罪祭奠仪式和补过行为，才能回归村舍。同理，他们把种植树木的人当作功臣，从善如流，所以有那么多林业干部愿意跟着杨善洲在大亮山植树造林，并且一干就是几十年。

认真学习和比较一下习总书记在大理洱海边上的讲话同党的十八届三中全会的决定，我们清晰地领悟到云南各民族生态智慧对我国生态文明建设的独特贡献；同时也让我们认识到生态文明建设整体推进必须依靠全面深化改革，必须依靠组织创新、制度创新和科学技术的系统保障。

2. 生态文明建设急切呼唤制度和组织的强大保障

半个世纪以来，"一包就灵"被人们当作灵丹妙药，土地承包之后，矿山承包和山林承包接踵而至，矿山承包带来的是掠夺性的野蛮开采和塌方式的群体腐败，让世人触目惊心。山林承包近几年来被称为"林地确权"，把远离村庄的山林和"四荒地"统统划分给以家庭为单位的农户，颁发一本"林地确权"的《证书》，据说就可以绿化山林、大幅度提高森林覆盖率了。

客观事实正如习总书记所说"用途管制和生态修复必须遵循自然规律，如果种树的只管种树、治水的只管治水、护田的单纯护田，很容易顾此失彼，最终造成生态的系统性破坏。由一个部门负责领土范围内所有国土空间用途管制职责，对山水林田湖进行统一保护、统一修复是十分必要的"。这个统一的部门究竟在哪里呢？我们都知道，山体乃至山肚子里的矿产属国土资源部门管辖，水体由水务和环保部门管治，林木有林业部门管理，管田的当然是农业部门，管湖的更加复杂一些，可能旅游、水务、环保部门和周边居民组织都要管。苍山十八溪和其他进入洱海的河道，如今都一一有了"河长"，上到市长，下到镇长、村主任，大家都忙得不亦乐乎。但是，其实他们现在也都不明白：这个"对山水林田湖进行统一保护、统一修复"的管理职责部门究竟在哪里？

由此看来，还是杨善洲同志抓得实在，用他的人格魅力和身体力行，精准无误地牵住了"植树造林"这个关键问题的"牛鼻子"，大亮山被森林覆盖了，水土流失消除了，水资源滔滔不绝地流入农民的家园，滇西粮仓的丰收有保障了，产供销一体化的特色农业和乡村旅游随之逐步发达兴旺起来。

大亮山的植树造林之所以能获得如此全面和快速的生态综合效应，关键在于杨善洲和施甸县创造了"国社联营"的组织方式，通过这种方式把已经承包给农户的荒山统一绿化，绿化后的山林交给国家（县林业局）统一保护、管理和发展，森林的经济效益按照三七开，30%分给村集体和农户，70%属于国家（县级财局）。

笔者认为，国家应当慎重评估"林权制度改革"的措施和成效，照搬耕地承包制度实施的林权制度改革难以达到预期效果。由春播到秋收就能看得见、摸得着的耕种效益，林地并不存在。耕地布局于村落周边，农民便于管理；林地离得太远且没有明确的地界，没有吹糠见米的实际效果，偷伐盗砍现象却难以制止。"三北防护林"因实行林权制度改革出现属权人主动毁林复耕，实际上是一种比较普遍的现象，森林的自然保护功能难以为个体生产者充分认识并长期坚守和维护。因此，国家应当抓紧制定更有切实针对性和有效性的政策，多渠道吸引社会资金投入，恢复同森林资源多种所有制相适应的造林、护林和计划用材的创新体制和机制，甚至可以考虑由裁减部队和其他形式的专业招募人员，组织大规模植树造林、全面恢复生态功能的"绿色和平部队"。我们认为只有这样，大面积的植树造林和永久的生态恢复才是可能的和有效的。

3. 生态文明建设需要系统完善的技术保障

按照网上最新发布的森林覆盖率，云南排名全国第6位。但是这些数据中有一组无法模糊的真正过硬的数据，叫作"活立木蓄积量"，云南省活立木蓄积量是森林覆盖率第一位的福建省的近4倍。

"活力木蓄积量"主要集中于云南西北部和南部地区，总面积大约仅有云南全省面积的15%。也就是说，透过各种云遮雾障的统计数据，我们应当清醒地认识到云南森林资源恢复和建设的光明前景、艰巨任务和漫长历程。而要保障和支撑这一艰巨的重任，除了党和政府应当肩负的组织创新和制度保障之外，还必须依靠先进的林业技术支持。

吴征镒院士曾经深刻而透辟地指出，"应充分利用植物来改善和保护日益恶化的人类生存环境，荒山荒地应尽快绿化起来以保持好水土。在所有的资源中植物是人类最忠实可靠的伙伴"。人类离开了植物资源是无法生存的，所以在开发过程中，"一方面要合理利用资源，另一方面又要对资源进行有效的保护，以形成一种良性循环的发展机制，不能为了眼前利益而损害了长远利益。让土地全部绿遍并保持下去，这才是绿色经济的根本"。

"问渠那得清如许？为有源头活水来。"如果整个苍山和洱海的所有水源地都被森林覆盖，那么，流入洱海的源头活水可以增加3～5倍，洱海水体的自净化能力也将增强3倍以上。当然在这个结果到来之前，洱海水质的改善提升还有一个重要的机遇，那就是近日被炒得甚嚣尘上的"滇中引水工程"被列入国家规划。在这项全长661多公里的引水工程中，宽口径隧道长度将达到607公里，占比高达91.83%，其投资将超过780亿元。如果加上各类辅助和配套工程，总投入不会低于1200亿元。而且，这项工程还无法解决云南东部和东北部红土高原广阔地带的缺水问题。

这让人不由得不想到吴征镒院士的那段至理名言："云南红土高原和坝区还有很多地方旱季特别缺水需要实施灌溉农业。虽然云南有着丰富的水资源，然而都从几条大江大河流出去了。开发就要克服这些短处，搞一些微、小、中、大相结合的雨季分层蓄、旱季分层放的水利系统工程网络来解决大农业缺水问题。"这些"雨季分层蓄、旱季分层放的水利系统"在哪里呢？这远远不是"小水窖"所能解决的问题。事实上，唯有浓密无边的森林即"绿色水库"，方可以承载和释放这种长效的系统功能。

由于云南地理形势十分复杂，以气候条件看，"从黑龙江到海南岛的各类气候类型云南都有"，因此，云南就有多种多样的植物资源；但从区域土地海拔高差起落的复杂性看，云南的"农、林、牧、副、渔产业难以形成较大的面积和规模"。面对如此复杂化、多样化、大规模的森林资源建设任务，林木品种的优化筛选、大量培育和因地制宜的科学种植，这些林林总总的技术细节，都需要林业科技全面和有效的支撑和保障。

云南境内的绝大部分地区年降水量都在1000毫升以上，云南的气候条件最适宜生态的恢复，大规模的森林资源建设工程，可以达到事半功倍的效果。加上各民族世代相传的生态伦理、生态意识和生态智慧，通过全面深化改革和全方位的制度和组织创新，通过全面有效的技术支撑，云南各级政府可以带领4700多万各族人民，创造出令整个世界震惊和赞美的生态文明建设成果，把"绿色经济强省"的梦想，变成写在滇云大地无数崇山峻岭中的雄图伟业。

岷江上游的水环境和水文化及其特点研究[*]

黄辛建　袁晓文^{**}

摘　要　岷江上游位于藏彝走廊的最东端和青藏高原的东南缘，在数千年的历史变迁、人群流动和复杂的地质条件、气候环境等多种因素影响下，岷江上游的水环境一直面临严峻的挑战，但也沉淀了丰富的水文化，保留了大量水文化遗迹。岷江上游水文化融合了岷江流域诸多民族的传统生态文明观，呈现出一脉相承和上下连接的特征，但较为恶劣的水环境对岷江上游水文化的可持续发展造成了较为严重的威胁。

关键词　岷江上游；水环境；水文化；特点

自远古时代起，除水患、兴水利，一直是事关人类生存发展、社会进步、治国安邦的大事。正是在这一历史发展过程中，人们与水相依，生息繁衍，形成了形式多样、内涵丰富的水文化。发源于四川省阿坝藏族羌族自治州的松潘县与九寨沟县交界处的弓杠岭的岷江，在明代之前一直被视为长江正源，在数千年的中华文明发展史上具有举足轻重的作用。而其上游正位于藏彝走廊的最东端和青藏高原的东缘地带，水环境异常复杂，水文化尤为丰富，更遗留下了诸如大禹治水、李冰治水等脍炙人口的水文化传说和都江堰等水文化遗迹。目前，学术界对各地江河流域水环境及水文化之间的依存关系及其在人类文明发展过程中的重要意义已经进行探讨，

* 基金项目：本文系四川省哲学社会科学重点研究基地、四川省高校人文社会科学重点研究基地"青藏高原经济社会与文化发展研究中心"2017年度一般项目"清代有关唐古特的记载及其历史价值研究"（项目编号：QZY1716）的阶段性研究成果，并得到四川省社会科学高水平研究团队建设资助。

** 黄辛建，男，四川省民族研究所副研究员；袁晓文，男，四川省民族研究所所长，研究员。

对一些大江大河的水环境和水文化也有不同程度的研究。❶ 但在中华文明发展史上具有重要地位的岷江上游却是被遗漏的一个环节，还未见相关成果进行过系统梳理。❷ 为此，本文拟对此做一探讨。

一、岷江上游的水环境

岷江上游由北向南纵贯州内的松潘、理县、茂县、汶川数县，止于成都的都江堰市，全长约360公里，沿途接纳大小河流溪水138条，支流众多，流域面积大，近年来年均径流量达到150亿立方米以上。大约距今四五千年前的大洪水时代，成都平原是受灾最为严重的地区之一，具有巨大水流量的岷江上游是成都平原水患的主要源头。据《孟子·滕文公上》记载："当尧之时，天下犹未平，洪水横流，泛滥于天下，草木畅茂，禽兽繁殖，五谷不登，禽兽逼人，兽蹄鸟迹之道，交于中国。"❸ 到大禹之时，依旧是"十年九涝"❹。大禹继承父位治水后，在岷江上游采取"岷山导江，东别为沱"的疏导办法，有效缓解了来自岷江上游的水患，但并未根治。据称，此时"沫水尚为民害也……二江未分，离堆支于山麓，水绕其东而行，奔流驶泻，蜀郡俱为鱼鳖，非李公崛兴，民安得耕耨"。❺ 到了战国时期，秦蜀郡郡守李冰在继承前人治水经验、教训的基础上，通过凿离堆、分江导流的科学方法完成了对岷江上游水患的彻底治理，从此岷江不再成为水患的代名词，由此奠定了有"水旱从人，不知饥馑，时无荒年"❻ 美誉的天府之国的基础。

岷江上游气候干燥，多风，垂直气候显著，局部小气候多样，昼夜温差大，地区差异大，河谷与高山气温悬殊，1月平均气温 −4.3℃，7月平均气温14.5℃，年平均降水量730 ~ 850毫米。在这种气候条件下，岷江

---

❶ 相关成果主要有：郑晓云的《水文化的理论与前景》(《思想战线》2013年第4期)、张英杰的《水生态和水文化的共生与发展》(《中国水文化》2016年第4期)和李菲的《水资源、水政治与水知识：当代国外人类学江河流域研究的三个面向》(《思想战线》2017年第5期)等。

❷ 目前，仅见彭邦本教授对上古时期岷江上游的水文化有所涉及，他提出包括岷江上游水文化在内的古蜀水文化是蜀地先民共同勤劳智慧的结晶，具有深刻的现代意义。(彭邦本：《禹韵羌风：上古岷江流域的水文化》，《阿坝师范高等专科学校学报》2010年第4期。)

❸ 李学勤主编：《十三经注疏》，北京：北京大学出版社，1999年，第163页。

❹ 郭庆藩编：《庄子集释》卷六，北京：中华书局，2006年，第598页。

❺ 常璩：《华阳国志》，张元济等辑《四部丛刊》，北京：商务印书馆，1929年，第1 ~ 2页。

❻ 常璩：《华阳国志》，张元济等辑《四部丛刊》，北京：商务印书馆，1929年，第2页。

上游矿产资源繁多，生物多样性突出，动植物资源极为丰富，有大熊猫、金丝猴、野驴等珍稀野生动物。生物多样性，造就了该区域丰富的森林资源和水资源。据《华阳国志》记载，古时岷江上游森林植被极为丰富，"岷山多梓、柏、大竹，颓随水流，坐致材木，省功用饶。又灌溉三郡，开稻田，于是蜀沃野千里，号为陆海"。❶ 正是源于得天独厚的自然条件和丰富的森林资源，岷江上游被开发的时间也很早。自明清时期开始，岷江上游的木材资源被大量砍伐后抛入岷江，顺江而下，直达灌口，一度形成了极为旺盛的木材产业链，这一情况直到20世纪末仍在继续。人们对当地森林资源的过度开发和利用，使岷江上游山体裸露、植被稀少、风沙严重，岷江上游的水环境也随之日益恶化。

岷江上游属农牧过渡地带，高山耸峙，河流深切，沟谷深邃，地表起伏巨大，河流相对高差达到1000米以上，尤其是汶川至都江堰一带坡度极大、水流急速、河床深切，形成反差极大的高山峡谷地形，水电资源极为丰富，因此高耗能产业和水力发电一度成为岷江上游资源开发和利用的主导产业，对当地的水环境造成了较大的影响。2008年5月12日汶川8级特大地震发生后，一则《中国国家地理》的文章就直言不讳地描述到："密如繁星的大小电站、水坝几乎侵占了岷江上游水系的每一个角落，为了消耗这些电力，沿着岷江河谷也建起了多个以电冶、硅铁、铬铁、磁材、水泥等高耗能高污染产业为主的工业园区"，到"大地震以前，以上种种工程的影响以及它们引发的各种地质灾害，已经把诸如岷江河谷等地方，变得狼藉不堪"。❷

岷江上游处于青藏高原东缘高山峡谷地带的龙门山断裂带和横断山脉东缘地带，地质条件复杂，地理环境较为恶劣，地震、洪水及泥石流等自然灾害较为频繁，也使岷江上游的水环境不断遭到破坏。据《华阳国志》记载：岷江上游"土地刚卤，不宜五谷，而多冰寒，盛夏凝冻不释。故夷人冬则避寒入蜀，庸赁自食，夏则避暑返落，岁以为常"。❸ 民国《汶川县志》在描述汶川境内岷江上游地带时称"以童山濯濯及滥烧山地，故雨量

---

❶《华阳国志校补图注》卷三《蜀志》，常璩原著，任乃强校注，上海：上海古籍出版社，1987年，第133页。

❷ 范晓：《汶川大地震地下的奥秘》，《中国国家地理》2008年第6期。

❸ 常璩：《华阳国志》，张元济等辑《四部丛刊》，北京：商务印书馆，1929年，第16页。

最少"。❶ 据1994年出版的《阿坝州志》记载，仅文献记录在案的自638年（唐贞观十二年）至1990年阿坝州内发生了4.75级以上的地震就有70次，其中1949～1990年平均每年发生1次，主要集中在阿坝州内东南部的岷江上游地区，呈现出频度高、震源浅、强度烈度大等特点，并伴随严重的泥石流、洪灾和山体垮塌等次生灾害。❷ 1933年8月25日的叠溪7.5级地震仍记忆犹新，著名的蚕丛古城消失，在叠溪、松坪沟等处形成了堰塞湖。而在近10年里，岷江上游就接连遭受了2008年5月12日汶川8级特大地震、2011年汶川特大泥石流灾害以及2017年7月3日的茂县泥石流灾害和8月8日的九寨沟7级大地震等一系列的自然灾害。较为恶劣的地理环境、频发的自然灾害使岷江上游水环境同样比较恶劣，枯水季节断流、雨水季节涨水和泥石流频繁的情况已经较为严重。

岷江上游是藏彝走廊的重要组成部分，是一个具有过渡性、连接性的民族流动通道，❸ 自古就是下达天府之国、上接甘青、通达藏区的交通要道，是汉藏文化的过渡带，在联系和沟通藏、羌、汉等众多民族方面发挥着极其重要的作用。自新石器时代黄河上游的原始人群南迁进入岷江上游开始，岷江上游一直是我国民族往来流动异常频繁的地区，此后的氐羌人南下、吐蕃东扩、蒙古族南下以及明清以后汉人的大量迁入，使岷江上游的民族交流互动十分频繁，在岷江上游沉淀了石器时代遗迹、石棺葬、碉楼等大量的文化符号，并最终在这一区域形成了以藏族、汉族、羌族和回族为主的多民族多元文化共处的格局。众多民族在岷江的滋养和润泽下，在岷江上游流动、生活和居住，相互之间交往、交流、交融，积淀了丰富的文化因子，为岷江上游的水文化注入了丰富、多样的人文气息。

二、岷江上游的水文化

水文化是人类在长期的历史发展过程中，与水产生互动而形成的相关文化。它包括了人们对水的认知与感受，管理和利用水资源的方式方法、社会道德规范、法律制度，治理水和改造水环境的文化结果等，水文化可以通过认同、宗教、文学艺术、制度、社会行为、物质建设等方面加以表

---

❶ 民国《汶川县志》卷一《山川·附气候》。
❷ 阿坝州志编纂委员会：《阿坝州志》，北京：民族出版社，1994年，第314页。
❸ 石硕：《藏彝走廊历史上的民族流动》，《民族研究》2014年第1期，第88页。

达。❶ 岷江上游在数千年的历史变迁、人群流动过程中，在复杂的地质条件、气候环境等多种因素的影响下，孕育了丰富和多元的水文化。

1. 江源文化

在明代以前，古人一直以岷江为长江正源。《禹贡》曰："岷山导江，东别为沱。"❷ 自此，岷江开始作为长江正源逐渐为人们所熟知并不断延续下来。汉代的班固延续了这一观点，其在《汉书·地理志》中称："岷山在西徼外，江水所出。"❸ 常璩在《华阳国志》称："岷山一名汶阜山，其跗曰羊膊，江水所出。"❹ 到唐代，李泰在《括地志》中也认为："江水源出岷州南岷山，南流至益州。"❺ 宋代郑樵的《通志略》曰："江水出岷山……，今属茂州汶山县，发源不一，亦甚微。"❻ 正因如此，我国很早就有了专门针对岷江的祭祀活动，且常常与祭祀大禹一起进行。据《汉书·郊祀志》记载，秦始皇统一中国后，将全国祭山祭江的圣地加以规范，全国共有祭山川的地方18处，四川就占两处，均在岷江上游一带。❼ 到了明代，地理学家徐霞客发现长江正源为金沙江。虽然在此之后，金沙江成为长江正源，但岷江所孕育的江源文化在明代此前1000多年的地位是客观存在的，且至今仍发挥着重要的影响。

2. 禹羌水文化

古人先贤对岷江上游水患的治理，孕育了岷江上游以治水为核心的水文化。在早期岷江水患成灾之时，涌现出了传说中的治水英雄大禹。《史记·六国年表序》言："禹兴于西羌。"❽ 西汉扬雄的《蜀王本纪》记载："禹本汶山郡广柔县人，生于石纽。"❾ 当时广柔县的管辖范围大致在今天的汶川等岷江上游一带地区。历代盛传的大禹治水，是中华文明创建的重大契机，而大禹出自岷江上游一带则是东周秦汉以来文献广泛认同的历史传说。所以后来岷江上游的一些地方纷纷抢注大禹出生地这一招牌，并衍生

---

❶ 郑晓云：《水文化的理论与前景》，《思想战线》2013年第4期，第2页。

❷ 《禹贡·导水》。

❸ 班固：《汉书·地理志》，北京：中华书局，2000年。

❹ 常璩：《华阳国志》，张元济等辑《四部丛刊》，北京：商务印书馆，1929年，第16页。

❺ 李泰：《括地志辑校》，北京：中华书局，1980年。

❻ 郑樵：《通志二十略》，北京：中华书局，1995年。

❼ 班固：《汉书·郊祀志下》，北京：中华书局，2000年。

❽ 司马迁：《史记·六国年表序》，《二十四史》缩印版，北京：中华书局，1997年。

❾ 《扬雄集校注》，杨雄原著，张震泽校注，上海：上海古籍出版社，1993年。

了大量有关大禹及古羌人治水的相关传说和形式各异的祭祀活动。根据《史记·秦始皇本纪》记载，在秦代，就已经开始出现大规模祭祀大禹的活动，时秦始皇"上会稽，祭大禹"❶。以传说中的大禹为代表的古羌人在治理岷江水患中发明的以"疏导"为核心的治水技术、经验和理念，体现了禹羌水文化智慧，为历史上中国广大地区的水利工程所继承弘扬，为"天府之国"的形成和恒久持续奠定了坚实的基础。而直到20世纪初叶，岷江上游的羌人长于水工的特点，仍在川西地区尤其是成都平原广为人知，这些地区打井、淘井、修堤和筑堰等水利工程，往往多在农闲时候请岷江上游的羌人来承担。在岷江上游，古羌人留下了大量以其勤劳智慧、勇敢坚韧治水患、兴水利的遗迹和传说，直到今天依然是一笔宝贵的财富，大禹治水成为岷江上游水文化的重要组成部分。今天，在岷江上游地区的汶川、茂县一带，大禹故里、大禹庙、大禹遗迹、大禹雕像、羌王城、羌城以及有关大禹的祭祀活动，形式多样、内容丰富，均包含以治水为核心的禹羌水文化的大量元素。

3.李冰治水与都江堰水文化

岷江上游水文化的突出标志是李冰治水及其设计修筑的大型水利设施都江堰。大禹治水并未从根本上解决岷江的水患，故在都江堰大型水利设施修筑之前，岷江两岸仍然长期遭受水患。集防洪排涝、水上运输、农业灌溉、城市生产生活用水供应于一体的都江堰工程，不仅使蜀地成为著名的天府之国，而且在水利工程模式及其技术方面，对后世产生了重要的影响和示范作用。自李冰治水并修建都江堰后，岷江流域的人们在对水崇拜的过程中把李冰神化了，用神话故事和祭祀的方式表示他们的敬畏。现在，在四川地区到处都可见以祭祀李冰为主的川主庙。川主崇拜这个独特的民俗现象反映了古蜀先民对于水患的恐惧，以及渴求于水患能够得到治理的心理状态。李冰治水和修建都江堰是岷江上游水文化的重要组成部分，并进一步丰富了岷江上游水文化的内涵。人们为了纪念李冰，把"祀水"改为"祀李冰"，每年的清明都江堰都会举行祭祀李冰的活动，并逐渐形成了一系列宏大的祭祀仪式。根据《灌县乡土志》的记载："唐宋时，蜀民以羊祀李王，庙前江际皆屠宰之家。"如今，灌口都江堰"二王庙会"已被主管部门和媒体改成"川主庙会"。与此同时，自唐代开始，清明和秋季

---

❶ 司马迁：《史记》，《二十四史》缩印版，北京：中华书局，1997年。

在岷江两岸开始盛行"春秋设斗牛戏",并逐渐发展成为至今仍在举办的一年一度的都江堰清明放水节。❶2006年,都江堰放水节被纳入中国首批非物质文化遗产名录,正积极申请将放水节纳入"联合国人类非物质文化遗产名录"。

4.藏族水文化

青藏高原河流密集、湖泊众多,水成了世代生活在这里的藏族生产、生活中最早利用的自然资源之一。在藏族社会中,水不仅仅是一种自然物质,同时也被赋予了丰富的文化内涵,从而形成了藏族独具特色的水文化。对藏族来说,水不仅维系着他们的生命,还为之提供了精神支持和信仰依托。❷圣水、神湖、沐浴、水葬等与水相关的藏文化丰富多彩,水文化构成了藏族传统文化的重要组成部分。在岷江上游,藏族主要分布在北段和西段即理县薛城以西和叠溪以北海拔较高、更为高寒的区域,❸这一区域也是目前岷江上游水环境保护得最好的地段,河流密布、湖泊众多,藏族水文化在这里也得到了很好的体现。在九寨沟县一带,有祭祀水神的传统习俗,每家去一个人到河边、湖边或泉边,焚纸烧香,跪祭水神,祈求水神保佑家庭成员健康平安。祭祀水神的日子并不固定,一般是在正月初一到初四。过年时,九寨沟的妇女们争先恐后将水缸、水桶储满,初一早晨任何人不得背水,意为人过节,也得让水神过节。初一早上的洗脸水只有等到初五才能泼出去。在白马藏族那里,只要有河流、湖泊或泉水的地方必定有水神。❹

三、岷江上游水环境和水文化的特点

其一,缘于岷江在中国历史上所具有的重要地位,岷江上游水文化的影响非常深远。岷江上游既有物质层面的水文化载体,如今天仍保存得非常完好的都江堰、二王庙等水文化遗迹,又有丰富的精神、意识方面的水

---

❶ 都江堰放水节又称都江堰清明放水节,每年清明节当天,为纪念李冰父子,庆祝都江堰水利工程岁修竣工和进入春耕生产大忙季节,都江堰市都举行盛大的庆典活动。自2013年开始,当地将旅游等内容加入其中,形成了一年一度的水文化旅游节,进一步丰富了放水节的内容,扩大了放水节的影响。

❷ 达珍措姆:《浅谈藏族水文化》,《北方文学》2017年第8期,第152～152页。

❸ 石硕:《青藏高原东缘的古代文明》,成都:四川人民出版社,2011年,第546页。

❹ 王德:《奇特的水文化与藏族的水神信仰》,《中国民族报》2017年2月13日,第2页。

文化内涵，如禹羌水文化、藏族水文化、都江堰清明放水节等。在明代徐霞客将金沙江确定为长江正源之前，人们均视岷江作为长江之正源。明代徐霞客之后，虽然岷江不再作为长江正源为人们所推崇，但大禹治水、李冰治水和都江堰水利工程等岷江上游的水文化要素作为中国历史进程中的文化符号和伟大工程至今仍发挥着重要作用，各种纪念和祭祀活动也一直在持续。因此，岷江上游水文化在中国历史上的地位一直非常重要，其影响也至为久远。

其二，岷江上游的水文化体现出一脉相承、上下连接的特点，是历史上在岷江上游活动的各民族之间相互交往交流交融的结晶。岷江上游水文化的形成和发展是多民族共同的智慧，现在的大多数人将大禹归为羌人，不管传说中的大禹族属如何，但大禹治水、李冰治水和都江堰水利工程的修建主要是岷江上游的土著居民参与完成的。在岷江上游水文化形成的时间上，呈现出前后的连续性和继承性。从长江源头、大禹治水，到李冰治水和都江堰水利工程，岷江上游的水文化呈现出前后连接和承续的关系。从地域分布上看，岷江上游的水文化又体现出明显的地域性特征，藏族水文化大致处于岷江上游的上部，禹羌水文化处于中部的汶川、茂县一带，李冰治水则与都江堰水利工程一起积淀在岷江上游的末端，这与岷江流域的民族分布和人群迁移有着十分密切的关系，但相互之间又无明显的分界线，是相互交叉并存的。在岷江上游羌族的释比唱经中，就流传了一部颂扬二郎神的唱词，唱词中称二郎神是"川主神"，其"非凡本领无人及，为民谋利无计数，凡民尽皆记心间"❶。近年来，一年一度的都江堰清明放水节之际，人们在举行纪念李冰父子、举行开水仪式前，来自都江堰的圣女还会专门赴松潘的岷江源头弓杠岭，与当地的藏族女孩共取圣水，举行隆重的仪式，手捧色彩缤纷的哈达向岷山、岷江表达崇高的敬意。❷这些都在一定程度上体现了岷江上游水文化你中有我、我中有你、相互包容的显著特点。

其三，民族传统生态文明在岷江上游的水文化中得到了体现。在历史上，史有记载的在岷江上游出现过的民族和部落众多，历史文献中大量有

---

❶　四川省少数民族古籍整理办公室编《羌族释比经典》，成都：四川民族出版社，2009年，第448～449页。

❷　刘涛：《同享放水节　都江堰赴松潘岷江源头取圣水》，央广网（http://sc.cnr.cn/sc/2014lv/20160316/t20160316_521620305.shtml），2016年3月16日。

关戈基、嘉良、六夷、七羌、九氏等民族和部落的记载均显示岷江上游一直是我国民族交往交流和交融特别频繁的地区。这些民族的传统生态文明理念丰富，有许多保护水环境的规约和习俗，有利于从制度上建设人水和谐的生态文明。藏族水文化的精髓是给山水以灵魂和生命，顺应山水，呵护山水，再以宗教的理念封山水为神山圣湖，以祭祀和朝拜的形式敬畏山水，保护山水，充分体现了对大自然的敬畏之心。居住在岷江上游中段的羌族水文化源远流长，顺应自然和敬畏自然是其中的精髓。羌族释比唱经中的"天宫龙潭经"所描绘的"龙潭神灵"就体现了羌人对水神的敬畏。❶位于理县的桃坪羌寨蕴含了丰富的哲理，其水系统用其婉转曲折的流动线条与错落的碉楼建筑和谐共生，❷是岷江上游重要的水文化活化石。大禹治水、李冰治水和都江堰水利工程的精髓均是乘势利导，体现了典型的人和自然和谐相处的理念。

其四，岷江上游的水环境较为恶劣且呈现出碎断化的状况，岷江上游水文化赖以存在的水环境前景堪忧。岷江上游的地理条件极为特殊，呈现出"两山夹一河、两河夹一山"的地形地貌，地质条件恶劣、自然灾害频发，加之人们对这一带的较早开发和过度开发，使岷江上游的水环境一直不稳定，环境承载负担过重。从早期严重水患开始，到后面频繁发生的地震、泥石流和洪水灾害，岷江上游一直自然灾害不断，水环境不断遭到破坏。同时，从最初的木材采伐，到后面的水电开发、工业园区建设，再到大规模修建公路和挖掘矿产资源，人为因素对岷江上游的破坏也不断加剧。夏涨洪水冬断流的情况成为常态，岷江上游水环境每况愈下，水体时有阻隔，断流现象突出，呈现出碎断化的状况，这对岷江上游水文化的可持续发展造成了较为严重的威胁。

四、结语

正如有学者所指出的那样，"江河流域系统不仅是地球上水文循环、

❶ 四川省少数民族古籍整理办公室编：《羌族释比经典》，成都：四川民族出版社，2009年，第368～375页。
❷ 黄洪波、吴小萱：《论桃坪羌寨的水系统之适应性》，《装饰》2014年第7期，第101～102页。

物质能量传输的重要路径，也是人类繁衍栖居的重要生境"❶。由于水文化具有民族性、地方性、时代性等特征，因此水文化的构成要素在不同的民族、地区、不同的时代是不同的。❷水环境孕育水文化，在岷江上游的漫长历史时期，人们因水而生存，因水而发展，不断创造和丰富了岷江上游水文化的内涵和外延。岷江上游的水文化紧紧围绕"水"而发展并不断传承，在此历史过程中接受更适合岷江上游人文地理特征和民族关系特点的文化要素；同时，由于受政治、经济、社会、民族、风俗等在内的各种因素的综合影响，岷江上游形成了独特的水文化。直到今天，岷江上游的水文化及沿岸遗存的水文化遗迹仍然具有巨大的价值和广阔的前景。但是，岷江上游水文化赖以生存的水环境在今天正在面临一系列的严峻考验，岷江上游水文化的使用上出现了商业化、功利化的发展倾向，这些都是我们应当引起高度重视和需要努力去寻求解决的问题。

---

❶ 李菲：《水资源、水政治与水知识：当代国外人类学江河流域研究的三个面向》，《思想战线》2017年第5期，第20页。

❷ 郑晓云：《水文化的理论与前景》，《思想战线》2013年第4期，第7页。

论传统生态知识对区域生态
文明建设的影响机理 *

付广华 **

摘　要　传统生态知识之所以能对区域生态文明建设发挥作用，是因为两者之间存在着普遍联系，两者之间的互动具有深厚的族群（人）、文化（文）背景和历史（时）、空间（空）基础。传统的生计技术充分结合小生境的自然生态特点，富含生存性智慧，而可据以发展生态农业，推行可持续的生活方式，践行区域生态物质文明建设。资源管理的传统制度如今在许多少数民族社区仍得到一定的延续，有助于小区域范围内自然资源的统筹利用，推动区域生态制度文明建设。自然崇拜之所以能发挥推动生态文明艰涩的作用，是因为有了崇拜，随之产生禁忌，故不敢随意触犯，也不敢随意破坏，也就无形中使区域自然生态环境得到了有效保护。

关键词　少数民族；传统生态知识；生态文明建设；影响机理

传统生态知识指的是人们祖祖辈辈传承下来的关于生物体彼此之间以及与它们的环境之间关系的知识。在人类学界，类似的术语还有"本土生态／环境知识""本土技术知识""地方性生态知识""传统环境知识""人们的科学""民间知识""乡村人的知识"等10余个之多。在具体的研究中，不同的学者会根据叙述的需要在上述术语之间进行选择和互换。因此，无

---

　*　基金课题：国家社科基金一般项目"岭南民族传统生态知识与生态文明建设互动关系研究"（项目编号：13BMZ053）。

　**　付广华，男，1980年生，广西民族大学民族学与社会学学院研究员，民族学博士、中国史博士后，主要从事生态—环境人类学、环境与发展以及南方民族历史文化方面的研究。

论采用哪一个术语，都基本上属于同一个研究范畴。❶

　　作为处理人与自然关系的知识、信仰和实践的集合体，传统生态知识主要包括传统的生计技术、资源管理的传统制度以及自然崇拜三大方面。在生态文明建设的当代场景下，传统生态知识必然会与当代生态建设实践发生互动作用。之所以传统生态知识能够对区域生态文明建设发挥影响作用，是因为两者之间存在着普遍联系，两者之间的互动具有深厚的族群（人）、文化（文）背景和历史（时）、空间（空）基础。

　　在本文中，笔者着重要阐述的是少数民族传统生态知识对生态文明建设的影响机理，也就是指在生态环境这个大的系统结构中，少数民族传统生态知识能够在生态文明建设进程中发挥作用的内在规则和道理，着重分析的是知识对实践的指导作用。在具体论述时，有的内容将主要以岭南地区少数民族的案例予以说明。

一、传统的生计技术对区域生态文明建设不可或缺

　　传统的生计技术包含人们长期以来为适应区域自然地理环境而总结和创造出来的全部传统的技术性知识，其中，尤其以食物获取方式最为关键。无论社会如何发展，获取生存所需的食物都是人们首先满足的第一需要。而传统的生计技术包含着诸多历史上形成的动植物驯化、繁殖、利用的智慧，至今对许多少数民族社区来说，仍不可或缺，基础性地位牢不可破。要在这些特定区域建设社会主义生态文明，传统的生计技术仍具有可持续利用的空间。也就是说，差异化的小生境范围的生态物质文明建设，离不开传统的生计技术的支持。

　　众所周知，即使在同一历史时期，不同的人们群体也生活在多样性的自然地理条件下，有的区域小生境海拔高、地形地貌复杂、终年平均气温较低；有的区域小生境生态地域海拔低、地势较为平缓、终年平均气温较高；而生活在北极圈内的因纽特人，则生存的纬度较高、常年在严寒条件下生存……正是由于各种千差万别的区域小生境，才造就了丰富多彩的传统的生计技术。这些传统的生计技术，或适应于高温，或适应于严寒，或

---

❶　付广华:《传统生态知识：概念、特点及其实践效用》,《湖北民族学院学报（哲学社会科学版）》2012年第4期。

适应于高海拔和高纬度，具有自身独特之处。在传统的生计技术中，食物获取无疑是人们生存发展最为重要的一个方面。在历史上，根据所处生态环境的特点和生存发展的需要，人类发展出了采集狩猎、园圃农业、畜牧业、精耕农业和工业化五种食物获取方式。而在每一种食物获取方式大类之下，又可以分为若干亚类型。这些亚类型的食物获取方式都有其特点，都有各自适应的自然地理环境，不可随意转换或更替。

事实上，岭南诸民族的传统生计技术的智慧闪光点体现在生产、生活的各个方面。侗族民众往往在稻田中养殖鲤鱼、禾花鱼，同时还有意识地在稻田中放养鸭子，充分利用稻、鱼、鸭三者共存相依的属性，形成了独具民族特色的稻鱼鸭生态机制。从稻、鱼、鸭共同收获于稻田这一空间来看，侗族民众充分利用了当地独特的地理空间，把动物和植物有效地整合进其中，立体化利用土地，实现收获物的多样化，既保证了侗寨民众有充足的食物供应，也为他们提供了足够的动物性蛋白。类似的做法，在桂北的苗族、壮族以及汉族之间也广泛存在。再比如，黎族民众非常善于从自然界中获取生存所需，他们有五六十种野生植物可供采集，比较重要的如野芋头、野芭蕉、野荔枝、酸豆、木棉花、昆虫、河蚌、蚂蚁卵以及各种野菜。日本学者梅崎昌裕在海南省五指山市水满村的调查显示❶：在夏秋时节，当地黎族村民频繁地食用生长于水田、田埂以及水渠之中的"杂草"。2001年8月19日傍晚，全村10户家庭中，有6户食用了采集植物，其中，1户为竹笋，其余5户为"水田杂草"，而农户H家当晚除食用了3种"水田杂草"外，再没有其他蔬菜或肉类。从采集植物出现的频度来看，2001年8月水满村民小组长家21天的食品中，除外购动物性和植物性食品以外，栽培植物出现33次，采集植物出现30次，两者几乎以同样的频度出现，足见野生植物采集在黎族人民传统生业中的重要地位。

少数民族传统的生计技术，基本上都结合小生境的自然生态特点，因地制宜，采取适应性最强的生产技术和生活技能，堪称生存性智慧的集中体现。从生产上说，无论是侗族、壮族地区的稻田立体化性利用模式，还是苗族、瑶族地区的农林兼重类型的复合型农业，都十分契合当地生态特点，对发展生态产业具有非常重要的现实意义；从生活上说，岭南诸族传

---

❶ ［日］梅崎昌裕：《与环境保全并存的生业的可能性：水满村的事例》，《广西民族学院学报（哲学社会科学版）》2005年第1期。

统上根据小生境的自然生态特点，建造适应强的房屋，如地处山区的壮族、侗族、黎族、瑶族、苗族等民族的民众，就地取材，将本地丰富多样的林木用作建筑材料，建造出古朴典雅的各式干栏房，而这些房子由各种长短不一、粗细各异的木材组成，可以往复循环利用。即使房子无法继续居住，建材仍然可以用作燃料，基本上不会出现当今都市中常见的各种建筑垃圾。更为难得的是，少数民族民众与山林密切相依，熟悉山林中出产的各种森林产品，其中的民族特色药材对开发新的药物、治疗某些特定疾病具有非常突出的实用价值。

当然，在历史的某些时期，我们否定了传统生计的有效性，而采取了一些极端做法，给区域社会留下了较为惨痛的教训。如在越城岭山地一侧的龙脊壮族聚居区，该区域山脉众多，海拔差异明显，即使在同一个地方，山顶、山腰、山脚气候也不相同，而且水的温度也因此而差别很大，因此人们的种植活动常常分得特别细致。当地的老农说，这里的禾苗不能种过早，不能种过迟，否则收成便不好，所以长期以来一年中仅种一次。即使是新中国成立后曾经试验种植成功了双季稻，然而收成却不高，甚至不如仅种一季。在人民公社化时期，地方政府根本无视龙脊壮族聚居区的生态环境实际，不了解水稻生长的气候、水分等条件的波动性，强制性推广种植双季稻。由于发展双季稻的指导方针无视龙脊等高山地区的恶劣生态环境，最终只能以失败收场。到改革开放前后，由于双季稻的收获量并不多，种植量逐渐减少，每个生产队随便种上10多亩以应付上级的检查。后来，随着单季稻（中稻）陆续获得稳定的产量，龙脊壮族民众逐渐全部放弃种植双季稻，每年只种一季中稻而已。❶上述龙脊壮族聚居区双季稻推广到退出的历史过程表明：传统的生计技术有其合理性，是适应小生境自然生态特点的文化生态系统，我们在发展区域经济的过程中，不能随意更改或废弃。

总之，少数民族传统的生计技术之所以能对生态文明建设产生影响，其内在机理是：传统的生计技术充分结合小生境的自然生态特点，因地制宜，就地取材，差异化管理，富含生存性智慧，而这些生计技术的持有者正据以发展生态农业，推行可持续的生活方式，正自觉或不自觉地践行着

---

❶ 付广华：《外来生态知识的双重效用——来自广西龙胜县龙脊壮族的田野经验》，《中南民族大学学报（人文社会科学版）》2010年第3期，第55～56页。

生态物质文明建设。还必须说明的是，作为传统的生计技术的持有者，各少数民族民众所拥有的对周围无机物环境的认知和对动植物的利用知识，必然会对他们所在区域的生态文明建设发挥不可替代的作用，即使这种作用从表面上看起来并不凸显，但我们却可以从各种表象之下发现其运行的逻辑。

二、资源管理的传统制度对区域生态文明建设具有独特价值

资源管理的传统制度包含人们过去为实现自然资源的永续利用、规避人类群体之间的资源冲突而创制出来的全部制度性知识，其中，又以生态保护制度为最核心。

在岭南许多少数民族社区，历史上存在议团、合款、石牌、埋岩等传统社会组织形式，出台了许多乡村禁约，对乡土社会的运行起到非常重要的作用。即使到了当今时代，传统充当祭司、头人的角色仍然隐性存在，他们在当地具有很高的权威，再加上历史时期流传下来一些约定俗成的习惯法，共同构成了乡土社会的行为规范。由于过去岭南各民族所居处大都地处偏远，交通不便，受到官方的影响就相对城市为小，因此曾经都盛行地方性的资源管理规约。这些传统制度或仅限于一村一寨，或推广于毗邻的数个村寨，影响更为深远的则形成跨越行政地域的大型组织，其所制定的乡规民约则成为整个区域内部的规范。

为了保护山林，龙胜各族自治县龙脊壮族乡民历史上曾一度封禁山林，他们认为："盖闻天生之，地成之，遵节爱养之，则存乎人，此山林团会之所由作也。我等居期境内，膏田沃壤焉。我可以疗饥，翠竹成林，惜我由堪备用，否则春生夏长，造化弗竭其藏，朝盗夕偷，人情争于菲薄。"❶因此，各级议团组织制定了大量保护山林资源的村规民约。同样地，京族民间对山林保护也非常重视，清末时期甚至还出现了专门的保护森林资源的禁约——《封山育林保护资源禁规》❷，从地域、植物种类上做出了三次"一皆净禁"的严格禁止性的约束，希望借此使山林能够"木条秀茂、

---

❶ 广西壮族自治区编辑组：《广西少数民族地区碑文、契约资料集》，南宁：广西民族出版社，1987年，第207页。

❷ 广西壮族自治区编辑组：《广西少数民族地区碑文、契约资料集》，南宁：广西民族出版社，1987年，第264页。

以济风水"，最终实现"神安民利"。

即使时至今日，这些资源管理的传统制度仍然得到了传承与发展：一方面，继承了过去的优点，由地方有威望的人参与制定，条款上借鉴旧有规约制度；另一方面，也适应于时代发展的要求，摒弃了刑罚性的内容，转而以罚款作为最重要的惩治手段。如龙胜各族自治县龙脊村廖家寨制定的《廖家屯规民约》规定："凡在封山育林区内盗砍生柴，一次罚款50元，在本人山场乱砍一次罚款30元。""每年必须在清明节后五天内起实行看管耕牛，如故意不看管损坏春笋，每根罚款5元，糟蹋农作物按损失1至5倍赔偿。"❶ 此后，历次继任的廖家寨寨老都大力确认看管耕牛的重要性，认为随意放牛羊严重损害毛竹、杉木等生态林的正常生长。再比如金秀瑶族自治县六巷乡六巷村四个生产队在20世纪80年代初曾经专门制定过山林管理规定："原有老山、水源山不准任何人乱砍滥伐，私人乱砍老山、水源山为耕种地的要按《森林法》处理，每亩罚款30元为计算（水源山由石架冲尾起到四水牛场止，老山是指现有的老山）。"❷ 虽然这一规定超越了法律赋予村民自治组织的权限，但由于这些规定与历史上的石牌制度有着一定的联系，因此，具有很强的执行效力。

由于这些传统的资源管理制度具有其历史根源，由社区自治组织倡导和制定，代表了最广大群众的根本利益，因此，所制定的村规民约基本上都得到了较好的贯彻与执行。其中，与山林、河流保护相关的专门规约或相关条款，无疑在保护山林资源和生物多样性上发挥了其独特的作用，对小生境范围内的生态保护与生态重建价值重大。在当代生态文明建设的过程中，我们一定要重视这些乡土文化资源，重视乡土精英的权威，并对这些资源管理的传统制度进一步挖掘整理，使之在当代背景下发挥新的生机，从而推动小区域范围内的生态环境保护和生态修复与重建。

总之，资源管理的传统制度之所以能对生态文明建设产生影响，其内在机理是：资源管理的传统制度将农、林、牧、渔等与生计方式密切相关的内容涵盖在内，历史上形成了与之相关的社会组织，制定了许多调节资源纠纷、保护自然资源的乡规民约，曾经发挥过重大历史作用。即使在日益现代化的今天，这些传统的资源管理制度仍然得到一定的延续，其精神

---

❶ 付广华：《生态重建的文化逻辑：基于龙脊古壮寨的环境人类学研究》，北京：中央民族大学出版社，2013年，第160页。

❷ 莫金山：《金秀瑶族村规民约》，北京：民族出版社，2012年，第243页。

实质和执行方式与历史上差别不大，在小区域范围内可以发挥明显实效，有助于自然资源的统筹利用，推动区域性的生态制度文明建设。

三、自然崇拜会对区域生态文明建设产生积极影响

自然崇拜是一种比较原始的信仰形式，是"万物有灵论"的一种具体表现，它包含人们对所处环境及其中生物的各种崇拜，具体而言，又有天体崇拜、无机物崇拜、植物崇拜、动物崇拜之分。这些崇拜形式将自然物神圣化，因而随之产生了某些禁忌，而这些禁忌对自然物起到了保护的效果，有时甚至推而广之，将自然物固定所在的一座山头或一片山林一起神圣化，对区域小生境保护具有积极影响。在本项研究中，有关森林（树木）、土地的崇拜与生态保护关系最为密切，当然，另外一些民间俗神的祭祀场所因为建造在村边树林内，而整个树林因此有了"神性"，其中的树木也变成了禁忌，不得有所破坏。

在壮、侗语诸民族中，自然崇拜非常普遍，森林、土地的崇拜尤其盛行。在岭南壮族地区，几乎每个村屯周边都散落着一处两三亩大小的小树林，其中生长着挺拔丰茂的大树、古树，有的林子甚至生长着上百年的乡土珍贵树种。这些林子通常被称为"风水林"，其中建有本村屯的土地庙（村庙），风水林与土地庙成为一对共生相伴的神圣存在物。如在那坡县城厢镇龙华村弄陇屯，当地民众把神庙坐落的风水林里的树木视为圣物，祈求树神保佑村屯安定、人畜兴旺、年事丰收。在风水林里，人们不能随地吐痰，不能随地大小便，不能高声喧哗、说粗话、脏话。风水林里的树木都不能随意砍伐，如果冒昧砍伐，伐者及其家庭乃至整个村屯必遭受到神的惩罚，必有天灾人祸降临。由于惧怕触犯神灵，弄陇屯的这片原生天然林在"大炼钢铁"时期仍然没有被破坏，至今保存完好。南酸枣、蚬木、枫香、青冈、黄樟、荷木、苦楝等树种林立其中。树高一般为三四十米，少数高达50多米；树径多在二三十厘米，少数甚至达到60多厘米。高大乔木下的各类小乔木、灌木及草本植物杂生其中，形成了物种多样、层次分明的丰茂景观。❶ 黎族同样盛行森林崇拜，他们认为大树均有灵魂，这

---

❶ 熊晓庆：《神秘的树韵——广西民间森林崇拜探秘之黑衣壮》，《广西林业》2014年第5期，第22~23页。

种灵魂能养育人类，人死后，"灵魂"应回归到森林中去，这样人的灵魂才能安宁。因此，每个血缘集团都有一块十几亩的原始森林墓地，墓地里的树木、藤萝没有人去砍伐。❶岭南地区的水族也有风水林的信仰，每一个水族村寨的寨口或寨角，几乎都有一片高大丰茂的树木或竹林，像一个个护卫寨子的绿色城堡。村民们保护风水林，把风水林视为庇佑村寨的神秘力量，坚信风水林能给寨子带来好运，禁止任何人砍伐其中的树木。毛南族、仫佬族地区同样有"神山"的存在，且对大树或古树非常崇拜，甚至民间广泛流传认大树、古树做契娘、契爷的习俗。

苗、瑶语诸民族自古与山林相伴，传统上对山林的依赖更为明显，因此同样非常盛行山神、树神崇拜。瑶族民众把山林当作亲密伙伴，绝不轻易破坏山上的一草一木，每家每户都有固定的薪炭林，从不到别的地方砍柴毁林。长期隐居深山的瑶族民众，一切物质生存条件都来自山林，资源丰富的森林成了唯一的食品库。同时，在频繁的民族迁徙过程中，山林始终是瑶族不离不弃的亲密盟友。他们在长期居山、耕山和管山的峥嵘岁月里，对具有神奇供给能力的森林产生了深深的依赖与膜拜。如在巴马瑶族自治县，几乎每个瑶族村落附近都会有一片古树参天、大树苍郁的风水林。这类风水林有大有小，大到十几亩的山林，小至村头寨尾的小块闲置地。巴马瑶族村落的风水林虽小，却神圣不可侵犯。它们是瑶族部落涵养水源、吸收天地灵气、开展宗教仪式、镇压凶邪、保佑平安，享受清凉的吉祥宝地，深受全村男女老少尊崇与爱护。瑶家人大多把祠堂或寺庙建在风水林里，给林子增添了神圣的色彩，葱郁的林木也为这些宗教场所营造了静谧的灵气。❷苗族民众将枫树视为"祖母树"，认为枫树能够守村护寨、驱瘟祛病、保佑平安，故在苗家人聚居的村头寨尾，必有枫树，成为一道独特的风景。在迁往他处时，首先要在那里栽种枫树，只有枫树成活，才认为是吉祥之地，方可定居；如果枫树死亡，则举家再次迁离。在日常生活中，如果遇到家人久病不愈，就到枫树前烧香祭祀，祈求安康。

值得着重指出的是，仫佬族对树木的崇拜则更为虔诚，甚至还诞生了独具民族特色的"拜树节"。"拜树节"，又称"祭树节"，每年的农历正月

---

❶ 吕大吉、何耀华：《中国各民族原始宗教资料集成：土家族、瑶族、壮族、黎族》，北京：中国社会科学出版社，1998年，第673页。

❷ 熊晓庆：《瑶山神韵——广西民间社会森林崇拜探秘之瑶族》，《广西林业》2013年第9期，第26～29页。

十四日（广西）或农历三月初三日（贵州）举行。节日的清早，各家各户要准备纯米酒三四斤、肥猪肉四五十块、糯米加玉米饭五斤、巴掌大的红纸五十张、鞭炮一百响。中午，全家男女老少携带以上祭品以及柴刀、锄头各一把，分别由近而远举行祭拜仪式。仪式开始，先拜屋前屋后的草木、果树，而后拜远山。拜草木时，一位年长的持刀砍草木，问："长不长？"众答："长。"又砍第二刀，问："长得快不快？"众答："快。"又砍第三刀，问："长得高不高？"众答："高。"拜果树时，同样是长者持刀砍树，砍时问："果子大不大？"众答："大。"就砍第一刀，接着问："果子甜不甜？"众答："甜。"又砍第二刀，然后问："果子落不落？"众答："不落。"最后砍第三刀。之后将一小团糯米饭和一块肉喂进三个刀口处，并喷一口纯米酒，接着贴红纸一张，而后用锄头刮去树周围的杂草，培上新土，拜树的仪式就算结束了。❶ 与正月十四日以户为单位祭拜自然林木和果树不同的是，八月十五日却是以村寨为单位祭拜祖宗树——青冈树。如今，每年的八月十五日，散居广西各地的仡佬族人都会派代表去隆林磨基村大水井屯参加祭祀活动，由于那里的青冈树前放置有祖公、祖婆的灵位，所以这一次的拜树活动更像是祖宗崇拜的一种表现。

综上所述，少数民族都比较盛行自然崇拜，尤其对山林非常敬畏，常常对其进行拜祭，形成了丰富多彩的自然崇拜。这些少数民族的自然崇拜之所以能对生态文明建设产生影响，其内在机理是：因为有了崇拜，随之产生禁忌，故不敢随意触犯，也不敢随意破坏，也就无形中使区域自然生态环境得到了有效保护。这些有助于自然生态保全和生物多样性保护的信仰形式，对当代少数民族地区的生态文明建设，仍然具有其现实意义和积极作用。

四、结果与讨论

少数民族的传统生态知识虽然只是历史上传承下来的，并且是在小的区域范围内总结出来的，但这些知识毕竟是对于民族生境的认知与实践经验的总结，是各民族先民勤劳智慧的结晶，对于在当地建设生态文明仍然

---

❶ 广西壮族自治区编辑组：《广西彝族、仡佬族、水族社会历史调查》，南宁：广西民族出版社，1987年，第169～170页。

具有不可估量的重要作用。一旦对此不加以重视，那么依据现代生态科学和环境科学来进行的生态文明建设很可能会在某些具体问题上出现差错，甚至对民族生境造成永久的伤害。

正如前文所述，传统生态知识之所以能对区域生态文明建设发挥作用，是因为两者之间在人、文、时、空上的契合。传统的生计技术由于充分结合小生境的自然生态特点，富含生存性智慧，而这些生计技术的持有者正据以发展生态农业，推行可持续的生活方式，自觉或不自觉地践行着生态物质文明建设。资源管理的传统制度在日益现代化的今天仍然得到一定的延续，其精神实质和执行方式与历史上差别不大，在小区域范围内可以发挥明显实效，有助于自然资源的统筹利用，推动区域性的生态制度文明建设。自然崇拜之所以能发挥推动生态文明艰涩的作用，是因为有了崇拜，随之产生禁忌，故不敢随意触犯，也不敢随意破坏，也就无形中使区域自然生态环境得到了有效保护。

从传统生态知识的角度来看，其自身具有局限性，持有者的社群规模不大，所能发挥的作用也是有一定限度的，在面对现代科学技术的挑战时反抗力不足，因此，受到现代生态学思想的影响也是必然的。所以，生态文明建设在吸收传统生态知识传统生态智慧的同时，也将对传统社群所拥有的传统生态文化发挥影响。在宏观层面上，传统生态知识的持有者所在的社区，会受到现代社会的全方位影响和渗透，而生态文明建设作为一种生态建设形式，体现在新能源推广利用、生物多样性保护、石漠化治理等诸多方面，必然会对区域社会生态环境产生非常深远的影响。在微观层面，无论是现代农业技术的推广运用，还是具体物种的保护，都依然受到生态文明建设这一当代伟大实践的影响。在生态文明建设的影响下，传统的资源利用方式、方法必然会发生很大的变化，甚至某些传统生态技术会因此而消亡，不再存在于人类知识库中。

更为重要的是，生态文明建设需要与之相配套的新生态理念和价值观，必然会动摇传统社群的信仰体系。众所周知，生态文明建设不仅是时代发展的必然，更有着深刻的学理依据。这些学理依据的进一步通俗化、系统化，就变成了一种新的生态理念，成为一种凌驾于固有观念之上的新价值观。对于深受现代文明洗礼的文化人来说，我们保护生态环境，我们进行生态文明建设，为的是我们人类最终的生存，为的是人与自然的和谐共生。现代人不是因为禁忌而对环境有所保护，而同样是基于功利主义的原因来进行保护。然而，少数民族民众所居住的是"有神的社区"，信仰和禁忌曾经对森林保护发挥过重大作用。然而，面对如火如荼的生态文明建设，这些社区无法回避，只能参与其中，从而受到外来的生态思想和价值观的影响。放弃了神，放弃了鬼，放弃了禁忌，人们心灵上虽然得到了解放，但他们对自然的敬畏却日趋减少，最终会对整个传统信仰体系产生非常严重的影响。因此，必须要实现少数民族世界观和生态观的重构，真正在思想意识上建构现代生态文明。

水资源保护与生态旅游
可持续发展[*]

——以九寨沟风景名胜区为例

耿 静^{**}

摘 要 九寨沟是大自然赋予人类的一笔极其珍贵的自然遗产。常言道"九寨归来不看水",独特的水体景观在九寨沟风景区占据了重要地位。九寨沟县发展旅游之后,景区开发、利用与管理之间良性循环,生态经济效益显著。2017年8月8日发生的地震,对景区有一定影响。笔者认为,景区的灾后恢复重建应坚持生态保护优先原则,规划先行;加强灾害治理与生态系统建设;延续科学管理模式,尤其要重视景区管理与社区的关系;严格控制景区游客量,确保旅游品质;通过提质升级,促进生态旅游可持续发展。

关键词 九寨沟;水资源;生态旅游;可持续发展

九寨沟❶在1978年被四川划为自然风景保护区,1982年列入国家重点风景名胜区,1984年正式对外开放,为世界所瞩目。它因四季景色各异,而被誉为"人间仙境""童话世界",是大自然鬼斧神工的杰作,也是大自然赋予人类的一笔极其珍贵的自然遗产。

---

* 本文系国家社科基金项目《"5·12"震后羌族移民文化变迁与心理适应研究》(项目编号:10BMZ035)后续研究成果。

** 耿静,女,1969年生,羌族。现为四川省民族研究所研究员,主要研究方向为西南少数民族社会历史文化、灾难人类学研究。

❶ 九寨沟位于四川省阿坝藏族羌族自治州九寨沟县漳扎镇境内,位于长江水系嘉陵江上游白水江源头的一条大支沟,流域面积651.34平方公里,因沟内有树正、荷叶、则查洼等九个藏族村寨而得名。先后荣获"全国优秀自然保护区""中国旅游胜地四十佳""全国保护旅游消费者权益示范单位""中国AAAAA级景区"和"省级文明单位"等多项荣誉,2000年又被四川省委、省政府确定为全省旅游精品之首,成为四川六大景区"世界遗产最佳旅游精品线"的龙头,1992年和1997年先后入选"世界自然遗产名录""人与生物圈保护区"。

一、九寨沟的景观资源

九寨沟风景区位于青藏高原东缘岷山山脉南段高山峡谷区，平均海拔2500米左右，景区核心面积720平方公里，外围保护区600平方公里。冬无严冬，夏季凉爽。该区域地质构造复杂，岩层破碎、断裂发育，属于强烈上升地带，历史上地震频发。同时，动植物丰富，是生物多样性地区，具有无可替代的生态意义和科学研究价值。

雪山、森林、湖水、飞瀑、清流，还有独特的民族风情，构成了九寨沟的景观资源。❶其性质属于"山水型，湖泊、瀑布亚类；以高山深谷碳酸盐堰塞湖地貌为特征，以彩湖叠瀑为主景，与藏族风情相融合"❷。这些自然景观的形成，学界众说纷纭。20世纪90年代，万新南等学者对九寨沟的成因进行了研究，得出了"其演化发展主要受控于长海的断流、水动力条件的变迁及特殊的水化学环境"❸这一结论。郭建强等将九寨沟景观分成地质地貌景观、水体景观、生物景观、气象气候景观与人文景观五大类，并对各类的数量及主要景观进行了详细统计，并指出景观"是在由泥盆至三叠系的碳酸盐岩构成的九寨沟褶皱复岩片，经印支期、燕山期、喜马拉雅期的复合造山作用形成的区域地质背景下，经第四季冰川作用及多次退缩组成的特定冰川地貌的基础上，叠加了高寒岩溶和重力灾害以及新构造的联合作用而铸造的"❹。可以说，现在所见景观是千百年来大自然不断塑造的结果。

二、水体景观形成及保护方式

九寨沟在白水江下游，为长江水系嘉陵江源头的支沟之一。常言道"九寨归来不看水"，"其间有成梯形分布的大小湖泊114个，瀑布群17个，

---

❶ 即宣传中所谓的"六绝"：翠湖、叠瀑、彩林、雪峰、藏情、蓝冰。
❷ 参见四川省城乡规划设计研究院、九寨沟风景名胜区管理局《九寨沟风景名胜区总体规划》(修编)，2005年，第2页。
❸ 万新南等：《九寨沟沟谷成因与演化》，《山地研究》1994年第4期。
❹ 郭建强等：《九寨沟旅游地质资源特征及可持续发展》，《中国区域地质》2001年第3期，第323～324页。

钙华滩流5处，泉水47眼，湍流11段，以1870米的海拔高差，在12座雪峰之间穿林跨谷，珠连玉接，呈Y字形串珠，逶迤近60公里，形成了中国唯一、世界罕见的以高山湖泊群和瀑布群以及钙华滩流为主体的风景名胜区。"❶因此，水，是九寨沟的精灵，独特的水体景观占据了重要的地位。

1.景观的形成

九寨沟流域由扎如沟、树正沟、日则沟、则查洼沟等沟谷组成。除扎如沟外，沟谷大多呈南北向分布。如图1所示。

地质专家对这里的水循环系统，即大气降水、地表水、地下水的来源及运移过

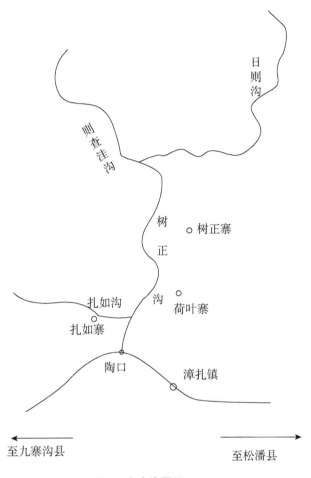

图1　九寨沟图示

程开展了分析研究❷，认为：九寨沟水资源的总量依赖于大气降水，水体景观普遍处于稳定发展状态之中，部分年份湖泊水位下降是大气干旱的结果；地质构造作用控制了地表水与地下水的汇集与排泄；地表水量较为稳定；长海在诸多流域中起着天然水库的调节作用；五花海一带存在独立的岩溶通道和地下水储库；珍珠滩、犀牛海景观的水来自丹祖沟的水补给。相关研究说明，九寨沟的景观资源形成与所在的地域紧密关联。水资源与

---

❶　九寨沟景区官方网站（http://www.jiuzhai.com/index.php/overview.html）。

❷　郭建强等：《四川九寨沟水循环系统研究》，《"九五"全国地质科技重要成果论文集》，2000年，第816～817页。

特定的地质环境，特殊的林地资源结合，促成了水体景观的形成。

2. 保护方式

早在20世纪80年代，对外开放的九寨沟景区吸引了众多的游客，景区内车辆甚多，人员嘈杂，给生态环境带来了一定程度的干扰与破坏。为了发展旅游，使其具有可持续性，九寨沟国家级自然保护区管理局、九寨沟风景名胜区管理局（简称九管局）应运而生。管理者们充分意识到"绿色旅游"的重要性，将生态环境保护置于开发利用之上，对景区进行了有序规划、建设与管理。

一是完成景区的总体规划编制及续修工作。《九寨沟风景名胜区总体规划》于1985年完成，1987年获建设部批准；1999年进行修编，2001年通过建设部及省建设厅评审，2004年通过部际审查。修编的规划分为16章，涉及各种景观、旅游设施、居民社会调控及经济发展引导等内容。其采取分级的保护模式，将景区生态状况分为不利区、稳定区和有利区，制定了大气环境质量、地表水环境质量、饮用水、室外噪声等系列标准，同时采取相应措施，如直接将水体景观与游客保持距离，杜绝景区水域、土壤植被受到污染与破坏，将游客居住地、经营活动中心外移，避免产生生活垃圾及污水等。规划的编制充分地体现了生态环境保护与建设优先，景区保护与发展、开发与治理并重的原则。

二是通过规划进行景区建设。根据景点分布，设计出合理的游览路线；注重旅游基础设施的配套建设；大力推行"低碳旅游"：为了方便游客观光，修筑栈道；为了减少环境污染和二氧化碳排放量，统一使用天然气观光巴士；为了保护环境，从2001年开始实行游客量限制政策，并关闭所有景区内酒店；使用先进卫生设施；对景区内外垃圾进行技术处理；加强泥石流和病虫害的治理；增加章扎镇的建设投入；等等。

三是有序有效地进行景区管理。一方面，九管局重视与当地社区的关系，维护居民的利益，使当地居民积极参与到景区的保护、开发与管理中，实现了环境保护主体多元化。例如，树正、荷叶、扎如三个社区的群众，通过入股成立"吉祥旅游服务公司"，参与经营与管理，年终有分红。另外，通过景区门票抽成、提供公益性就业岗位等方式，帮助当地贫困人口脱贫致富。采取的多种举措，不仅提升了群众的环境保护意识，更主要地解决了"保景"与"富民"之间协调发展的问题。另一方面，积极寻求先进的景区管理理念与方法。九管局广泛吸纳世界各地旅游管理经验，以绿色发展理念指导全局工作。2001年全面停止了沟内旅店、饭店的经营，禁止游客入住沟内，采取"沟内游，沟外住"的旅游管理方式，有效解决了景区内人为污染问题；内部建立三级保护管理机制；设置景区公安派出机构，确保游人安全，监督并处理破坏环境行为；设立水文、水质监测站（点），建立研究机构，为管理决策提供依据……诸多的措施，促使景区开发、利用与管理进入良性循环，景区资源得到有效保护。

三、对景区灾后重建的思考

1."8·8"地震对景区的影响

2017年8月8日发生的7.0级地震，震源深度20千米，震中位于九寨沟核心景区西部5公里处比芒村，该地与周边平均海拔均在3500米以上。尽管区域内人口密度较低，居住分散，但仍然给当地群众和游客带来了生命财产损失。截至2017年8月13日20时，地震致25人死亡，525人受伤，6人失联，19768户176492人（含游客）受灾，73671间房屋不同程度受损。涉及阿坝州九寨沟、松潘、若尔盖、红原等4个县53个乡（镇）309个村（社区）；绵阳市平武县11个乡（镇）。❶ 由于余震不断，造成山体垮塌，道路受阻，生态环境灾害隐患多。就景区而言，基础设施受损严重，火花海、诺日朗瀑布等景点受损。从8月9日起九寨沟景区停止接待游客。

专家认为，"造成的损害并不难恢复,对九寨沟的景观与环境不会有重大影响,但次生灾害对旅游安全的威胁与隐患需要排查与防范,建筑抗震设防以及防灾减灾预案也需进一步检查与完善"。❷ 这就是说，九寨沟景区没有遭受毁灭性破坏，属于局部受损，需要时间来进行恢复。随后，四川省委、省政府成立了"8·8"九寨沟地震灾后恢复重建委员会，在充分吸取几次地震灾后恢复重建经验基础上，委员会下成立7个组，❸ 并于8月28日召开第一次会议，会议强调："要坚定以习近平总书记生态文明建设重要战略思想为统揽，坚持和发展灾后恢复重建新路，通过恢复重建整体提升

---

❶ http://news.sina.com.cn/o/2017-08-14/doc-ifyixipt1560783.shtml.

❷ http://news.ifeng.com/a/20170809/51596159_0.shtml.

❸ 即规划编制实施组、生态环境修复保护组、地质灾害防治组、景区恢复和产业发展组、基础设施和公共服务重建组、城乡住房重建组、监督检查组。

灾区经济社会发展水平，探索世界自然遗产抢救修复、恢复保护、发展提升的新模式。"❶ 这是考虑到九寨沟旅游发展的特殊性而提出的新要求，是对灾后重建创新模式进行的新探索。

2. 对灾后恢复重建的几点建议

（1）坚持生态保护优先原则，规划先行。针对区域性的生态环境状况，必须坚持生态保护优先的原则。结合汶川特大地震、芦山地震等灾后重建的经验，对灾区的生态环境、城乡住房及基础设施、景区的水资源及景点、次生灾害隐患进行全面而细致的调查与评估，在此基础上把握灾区总体情况，制定出灾后恢复重建规划，这是科学重建的根本依据与灾后恢复重建的行动指南。

（2）重视灾害治理，加强生态系统建设。灾难之后，高山峡谷的地形地貌受到不同程度的破坏，地质灾害频发，隐患增多。需要开展生态影响分区研究，加强生态系统的灾后重建。生态系统的平衡需要长时间通过自身动态调节来实现，此规律要求我们对景区不能轻言快速重建，必须注重水资源保护，加强地质灾害、水体景观的监测与研究，对滑坡、泥石流、森林病虫害积极治理。同时，继续实行退耕还林还草和天然林保护工程，通过生态低碳重建来缩短生态系统的调整时间。

（3）续科学管理模式，有效保护环境。应高度重视景区管理与社区之间关系，促使彼此良性互动，确保环境保护主体多元化。对受灾群众予以极大地关爱与帮扶，充分调动当地群众的积极性，使他们主动参与到景区的保护、管理、经营中，让保景与富民的协调发展关系持续有效。继续加大政策扶持，让贫困人口从景区收入中受益。

（4）严格控制景区游客量，提升旅游品质。在2007年，九寨沟景区游客量达到252.28万人次。遭遇汶川大地震之后，游客量有所下降，经过几年恢复，旅游回暖，至2011年游客量超过了2007年。2016年，九寨沟接待海内外游客突破500万人次大关，实现旅游收入8.05亿元。❷ 由图2可见，景区游客量受自然（或人为）因素影响明显，不断地发生着变化。

❶ http://www.scta.gov.cn/sclyj/lydt/lyyw/system/2017/08/29/001192737.html.
❷ http://www.china.com.cn/travel/txt/2017-01/01/content_40021424.htm.

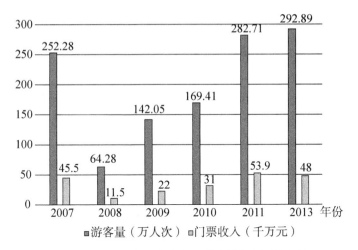

图2 2007～2013年九寨沟景区游客量与门票收入情况

根据《中华人民共和国旅游法》，旅游景区需要公布游客最大承载量。其目的在于加大旅游环境资源的保护以及避免产生因客流超载带来的旅游安全隐患。九寨沟景区属于收费和设闸的景区，依据门票数量或者电子闸机数据即能统计出每日游客量。节假日及7～10月是其高峰期，每日最大承载量已从过去的1.2万人次调整到现在的4.1万人次。尽管景区基础设施得到了加强，门票收入大为提升，促进了地方经济的发展，但游客过多，对旅游环境产生的压力不容小觑，对游客的体验感受实质上有负面影响。因此，地震次日关闭景区是非常必要的。在灾后恢复重建完成后，应适当压缩景区每日承载量，这既可保证生态安全，维护景区品质，又可提高游客的舒适度。

（5）提质升级，促进生态旅游可持续发展。九寨沟景区作为阿坝州旅游发展的龙头，对当地乃至阿坝州经济发展的贡献毋庸置疑。但这种以自然资源观光为主的旅游发展模式显得过于单一，同时，季节性明显，产业链延伸不长，对地区的辐射带动作用有限。在全域旅游背景下，利用灾后恢复重建，加强基础设施建设，完善公共服务水平，是九寨沟旅游发展实现提质升级的良好契机。

一是通过灾后恢复重建规划，加强城乡与基础设施建设，使九寨沟景区的旅游环境得到改善。同时，重视人才培养，使公共服务水平得到提升。

二是充分挖掘文化旅游资源，丰富旅游业态。发挥景区的引领作用，利用生态与文化优势资源，积极拓展旅游线路，优化空间布局，开展多种形式的宣传活动，积极发展"农家乐""牧家乐"为主要形式的乡村旅游，使旅游经济产生更大的辐射效应。

三是运用"旅游+"思维，延伸产业链。通过文旅农融合发展，推动旅游与各个产业的深度融合。丰富旅游产品体系，使之既符合市场需求，又突出地方特色和民族特色。打造文化旅游品牌，集聚休闲度假、影视演艺、文化创意等多样产业，构建具有区域性特色文化产业群。走区域创新发展之路，推动生态旅游的可持续发展。

西藏生态环境保护与农牧民增收关系初探

何 劲*

摘　要　文章阐述了在西藏促进农牧民增收的重要性，分析了西藏农牧民增收与生态环境保护的依存关系，进一步阐明了生态建设与环境保护对农牧民增收的重要作用。针对目前西藏生态环境与农牧民增收之间存在的问题，提出实现农牧民增收的对策。

关键词　西藏；生态环境；保护；农牧民；增收

农牧民是西藏农牧区经济社会的主体，农牧民的经济状况直接体现了西藏经济发展的水平。农牧民所处的生态环境条件是发展生产的基础，农牧民增收与生态环境保护是互为依存的关系。没有一个良好的自然生态环境，藏区广大农牧民生产、生活均无法保证，甚至会发生灾难。因此，保护好西藏的生态环境对于农牧民增收有着极其重要的意义。

一、西藏自然环境

（一）地理位置

西藏位于北纬26°50′~36°53′，东经78°25′~99°06′，南北宽1000余公里，东西长2000余公里。全区海拔平均在4000米左右，青藏高原素有"世界第三极""亚洲水塔"之称，西藏是青藏高原的主要组成部分。受多条大山脉的影响，地形地貌复杂多样：东南部有世界上最大最深的雅鲁藏布大峡谷和著名的横断山脉干热河谷；藏南有宽阔的河谷平原；藏北是辽阔的高原。

---

　　*　何劲，西藏自治区社会科学院农村经济研究所。

（二）气候条件

西藏受高空大气环流以及天气系统的影响，具有复杂多样的水、热、光等气候条件。在水平分布上具有西北严寒干燥、东南温暖湿润的特点，显现出由东南年降水量约5000毫米向西北年降水量仅50毫米左右的带状更替，即热带—亚热带—暖温带—温带—亚寒带—寒带；湿润—半湿润—半干旱—干旱；反映在植被上，依次为森林—灌木丛—草甸—草原—荒漠。受海拔递升的影响，在东南部峡谷区具有明显的垂直气候带，"一山显四季，十里不同天"是对这一地区真实的写照。局部地区水平距离几十公里内有从热带到寒带的植被类型。

（三）生物多样性

西藏受地形、气候、人类社会经济活动的影响：反映在农作物和其他植被方面，海拔较高的北部、西部大部分地区农作物和牧草等植物的生长期均较短，生长较缓慢，单位面积生物生产量较低，同时植被生态环境的脆弱性也十分明显；而在东南部海拔较低的区域受印度洋暖湿气流的影响较大，农作物和其他植物的生长期较长，生物生产量相对较高，生物多样性尤其丰富，为当地农牧民增收提供了较优越的生态环境。

反映在生态环境的生物多样性方面，已知西藏有脊椎动物793种，其中哺乳类约144种，鸟类约491种，爬行类约55种，两栖类约45种，鱼类约71种（含13个亚种）。有高等植物6400余种，其中苔藓植物754种，蕨类和种子植物5700余种。此外，还有大型真菌类878种，藻类植物1026种。这些众多的动植物为西藏农牧民增收直接或间接地提供了必要的条件，潜在的作用更为深远。反映在地貌方面，目前西藏120多万平方公里的大地上，不同的类型中有林地约占10%，草地约占38.3%，水域约占2%，沙地约占0.3%，冰川约占2.4%，沼泽约占1.2%，戈壁、荒漠约占10%，石山约占32.1%，农田、城镇、道路、裸地等约占3.7%。这些多样性的地貌生态环境，为农牧民增收创造了得天独厚的条件。

二、生态环境对农牧民持续增收的意义

目前，藏区农牧民的生产活动仍然是受当地、当时自然条件的制约，

人们只有在尊重客观的自然规律和当地自然条件的前提下，利用当地自然条件的优势，充分发挥其功能，变生态环境优势为可持续增收的优势。同时，必须培育爱护可持续增收的这些环境条件，积极拓宽增收的途径，走可持续发展的道路。

（一）改变固有的生产方式，提高资源利用价值

藏区上千年传统的农牧业生产方式已形成一种与自然环境相协调的模式，但是受近几十年来社会经济迅速发展的影响，农牧民对物质文明的愿望愈为迫切，现代化的消费方式日益刺激着农牧民延用原有的生产方式对自然资源的索取，从而导致牧场过载，草场退化；过度捕猎，猎物濒危；局部过伐，森林减少；刀耕火种，环境恶化；原始农业，经济滞后。这些落后的生产方式，对自然环境造成严重的影响，局部或某些物种资源接近枯竭。短期的经济利益，动摇了可持续增收的基础，这种状况亟待改变。只有提高对资源的利用率，增加附加值，适应新的社会经济发展模式，才能达到可持续增收的目的。

（二）调整好整体利益与局部利益的关系

在生态环境的保护中，我们要以最广大农牧民群众的根本利益为代表。保护自然生态环境，保障农牧民经济增收，并不等于不付出局部和少量的代价，来维持生态平衡。在牧区由于受科学文化知识的限制和个体经济利益的影响，以及旧生产方式的制约，历来将狼、熊、豹、鼠等列为畜牧业生产的害兽。随着生产力的发展，科学研究的深入，人们已认识到，恰恰是这些动物维系着草原畜牧业增收。虽然经过多年的科普宣传教育，农牧民已逐渐认识到这些常识，但是局部和个体经济切身利害的影响，牧民仍是见狼就打，说熊就恨。究其原因，根源是个人经济损失与整体环境利益之间的关系。如果能协调好这种关系，有整体利益时收取生态补偿金，局部受害时支付个人损失款。牧民采取一些自身保护措施，由政府协调，这种制约生态环境保护的因素，可以缓解。从而可以保证草原、牧业生态环境的良性循环。

（三）植树造林是保护农业稳产增收的屏障

森林能够调节气候、涵养水源、保持水土、防风固沙、美化环境，是

生物多样性最为丰富的群落，具有提供干果、鲜果品、饲料、薪材、木材等产品的作用，经过多年的宣传和实践，已被广大农牧民所认识。近年来国家对营造人工林和恢复农区植被方面的投入不断加大，首先受益的是农牧民：增加了家畜饲料；收获的薪材节省了牛粪，而用以肥田；干果、鲜果品丰富了农牧民的生活，增加了其经济收入；农田林网使局部环境改善，增加了农作物单位面积产量；生物多样性、丰富度的提高降低了农业病虫害；为农业生产绿色产品提供了条件。抓住国家投入加大的机遇，与时俱进，扩大植树范围，为农牧民持续增收提供有利的生态环境。

（四）变生态资源优势为农牧民增加经济收入的优势

西藏仍然保持着比较完整的自然生态景观。藏东的"三江并流""高山峡谷""茶马古道"，康巴藏区的风土人情，加之雪山、湖泊、草甸、森林、鲜花和珍禽异兽相辉映着一幅美丽的自然画卷，印证着人们梦幻中的"香格里拉"风光；藏南由西向东绵延2000余公里的喜马拉雅山脉耸立着众多世界最高的山峰，东南麓连绵逶迤的原始大森林，浓郁沧桑，鸟兽出没，花开四季，果结周年；被称为天河的雅鲁藏布江由西向东流去，时而波浪滔天，时而平静如镜，数千年唱颂着一曲曲民族古老而深远的牧歌，流经世界上最深最大的雅鲁藏布大峡谷，经过印度后注入印度洋；辽阔、幽静的藏北草原、蓝天、白云、雪山、湖泊、阳光、碧水、绿茵，成群结队的野生动物，组成一幅幅十分和谐的宽阔画面，被世人誉为世界上最漂亮的地方……西藏众多美丽迷人的自然景观和古老而独特的藏民族文化，吸引着国内外众多的旅游、探险者，保护好这些原始、纯朴的自然环境，积极开展家庭旅游服务等事业，是农牧民增收的一大优势。为了能够保证农牧民的可持续增收，一定要树立"靠山吃山，靠水吃水"的新理念。"吃山""吃水"必须保护好这些"山"和"水"的自然生态环境。

（五）保护野生动物及其环境是农牧民增收永恒的话题

据近年研究结果表明，50～70只草原鼠兔一年能毁掉一亩优质草场，一只狐狸一年能吃掉1500～2000只鼠兔，一只狐狸一年间最少能维护100亩以上草场的安全。草原上棕熊食物的60%以上是鼠兔，每只棕熊一年能挖食3000只左右的鼠兔，对保护草原也十分重要。保护岩羊就是保护雪豹的食源，有了雪豹就控制了豺狼的发展，减少了野兽对家畜的危害。保护好草原区的狼、熊等猛禽类，对清除草原尸体腐烂，病疫蔓延起着举足轻重的作用。在国外，如加拿大等国的农场主曾引狼入牧场，以维持牧场的生态平衡。野生动物在维持广大牧场区生态系统中的物质及能量流的动态平衡方面起着重要的作用，是农牧民持续增收的重要方面。野生动物种群数量的增加，适当淘汰超载的野生动物，是提高牧民畜产品质量和增收的现实条件。另外，在那些现实牧业中认为自然环境极为恶劣，不适于牧民们从事生产活动的地方，往往在那里生存的野生动物却保持着旺盛的生命力，使那些旧观念中"对人类几乎无用处的不毛之地"，能生产出市场所需求的更纯净的绿色产品，如肉类、蛋白质等食品，以及皮革、绒毛和药材等珍贵产品。所以，保护野生动物，保持物种多样性，也是农牧民现实和潜在的增收因素。随着人类社会综合经济的发展，交通、通信等条件的改善，就连地球似乎也变"小"了，数千公里将朝发夕至，辽阔大草原也将变"小"。牧民牧畜品种也将在现在的野生动物中补选，乘坐空中飞行器"放牧"已不是梦想。藏羚羊、野牦牛、藏野驴、盘羊、雪豹将成为现代牧民大牧场内的"家畜"，畜牧产品的质量和增值不言而喻。

（六）保护野生植物和天然林是保障农牧民增收的基础

优良的生态环境，多样性的植物资源和天然林是农牧民生产绿色产品的"聚宝盆"。全区仅高等植物达6400多种，天然林面积达729万公顷，在这些未受现代工业污染下的生态环境，产出的食品、药材备受人们的青睐。松茸、木耳等菌类植物，天麻、贝母、三七、虫草、红景天等药用和滋补强身的草地、林下植物，只有在优良的生态环境条件下，才能丰产和优质。此外，多样性的野生植物也是农牧民开辟其他生物产品的源泉：培育繁殖珍贵花卉，提供木质纤维工业原料，提取野生淀粉，开发油脂和芳香油植物等，为农牧民增收提供源源不断的渠道。

（七）国家生态保护建设项目为农牧民提供了增收的机会

西藏生态环境保护被列为优先地位，林业部门天然林保护工程，荒漠化治理工程，自然保护区建设工程，野生动植物和湿地保护工程，城市周边地区绿化工程等项目的实施将投入大量的资金。项目本身的效益为农牧民提供了优良的生态环境，是可持续增收的保障。在项目的实施和建设中广大农牧民又是主力军，据估算在"十二五"期间，仅林业部门的生态建设项目中，农牧民平均每人每年增收 300 余元。

三、存在的问题及建议

农牧民增收其重要的因素之一是农牧民本身素质的提高，能够充分认识到保护好生态环境是他们经济发展的根源，在资源利用的过程中进一步提高其质量、品质，精加工、细加工，增加附加值。

（一）提高文化素质和生态环境保护意识

虽然近些年来，国家做了大量的科学普及文化教育工作，但是受历史原因的影响，全区广大农牧民总体文化素质较低，对生态环境保护的意义认识不足。当然也与自身的经济利益有着密切的联系。自古以来"野生无主，谁猎谁有""乱捕滥猎""乱采滥挖"的现象依然存在。此外，由于文化水平较低，对现代新的农牧业生产方式接受的较慢，生产的产品较粗糙，许多产品仅以原材料形式出卖，附加值很小，或者没有。在对自身生态环境的改变问题上只有感觉，没有深入认识，仅感觉到原有的麝、藏羚羊等经济动物少了，农牧林业中病虫、鼠害多了，自然环境中灾害性气候不断出现，等等。这一切改变原有生态环境的认识，只能是在提高文化素质，提高环保教育后，才能提高。

（二）划分经营、生产活动区

草场纠纷、猎场争执，在许多地方有生产经营以来就存在。在农牧民的生产资料中，农田、牧场、森林等如果没有明确的生产活动区，必然会出现"谁猎谁有""谁牧谁获""谁挖归谁"的不良结果，也让一部分投机分子钻了空子。掠夺式的超载放牧，无选择的猎捕麝等野生动物，致使草场退化，物种濒危。最根本的原因就是生产资料的经营者没有持续增值的责任。如果将农田和草场（现已划分了经营区）以及森林在国有权不变的原则下，划分给农牧民经营，发放林权证等形式将其经营范围、承担的义务、保护生态环境的责任，以法律、法规的形式固定下来，是保证农牧民可持续增收和保护生态环境的有效措施。

（三）制定乡规民约，增强法律意识

受文化水平和历史的局限，农牧民对生态环境保护的意识能力较为淡薄。只要有损害自身利益的现象，将不惜牺牲公众利益。为了保证农牧民大众利益的可持续性，保护好生态环境，在国家有关法律和法规以及管理措施完善、在深入宣传教育以后，很有必要在广大农牧民中，制定乡规民约，保护大众利益，保护可持续增收的生态环境。

（四）提高资源利用价值，节约自然资源

目前，西藏广大农牧区群众对自然资源的利用率较低，无形之中对资源造成浪费。受传统农业耕作习惯和计划经济时期对农业的影响，单纯追求单位面积的产量，结果由于品质较差，所获得的经济效益较低。如果将农作物改为市场经济中所需求的高品质、富营养的产品，就能较大地提高农业土地资源的利用率，既节约土地，又可提高产值。牧业中草场载畜量和冬季存栏数量的控制是提高草场质量和经济价值的有效途径。森林地区对林下资源的合理开发利用中，应该做到合理采集，有计划采集。如在采集松茸时，严禁采5厘米以下的童茸，放开菌伞的松茸不采，以保证单位面积内松茸的产量和种源。在产品进入市场之前，尽量做到精加工，精包装，提高质量，避免资源的浪费，同时也提高了价值。

总之，按照党的十八届五中全会提出来的"五大发展理念"保护好西藏的生态环境，牢固树立起"绿水青山就是金山银山"的生态理念，努力建设，使我区广大农牧区成为山川秀美、五谷丰登、物产丰富，农牧民可持续增收的绿色家园。

"中国三江源国家公园"项目区生态脱贫现状、问题与建议

——以长江园核心区治多县、曲麻莱县为中心

张兴年 *

摘 要 "长江源园区"是"中国三江源国家公园"体制三个试点区(长江源园区、黄河源园区、澜沧江源园区)建设中面积最大、海拔最高、纬度最高、自然条件最差,因而建设难度最大的一个园区。长江源核心区覆盖藏区腹地的治多、曲麻莱两县4乡15个行政村,共有贫困户7279户,18946人。本次调查便以两县所涉乡镇为调研点,发放问卷共400份,回收386份,有效问卷率96.5%。通过数据分析、实地访谈、文本及个案分析,梳理长江源园区建设中所存新老问题,并据此提出可操作性对策建议。

关键词 中国三江源国家公园;长江园区;生态脱贫;治多县;曲麻莱县

前 言

2015年12月10日,习近平总书记在主持召开的中央全面深化改革领导小组第19次会议上审议通过了《中国三江源国家公园体制试点方案》,会议指出:"在青海三江源地区选择典型和代表区域开展国家公园体制试点,实现三江源地区重要自然资源国家所有、全民共享、世代传承,促进自然资源的持久保育和永续利用,具有十分重要的意义。"2016年8月22～24日,习近平总书记专程来青海调研,深入海西、海东、西宁等地,就贯彻落实"十三五"规划、加强生态环境保护、做好经济社会发展工作进行调研考察。考察期间的座谈会上,习近平总书记围绕青海工作

---

* 张兴年,政治学博士,中外政治制度专业,青海民族大学政治与管理学院,副教授,主要研究领域为藏区稳定与发展。

提出"四个扎扎实实":扎扎实实推进经济持续健康发展,扎扎实实推进生态环境保护,扎扎实实保障和改善民生,扎扎实实加强规范党内政治生活。2016年12月19日,王国生书记在省委十二届十三次全会上正式提出"四个转变",即要在认识省情和谋划发展上,努力实现从经济小省向生态大省、生态强省的转变,从人口小省向民族团结进步大省的转变,从研究地方发展战略向融入国家战略的转变,从农牧民单一的种植、养殖、生态看护向生态生产生活良性循环的转变。"四个转变"是对省情的新认识,对形势的新判断,是推动"四个扎扎实实"落地生根的行动引领,是治青理政的新思路。

中央从顶层设计和战略部署上所做的这种重大调整前所未有,高瞻远瞩,将三江源环境保护及项目区生态脱贫与民生保障工作放到全国乃至亚洲视域来谋划,提出:"青海最大的价值在生态、最大的责任在生态、最大的潜力也在生态,必须把生态文明建设放在突出位置来抓。"中央首次在原"青海省三江源自然资源保护区"之前冠之以"中国"二字,意味着"三江源自然保护区"已被纳入国家战略部署长期国策层面;2016年1月25日,中央一号文件精神更明确了农牧区生态脱贫将从供给侧加大结构性改革力度的新发展理念,针对三江源藏区的生态扶贫工作,先后批准了首个国家公园、4个沙漠公园。可见,三江源已不仅仅是青海的事,而是关系到我国乃至亚洲生态安全、经济循环及生态脱贫国计民生的大事。可以预见,在接下来的五年里,国家将在第一个国家体制试点公园建设上,激活和释放三江源生态移民脱贫奔小康的内在活力,定向施策,精准发力,带动藏区社会走向康庄大道,为"中国三江源国家公园"建设提供前瞻性、示范性研究。

三江源是我国乃至亚洲重要的生态屏障和水源涵养区,也是世界高海拔地区生物多样性最集中、生态最敏感地区。其生态环境具有能深刻影响全球自然环境变化的巨大生态效应,并由此而广泛影响到人类的生存与发展。同时,三江源地区同时也是我国重点扶贫地区之一。2005年以来,"三江源生态移民"离开了原来熟悉的粗放式的游牧生产、生活方式,自身又缺乏赖以发展的职业技能,移民搬迁后面临的实际困难仍然很多。随着物价的逐年增长,国家发放的补贴仅仅能够勉强解决温饱问题,新增人口家庭因为没有增加补贴,生活更是困难。要使移民"移得出,稳得住,能致富,不反弹",需要研究并切实解决移民的后续产业发展问题。而三江源生态目前面临的最大问题就是民生和社会保障问题。进入新经济常态以来，藏区第一、第二产业遭遇政策性限制，第三产业因环境、社会、资金及个人等因素先天不足，三江源地区经济社会发展缺乏应有支点和活力，项目区移民"等、靠、要"思想严重，"造血"式生态补偿机制亟待建立，这都需要深化、细化"三江源生态移民"生态脱贫研究。

"善治病者，必医其受病之处；善救弊者，必塞其起弊之原。""当前藏区形势出现各种问题的深层次原因是根植于其传统社会遭遇现代化进程强烈冲击所产生的心理不适感和相对剥夺感、其固有的社会规制和发展模式渐趋消退及地区间新的发展不平衡问题所致。从现实利益层面出发，急速的现代化进程并没有给一般藏民群众带来更大的发展好处，反而面临着一个日益边缘化的境地"（方堃，2008）。甚至进而沦为"三江源生态难民"（王秋，2012；王小梅，2006）。

那么实现藏区尤其是自然条件极端恶劣地区生态脱贫的现实路径是什么？在"第六次西藏工作座谈会"上习近平总书记指出："当前西藏社会所面临的主要问题就是解决好两个矛盾，其主要矛盾仍然是人民日益增长的物质文化需要同落后的社会生产之间的矛盾；同时，西藏还存在着各族人民同以达赖集团为代表的分裂势力之间的特殊矛盾。"习近平总书记进一步系统阐释了"依法治藏、富民兴藏、长期建藏、凝聚人心、夯实基础"等重要的治藏原则。三江源生态脱贫就是在这次会议之后提出来的，本研究将沿着深化中央治藏方略研究、以藏区精准脱贫奔小康路径为研究目标，为推进藏区长足发展和长治久安提供政策参考，探索化解藏区"两个矛盾"与三江源"精准扶贫、生态脱贫"途径。

此次首个国家体制的"中国三江源国家公园"项目建设必须会同国家有关部委抓紧研究制定试验区总体方案启动试验区各项建设，推动生态保护的治理模式不断向统筹区域全面协调发展的方向转变，以求从根本上改善三江源地区的生态环境。这无疑是一项长期的系统工程，需要大规模，持续不断地投入。

然而，学界对于"中国三江源国家公园"建设与项目区如何实现"生态扶贫""生态脱贫"进而助推藏区实现小康社会方面的研究尚未充分展开并深入进去。尤其具体到各园区所覆盖的乡村的研究更为鲜见。这为青海省努力推进"四个转变"的战略转变提供前瞻性、可操作性的迫切的现实需求不相匹配。查1987～2017年各类型学术发展趋势，论及核心区治多、曲麻莱两县经济社会发展问题的成果寥寥可数。可以预见，随着长江源园区建设的进一步铺开，治多、曲麻莱两县将成为学政两界关注的热点地区。两地如何实现"从农牧民单一的种植、养殖、生态看护向生态生产生活良性循环的转变"对黄河源园区、澜沧江源园区以及试点园区外围的乡村具有示范和借鉴意义。

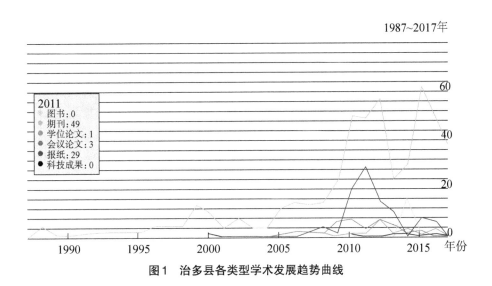

图1　治多县各类型学术发展趋势曲线

正如有专家所指出的："三江源国家公园的获批，将通过建立起牧民群众发挥生态保护主体作用并获得稳定收益的机制，不断激发当地群众和社会力量参与生态保护的内生动力，实现生态保护与民生改善，国家和区域发展的共赢。"

如果试点成功将有助于解决三江源生态保护管理体制不顺、权责不清、管理不到位问题，通过实现国家统一行使重要自然资源资产管理与国土空间用途管制，为我国首次在三江源地区构建"归属清晰、权责明确、监管有效"的生态保护管理和生态脱贫层面提供现实路径与理论范式，为首个国家公园管理体制机制创新提供样板和理论范式。

一、调查缘由

19世纪中后期，为保护和认识自然资源以及地质地貌，美国建立了世界上最早的国家公园。随后，加拿大、澳洲等效法美国的做法建立了大量的国家公园。在国家公园与扶贫领域内，国外主要国家学者在"孤岛式"理念指导下形成共识，即国家公园的建立往往伴随着社区参与角色的缺失或社区居民的转移，国家应协调解决移民居住和生计等问题。从现有研究来看，公园社区参与角色的缺失导致希腊某国家公园在建立24年后产生了矛盾和冲突 (Trakolis，2001)。居民转移将导致他们承担失去土地和工作、无家可归、被社会边缘化、食品不安全、患病率和死亡率增加、丧失一些基本权利等一系列风险，而这将导致公园内外森林生态系统的贬值 (Cemea，Soltau，2006)，使以牺牲社区居民生存权来保持生物多样性的国家公园建立策略失去了公信力及公共产品属性。所以国外国家公园建设中出现的上述经验和结论表明，学政两界在规划之初就应通过立法手段及时确定国家公园建立的目的之一就是促进地方社会经济协调发展，提高本地居民的经济收入，并在顶层设计中引入协商机制 (Trakolis，2001)。

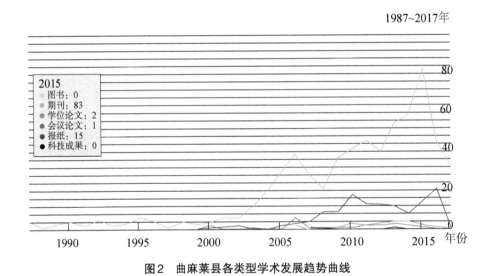

图2 曲麻莱县各类型学术发展趋势曲线

国内相关研究起步较晚。第一，大部分研究集中于概念和国外先进经验的介绍等方面，对在我国建设国家公园运行机制方面做了积极设想。但具体到国家公园从供给侧方面着力实现生态保护和区域发展，保护区社区新跃升等崭新命题，亟须深入研究。第二，关于公园对资源和环境方面的意见纷呈。魏小安在2000年的研究中较早指出了我国自然保护区资源与环境保护的中事权和问财权等关键问题。第三，对公园从业人员的培训方面的论述较多。唐彩玲、叶文等人在其文章中则提出对国家公园解说系统的规划应该遵循教育和启发、本土化、提供最佳体验的原则。第四，关于公园建设模式及带动地区经济发展方面，李经龙、张小林、郑淑婧等人认为国家公园旅游业发展应该实行以生态旅游发展和可持续发展为目标的发展模式。

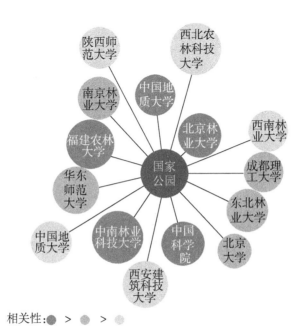

相关性：● > ● > ●

图3 相关研究机构

从国家生态脱贫战略视角去研究三江源地区民生和基本公共服务的论文相对较少。其中与本选题直接相关的有：黄进的《青藏高原牧民集中定居点公共服务研究》（2009）、索端智的《三江源生态移民的城镇化安置及适应性研究》（2009）、徐君的《机遇与适应：青海生态移民生存与原居地草场关系》。这些是较早关注到三江源移民定居点公共服务诸要素的文章。

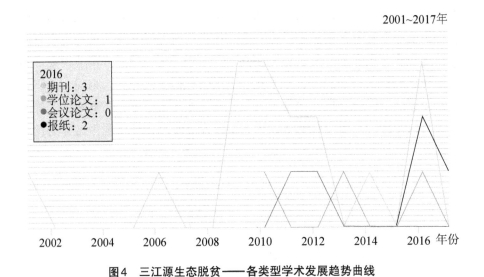

图4　三江源生态脱贫——各类型学术发展趋势曲线

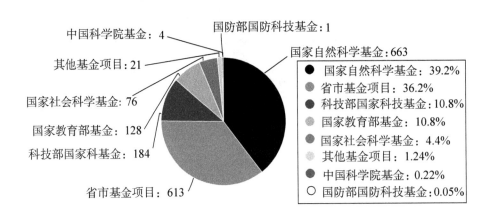

图5　国家公园——基金统计

　　专门论及三江源生态移民后续生存问题的研究与本选题相关度较高的，有尹秀娟等人的研究，其从"三江源"生态移民与迁入地城镇化建设的关系入手，提出应通过推进迁入地城镇化建设来实现移民与迁入地的可持续发展。其他研究者大都认为实施生态移民时政府应长远规划，加大投入，或从草原补偿等视域切入，于藏区生态脱贫一途，鲜有论及。

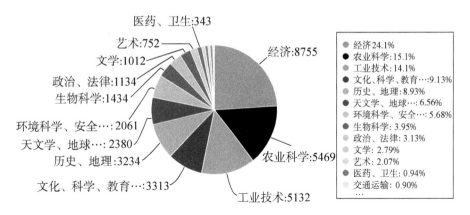

图6　国家公园——中文学科分类统计

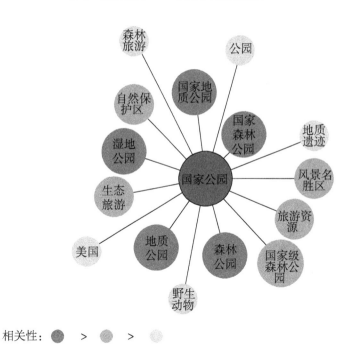

相关性：　●　>　●　>　○

图7　相关知识点

国内外既有研究之不足及本研究方向。国外对于国家公园的概念、管理、开发及横向比较方面做了较多探索，国内对于国家公园的体制机制、移民生计保障、经济协调发展及多维共建共享方面的探讨较为薄弱或者还不够深入。论及三江源生态保护区的文章多为调查报告，从国家生态战略层面论述体制机制问题的较为鲜见。

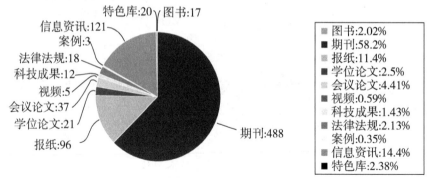

图8 治多县——各频道检索量统计

多数论者对三江源生态恢复与建设的文化机制等问题，虽偶有涉及，也多是宏观层面上的阐发，而对于关键问题诸如土地确权、人口控制、生产生活负面清单、事权财权划归及未来因应等方面缺乏必要的探索与微观分析；从资料收集方法看，有关三江源生态恢复和建设以及生态移民的研究较多地采用了文献方法收集自然和经济资料，而采用人类学参与观察、深度访谈以及参与式方法 (PRA，PTD) 进行研究的则少之又少。

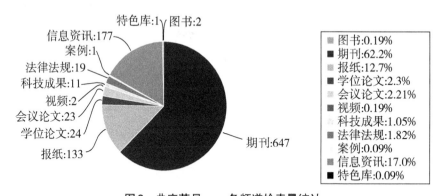

图9 曲麻莱县——各频道检索量统计

（1）关于"中国三江源国家公园"工程。"中国三江源国家公园"试点落户青海，在改革创新中国国家公园体制机制、铸造中国生态保护屏障、摸索民族贫困地区生态脱贫路径、激活藏区社会内在活力以及在国际政治斗争中争夺藏区生态话语权方面都极具开创性、前瞻性、可操作性和政治性。

（2）关于"三江源生态移民"生态脱贫工程。三江源以"母亲河"的博大胸怀为人类提供了无价的生态产品的同时，这一地区的藏族同胞也为此放弃了许多发展机会，如禁牧、禁采、禁挖、禁渔、禁猎、退牧还草、易地搬迁等，做出了巨大牺牲。至今，三江源经济社会发展仍相对滞后，相当一部分生态移民还生活在贫困线以下。学政两界应该未雨绸缪，在为"凝聚人心、富民兴藏"的治藏方略，为国家不断增强各族群众的发展参与度和获得感方面提供智力支持。

（3）国家公园与藏区经济协调发展与社会稳定。三江源生态迁移行为的发生会受到一系列经济和非经济因素的影响，存在介入障碍因素。三江源国家公园建设必须走移民就地转化生态脱贫的同时要使广大移民吸纳到国家公园的建设、经营、保护诸环节中去，建立稳定增收机制，加大藏区群众的大众参与感、获得感，以推动藏区协调发展，能从源头上预防和减少社会矛盾的发生，保障和维护社会和谐。

藏区生态问题具有国际敏感性，国外学者介入并进行深入调查研究的论述较为罕见。

基于这种判断，本次调研的初衷和基本假设便是"藏区治理问题的社会根源与近年来藏区经济社会生活变迁及农牧民的经济行为有关"。事实上，在短短的几十年间，藏区农牧民生活正从世世代代繁衍生息的封闭游牧社会走向现代，这是一次藏区快速市场化的剧烈社会变迁过程。从一个相对封闭和传统的部落社会急速向开放现代化社会转型，从简单的逐水草而居的游牧经济形态向市场化、商品化的现代经济社会过渡，传统的部落社会结构、游牧经济形态下的传统生产和生活方式以及价值观念等从思想深处正经历着前所未有的冲击。农牧民面临社会身份、社会行为、思想观念等多重分裂和错位。任何一个民族或群体面对如此急速却又被动的社会变迁都无可避免地会感到不适、焦虑，而这种社会变迁又伴随着种种矛盾纠纷。在这一过程中，藏区农牧民的生产、生活、交换、分配、消费及就业现状怎样？普通人的思想状态如何？诸多社会事件背后的经济因素是什么？这些行为又是如何影响着基层社会有效治理？但目前学界、政界对于藏区基层社会治理问题，且从农牧民经济行为角度切入研究二者关系的论著较少。通过不同的学术检索系统进行全文检索发现，在所有论及"藏区农牧民经济行为"的成果当中，51.4%的研究集中到了法律法规方面，从社会治理角度尤其从牧民群众收入来源、收入水平、消费情形等微观角度来探究二者关系的文章难得一见。

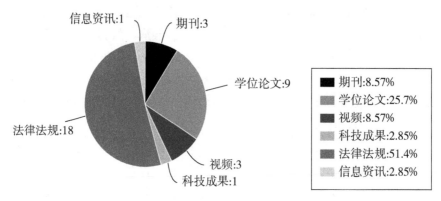

图10　藏区农牧民经济行为——各频道检索量统计

　　同样地，在研究藏区基层社会治理问题时研究者们也多从法律法规层面着手，其中期刊论文、学位论文涉及藏区社会治理的较多，反映出近年来藏区法律研究是一个热点和研究态势。另外，从研究者及研究机构来看，来自青海、西藏两地的研究成果明显薄弱且滞后。所以，本次调查就是要通过以青南藏区那些交通不便，封闭落后的藏区腹地县城乡镇为主要调研点，希望能够相对客观地了解变化中的藏区腹地经济社会和农牧民的经济行为，探究其与藏区基层社会治理之间的内在关联及因果机制，为推动藏区社会治理能力和治理体系的现代化提供事实依据、理论范式及基于两者之上的政策建议，这是此项调研的出发点和归宿。

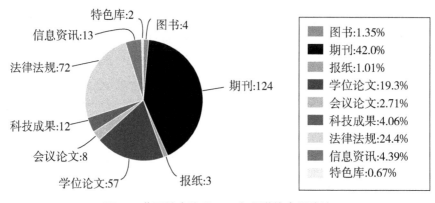

图11　藏区社会治理——各频道检索量统计

从目前学界关于对藏区经济的研究结论到笔者数次在藏区的调查情况可知，传统的经济模式和经营方式被打破，青南藏区经济社会的发展正经历着前所未有的巨大变迁，在整个藏区经济社会发展进程中具有典型性。从宏观角度看，我们可以将藏区大小不一，形式各异的经济主体归纳为三大类：政府、企业、个人。藏区地方政府是市场运行和经济关系的管理调节主体，是国民总收入的分配主体，也是市场监管的主体；地方企业、公司、专业合作社等是当地从事生产经营活动的经济组织，即藏区联营性质畜产品加工的第二产业和独立经营性质的个体商铺的第三产业是藏区地方物质产品和服务的重要提供者，是其经济社会的生产经营主体，也是市场监管的主要客体；藏区农牧民个人是生产要素的提供者，又是消费主体，在一些情况下，也是市场监管的相对人。

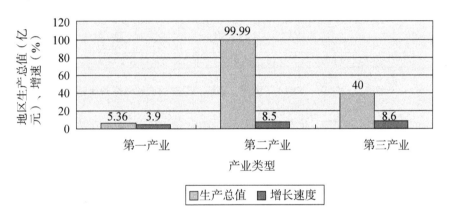

图12 2014年4月青海藏区产业指标

以2014年4月藏区❶各地产业指标及增速为例❷：其中传统的农业、畜牧业为主体的第一产业生产总值仅占5036亿元，已让位第二、第三产业，退居第三；而以加工业、专业合作社为主体的第二产业生产总值却高达99.99亿元，高居首位；以农牧民个人为主体的第三产业生产总值达40亿元，也远高于第一产业居第二位（如图12所示）。在藏区实现绿色发展、生态脱贫的背景下，原先采矿业、粗放式游牧经济已被严格限制。现实条件倒逼藏区地方必须再次转变经济发展模式，走生态、旅游及餐饮等第

---

❶ 藏区指海北、黄南、海南、果洛、玉树、海西六州。

❷ 数据分别由省财政厅、省人力资源和社会保障厅、省民政厅提供。

三产业为主支撑的地方可持续、可循环的绿色经济发展模式。事实上，从2010～2014年黄南、果洛及玉树三州餐饮和住宿税收统计数据来看，第三产业呈现良好发展态势，为实现藏区绿色发展，生态脱贫提供了现实依据（如图13所示）。

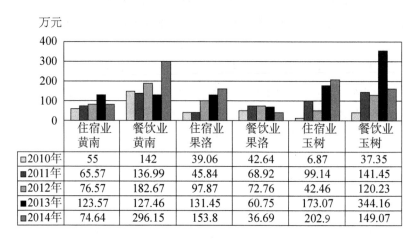

万元	住宿业黄南	餐饮业黄南	住宿业果洛	餐饮业果洛	住宿业玉树	餐饮业玉树
□2010年	55	142	39.06	42.64	6.87	37.35
■2011年	65.57	136.99	45.84	68.92	99.14	141.45
□2012年	76.57	182.67	97.87	72.76	42.46	120.23
■2013年	123.57	127.46	131.45	60.75	173.07	344.16
□2014年	74.64	296.15	153.8	36.69	202.9	149.07

图13　2010～2014年黄南、果洛、玉树餐饮和住宿税收额比较

基于这种情况，本次调查针对上述藏区三种产业的主体——农牧民进行的，旨在掌握长江源园区农牧民生计现状、所存问题及藏区人与自然和谐发展的因果机制，在科学厘清二者内在关系的基础上，拟对藏区实现生态脱贫、绿色发展提出可行性建议。团队在现状摸底、未来因应上，除传统的文献梳理法外，拟采用田野调查法、个案及参与式 PRA/PTD 方法，通过 SPSS 处理调查问卷、案例分析及追踪法等定性、定量相补充，典型个案等进行综合研究；在国家公园体制机制研究方面拟采用横向、纵向相比较的方法，对国内外、三江源不同阶段、不同地区的发展模式、脱贫路径进行比较研究；在理论解释和建构上，本研究拟采用生态型政府理论为支撑。

二、基本情况

"中国三江源国家公园"长江源园区位于昆仑山脉与唐古拉山脉之间，东至曲麻莱县的索加—曲麻河自然保护分区东界，南至可可西里保护区和索加—曲麻河保护分区南界，西至可可西里保护区西界，北以昆仑山脉为界。园区面积为9.03万平方公里，占三江源国家公园总面积的73.35%，包括澜沧江园区、黄河园区，是国家公园区划中占地面积最大的园区。该园区包括玉树藏族自治州西北部曲麻莱和治多两县的曲麻河、叶格、索加和扎河4个乡，以及可可西里国家级自然保护区。长江源园区由于位于青藏高原高海拔、高纬度及高寒地带，园区生态系统极其敏感而脆弱。长江源保存了大面积原始高寒草原、高寒草甸和高原湿地，实施了三江源生态保护建设一期工程后，虽然一定程度上呈现了生态好转的趋势，但该区域草场退化、沙化、湿地面积减少、生态功能下降、生物多样性减少或濒危的状况并没得到根本性扭转。生态保护与可持续发展的矛盾日益突出，环境承载发展的压力巨大。同时，该区域人口稀少、经济发展滞后，仅以单纯的农牧业生产方式为主，保持了较为良好的水质和空气质量，自然环境具有较高的原始性、原真性和体验价值。如三江源一期工程生态监测项目历年监测结果表明，治多县和曲麻莱县地表水环境质量保持稳定，饮用水水源地水质达标率100%，环境空气质量二级以上天数达到275天以上，达标率93%。

园区植被类型多样，主要以高寒草原、高寒荒漠、高寒草甸和沼泽草甸为主，区系成分相对简单，以线叶蒿草、小蒿草、高山蒿草、藏蒿草和紫花针茅为主，植被稀疏，覆盖度小，草丛低矮，层次结构简单。草地总面积63016.65平方公里，其中高覆盖度草地27591.94平方公里，中覆盖度草地10192.01平方公里，低覆盖度草地25232.70平方公里。曲麻莱县叶格乡可利用草原面积为3488.4平方公里，曲麻河乡可利用草原面积为4785.5平方公里；治多县扎河乡可利用草场面积4233.3平方公里，索加乡可利用草场面积39451.7平方公里。园区共有林地面积252.52平方公里，全部为灌木林地。灌木林地呈零星小片，在河谷和山地阴坡多分布有以金露梅、银露梅等为主的灌木。园区地处长江源头，独特的地理环境孕育了丰富的水资源，区内河流众多，纵横交错，密如蛛网。区内冰川主要为大陆性现代冰川，据2014年数据统计，共发育有429条冰川，冰川储量为71.33立方千米，是众多湖泊以及通天河长江一级支流楚玛尔河、当曲、莫曲、牙曲、君曲、尹河、口前河、登鳄河等的重要补给源泉。湿地总面积23207.46平方公里，主要包括河流湿地、湖泊湿地和内陆滩涂，面积分别为1537.42平方公里、15610.86平方公里和2068.56平方公里。大于

0.5平方公里的湖泊约160个，主要有西金乌兰湖、库赛湖、卓乃湖、多尔改错、太阳湖、月亮湖、错坎巴昂日东、笔架湖、昆仑湖等。高海拔湖泊群湿地主要分布于可可西里。湖泊群不仅滋润着动植物的生长，更是青藏高原生态环境变化的"晴雨表"。园区内植被区属于中国植被区划中的青藏高原高寒植被区，主要分属于三个亚区，即高寒草原地带、高寒灌丛草甸地带、高寒草甸地带；在植物地理区划中属于羌塘亚区。在门一级阶元上，本地区无蕨类植物门分布，裸子植物门仅分布麻黄属一属，被子植物门分布有28科88属210种和种下阶元（亚种和变种），现代植物区系贫乏。草场植物总种数有150多种，其中优良的牧草70余种，以矮蒿草、线叶蒿草、小蒿草、高山蒿草、藏蒿草、珠芽蓼等为主。著名的汉藏药材有红景天、冬虫夏草、雪莲、羌活等。此外，淀粉植物蕨麻、香料植物瑞香、蜜源植物岩忍东也较为丰富。园区位于世界生物地理古北界大陆性荒漠—半荒漠区，以寒温带动物区系和高原高寒动物区系青藏类为主，其中国家重点保护动物有69种，国家一级保护动物有雪豹、白唇鹿、藏野驴、野牦牛、黑颈鹤、金雕、胡兀鹫等16种，国家二级重点保护动物有盘羊、岩羊、藏原羚、藏棕熊、猞猁、荒漠猫、大天鹅、藏雪鸡等53种，省级保护动物有艾虎、沙狐、斑头雁等32种。国家2级濒危鱼类1种，列入《中国物种红色名录》的有5种。

然而，位于青藏高原高海拔的长江源园区生态系统敏感而脆弱，保存了大面积原始高寒草原、高寒草甸和高原湿地，实施了三江源生态保护建设一期工程后，虽然一定程度上呈现了生态好转的趋势，但该区域草场退化、沙化、湿地面积减少、生态功能下降、生物多样性减少或濒危的状况并没得到根本性扭转。生态保护与可持续发展的矛盾日益突出，环境承载发展的压力巨大。同时，该区域人口稀少、经济发展滞后，仅以单纯的农牧业生产方式为主，保持了较为良好的水质和空气质量，自然环境具有较高的原始性、原真性和体验价值。如三江源一期工程生态监测项目历年监测结果表明，治多县和曲麻莱县地表水环境质量保持稳定，饮用水水源地水质达标率100%，环境空气质量二级以上天数达到275天，达标率93%。

就青海省而言，长江源园区是全省经济社会发展最为落后的地区之一，社会发育程度低，经济结构单一，基础设施建设滞后，公共服务能力低。这也是课题组选择治多县、曲麻莱县数次前往调查的一个原因。2015年我们在治多县的调查中了解到，治多县地方财政单薄，财政收入以国家财政转移支付为主，即传统草地畜牧业仍为主体产业，无工业生产，商贸旅游和服务业规模弱小。牧民人均收入仅为全省平均水平的一半和西部地区平均水平的1/3，贫困面广、贫困程度深。园区包括治多县的索加乡、扎河乡，曲麻莱县的曲麻河乡、叶格乡，涉及15个行政村6592个牧户，其中贫困人口2950户，8696人，存栏各类牲畜30.94万头（只、匹）。治多县贫困户3927户，9644人；曲麻莱县贫困户3352户，9302人。所以，项目区实现精准脱贫、生态脱贫的任务非常艰巨。

由于身处藏区腹地，治多、曲麻莱两县有比较独特的自然及人文景观，但不为人所了解，具有很大的旅游开发价值。例如曲麻河乡独具特色的自然、人文旅游资源，孕育了"两河一山一峡"和"古道岩画七渡口"的优美风景。原始、古朴、纯真、自然美的曲麻河乡已成为青海省探险旅游、考古研究、生态旅游的理想之地。从长江北源头东至黄河源头，西接可可西里（以青藏线为界），南沿楚玛尔河，北连昆仑山脊，是玉珠峰南部的广大地域，平均海拔4600米以上。这里的风景有别于风光秀美的平川风光，重峦叠嶂，河流纵横，湖泊密布，冰川、雪峰、沼泽等浑然天成，自然景观奇特壮观。玉珠峰是群众性的大众登山活动基地，也是国家级登山集训基地。以昆仑之巅主峰的玉珠峰及姐妹峰"玉虚峰"为代表的探险登山道，以珍稀野生动物王国基因库为代表的野牦牛群观赏区，以古岩画为代表的史前文化，以七渡古道为代表的丝绸之路，这些呈多样性、独特性的民族文化构筑了曲麻河发展文化旅游的基石。叶格乡的悠久历史，展现出千湖神山人文景观优势资源和生态旅游线路的文化圈。其独特的山水文化造就了叶格"千湖神山"和"古墓缘"的特色。生活在叶格草原的人民，每年在这里举行"扎拉达泽文化旅游艺术节"，莱格白乃日扎神山，有民间阐述的格萨尔王英雄的故事流传至今。索加、扎河两乡位于治多县西北部，被称为野生动物王国，具有丰富的山水文化资源、潜在的旅游开发资源以及最原始的自然风貌和自然景观，境内有千年雪山西恰、卓玛义则、尕哇拉则等，还有千年冰川西恰和格西措智滩、乐日措加等天然湿地，更有闻名遐迩的烟章挂大峡谷，境内还随处观赏到雪豹、藏野驴、黑颈鹤等珍奇野生动物，可以说两乡是长江源地区生物多样性最集中、最典型的地区。两乡具有浓郁的游牧文化和丰富的地域文化，当地有许多继承和发扬格萨尔史诗的民间说唱艺人以及传统文化。国家级文物保护单位"古墓群"及省级文物保护单位"楚玛尔七渡口"在国内具有很高的知名度。可可西里自然保护区是目前世界上原始生态环境保存最完美的地区之一，也是最后一块保留着原始状态的自然之地，其地势高峻，平均海拔在5000米以上。

长江源园区另一处重要的片区便是可可西里自然保护区。可可西里自然条件恶劣，人类无法长期居住，但却是野生动物的天堂，素有"万山之祖""千湖之地""动物王国""人间净土"的美誉。截至目前，全县通车总里程达3487.107公里，其中省道S308、S313占441公里，四级公路276.6公里，村道硬化工程149.5公里，配套及独立桥梁4195.24延米／72座。特别是S308线贯穿县境，全程22.9公里，连接109国道至不冻泉，与海西州格尔木市相邻，距格尔木市180公里，东于西藏安多县相邻。全县已建成了7.203兆瓦民用光伏电站一座，微型太阳能光伏电站5座。

另外，治多全县农村饮水安全、水电新农村电气化和巴干乡代曲防洪等23项（含项目区3项）水利水电基础设施工程及县城供水工程，提升了城镇防洪能力和安全饮水普及率。截至目前，全县网络覆盖率为95%，城及五乡通信网络基本全覆盖。光缆总长度为2100公里，3G基站38座，其中一座卫星基站。实施了牧区信息服务工程和文化共享专线，以及县乡电子政务平台建设等项目。西部308公路沿线至然仓寺，网络覆盖率为97%。目前，园区县域范围区内有生态保护管理和执法机构16个，共有编制100名，包括聘用人员，实有人员为279名。

治多县较之其他藏区，在藏区现代化进程中，由于地处腹地，交通闭塞，气候地理等天然条件差，农牧业作为传统产业长期处于弱势地位，受制于自然环境、文教卫生等条件，这种弱势更加明显，与其他藏区差距较大，是全国重点扶贫县。以农牧业为主的经济结构使得治多藏区尤显贫穷，一般农牧民的生活水平基本停留在温饱线之上。该县农牧民的经济行为除了投资畜牧生产之外，一般农牧民每年的余钱并不是很多。治多县当地的县、乡镇干部告诉我们，除了初级农牧业之外，当地产业体系近乎空白。

治多县工商局提供的数据和访谈也显示：当地县城数家外地私营畜产品加工厂，规模较小，产品单一，吸纳当地农牧民就业乏善可陈，对当地经济增长效用并没有我们预期的那样大。而作为治多县唯一一座藏传佛教寺院的贡萨寺，尽管寺内有世界最大的室内铜制镀金佛像，只因距县城9公里远的山上，每年至此的外地游客寥寥可数。像这样受制于特定的产业结构和自然环境，青南藏区大多数具有地方特色的产业并没有发展起来，当地农牧民从事旅游经济的人员远不如交通相对便利的地区，包括寺院旅游经济、可可西里旅游景区、为数不多的"藏家乐"仍处于弱势地位，从业人员很少且不固定。本地藏族与外地人从事商业的，无论从规模、种类、从业人员等来看所占比例均不占优势。尤其出来经商的店主摊贩中女性有77人，占受访人员的39.7%，其中当地藏族妇女不足10%。调查发现受访的194人中受教育程度明显偏低。在农贸市场，摊贩店主31.9%是外地到当地的汉族，河南籍汉族集中于蔬菜瓜果的长途贩运，四川籍汉族则主要集中于餐饮与住宿，出租车司机多来自海东各县。总之，当地藏族从事商贸活动的有49人，占23.1%(如图14所示)。

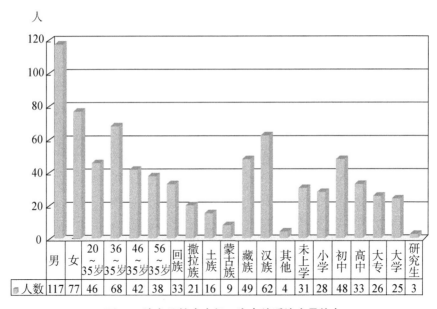

	男	女	20~35岁	36~35岁	46~35岁	56~35岁	回族	撒拉族	土族	蒙古族	藏族	汉族	其他	未上学	小学	初中	高中	大专	大学	研究生
人数	117	77	46	68	42	38	33	21	16	9	49	62	4	31	28	48	33	26	25	3

图14 治多县综合市场、汽车站受访人员信息

就总体而言，作为一个纯牧业县，各种"生态畜牧业合作社"经济是治多县国民经济的主体，约70%以上的农牧民从一家一户放牧转型从事形式各异的"生态畜牧业合作社"经济，其他经济形式均处于弱势地位。近年来当地铜、铅和锌等优势矿产均禁止开采，区域禁牧、虫草限采等一系列措施，让当地群众就业渠道受到明显影响，部分牧民再次重操旧业，从事牧业的青壮年劳动力为35人，占调查人数的20%，另有25人从事畜产品的批发零售，15人从事西宁到治多县的长途贩运，位列第3位（见图15）。通过对治多县畜牧局、工商局、兰采乡干部的访谈，调查组了解到：治多县平均海拔在4500～5000米，灾害频繁，危害严重。全县几乎每年都有不同程度的雪灾发生，导致牲畜大批死亡。在干旱严重年份常造成人畜饮水困难，牧草生长不良。此外，大风、冰雹、霜冻对牧业生产都有严重的影响，雷电也直接威胁着人畜的安全。截至2016年7月，该县农牧民主要从事畜牧业生产，但其年收入中虫草收入占70%左右。该县土地总面积12033万亩，均属牧业用地，草场面积为3217.94万亩，占实际面积的79.63%。据畜牧局干部讲，由于草山属高寒草甸，杂草种类较多且分布广，造成牧草采食率低下，草场生产力不高，以至于近年来牲畜出栏率逐年下降。具体调查数据如下：截至2014年年初，该县各类牲畜存栏数为43.56万头（只、匹），其中牦牛存栏数16.75万头，藏羊存栏数26.5万只，母畜20.45万头只，母畜比例占39.81%，全县牲畜总增率、出栏率、商品率和成畜死亡率、仔畜繁活率分别为35.5%、35.09%、30.07%和2.52%、77.68%。该县农牧民人口为27044人，从事畜牧业的农牧民为17379人，占63%以上，主要从事畜牧业及畜产品的粗加工，是县国民经济中的主体。这与我们调查统计的数据相一致，35人从事农牧业，批发零售业近一半为畜产品，二者总计约50人以上，占从事行业中的第一位（如图15所示）。全县辖6个乡（镇）共20个行政村，68个生产合作社，其牧业产值23992.71万元，占总产值的88.12%，农牧民人均纯收入3294.65元。可见，治多县农牧民依然依靠第一产业，第二产业缺乏内在活力。

该县生态农业合作社从2008年开始，以同卡村为试点村，自创一套生产和经营模式，获得成功，并于2017年7月23日，被列为"全国推进生态农牧业试点村"，其经验已逐步向条件成熟的乡镇推广。在开始阶段，引导农牧民入社时，大部分牧民有顾虑，主要担心会回到20世纪60年代的合作社，大都有抵触情绪，推进难度比较大。其主要原因据介绍，一是对相关政策不了解；二是思想观念落后；三是个人专业技术不掌握，文化素质跟不上；四是担心交通闭塞，产品销售渠道无着落。之后于2012年，该县"整村推进"项目开始实施，农牧民主要采取两种模式联营：一是"入股式"，二是"联户式"。据了解，这两种联姻模式都是牧民自己根据各村实际情况探索出来的。其3乡5村跨区域组建合作社，全县共有20个合作社，20个牧委会，草补额度为3.4元/亩。所以，该县普通牧民主要收入来自畜牧业，其次是草补机制，再次是专业合作社分红，收入渠道非常狭窄，收入较之其他州县有一定差距，月均在1200～3500元。而从事商贸贩运的人员中月均收入达到3500～5000元，这一部分基本上是外来经商人员（如图16所示）。

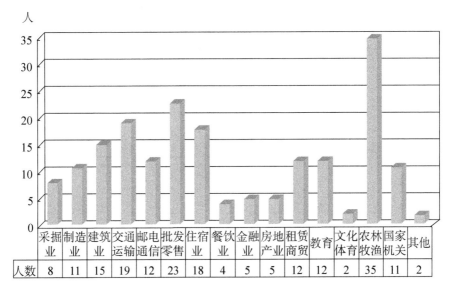

人数	采掘业	制造业	建筑业	交通运输业	邮电通信业	批发零售业	住宿业	餐饮业	金融业	房地产业	租赁商贸	教育	文化体育	农林牧渔业	国家机关	其他
	8	11	15	19	12	23	18	4	5	5	12	12	2	35	11	2

图15　受访人员从事的行业

目前治多县大部分合作社运作渐趋成熟，已被纳入"推进全国草地建设试验区"项目建设当中，基本实现了一村一个合作社的建设目标，其中经济效益较好的合作社，年终每户可以有300～700元的分红，各合作社相关制度健全。据牧民反映，他们加入合作社主要是"看人"，即看合作社带头人是不是村长，理事长是不是有"本事"，带头人选不好，则分红就少，甚至没有什么分红。

同时，我们就此问题访谈了兰采乡乡长，他分析合作社能否"吃得开"，一是在于人的因素，二是交通，他列举了该县索加乡同卡村的例子。该村因地处边远，被称为"三水之家"，距离治多县城200公里之遥，虽被列为"国际自然基金项目"区，但该村合作社的畜产品"没处去买（当时困难很大）"，他们的做法是每户先以羊2000只，牛1200头，每8户为联合，进行大规模养殖，然后将畜产品收齐，打上记号，再寻找市场和商机。经过一段时间的经营，获得较好效益，县政府因此向其他乡村推广。目前，同卡村每年每人可以保持8000～9000元的分红。

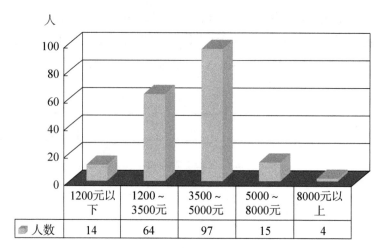

人数	1200元以下	1200~3500元	3500~5000元	5000~8000元	8000元以上
人数	14	64	97	15	4

图16 受访人员的月收入

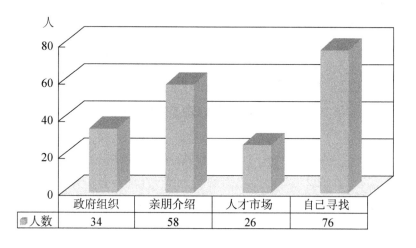

人数	政府组织	亲朋介绍	人才市场	自己寻找
人数	34	58	26	76

图17 受访人员找工作的途径

在访谈中发现，有部分大专学生在市场中非常活跃，我们询问他们在哪儿上学时，大部分表示已毕业或辍学经商。问及他们当初找工作时的途径时，有76人是通过自己寻找得到，占39.2%；58人是通过家人及亲戚朋友介绍得到，占29.9%。他们大都在省城西宁上过学，部分有在西宁或玉树等大地方打过工的经历。我们了解到由于人生地不熟、专业技能较低以及恋家等原因，他们大多返乡不愿外出务工。他们普遍认为在大城市中找工作不容易（认为"不容易"的120人，占61.9%；认为"很难"的有21人，占10.8%）（如图18所示）。

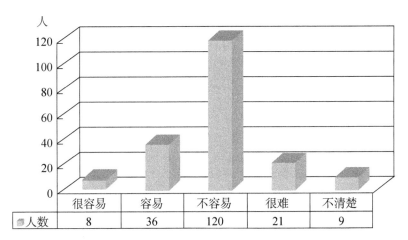

	很容易	容易	不容易	很难	不清楚
人数	8	36	120	21	9

图18 受访人员在城市找工作的难易程度

另外，同卡村因具备虫草生长的气候等自然条件，虫草收入较之该县其他地区相对好些。根据我们的调查，同卡村年收入的70% ~ 80%是虫草收入，而不是我们预想的居当地经济主体地位的畜牧业及畜产品收入。截至调查结束时间，该县农牧民人均纯收入达到1477.43元，城镇居民人均可支配收入达到9269.66元。虫草经济自2014年以来持续低迷不振，使得当地原本狭窄的收入来源深受影响，一部分人员选择从事藏毯、藏饰品、畜产品等藏族人口从事较多的传统行业，虽然获利较少，但比虫草行业风险少得多。当问及"您是否考虑从事本民族人口从事较多的行业"时，其中100人，回答"会考虑一些"，占51.5%；80人则回答"会"，占41.2%，显示出当地人对藏族传统行业的信心和良好的市场预期（如图19所示）。

就藏区基层社会而言，传统封闭的游牧经济社会向现代化、商品化社会转型时期，农牧民的经济观念及行为都会受到冲击，而"三江源生态移民工程""农牧民定居工程"等大规模的集中连片，整村推进，使得藏区传统社会结构、社会角色发生错位和重构。在这一过程中，藏区各地经济发展水平不断拉大，农牧民收入悬殊，由此产生的"相对剥夺感"等心理失衡是藏区社会不稳定不和谐的温床。这种由于经济因素而导致的矛盾纠纷及群体性事件日益凸显。所以藏区治理成败与基层社会中，农牧民诸如生产、交换、分配及消费这些经济行为紧密相关，可以说经济行为从更深层面上贯穿了藏区社会各类矛盾纠纷的始终。

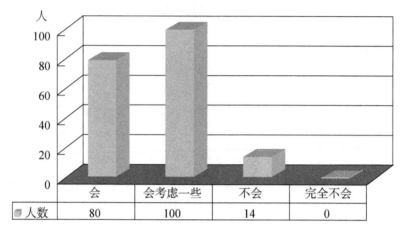

人数	会	会考虑一些	不会	完全不会
	80	100	14	0

图19　受访人员择业时对本民族人口的考虑

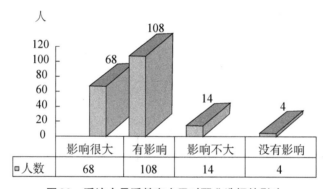

人数	影响很大	有影响	影响不大	没有影响
	68	108	14	4

图20　受访人员受教育水平对职业选择的影响

受教育水平的影响，受访人员坦言是"教育水平影响到了他们的职业选择"。一方面当地人对藏族传统的生产、生活方式有难以割舍的情结，不愿背井离乡外出务工、不愿从事风险高的行业；另一方面他们又对国家异地搬迁、政府扶持就业甚或到州府省城生活定居充满期待。在回答"您是否愿意接受政府安排的就业机会"时，高达121人选择了"愿意"，占62.4%（如图21）；同样，在问及"您是否喜欢留在城市从业"时，高达129人选择了"喜欢"，占66.5%；45人选择了"非常喜欢"，占23.2%（如图22）。

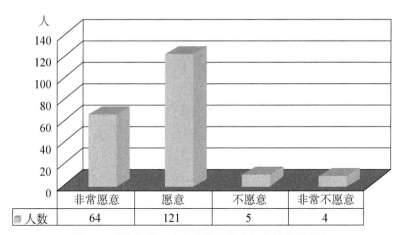

图21 受访人员对政府安排的就业机会的接受程度

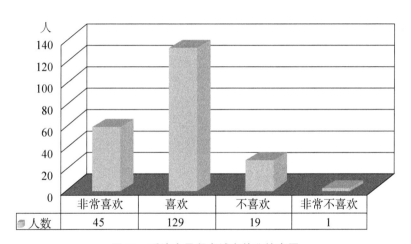

图22 受访人员留在城市从业的意愿

　　年轻群体的这些愿望，实际上为今后激活藏区市场活力，释放内在的创新能力提供了可能。事实上，地方政府在解决青壮年劳动力就业方面做了很多工作。例如，2016年招录152名工作人员分配到全县各单位，新增城镇就业160人，四类下岗人员就业40人，组织牧区劳务输出1900人次；面向社会，招募大专毕业生，政府统筹，对50户孤寡病残皆俱困难家庭启动实施了分散供养。另外，该县"精准扶贫商贸产业园区项目""扶贫整村推进项目""雨露计划""治多县蔬菜及花卉保温棚项目""城南幸福敬老院""城北长寿敬老院"正在进行招投标或已启动。这些项目从实施到建成后的运作将吸纳当地数百人员就业，逐步形成集居住、医疗、购物、休闲、议事等功能为一体的综合性、优质化集中服务中心后将带动其他服务业的发展。所以，接下来一个迫切的工作是，积极作为，政府牵头，做好专业技能的培训，随着"专业合作社"建设、"精准扶贫商贸产业园区项目"以及"中国三江源国家公园"等重大项目逐步展开，青壮年劳动力在从事相关行业时的专业技能和业务水平都亟待提高。受访人员中从事蔬菜瓜果零售、藏饰品批发零售、牛羊肉及畜产品销售、餐饮住宿、出租车等行业中，外地人员占绝对数量，而且从业时间较早（如图23所示）。甚至形成了行业壁垒，当地藏族进入较为困难，究其原因就在于传统观念与技能跟不上经济社会所需所致。从事服务业、新型行业就需要政府未雨绸缪，及早有针对性的培训工作。本次调查显示，104人，表明没有参加过政府组织的职业技能培训，占53.6%，证实加强培训的迫切性（如图24所示）。

对于村委会(牧委会)、居委会等自治组织内部事务，则应站在指导的角色，赋予自治组织、行政组织与社会组织平等的权利与地位，把握好引导功能。

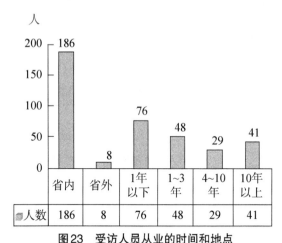

人	省内	省外	1年以下	1~3年	4~10年	10年以上
人数	186	8	76	48	29	41

图23　受访人员从业的时间和地点

尽管治多县加吉博洛镇在县域经济发展方面，突破瓶颈限制，积极作为，就整体而言，有很多亮点地方，但也存在诸多不容忽视的困难和问题。

一是经济下行压力加大，县域投资逐步放缓，项目支撑发展的后劲不足。例如，畜牧业合作社的后续发展问题比较突出和严峻，引进的几家外地企业普遍不景气，只为公司自己利益服务，对当地就业、税收作用不大。以前的县肉联厂和供销社全部倒闭。据工商局干部的介绍，2007年，该县注册个体户有200多家，现在增加到700多家，但是自去年以来，都说"挣不上钱了"。治多县90%的个体户是外地人，其中大部分是海东各县及甘肃、四川人，所从事的行业主要是餐饮、蔬菜水果、理发店等。相对于本地藏族，这些外地商户竞争力较强。而在剩余10%的藏族个体户中，90%来自玉树，他们主要从事春草、蘑菇、蕨蔴、藏饰品一类商品的批发零售。

二是受地域环境影响（冻土期长、施工期短），前两季度项目工作推进较为缓慢；另外，因交通条件的限制，该地农牧民的牛羊肉主要销往西藏、格尔木两地，但规模和当地牧民参与人数有限。当地从事此项贸易的农牧民能有4000元左右的收入，处在贸易链的最低端。

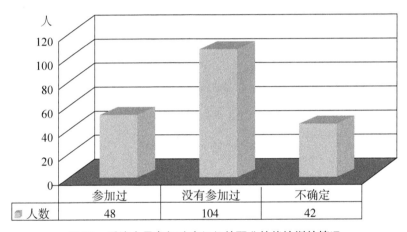

图24　受访人员参加政府组织的职业技能培训的情况

三是经济基础薄弱、结构不优、效益不高的问题依然突出，转变发展方式的任务艰巨。当地特色产品如治多特色的藏式编织物、手工缝纫的藏式账房、饰品、寺院铜器、唐卡等都还停留在家庭手工作坊阶段，规模、人数很小，往往20人左右的规模，而且从业者不稳定，无法进行系统的技术培训，和其他县差距较大。

四是牧业综合生产效益不高，牧民增收渠道狭窄，贫困面依然较大。其中虫草收入虽然可观，但此项收入在治多县仅限于为数不多的几个地区，且从2014年开始，虫草价格一路下跌，之前虚高的价格难以回升，前景不容乐观，虫草经济存在"小富掩盖大贫"的现象。随着当地铜、铅、锌矿产被禁采，"虫草经济"持续低迷，一定程度上影响了当地群众的收入。尤其家中有学生、病人或人口较多的家庭普遍坦言"生活压力大"。在回答"您觉得哪块开销对您负担最大"时，我们的调查数据显示认为是"孩子上学"一项的有77人，占40%；"家人看病"与"婚丧嫁娶"两项基本持平，各占16%（如图25所示）。访谈中得知当地藏族群众经商及消费时会受到来自传统观念，尤其是宗教信仰的影响，对外出务工普遍存在畏难心理（如图26所示）。

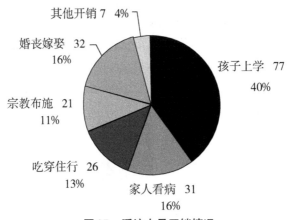

图25　受访人员开销情况

五是县级财力薄弱，统筹城乡发展、实现基本公共服务均等化的任务依然艰巨。推进藏区基层社会有效治理离不开经济发展这个基础，在农牧民从生产、交换、分配及消费的链条中，政府角色定位和主导地位不能够缺失。尽管作为藏区第一经济主体的畜牧业、专业合作社整体发展较好，但后续问题也有很多。比如合作社畜产品商品转化率低、销售渠道窄、技术加工粗糙、没有品牌等。以治多县"×××牌矿泉水"为例，政府主导，农牧民入股加入，尽管矿泉水的质量良好，但因交通不便等因素的影响，一直打不开销路。2015年夏，该企业携带矿泉水样品参加"青洽会"展览，最终因为运费成本过高没能与意向企业谈拢。这样的例子较多，访谈得知，由于销路和运费成本原因，一些初级加工的皮、毛、纺织、奶产品最后只能被当作取火燃料烧掉，或当肥料使用。

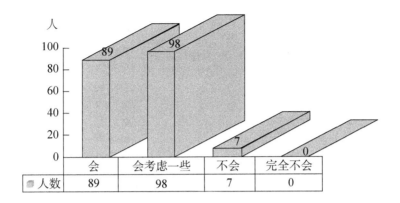

人数	会	会考虑一些	不会	完全不会
人数	89	98	7	0

图26　受访人员择业的影响

农牧民由于信息、技术、经营方法有限等原因，只能依靠政府引导。治多县社会综合治理办公室的理念是："即便生意没做成，但政府必须得去牵头、监管，还得做好善后工作。"可以明显感觉到基层干部的服务意识，他们认为不为牧民服好务，其他工作也就无从谈起。服务农牧民就以大大小小的事为抓手，寓服务于治理。

当问及"您最不满意的问题是什么"时（如图27所示），不论问卷还是访谈，群众的回答呈现出较强的地域性差异，需求也呈多样化。就总体而言，在所调查区域内群众对偿还农村信用贷款有畏难情绪。大部分群众不能按期还贷，甚至出现因继续"以贷还贷"，而"分户不分家"的情况。银行常年催缴，牧民却无力偿还，双方均有较大的心理压力。尕巴松多镇全镇贷款总额达1亿元，户均30000元，完科是尕巴松多镇牧民经济条件较好的村子，是海南州"村容村貌示范村"，即便这样的村，其不良贷款也达60万元之多，"以贷还贷"不是个别现象。

其次，有21%的群众担忧孩子上学问题，这既反映出牧民观念的变化，也凸显了定居点适龄儿童到寄宿制中心小学、县城中学就读难的问题仍比较严峻。定居点夏季放牧时节，留守在定居点的老人、儿童的照顾，家庭和学校教育，以及亲情教育就会缺失。图27中21%的受访者选择"孩子上学"、17%的人选择"看病"、10%的人选择"村级文体活动"，这几项反映出定居点文教、医疗等基础设施及保障制度的缺失情况。

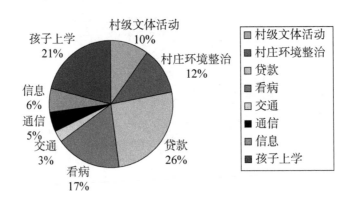

图27　受访人员不满意的问题

值得注意的是，仅有3%的被调查者对交通不便或路途遥远一项，表现出预期的困难心理。这可以解释为调查区域距县城尕巴松多镇较近，加之各村已有小卖部及摩托等机动车辆增加所致。但诸如塘古镇、秀麻乡及河北乡等，交通不便仍是制约当地发展的主要因素。

虽然同德及相邻州县有部分国家第二轮西部大开发战略项目、内地省市及有关部委对口支援项目、"国家级生态畜牧业可持续发展实验区"项目、"三江源国家生态保护综合实验区"项目、"草原生态保护补助奖励"及"生态农业合作社"等基础设施建设项目，但社区和定居点公共服务体系建设是一项长期、配套的巨大工程，诸如教育、医疗、道路、水电通信、文化等基本设施及组织结构、传统观念的改变都必须被同步纳入"定居工程"统筹规划和建设中来，否则就会出现定居点"人去房空"的尴尬局面。

事实上，只要相应的配套公共设施和服务能及时跟进，牧民群众是很乐意住进舒适的定居点的。在回答"您现在最期待的基础设施建设项目是什么"时，占最高比例21%的便是群众对"住房建设"的期待（如图28所示）。

在问及"您最盼望的事情是什么"时，有33%的被调查者选择了"项目扶持"。这反映出两方面的问题，一是正经历由传统生产和生活方式剧烈转变的牧民群众，自身创收意识和能力的不足，同时在一定程度上反映出对项目扶持的"等、靠、要"的依赖心理。但发展态势比较好的村镇，如该镇巴沟乡、黄南州同仁县隆务镇、保安镇等地干部和群众则普遍认为"实用技术培训""个人文化素质"以及"落实富农惠农政策"是致富脱贫的关键因素，单凭"资金扶持"和"牛羊育肥"很难从根本上解决贫困问题，反映出居住县城附近农牧民与牧区腹地纯牧户之间在需求观念上的差异。

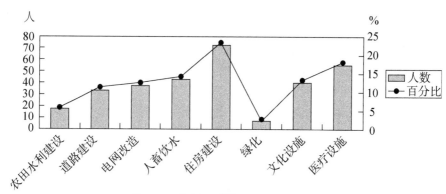

图28 受诉人员最期待的基础设施

其次，有18%的访谈对象选择了"医疗设施"的建设和完善。有14%的访谈对象选择了"人畜饮水"问题。这些都显示政府在定居点的公共服务应集中在如下重点领域：解决牧民的定居住房问题，改善牧民的居住条件，保障偏远定居点牧民"病有所医"，解决人畜饮水困难，帮助牧民适应定居生活；开展公共基础设施建设，人力改善定居点的基础设施条件；开展定居点产业发展服务，为群众增收创造条件。

"您最盼望的事情是什么"一项数据（如图29所示）以及深入交谈之后均显示：定居后的牧民群众不再仅仅满足于知道政府在公共服务上的政策落实、项目进展、花了多少钱，而更关心这些政策、项目及支出取得了哪些效果，对公众的生产生活带来了什么切实的改善。

群众这种想法从满足信息需求的层面来看，加快牧区政府公共服务绩效评估，并形成定期公开报告制度，不仅为各级政府进一步改善牧区公共服务提供决策参考，而且可以满足群众的信息需求，提高他们参与政府管理和监督的能力，有利于推动决策的科学化和民主化，有利于提升政府在农牧民心中的公信力，进一步提高公共服务的均等化水平，而这些是公共服务和"维稳"工作中的重要环节。

另外，关注定居点留守老人的精神文化生活，定期开展参与性强的文体娱乐活动。继续实施文化下乡工程，坚持流动舞台车、流动文化服务车定期到各定居点从事文化服务活动，鼓励并切实组织好牧民喜闻乐见的

"赛马""射箭""摔跤"及各地艺术团队和各民族艺术表演团体到定居点巡回演出工作，这既可以进行物资交流，还可以拉平各定居点农牧民的社会心理，丰富留守牧民单调的社会生活。

在公共服务基础建设中，各村设"一站式"服务窗口。为了方便定居点牧民办事，试行办法要求各地在乡（镇）设置"一站式"服务窗口或"一卡通"制度，距离定居点较远的乡（镇）应把服务窗口前移到定居点村民委员会所在地（如可设在党员活动室），设立代办点、固定代办人员。同时在当地基层党组织和乡镇政府牵头下，培育和发展利于定居点和谐稳定发展的专业经济合作组织、互助性组织、文体活动组织等社会组织，并纳入常规化管理。

按照社区化管理模式，统一编制牧区定居点牧户门牌。对已定居的牧民，以定居点为常住户口地址进行户口登记，纳入常住人口管理体系，以便于今后的管理和服务。各村镇寺院的管理和公共服务的情况比较特殊，调查区域中的村、镇干部只能对户口在当地的僧侣有权利过问，而对部分来自甘肃、四川及西藏的"游方僧人"却缺乏必要的监管能力。据了解，单尕巴松多镇"香池寺"游方僧人人数一度高达60～100人，这无论在寺院管理还是在公共服务、"维稳"方面都存在很大的隐患。

因此，开设牧区季节性草场移动办证点、马背登记点，对无户籍牧民、"游方僧人"全部进行厘清并补录、在定居点建立社会治安信息员和矛盾纠纷调解员队伍。治安信息员在社会治安积极分子中选聘，矛盾纠纷调解员由村"两委"成员兼任，或由定居点牧民推选熟悉法律、德高望重的人员担任。巴沟乡上阿格村在这方面的成功经验是评选德高望重者或责任心强的党员"定岗设责、星级管理"制度值得借鉴。

在搞活当地经济、服务与"维稳"方面，各村镇依据实际情况，其创新模式不一而同。如同仁县保安镇凭借当地有利的旅游资源，积极促进定居点农牧民就业，加大定居点专业技术人才培养培训力度，全面落实就业援助政策，从资金上、技术上鼓励和支持定居点牧民自主创业和转移就业，拓展定居点牧民就业渠道，创造性的成立全省第一家"乡村旅游合作社"，得到省宣传部长吉狄马加同志的高度评价。在"维稳"方面上，该镇"民管民，僧管僧"模式也值得推广，该村委组织村中"三老"（老阿卡、老干部、老族长）、留守人员承担一部分治安、看护公共资源的工作，以常态化的服务代替"维稳"任务，契合"以服务代管理""以服务代维稳"

的社区治理理念，处于全县前列。

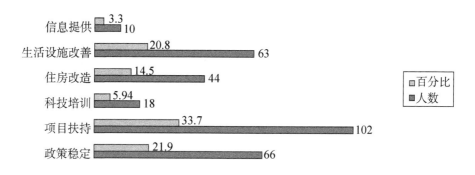

图29 受访人员盼望的事情

图29、图30所反映的是牧区公共服务中所存在的结构性问题，为实现"住得下，稳得住，能发展，快致富"的建设目标，地方政府在今后开展工作时需要注意：（1）牧区公共服务和社会管理事务会不断增加，依靠原有的组织体系力量将会难以应对各类问题，所以首先应稳定和落实好各项惠民政策和项目，消除后顾之忧、观望和质疑态度；（2）集中定居政策使牧民群众的社会活动空间增加，表达诉求自治决策的意愿将更加突出；（3）牧区生产性专业活动将会明显增加，原有行政化的组织管理体制难以容纳更多具有市场因素的内容；（4）由于牧民集中定居后，不需要付出太高的组织成本，"如果按照旧的管理理念和方法，将难应对各类突发事件，这就需要在政策和操作两个层面进行必要的改进和创新，统筹规划并同步实施，防患于未然"。❶

问卷第Q2.10题："您对农牧区工作有什么意见和要求？"80%以上的受访牧民坦言定居工程政策很好，国家和地方政府筹资73.3%，个人承担26.7%（如图30所示），但由于定居后牧民社会交流增加，消费水平，消费层次的改变使日常消费支出大大增加。所以个人所负担的这26.7%也难以负担，加之部分定居点的水、电、学校等基础设施还没有解决，如调查中发现大多数新建定居点甚至县城地下排水系统、公共厕所等生活基础设施严重落后，亟待解决，所以，定居点"四通"（路、水、电、信）"五有"

---

❶ 徐勇：《在社会主义新农村建设中推进农村社区建设》，《江汉论坛》2007年第4期。

（主导产业、产业协会、文化室、卫生室、党员活动室）工程，尤其在边远地方还应尽快依托或靠近乡镇和大村庄，以便节省公共设施投资和服务成本。在具体操作时要以各村、镇"两委"为依托，"双章双签"推广同仁县"以奖代薪""以奖代补"的做法，让具体出力办事人员的工资不低于外出打工者的平均水平，以保证留住村中"能办事、会办事"的干部群众为当地建设服务。

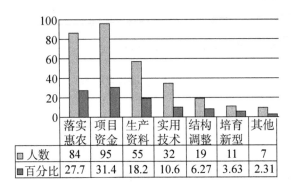

图30　农村牧区发展生产最需解决的问题

图31、图32中，在对结构性的制约因素的认识上，群众还没有形成一种对制约当地经济发展高认同的影响因素。而各级政府在履行公共服务职责中，也缺乏明确的、可操作、可持续的财政支持体制，没有建立规范的政府分工和问责机制，没有形成牧区地区间和城乡之间资源的公平配置制度，由此严重影响了牧区公共服务所提供的数量和质量，并制约了牧区公共服务基本功能的有效发挥。在调查中发现，一些村办合作经济如"畜产品加工厂""空心砖厂"等在建成后没有后续的发展资金、人员培训、技术指导、运输、销售市场等，程度不同地出现问题，甚至无法继续办下去。而同仁县隆务镇在合作经济、产业化经营、旅游、养殖上是一种"一联三包"、"三培两带"连带、长效机制，而零打碎敲式的合作经济终将半途而废。

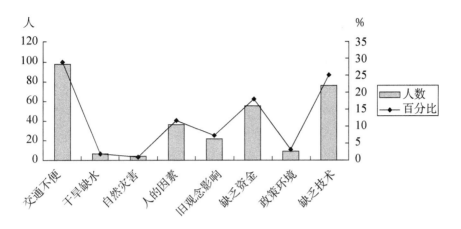

图31　制约农牧区经济发展的主要因素

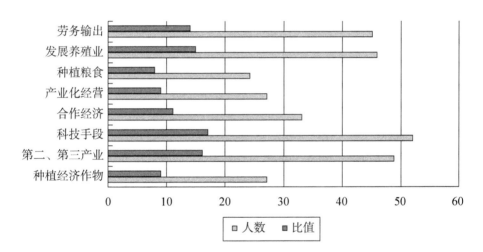

图32　提高家庭收入的方式

问卷最后"您认为今后提高家庭收入，应该从哪些方面入手效果会更好一些"（如图32所示）一问中，有17％的群众认为要靠科技手段。这部分牧民的人数比例虽然不是很高，但却排在了所有选项的最前，意味着身处边远牧区的群众在观念认识上已经与以往发生了质的变化，已经认识到单靠传统的放牧和牛羊育肥已经受到诸多条件限制，尤其在实施"三江源生态保护区"工程、牧民定居工程之后，舍饲方式成本提高的背景下，只有靠科技手段，走第二、第三产业，劳务输出，合作经济，产业化道路才可能提高家庭收入。需要指出的一点是，在分析了受访者来源地之后发现，那些合作经济已经起步，第二、第三产业搞得较好的村子如完科村、赛加村，以及同仁县保安镇的几个村子，在选择"合作经济""产业化经营"两项上并没有出现预期的高比例人数。其中的原因可能不尽相同，比如在访谈中得知，这与有的村土地入社一年多，但年终集体经济的利润因用于来年扩大再生产而没有马上分红有关。另外也与部分农牧民对集体经济还持观望态度，不能确定选项中何者最能提高其家庭收入有关。

总之，正如有研究者所指出的："如何才能培养牧民对社区共同体、集体经济的认同感？如何才能让牧民更加意识到社区建设中政治参与与政治监督的重要性？以及由于牧区社区建设经验不够丰富，那么作为管理者又如何才能在治理的过程中根据牧民的情况来制定相应的发展方案？"[1] 这些都是目前牧区公共服务机制尚不够成熟的表现，也是各级政府采取有效措施应对的命题。

三、问题探讨

就项目区生态脱贫而言，应该明确一个基本理念："牧民是国家公园建设发展的建设者、参与者、保护者、经营受益者，通过建立健全社区居民的就业引导与培训机制，设立解说教育、安全保障、服务保障和工程建管等公益岗位，引导牧民群众积极参与国家公园的打造、建设、生态保护、特许经营、旅游服务、对外宣传、民生改善等，形成有利于资源保护与可持续发展的社区共管机制。同时，在事关社区发展、特许经营、生态保护、生态体验和旅游等方面，建立牧民群众积极参与的机制，充分调动群众参与决策的主动性。"针对长江源园区建设现状的调查，我们初步的认识如下。

（一）关于牧民生计保障与社区功能定位方面

从中央"四个扎扎实实"到青海省"四个转变"发展理念及发展定位，客观上要求切实落实广大农牧民增收脱贫奔小康工作必须以改善民生为各项工作的指导和宗旨。长江源牧民群众世代在这里居住，草畜是其最基本的生产生活物资保障，牧民依法享有草场承包经营权，是草场保护的主

---

[1] 徐立强：《从散居到定居：牧区社区建设尝试——以青海省天峻县织合玛乡扎查村为例》，《柴达木开发研究》2011年第1期。

人。所以一开始，就有来自基层、学界、政界的一个共识，就是：如何让牧民参与到公园建设、管理、养护的各个环节中来，扩大牧民的参与感、获得感。这就要求各级政府在制度设计之初，统一谋划，创新模式，完善以生态管护员为载体的生态保护共管模式。在原来"三江源"聘用生态管护员的基础上，充分发挥好牧区群众在生态保护和发展中的主体作用，激发保护和发展的内生动力，鼓励当地牧民参与国家公园管护工作，将现有草原、湿地、林地管护岗位统一归并为生态公益员公益岗位，负责对园区内的湿地、水源地、林地、草地、野生动物进行日常巡护，开展法律法规和政策宣传，监督执行禁牧和草畜平衡情况。建立牧民群众生态保护业绩与收入挂钩机制，推广协议保护模式，建立社区共管机制，以及与物价和生活成本相挂钩的动态增长机制。

2016年10月从格尔木的调查中得知，距该市5公里处有从玉树生态移民至此的"三江源村"，从500公里以外的曲麻莱县异地远距离搬迁至此，虽然因海拔、气候等原因要由原迁出地迁出，但由于缺乏后续支撑性产业，加之失去原先的虫草收入，在行政隶属上仍属玉树管辖，所以各方面存在滞后性。而在其对面是从昆仑山远距离搬迁至此的"昆仑文化村"，由于隶属格尔木市，在扶贫力度、项目政策、基本公共服务等方面要明显优于"三江源村"，前者对此怨言较大，究其原因，主要是移民民生保障、政策项目、公共服务方面没有与当地移民同步均等所致。这两个移民点的问题也不同程度地存在于其他移民点。例如在距玉树近郊的囊谦移民村也存在这种问题。这些所反映的问题说到底就是生态移民民生保障性投入尚不能满足生态保护需求，牧民群众从生态保护中尚不能获得稳定的收益，保障机制不健全；公共服务体系薄弱且不均等，后续产业发展困难，贫困面广、草补标准不高不均衡；随着曲麻莱、治多地区野生动物数量的增多，已经发生偷袭家畜事件，所以亟待建立野生动物保护补偿机制；治多等县原先劳务输出脱贫效果没有预期的好，加之其他移民点出现的心理不适应、遭遇当地牧民歧视以及远距离移民政策落实上的滞后性等新问题，需要考虑是否就地、就近安置，就近转化。我们的结论是移民点不能远离县城或乡镇太远，不能零敲碎打，搞条块划分，否则会带来安置成本、行政成本、公共服务成本不降反增，以及难以发挥移民聚落的规模效应等问题。

在园区管理体制机制上，长江源区管委会负责对园区内特许经营活动进行协调管理，完善社区居民参与特许经营。在特许经营范围内，必须优先考虑当地社区居民，优先考虑当地社区居民创办或入股的生态体验服务业、高效畜牧业、特色食品、特色文化产业和民族手工艺品等企业，鼓励社区居民积极参与，因地制宜，政府应该引导牧民群众，立足区位优势，自主创新，探索开展具有一定规模和基础的生态体验和环境教育服务业、有机畜产品产业、文化产业、特色手工制品、中藏药开发利用等特许经营项目。同时，由各级政府主导着重打造"三江源国家公园长江源园区"品牌，充分发挥国家公园的品牌效应，面向社会公开招标，实行多种方式的特许经营，充分挖掘绿色产业潜力，提高产品附加值。同时，借鉴国内外国家公园建设中的成功经验，尝试兴办三江源荒漠公园、湿地公园等生态体验和环境教育服务业，并适时建立吸纳当地牧民参引进入市场特许经营机制。

（二）关于牧民素质提高与公共服务提升方面

调查及访谈中我们切实感受到当地牧民文化水平普遍较低，信息闭塞、观念落后，乡土观念浓厚，不愿意或者外出经商，打工存在畏难思想。各级干部对此也深有感触。对此在园区建设和管理阶段，加大社区居民就业引导和培训力度，通过健全资本引导、社会引导、市场引导和政策引导等制度，引导牧民向生态体验和环境教育、民族传统手工制作和民族文化产业等转移就业再就业，增加收入。通过国家、省、县各级力量，宣传培训牧民掌握一技之长，鼓励支持牧民自主创业，创办实体，发展第二、第三产业。加强社区居民对就业政策的了解，开展就业和培训意向统计调查，对相关培训工种技能进行问卷调查，掌握社区居民的就业和培训需求。在试点期间初步建立生态畜牧业、特许经营就业引导和培训机制，保障财政投入、加强调控等。

牧民是否实现增收脱贫，生产生活条件是否得到改善的一个重要指标就是基本公共服务体系的水平。所以，牧民和乡镇干部所反映的很多问题实际上都指向了定居点基本公共服务领域。我们的一个认识就是依托国家公园建设，助推定居点环境综合整治工程，加快建设、尽快形成完善的城乡垃圾收集、转运和处置体系。例如：加强牧民集中定居点公共卫生厕所的建设，尽早实现城镇、村庄、观览景点卫生设施的达标。在加快改扩建城镇中心医院和藏医院，完善乡医疗所设施，配全村级医疗设施基础上，加强高原医疗救护设施和能力的建设，解决好城镇和旅游发展的医疗保障。完善"9+3"生态补偿政策，办好职业技术培训，搞好异地办学办班，提高试点区干部和农牧民的就业、从业的技能。

（三）关于政府主导，社会多方参与特许经营方面

在生态移民社区，结合以"精准扶贫"台账信息为基础，在公园建设过程中，建立由政府主导，社会组织参与扶贫机制。依据贫困村、贫困户建档立卡制度，结合园区所在县区域发展与扶贫攻坚规划，按照科学扶贫、精准扶贫的要求，制定不同层次、不同类别的园区社会扶贫项目规划，为社会扶贫提供准确的需求信息，推进扶贫资源供给与扶贫需求的有效对接，进一步提高社会扶贫资源配置与使用效率。

虽然三江源公园建设社会各界的呼声很高，报纸网络媒体热议不减，但从调查实际来看，真正主动参与到三江源生态保护的社会组织、环保人士、志愿者目前并不多，问题出在哪里呢？需要深入调查研究。由政府主导，全社会、跨省、跨国共建格局及其体制机制尚处于空白状态，亟须寻找破解之道。一些诸如"荒漠公园""湿地公园""珠姆故里"等生态体验、高原休憩、生态教育以及"三江源基金公益基金"等都是需要集思广益，需要考虑募捐投资的思路。

借鉴内地的一些做法，如尝试开展扶贫志愿行动，鼓励和支持青年学生、专业技术人才、退休人员和社会各界人士参与扶贫志志愿者行动，建立扶贫志愿者组织，构建园区扶贫志愿者服务网络。广泛动员社会各界参与扶贫，积极倡导"我为人人、人人为我"的全民公益理念，发挥园区内社会团体、基金会、协会等组织的优势，畅通社会各阶层交流交融、互帮互助的渠道，利用国家公园网站和公媒体广泛动员社会各阶层和各领域人士，通过爱心捐赠、结对帮扶和公益消费等多种形式参与扶贫，开展丰富多样的体验走访实践活动。在园区内开展旅游扶贫试点，采取整村推进、加大投入、强化培训、营销宣传等措施，帮助园区贫困群众积极参与旅游产业开发，增加收入、提升能力，自始至终构建园区扶贫信息服务平台和台账制度。引导鼓励牧民参与国家公园的管理和养护，社会和个人参与国家公园合作管理的主要领域包括参与特许经营、享受利益分配，参与生态保护、履行责任义务，参与科学研究、分享成果数据，参与宣传教育、提高保护意识，参与社会管理、促进社区发展，参与生态旅游和生态文化建设等。参与管理的社会组织可以是企业、非政府组织、个人、团体等。

管委会要围绕国家公园生态保护、产业发展、宣传教育、合作管理等

需求，建立社会组织和个人广泛参与保护、经营、宣传教育、科学研究、旅游游憩服务等方面的合作机制，体现国家公园开放合作、包容、共建共享的先进理念。企业可通过投资或捐赠（资金、实物等）、参与特许经营（生态旅游、有机畜牧业、文化产业等项目）、领办管理项目或区域（如指定特定项目或划定特定区域，由企业投资保护和管理，国家公园管委会可为企业参与给予荣誉、信誉保障）、合作经营和技术支持等方式参与；非政府组织可通过科研合作、项目投资、技术专家支持、教育培训、社区共管等方式参与；个人、团体可通过参与生态保护、文化宣传、资源监测、志愿服务等方式参与国家公园的管理。为推进国家公园社会参与合作管理，管委会要建立和完善政务公开、信息发布、政策行业导向、开放宣传、数据信息等方面的信息平台。发布有利于国家公园社会参与合作管理的有关信息，积极引导社会组织和个人参与国家公园建设管理。

此外，要突出三江源园"亚洲水塔""生态屏障"的基本属性是公益属性、国家所有、全民共享的原则和理念，加大在国内外的宣传力度，提升影响力，并建立社会广泛参与保护管理、科研监测、特许经营、试点区服务等方面的机制，充分调动和发挥国家公园参与者的积极性和创造性，体现国家公园参与、合作、共享的社会公益价值。故在园区建设的各阶段、各环节考虑扩大社会参与的模式，探索创新管理方法。例如：国家公园建立与当地政府、社会组织和个人参与合作的机制，构建合作伙伴关系，形成合力，推动社会组织和个人积极参与国家公园的建设、生态保护、经营发展、宣传服务等工作。增强社会组织和个人的社会管理功能，形成良性互动。同时，国家鼓励社会组织和个人特别是牧民群众参与政策制定、重大事项的决定等，充分发挥牧民自治组织参与国家公园重大事项的积极性，建立相关渠道参与公共政策的制定、执行、评估等。鼓励社会组织反映合理利益诉求，监督政府行为等。

四、加吉博洛镇生态脱贫建议

综合上述对治多县加吉博洛镇的调查及访谈及分析，并结合治多县经济发展趋势，针对所存问题及不足，形成以下几点建议。

（1）多方筹集资金、争取绿色发展及生态保护政策或项目支持，以改变尽早摆脱第一、第二产业遭遇政策性限制的困境，针对治多县农牧民就业渠道狭窄，增收困难，加大对该县"精准扶贫商贸产业园区项目""生态扶贫整村推进项目""雨露计划""治多县蔬菜及花卉保温棚项目""城南幸福敬老院""城北长寿敬老院""天露矿泉水"开发贸易的实施力度。

（2）切实落实好草原生态保护奖补政策，借力"中国三江源国家公园"建设，组织实施好生态保护与建设二期工程，着力探索解决生态移民后续产业发展及生态脱贫问题；保持畜牧业稳定发展，优化基础产业结构，加快推进生态畜牧业试点、示范建设，积极探索规模化养殖、集约化管理、产业化发展的路子；整合国有草场、肉食品企业等优质优势资源；继续完善草场保护机制和草场保护联动机制的纯牧业县，每年实行禁牧、限牧措施，以集团化发展、产供销一体模式，扶持发展养畜大户以流转草山、雇用牧工方式组建的家庭牧场式生态畜牧业生产点。

（3）积极利用与北京市、辽宁葫芦岛市的对口援建项目，在农牧民技术培训，基础设施建设等方面有效对接，使农牧民开阔眼界，转变观念，积极学习现代化专业知识及管理技能；贫困学生"两免一补"政策和藏区"1+9+3"教育经费保障补偿机制。

（4）加快构建全民信用体系建设，适时建立牧民信用档案，对买卖保障房等民生物资者一经查实记录在案，取消其享有的一切惠民政策；实行加吉博洛镇大镇制改革，规范社区管理，探索生态移民和县城居民管理新机制、新路径；按照"县外严格禁采，县内有序流动"的原则，进一步落实管理责任，切实规范虫草采集管理秩序，增加群众收入，维护社会稳定。

（5）以开展民族团结进步先行区建设为先导，不断创新社会管理，有力维护政治稳定、社会和谐、宗教和睦，为建设生态大省创造发展环境。

（6）加快第三产业发展，立足"长江源头、珠姆故乡"的地域名片和资源优势，深度挖掘"嘉洛文化、藏族民俗、藏传佛教"等特色资源，推动藏区特色旅游，不断壮大民族文化和发展手工业。加大旅游对外宣传营销力度，积极改善旅游内外部条件，旅游景点的保护修复和建设管理取得一定成效。及时推进实现"百灵鸟""米琼杯""嘎嘉洛文化旅游节"规范和实施工作；对园区牧民进行系统培训，充分挖掘并推出青藏高原野生动植物多样性观赏的旅游路线及旅游产品。

（7）政府助推"藏家乐"等乡村旅游接待点的管理服务工作。对于距离县城较远的乡镇、村落继续实施"文化进村入户"项目，进一步加大非物质文化遗产保护工作；加大旅游对外宣传营销力度，主打"长江源景区""索加野生动物园""可可西里景区""通天河柏木景区""龙仁玛尼石刻""珠姆故乡"及"贡萨寺景区"的开发力度，积极改善旅游内外部条件，进一步加强非物质文化遗产的保护、申报和嘎嘉洛特色文化艺术的挖掘、传承、创新；出台扶持高校毕业生及进城农牧民创业、就业的优惠政策；探索依靠市场力量促进文化产业发展，利用治多嘎嘉洛文化的独特优势，延长文化产业链，为壮大文化产业发展注入新的活力，推出嘉洛婚俗等大型舞台剧，实现经济和社会效益的双赢。

自2015年年底中央宣布建设"中国三江源国家公园"以来，为了提高三江源地区生态保护水平，青海省先后在三江源地区设立了草原管护员、湿地管护员和护林员等生态保护公益岗位。长江源园区是青海省平均人口密度最低的地区，尤其是可可西里地区临聘人员只有120人，每个管护员管理的草原（湿地、林地）面积达几十万亩，要达到全部区域的全覆盖和全面保护难度很大，一直以来只是采取定期和不定期巡查方式进行管护，加之管护员数量少、报酬偏低、管护成效考核困难，管护效果往往难以保证。

截至目前，长江源园区所在治多县、曲麻莱县2县4乡现有管护员1072名，可可西里保护区管理局临聘人员120人，如何通过建立生态管护公益岗位、长期确保生态保护效果就显得十分必要。国家公园是全民共建共享的国家资源，必须处理好生态保护与当地牧民共同发展的问题，必须按照山水林草湖一体化管理的要求、按照人与自然和谐发展的理念设置生态管护公益岗位；将现有草原、湿地、林地管护岗位统一归并为生态公益员公益岗位，将原本相对单一的保护职责扩展到对山、水、林、草、湖的立体生态系统进行日常巡护和保护，开展法律法规和政策宣传，监督执行禁牧和草畜平衡落实情况。在统筹考虑生态管护效果、牧民就业和增加收入等基础上，按照牧民户数和自然保护区保护管理需要设置公益管护岗位，在两县4乡设公益岗位，使园区牧民由利用草原转变为保护生态为主，兼顾草原适度利用，建立牧民群众生态保护业绩与收入挂钩机制；制订生态管护实施方案，并建立与物价和生活成本相挂钩的动态增长机制。在试点期间，优先安排贫困户从事生态保护公益岗位。长江源园区社会发展机制的核心问题应为妥善处理好园区与当地及周边牧民群众生产生活的关系，与生态脱贫、基本公共服务体系的建设与完善统一谋划，相辅相成；按照三江源国家公园体制试点的要求，在从规范和引导生态移民脱贫建小康的发展机制方面同步构建。

人与环境：文化生态保护的理论基础与实践策略

詹进伟[*]

摘 要 随着经济全球化和现代化进程的加快，我国的文化生态发生了巨大的变迁，文化遗产的生存与保护受到了前所未有的冲击。如何创造一个有利于文化遗产健康而可持续发展的文化生态环境，并对其生态特质及其文化空间进行有效保护，已成为政府、文化部门和学界十分关心和积极探讨的重要理论与实践问题。文章在分析文化生态保护区理论方法和实践研究的基础上对文化生态保护区的建设做了进一步的探讨。

关键词 文化生态；理论；实践；反思

非物质文化遗产是传统文化在当代生活中的活态呈现，并在传承中不断被赋予人民群众的智慧和创造力，其传承发展与自然环境和社会环境密不可分。工业化、城镇化背景下的非遗保护命题，本质上是文化传承如何应对自然和社会环境变化的挑战。因此，努力保持文化生态环境的可持续平衡、悉心维护和改善优秀传统文化的传承条件，是非遗保护工作的应有之义。设立国家级文化生态保护区，对于推动非遗的整体性保护和传承发展，维护文化生态系统的平衡和完整；对于提高文化自觉，建设中华民族共有精神家园，增进民族团结，增强民族自信心和凝聚力；对于促进经济社会全面协调和持续发展，具有重要意义。

---

* 詹进伟，中南民族大学民族学与社会学院。

一、文化生态保护的理论基础

1.西方"文化生态"理论与"生态博物馆"内涵

关于文化生态的研究，大致可以分为侧重解释文化变迁的生态学研究和把文化类比为生态整体的文化研究。前者把文化置于生态之中，侧重研究文化演变与文化生态（包括自然生态）的关系；后者把文化类比为生态一样的整体，虽然也顾及文化与自然环境的关系，但是侧重在研究文化与社会的关系。现代意义上的生态学概念是1866年德国生物科学家恩斯特·海克尔首先提出的，他认为，所谓"生态"是一种关系的描述，就是自然、有机生命体与周围世界的关系，因此，生态学被定义为研究植物与动物之间以及它们与生存环境之间相互依赖关系的科学。❶

1955年，美国文化进化论学者斯图尔德在他出版的《文化变迁理论》专著中重点阐明了不同地域环境下文化的特征及其类型的起源，即人类集团的文化方式如何适应环境的自然资源、如何适应其他集团的生存，也就是如何适应自然环境与人文环境。斯图尔德的文化生态学开创性地把研究文化与环境的互动关系的四个取向融为一体:A.以文化存在于其中的环境来解释文化而不止于在经济与地理的结合中解释文化；B.把文化与环境的关系作为一种过程而不只是相关来理解；C.不是在大的文化区域，而是在小规模的环境中进行研究；D.检验生态与多线文化进化的联系。❷斯图尔德首次将生态学原理引入文化研究中，发现了文化与环境因果关系并系统论证了其对于人类社会组织的作用、类型与意义，具有重要的实际指导意义。他所确定的以特定环境下特定行为模式关系作为文化生态学研究主要内容的观点，尤其是必须深入研究区域"文化内核"及其与生存和经济行为关系的指导思想，都极具前瞻性。

20世纪70年代初，一大批时代精英对当时的文化、教育、经济、环境等问题作生态学反思直接影响到了传统的博物馆学，对传统博物馆的批判也随之而来。这种强烈甚至激进的批判促使生态博物馆思想和新博物馆学的产生。在1971年法国举办的国际博物馆协会第九届大会上，国际博物

---

❶ Ernst Haeckel, *Generelle Morphologie der Organismen*, Reimer: Berlin, 1866, p.286.

❷ J.H.Steward, *Theory of Culture Change*, Urbana : University of Illinois Press, 1979, pp.39–40.

馆协会秘书长"生态博物馆之父"——乔治·亨利·里维埃和法国博物馆学家雨果·戴瓦兰在向法国环境部长解释博物馆和生态环境的关系时提出了"生态博物馆"的概念，其内涵与传统意义上的博物馆截然不同。传统的博物馆是将文化遗产搬到一个特定的博物馆建筑中，与此同时发生的是这些文化遗产远离了它们的所有者，远离了它们所处的环境。而生态博物馆是建立在这样一个基本理念之上，即文化遗产应该被原状地保存和保护在其所属的社区及环境之中。所以，生态博物馆不是一个建筑、一间房，而是一个社区。它所保护和传播的不仅仅是文化遗产，还包括自然遗产。由于生态博物馆具有传统博物馆所缺乏的特质，并顺应了当代人类生态环境保护意识日益觉醒和高涨的潮流，顺应了当代要求文化遗产权和文化遗产的解释权应回归本地居民的呼声，顺应了人类要求协调和持续发展的愿望，因而其理论一问世，便迅速在欧美等国家和地区传播开来，成为一种有效地保护文化生态的方式。

2. 中国"文化生态"理论与"文化生态失衡"问题

自20世纪初，我国学者李大钊、冯友兰、梁漱溟等在探讨文化生成机制时，就力图从生态环境角度说明文化差异性、民族性，进而进行比较与选择。虽然没有把文化生态看作动态系统而是静态研究，但启发了国人对民族文化的自省。20世纪五六十年代我国曾出现民族调查高潮，文化生态研究一度活跃。之后，林耀华等撰写的《中国的经济文化类型》❶为当时的文化生态领域的经典之作。

20世纪90年代，对文化生态进行保护的理论逐渐传入我国。文化学的文化生态概念在近几年被比较广泛地采用，在客观上是缘于经济全球化对中国文化的压力造成了严重的文化问题，在主观上是缘于学界近些年的文化自觉意识达到了一个新的高度。1998年，方李莉在北京大学社会学人类学所主办的人类学高级研讨班上，提出了文化生态失衡的问题，她在后来发表的文章中对"文化生态"的意义给予了阐发："人类所创造的每一种文化都是一个动态的生命体，各种文化聚集在一起，形成各种不同的文化群落、文化圈，甚至类似食物链的文化链，它们互相关联成一张动态的生命之网，其作为人类文化整体的有机组成部分，都具有自身的价值，为维

---

❶ 林耀华、切博克萨罗夫：《中国的经济文化类型》，参见林耀华：《民族学研究》，北京：中国社会科学出版社，1985年。

护整个人类文化的完整性而发挥着自己的作用。"❶ 其基本含义就是把人类文化本身看作一个生态系统 (当然是一个类比于自然生态的系统)，在概念解释之后，她在经验层次关怀草根文化的困境，并把这种困境提到了中国的文化生态失衡问题上。孙兆刚随后发表专文把文化体系看作生态系统一样的有机体，针对人类的文化生态系统严重失衡的危机，论述了建立民族文化生态保护区的必要性。❷ 近年来，相关实践研究迅速增多，一定程度上充实了文化生态学理论研究。❸ 的确，"全人类的历史实际上可看作是各种文化不断地适应其境遇的变迁历程"，❹ 因此，文化生态学研究意义日益显现。正是文化生态失衡问题的提出，为我们今天以文化遗产为对象讨论"文化生态建设"开启了话题。

3. "文化生态"理论与非遗"整体性保护"

1989年，联合国教科文组织颁布的《保护民间创作议案》把"民间创作"解释为"来自某一文化社区的全体创作"，将民间创作与特定社区联系起来，体现了关注文化生态的整体保护理念。2003年，联合国教科文组织通过的《保护非物质文化遗产公约》第二条指出："各个群体和团体随着其所处环境、与自然界的相互关系和历史条件的变化，不断使这种代代相传的非物质文化遗产得到创新，同时使他们自己具有一种认同感和历史感，从而促进了文化多样性和人类的创造力。"对非物质文化遗产保护定义的核心是："采取措施，确保非物质文化遗产的生命力。"文化遗产是拥有该文化的民族创造的、与时俱进而又能基本上保持原始状态的传统文化，是人类共同体传承到当今时代的原创性文化，是与时俱进，在时代的浪潮中不断创新、融入了时代元素的活的传统文化。

非物质文化遗产是一种生活文化，是依赖一定生态环境和特定人群与历史的"文化生态"。非物质文化遗产保护的核心物是一个民族优质文化生态基因，这种文化基因在代代传承的过程中，发展映射出不同民族的演变

---

❶ 方李莉：《文化生态失衡问题的提出》，《北京大学学报 (哲学社会科学版)》2001年第3期。

❷ 孙兆刚：《论文化生态系统》，《系统辨证学学报》2003年第3期。

❸ 方慧：《云南少数民族传统文化与生态环境关系刍议》，《思想战线》1992年第5期，第56 ~ 62页；潘定智：《从文化生态学看中国民族关系》，《贵州民族研究》1992年第3期，第101 ~ 103页；廖国强：《云南少数民族刀耕火种农业中的生态文化》，《广西民族研究》2001年第2期，第76 ~ 80页；尹绍亭：《一个充满争议的文化生态体系——云南刀耕火种研究》，昆明：云南人民出版社，1991年，第119页。

❹ 李亦园：《文化与行为》，台北：台湾"商务印书馆"，1993年，第23页。

历程，动态地演绎出一个民族的审美意蕴、价值取向、生活方式、思维模式和精神信仰，是民族存在、集体意识的精神表达，是维系民族存在的生命底线，是民族发展的源泉。即便是在与时俱进的不断创新过程中，其文化核心元素也一代又一代被保留下来，成为这个民族文化的遗传基因和文化身份的基本识别标识。刘魁立从文化的空间和时间两个维度解释了非物质文化遗产保护的"整体性原则"。他认为，首先，保护文化遗产不是对一个个"文化碎片"或"文化孤岛"的"圈护"，而是对文化全局的关注；不但要保护文化遗产自身及其有形外观，还要注意它们所依赖和因应的结构性环境。其次，从时间上来说，不仅要注意文化遗产的历史形态，也不能忽视和歧视其现实状况和将来发展。❶通过建设文化生态保护区对与民众生活最为密切的非物质文化遗产表现形式（文化空间）的整体性保护，不仅可以复活一个民族丰富而生动的记忆，保存一个民族历史发展的血脉，同时，在这种复活中，可以追寻传统文化的精神源泉，为社会建设提供精神动力。

值得注意的是，在现代化的浪潮中，文化生态需要保护，但这种保护不应是封闭的保护，而应是开放的、与时俱进的保护，因为文化生态不是静态的存在，而是动态的观念；不是静态的积淀物，而是动态的生活。非物质文化遗产的保护与物质文化遗产保护的区别，就在于物质文化遗产的保护，是对定格于特定历史时空点上物化形态的即器物层面的静态保护，要求不走形、不走样的原汁原味地保护，即使维修，也要修旧如旧。而非物质文化遗产的保护，是对社会历史发展过程中形成的世代相传的非物化形态的即精神（技艺）层面文化的动态保护，不是机械地、被动地封存式保护，而是活态传承。要在保护好文化生态生长的"原生土壤"的基础上，引导好文化生态的良性变迁。我们还应当看到，不是社会文化环境要去适应非物质文化遗产，使其得以传承，而是非物质文化遗产保护要适应不断变化着的社会文化环境而得以传承。因此，文化生态只有积极地向外来先进文化学习，积极吸收和消化其他民族文化中先进因素和现代化的元素，才能不断增强自我文化的生命力与创造力。

---

❶ 刘魁立:《非物质文化遗产及其保护的整体性原则》,《广西师范大学学报》2004年第4期。

二、文化生态保护的实践策略

实施文化生态保护区，是保持文化多样性、文化生态空间完整性、文化资源丰富性的重要方式之一。通过对与民众生活最为密切的非物质文化遗产表现形式（文化空间）的整体性保护，是唤起人们珍爱传统文化的自觉意识、培养民众的文化自信和积极投身于文化遗产保护事业的有效途径。文化遗产在政府的积极主导和政策的大力支持下，经历了从活态博物馆—生态博物馆—民族文化生态村—到建立国家级文化生态区的渐变过程。

1. 非遗保护从"活态博物馆"到"生态博物馆"

中国对文化生态保护的重视，与西方一种全新的文化保护行动相关。早在20世纪初，北欧国家就出现了一种保护乡土文化的"活态博物馆"运动。其宗旨是，以一个特色文化乡村为核心，将其视为一个活态的天然生态博物馆，在这个文化空间里，它的文化节日、集市贸易、婚丧嫁娶、民居民宅、表演游戏、影舞弹唱、玩具器物等各种有形与无形文化、物质与非物质文化都是其文化的一部分，借这些文化吸引外来游客，发展当地的旅游经济。20世纪60年代以后，法国等国家又兴起了生态博物馆运动，将历史、文化、自然博物馆的静态保护理念推广到一个著名文化社区、古村落整体动静结合的保护中。生态博物馆不同于一般意义上的博物馆，它以村落全部文化为保护对象，在保护中谨慎地开发、利用。

1986年，中国博物馆学会常务理事苏东海研究员首次在他主编的《中国博物馆》杂志上介绍了生态博物馆。1995年在他的倡导下，贵州省开始建设生态博物馆，这个工程得到了挪威政府的援助，被纳入《1995至1996年挪中文化交流项目》中。贵州生态博物馆建设选择了四个地点：梭嘎（苗族）、镇山（布依族）、隆里（汉族）和堂安（侗族）。贵州生态博物馆建设的指导思想，集中体现于由挪威专家和苏东海、胡朝相等中国专家共同制定的《六枝原则》之中，其内容如下：第一，村民是其文化的主人，有权认同与解释其文化；第二，文化的含义与价值必须与人联系起来，并应予以加强；第三，生态博物馆的核心是公众参与，必须以民主方式管理；第四，旅游与保护发生冲突时，保护优先，不应出售文物但鼓励以传统工艺制造纪念品出售；第五，避免短期经济行为损害长期利益；第六，对文化遗产进行整体保护，其中传统技术和物质文化资料是核心；第七，观众有义务以尊重的态度遵守一定的行为准则；第八，促进社区经济发展，改善居民生活。❶

1998年10月，中国与挪威合作在贵州六枝特区梭嘎乡建立的中国第一座生态博物馆——梭嘎苗族生态博物馆开馆。该博物馆的范围包括梭嘎乡12个村寨，在陇嘎村建有资料中心，展示了当地的生活、生产习俗和民间艺术。生态博物馆的管理，主要以当地社区为主，管理委员会由区级文化及文物主管部门的代表、12个苗寨的公认代表和具有相应资格的管理人员、财会人员组成。另外，还设有科学咨询小组，由相应的专家组成。2004年11月，广西南丹中国第一座瑶族生态博物馆——南丹里湖白裤瑶生态博物馆开馆。瑶族是世界古老民族之一，目前有数百万人分布于世界各地。白裤瑶是瑶族的一支，因男子都穿着及膝的白裤而得名，共有五万多人，聚居在广西、贵州交界地区。至2006年，我国已有各种形式的生态博物馆十余个，保护对象包括了苗、侗、瑶、布依、汉等民族村寨的传统文化。

生态博物馆作为一种新理念、新模式，与静态的特定建筑的传统博物馆相比，突出强调保护文化遗产的真实性、完整性和原生性。在生态博物馆理论的指导下，通过生态博物馆工程的实施，民族文化赖以生存的文化土壤得到了改善，民族文化在一个特定的区域内得到了整体保护，使这些地方的少数民族文化得以永续传承，当地人民对于本社区文化的重要性有了更高的认识，当地的经济、教育也得到了相应的发展。

2.非遗保护从"民族文化生态村"到"国家级文化生态保护区"

为落实2000年文化部、国家民委印发的《关于进一步加强少数民族文化工作的意见》中提出的"建立少数民族文化生态保护区"精神，2003年10月，文化部公布了第一批中国民族民间文化保护工程10个试点，其中综合试点有3个，为云南省、浙江省、湖北省宜昌市。2004年4月，中国民族民间文化保护工程试点工作交流会在云南隆重召开。云南少数民族大分散、小聚居的分布态势，决定了这些民族聚居地以乡、村为基本单元。由于历史的、现实的若干因素，特别是云南经济社会发展不平衡性，使得经

---

❶ 胡朝相：《论生态博物馆社区的文化遗产保护》，《中国博物馆》2001年第4期。

济发展滞后、受外界影响较小的乡村，却较多地保存了民族文化传统、遗迹、风俗、礼仪，以及建筑、民居等，成为当今社会十分珍贵的民族文化生态区。云南省从 1998 年开始确定以人文生态环境保护为重点的民族文化保护区工作，选择腾冲县和顺乡、景洪市基诺乡的巴卡小寨、石林县北大村乡的月湖村、罗平县多依河乡的腊者村、丘北县的仙人洞村等具有代表性的少数民族聚居的自然村寨作为文化生态村。随着云南省民族文化生态保护区的相继建立，一些民族地区正开始向民族文化生态保护州、县的目标迈进，确保了民族文化多样性可持续保护与发展。文化生态村的建设取得了显著成效，民族文化生态村成为现实存在的活文化与孕育产生该文化的生态环境的结合体，实现了民族民间文化的原地保护，民族文化博物馆和民居博物馆等成为典型的展现鲜活民族民间文化的展示区，各类形态的原生态文化得到了较好的保存。民族文化生态村的建设重视文化、经济、生态环境的协调和全面发展，民族文化生态村经过建设后，村容、村貌及水、路、活动场所等基础设施均有大的改观，经济活动特别是旅游业均有较大发展。❶

2007 年 3 月 30～31 日，闽南文化生态保护工作研讨会在厦门举行，拉开了我国国家级文化生态保护区建设的序幕。在我国第二个文化遗产日 (2007 年 6 月 9 日)，文化部宣布我国第一个国家级文化生态保护区——闽南文化生态保护实验区诞生。闽南地区保存着诸如泉州南音、北管、拍胸舞、梨园戏、木版年画、德化瓷烧制工艺、泉州花灯、提线木偶、莲花褒歌等众多原生态的非物质文化遗产和一大批国家重点文物保护单位等物质文化遗产。实验区以泉州为核心、厦门为平台、漳州为依托，采取有效保护措施，建设一个物质文化遗产 (古建筑、历史街区、乡镇古民居、历史遗迹、文物等) 和非物质文化遗产 (传统口头传说、表演艺术、手工技艺、民俗活动、礼仪、节庆等) 相依存，与人们的生产生活密切相关，与自然环境、经济环境、社会环境和谐共处、协调发展的文化生态区域。❷ 为了加大对传承人的保护力度，在经过详细调研的基础上，该实验区对传承人的扶持工作提出了一系列相关建议。

---

❶ 云南省文化厅：《全面普查，突出重点，推进云南非物质文化遗产保护试点工作》，张旭主编：《全国非物质文化遗产保护试点工作经验交流材料汇编》，北京：文化艺术出版社，2007 年，第 8～10 页。

❷ 刘登翰：《文化生态保护的几点理论思考》，《福建论坛 (人文社会科学版)》2009 年第 8 期。

其后，为加强对文化生态的保护，我国在闽南文化生态保护实验区的基础上，进一步总结经验，继续推动文化生态保护区建设工作，全国很多地区也根据当地的民族和地域特点，积极探索开展文化生态保护区的方式方法，加强对非物质文化遗产的整体性保护，走出了适合本地情况的文化生态保护区建设的路子。如安徽省黄山市立足于历史悠久的徽州文化，对徽州文化生态保护区建设非常重视，制定了保护规划和方案，设立了徽州文化生态保护专项资金。湖南省湘西土家族苗族自治州也制定了建设文化生态保护区的规划。云南省在文化遗产丰富、自然生态良好、拥有一定规模传统民居建筑、有一批非物质文化遗产传承人的27个村镇，设立了云南省民族传统文化保护区。广西设立了刘三姐歌谣文化生态保护区、京族文化生态保护区、三江侗族文化生态保护区、贺州瑶族服饰文化生态保护区。这些工作都对我国开展文化生态保护区建设提供了宝贵的经验。❶

从实施生态博物馆工程，到建设文化生态保护区的变化，这使保护的范围更加广泛，保护的主体更加明确，群众真正成为非物质文化遗产保护的主体，其主动性和积极性更加凸显，自我保护的意识更加强烈。在保护过程中，既做到了尊重历史沿袭下来的群众生产生活方式和风俗习惯，也关注经济和社会发展给群众生产生活带来的新变化。这不仅使各类形态的原生态民间文学艺术得到较好的保存和延续，而且保护了民族文化的多样性，同时也促进了当地教育和经济的发展，在全国范围内产生了一定的影响。

3.文化生态保护区建设存在的主要问题

通过一系列带有实验性的文化生态环境保护措施的推动，如今许多非遗项目不但在这些区域逐渐恢复活力，绽放在其所依存的山水间，更活在了当下百姓的生活中。到目前为止，在保护实验区建设思路中暴露出来的问题集中表现在以下四点：其一，没有把《中华人民共和国非物质文化遗产法》（以下简称《非遗法》）规定的对非遗实行区域整体保护放在保护区建设的核心地位；其二，完全以开发经营旅游产业为目的，把非遗项目作为文化旅游热点项目推进旅游开发市场；其三，没有按照《非遗法》第三十七条"在有效保护的基础上，合理利用非物质文化遗产代表性项目

❶ 陈华文、陈淑君：《中国文化生态保护区的实践探索研究》，《浙江师范大学学报》2016年第2期。

开发具有地方、民族特色和市场潜力的文化产品和文化服务"的规定进行，而是单纯以营利为目的，对非遗保护项目进行大规模的产业开发；其四，对扎实做好非遗整体保护缺乏热情和兴趣，热衷于打造保护区的文化品牌，追求品牌创意产业效应。文化生态保护区建设思路跑偏的原因是多方面的，但其主要原因是当下市场经济的利益驱动。文化生态保护区建设以非遗整体保护为核心，具有极大的公益性，需要巨大的财力、物力和智力支撑。但是，保护实验区建设的地方领导层往往出于功利性，出现了极力把非遗保护变成营利的产业活动，以建设"保护区"的名义办"非遗开发区""非遗旅游区"的情况。

三、完善文化生态保护区建设的探讨

建立文化生态保护区是非物质文化遗产保护工作的新尝试，对全面提高保护水平具有重要的意义。在建立非物质文化遗产原生态保护区方面，今后我们应从如下几方面入手：

（1）探索文化生态保护区新机制。建立政府主导、主体受益、社会参与、市场运作有机结合的新机制，加强对文化生态的立体保护。各级政府在传承和发展民族文化生态中起着关键性的作用，要制定有利于民族文化生态的保护与发展政策措施。要通过宣传教育，增强当地群众对传统文化的珍惜和传承积极性，让普通民众成为民族文化保护的参与者、资源的开发者和现代化的受益者，而不仅仅是一个"局外人"。另外，还要将文化生态的保护嵌入市场经济发展的环节中，培植传统文化自身保存、发展的造血机能。

（2）创新文化生态保护区新模式。按照"保护为主、抢救第一、合理利用、传承发展"的原则，创新非物质文化遗产保护模式。在文化生态保持较完整、具有特殊价值、符合当地自然生态的文化空间里试行灵活有效的政策和措施，培育有利于非物质文化遗产保护、尊重传统文化的社会环境，开展对文化生态保护区的研究收集活动。

（3）完善文化生态的传承创新制度。在政府的支持下，恢复、发展各民族的礼仪活动、祭祀活动，促进民族文化生态的挖掘、传承和发展。要特别重视年轻一代传统文化保护继承意识的培养，做好民族文化生态的代际传递工作。特别是要在民族区域自治地区和少数民族较集中地区开展本民族或多民族文化知识、形式的学习与鉴赏，传承民族文化，培养民族情感，强化民族审美，使文化生态成为动态的文化、活着的文化代代承传，提高少数民族传承自己文化的自觉，使民族文化生态能够得到有效的保护和健康的传承。

（4）重点保护非遗项目代表性传承人。保护非物质文化遗产重要的措施是要保护传承人和培养新的传承者，贯彻落实国家保护非物质文化遗产代表性传承人的相关政策、条例，认定和命名一批非物质文化遗产代表性传承人，从政治上、生活上关心和保护非物质文化遗产传承人，依靠他们对非遗进行有效的传承和抢救；给杰出的传承人创造适宜传承的社会条件，提高他们的知识技能和文化自觉，帮助他们有效开展师徒传承、群体传承等多种形式的传承活动，逐步培养新的传承人，使其技艺能够得到完好地传承。建立代表性传承人经济补贴（助）制度，维护他们在传承非物质文化遗产过程中的合法权益，从而保障相关非物质文化遗产项目得到传承和延续。

（5）开展文化生态的生产性保护。在传承、保护与开发文化生态的问题上，应当坚持适度开发的原则，体现其传承文化的经济价值和社会价值，提升群众对自我传承文化的认知度，增强自我传承文化的自豪感，提高对自我传承文化的自觉保护意识，增强自我传承文化保护的精神与经济的支撑，拓展文化生态的发展空间，从而既能将文化生态作为产业资源加以高效利用，同时又能成功地保护文化遗产。

（6）加大对文化生态保护区资金投入力度。各级政府要加大对文化生态抢救和保护的财政投入，将必需经费纳入财政预算，保障和监督保护资金的投入和使用；制定和完善有关社会捐赠和赞助的政策措施，调动社会团体、企业和个人参与民族文化保护的积极性，如建立文化生态保护基金，争取更大范围、更多资金投入保护，对一些保护项目实行招商引资，吸引社会资本参与保护。

结 论

文化生态保护是一个系统工程，群体众多、牵涉广泛，但各方的目的在于创造一个有利于文化健康而又可持续发展的生态环境。具体的文化表现形式是以保护为主，自然是题中应有之义。对于文化生态保护区的建立，乃至于整个物质以及非物质文化遗产的保护工作，都是以政府为主导的。这项具有历史意义和世界意义的事业没有公共政策和行政部门的领导、参与和支持，是难以想象的，问题的关键在于如何正确和适当地参与。文化建设关乎民族的灵魂和根基，只有关心民众，爱护民众，一切从民众出发，从长远的文化建设出发，十分细心地保护、继承和发展优秀的文化遗产，特别是正确地保护其文化生态，意识到其面临的各种问题，采取切实有效的措施和对策，才能确保国家文化生态保护区建设的成功，也才能真正保护好中华民族优秀的文化遗产。

黔西北民族地区生态文化研究

——以赫章县雉街彝族苗族乡发达村、雉街村为例

范　波[*]

摘　要　通过对雉街彝族苗族乡发达村、雉街村的迁徙起源、原始宗教、农业生产、林业生产、传统习俗，以及近年来政府石漠化治理情况等方面的深入调研分析，归纳当地少数民族在生产生活中对所处自然环境的认识和利用的方式，客观地分析和评价这些文化对当地生态维护的意义和价值。

关键词　黔西北；生态文化

贵州是我国喀斯特的中心区域，喀斯特地区的生态问题一直为人们所关注，在贵州的某些喀斯特地区，生态环境保护较好，森林覆盖率相对较高，石漠化问题不突出，因此对这些地区进行生态文化研究，总结当地保护生态的经验和智慧，是十分有益的工作。赫章县雉街乡位于贵州省西北部乌蒙山区，是典型的喀斯特地区，本文选取为案例分析点，比较而言，该地森林覆盖率相对较高，归结起来，与当地彝族苗族对山水树木敬重的传统生态理念无不有密切的关系。同时近年来在政府大力推广的人工造林、封山育林、退耕还林以及以核桃为特色的山区林业综合开发等工程的实施后，当地生态环境得到更好的恢复和改善，这些经验和做法值得研究。

发达村和雉街村是赫章县雉街乡彝族和苗族人口聚居较多，且民族文化保存相对较多的村寨，选取这两个村寨对当地彝族和苗族的生态文化进行研究，通过对村寨的迁徙起源、原始宗教、农业生产、林业生产、传统习俗，以及近年来政府石漠化治理情况等方面的深入分析，归纳当地民族在长期的生产生活中对所处自然环境的认识和利用的方式，对维护生态的

---

　*　范波，贵州省民族研究院副研究员。

好的理念和做法给予肯定，有利于客观地分析和评价这些文化对当地生态维护好意义和价值。

一、雉街彝族苗族乡概况

雉街彝族苗族乡位于赫章县城南部，乌蒙山深处。关于地名，一种说法是来源于彝语"已己"，雉街是"已己"的谐音，彝语的意思为河流水落的地方。另一种说法是因当地野鸡较多而得名。笔者认为两种说法均有其道理，现在的名称应该和以上两个因素都有关联。在雉街村的木制老屋上，还可见竹条编制用来关养野鸡的鸡笼。

全乡辖10个行政村58个村民组，3669户，共16261人。其中少数民族人口占全乡总人口数的51.8%，主要以彝、苗族为主，是一个典型的民族大杂居、小聚居乡镇。

乡境内是典型的喀斯特地貌，为森林和灌木覆盖，海拔较高的地方为绿色草甸，森林覆盖率达64.7%。该乡属于典型的高海拔低纬度半凉山地区，当地农地内多数为黄棕壤，石灰岩山体上属于石灰土，海拔2300米以上是高山灌丛草甸土。

发达村是雉街乡彝族聚居村，全村辖9个村民组。发达村更早的迁徙历史已无法考证，村里80岁老人口述是从云南的东川迁到此地，已经13代了，由于这里的地形形似老鹰，彝语即"达嘎"，20世纪50年代更名为发达。村民中，陈姓最多，其次为蒋姓、岳姓，均为彝族，还有杨姓，为苗族。

雉街村位于雉街乡东部，少数民族占71%，以苗族为主，其次为彝族。自称"姆阿苏"，有王、杨、罗、祝、张等姓。

苗族迁徙到此地时，这里是森林蔽日，山高谷深，当地苗族古歌这样记述："……爷觉比考的子孙又迁逃，迁来到莽得、莽利诺地。莽得、莽利诺地，森林野箐深山多。獐子麋鹿到处是，老虎豹子满山坡。"村中老人回忆，20世纪50年代以前老虎、豹子、豺、野猪等动物到处可见，70～80年代，就可见黄麂子、狼、野兔、野鸡等。据说当时苗族住在山上，莽莽林海打猎追山才发现了今天的雉街河，雉街河在80年代鱼类还很多，可以随手抓到，但近年来有人用药毒鱼，鱼类遭到毁灭性的破坏，到今天已很难再捕到鱼。

总体来说两村的耕地少，荒山较多，土地瘠薄，传统产业单一，主要以马铃薯、玉米为主食，还有一种当地称为红豆的豆子，没有其他农作物。农户种植都是传统农耕。

二、传统宗教与生态

赫章彝族最原始的崇拜物是自然景观，他们认为万物有灵，在他们生活环境中出现的天、地、山、水、石、树、火、虎等自然景观和动植物都成为崇拜物，有天神、地神、山神、水神、石神、树神、火神、虎图腾等。

从赫章彝族古籍《海腮耄启》的《天地人运年》中可以看到彝族对天地人的认识，天、地、人三合道纪的起运时间，天开于子，地辟于丑，人生于寅。一年360天，天、地、人各占120天，以祭年为方式教人牢记。即大年初一子时祭拜天年星辰，初二日丑时祭拜地月龙神，测度年十二月的逐月雨量，初三寅时祭拜宗族祠堂以缅怀祖先。

彝族认为天神是主宰天界的神灵，地神主管大地。据《西南彝志》载："三方祭三根，白马祭天根，黑牛祭地根，白羊祭祖根"，人们用马、牛、羊等牺牲来虔诚献祭，用五谷、盐、茶、花椒、酒、牲血等陈设祭台，在祭台上插三棵去皮木杈，地神座设六个茅草人，表示神灵，茅草人后插长青树枝，下铺白茅草。人们祈求天地龙神保佑风调雨顺，五谷丰登。

彝族先祖对天地人的认识，对天地、对山水树木的敬重和崇拜，在过去漫长的岁月中对当地自然环境和生态的保护客观上起到了积极的意义和作用。在今天的发达村，这些传统的崇拜文化已基本消失，现在对生态环境的保护主要按乡规民约办理。

三、农业生产和生态

明清时期，玉米、土豆传入乌蒙山区后，当地以荞麦、燕麦、土豆轮流耕作的方式进行的农业生产直到20世纪70年代。

砍山烧荒后播种苦荞，苦荞收获后第二年种植土豆或燕麦，视土地的地力，决定第三年是继续种植或是抛荒。

当地人利用不同作物对土壤肥力的不同需求，采用轮作的方式进行生产，较好地对土地进行利用，同时通过抛荒的方式让土壤地力自然恢复，这种农业生产方式在乌蒙山地区山高海拔高的喀斯特山区，在过去人口较少的情况下，对当地的生态影响并不明显，甚至可以说是一种智慧的方式。

发达先民们于300多年前迁到此地时，这里是莽莽的森林。他们开始居住在山坡地带，因为山脚平地有水覆盖。随着人口增加，山坡边上的土地越来越不能满足人们的需求，村民们开始往其他地方寻找新的土地，在平地上挖沟把积水排除，然后在陇上种植玉米，当地称作"排涝箱沟"。沟的大小和间隔根据土地面积大小和该地水量大小而定，一般沟深70厘米，宽30～50厘米，一箱约可种十行玉米，在玉米地还套种豆子——一种当地用来煮酸汤的红色大豆，当地称为红豆，既是粮食也是蔬菜。

土豆一般先下种，在农历正月，玉米稍晚，具体时间是布谷鸟叫，以及一种在当地称为"双花颗颗"的植物开花的时候，大约在农历三月，到谷雨时完成。玉米地可套种红豆，土豆地也可套种红豆。

在他们的种植经验中发现，如土豆和玉米同时下种，收成较差。土地不是特别紧张的情况下，多采用单种。而种土豆的土地和种玉米的土地也进行轮换，这样也能获得好的收成。若遇倒春寒打霜，玉米不能正常生长，则改种荞麦。

荞麦有农历三月撒种的，而撒种的具体时间是白杨树叶长到可以包住三颗荞子的时候。这种农历三月播种到七月成熟的，叫夏荞；也有农历五月种、九月成熟的，叫秋荞。荞麦成熟后收割扎捆，并就地于土中晾晒，直到干燥后运回家中，这样重量减轻，在山高路远的生产环境中很好地节省了劳力。

现在由于外出打工的村民较多，耕地不紧张，单独种植玉米或土豆的情况较多。

1956年，在发达的山脚平地曾经开田种植水稻，由于地力不断下降，更因为海拔高，并不适合水稻的生长，水稻产量低，在经过十年的种植后，又由田改为土，种植玉米和土豆。

在发达，有"板栗不熟，庄稼无收"的农谚，因为板栗开花较晚，一般为四月，如果四月的天气依然寒冷，就会严重影响玉米、土豆的生长。在长期的观察实践中，他们还总结出若是西南响雷，庄稼收成好，若东方响雷，庄稼收成差的经验。

在发达村房前屋后菜园种植的蔬菜品种有白菜、青菜、辣椒、萝卜、葱、蒜等。萝卜一般种在山地，土豆收获后种植；而白菜等一般种植在玉米地中，玉米收获后，再种植蔬菜，也有单独种植蔬菜的。过去没有种植蔬菜的时候，多采摘野生植物，如刺老苞树、漆树、岩上花、藤藤菜、党参叶等，用水焯掉苦味后食用。

过去当地民族靠山吃饭，刀耕火种，但由于他们采用轮耕轮作的生产方式，基本不施用化肥，而且人口较少，用来农业生产的山地有限，生态的自然修复能力基本能够承受。生态遭到严重破坏应是1958年的大炼钢铁对森林短时间里的大量砍伐，而今天雉街乡的森林覆盖率还有60%以上，得益于近年来的退耕还林工程、封山育林工程、天然林保护工程，由于林灌草覆盖度的增加，石漠化和水土流失得到了有效治理，不仅改善了人民群众的居住环境和生产生活条件，而且生物多样性也逐渐显现。

四、林业和生态

1. 主要树种

雉街乡原生树种以黄松、青松以及栎类族为主，栎类主要组成树种包括白栎、檞栎、茅栎、栓皮栎等。这些树种主要分布在海拔1800 ~ 2500米的山坡，随着海拔的不断升高，树种越发矮小，2500米海拔以上是灌木林和杂木，2600米以上基本是高山草甸。

其他用材树种有本地杉、柳杉、漆树、黄松、青松、攀枝、梧桐、白栎、檞栎、茅栎、栓皮栎等。黄松和青松木质较硬，用来建房。

果树种有核桃、板栗、桃子、苹果、李子、杏子、樱桃、花红等，一般在村寨的房前屋后，多是自己食用。

风景树种有龙爪树、杜鹃、万年青、椿树等。

2. 森林维护的措施

赫章县是贵州喀斯特的集中分布区，喀斯特化的碳酸盐岩出露面积1880.2平方公里，占赫章县国土面积的57.94%，雉街乡也是赫章县石漠化治理的重点乡镇之一。据赫章县志资料，1975年森林覆盖率为15.4%；林毁水枯，许多地方人畜饮水困难。

虽然雉街乡是赫章县石漠化的典型区域和治理的重点乡镇，但全乡森林覆盖率较高，应该和当地民族对生态的维护有着密切的关系。

在雉街村，过去每年农历六月的第一个龙天要进行祭树神的活动，祭祀后用谷草捆在树枝上，祈求树神的庇佑，这种活动一直延续到新中国成立后。

在雉街村苗寨组，20世纪80年代包产到户的分配时，山林虽然分到各户，但各户只是分户看管，没有林木的使用权。各户在各自看管的山林中只能用柴以及搂木叶积肥。在薪柴的选取上，选取弯曲不成材的或是杂木，这已成为村民用柴的习惯，因为山林仍然是集体资产，个人没有支配权和使用权。过去修建木房时需要较多木材，须个人向村里申请，并经乡林业站批准方能砍伐，同时生产队在该户起房后，要安排和监督他栽种300～500棵树苗，这种地方政策执行了多年。由于近年来新建的房屋以砖房为主，木材的需要量大大减少，只有门窗套需要少量木料，可申请在村里山林中砍伐2棵，但这2棵树并不能任意砍伐，须由理老决定，听从理老安排。近年来许多村民觉得在村里砍树用材手续麻烦，请人砍树、搬运、解板等工程与在市场上买的价钱也相差无几，所以在市场直接购买的农户更多。由于需求不多，砍伐很少，近年来村里植树已找不到地方了。

3. 人工造林

据调查，该乡的森林遭到严重破坏是1958年的"大跃进"时期，由于大量砍伐森林大炼钢铁，遭到砍伐的森林在喀斯特环境中很难恢复，而雉街乡所在区域，土层瘠薄，海拔较高，温度较低，日照较少，很不利于树木的生长和生态的恢复。而人工造林、封山育林等营造措施，较快地增加了石漠化地区的森林植被覆盖率。

采用人工造林方式，主要为人工植苗造林，采取主要树种与伴生树种混交，有针叶树种之间相互混交、阔叶树种之间的相互混交及针阔叶树种之间的相互混交，以块状混交为主，根据本地环境特点，种植密度一般为每亩167株。为防止新的水土流失，造林地整地采取沿等高线块状整地，保留现有灌木和草本植物，以期形成乔灌草多层次的林分结构，并严禁采用炼山的方式，整地时间是在造林当年的1～2月进行，造林时间为2月下旬到3月上旬，植树时选择阴雨天，并在成活率不达标的地方，用容器苗进行补植。为使幼林提前郁闭，对该地进行封禁管护。抚育每年2次，连续3年。

4. 封山育林

封山育林治理模式是石漠化治理的又一措施，利用森林的更新能力，本着无苗种、疏苗补的原则，在自然条件适宜的山区，实行定期封山，禁止垦荒、放牧、砍柴、采石采砂等人为的破坏活动，以恢复森林植被为主，实行人工促进更新和自然生态修复相结合，是一种投资少、见效快的治理方式。

5. 退耕还林

赫章县退耕还林开始于2000年，雉街乡开始于2003年。2007年发达村退耕还林150亩，退耕后栽种华山松，根据退耕还林的有关政策法规，每亩退耕地每年补助玉米300斤，生态林补助8年，经济林补助5年，每亩退耕地还林后每年补助现金20元，补助年限与粮食补助年限相同，粮食补助由县粮食局统一组织粮食，指定粮店统一调运供应，现金补助由退耕农户到乡镇财政所领取。

当地人更偏爱栽种栓皮栎，当地俗称青杠，或刮皮青杠，他们认识到这种树种的根系对泥土的附着性非常强，只要有少量的泥土便可生长，而且它本身的落叶为它的生长提供了肥料，再者这种树无论是种苗还是用树枝栽插，极易成活，栽插时间一般是在初春。这种树种在当地还有一个重要的用途，当地人有养蜂的习惯，一般每户一两个蜂箱，多的也有，专门养蜂户有十几个蜂箱，这些蜂箱多是野外放置，由于山高天寒，木制的蜂箱上再用粗皮青冈皮覆盖，起到了很好的御寒保暖作用。栓皮栎刮皮后一到两年，树皮又重新长出，不影响生长。

6. 林业综合开发

赫章是南方泡核桃分布中心之一，是核桃生长最适宜区之一，是全国10个"国家核桃良种基地"之一，是"中国核桃之乡""全国核桃标准化示范区"。赫章种植核桃历史悠久，早在西汉时期夜郎土著民族就有采食核桃的习惯，县内百年核桃古树遍布各镇，核桃产业已然成为富民强县支柱产业之一，百万亩核桃基地全面建成后，全县森林覆盖率将提高30%以上，为长江、珠江上游打造良好的生态屏障。

在雉街的村寨中房前屋后栽种了多种果树，核桃是最常见的。2012年发达村四个村民组栽种核桃1100亩，但核桃的挂果时间较长，当地有"桃三李四核十一"的说法，即桃树三年挂果，李树四年，而核桃要十一年。核桃是春夏培苗，经过半年长到20公分左右，到冬季进行移栽。近年来贵州省和赫章当地的技术人员对核桃的种子选育、栽培技术做了大量的实验和研究，在核桃的产量和质量上都有较大突破。

通过人工造林、封山育林、退耕还林以及以核桃为特色的山区林业综合开发增加了森林面积，提高了森林覆盖率，提高了林分质量，改善了林分结构，同时当地用林护林的乡规民约和习惯法，以及栽种适合当地生长树种的生态经验，有效地提高了森林覆盖率，保护了生态环境。经过多年的实施后，当地遇到大雨水土流失和山体滑坡的现象得到了极大的改善；林业综合项目的实施，增加了农民的收入，也增强了农民劳动技能及谋生手段，实现了生态和经济的双丰收。

五、民族传统习俗和生态

1.彝族婚俗和生态

乌蒙彝族婚俗礼仪彝语称"妻渴讷遮"，包括对歌相恋、请媒提亲、定亲、拜年、送彩礼、嫁仪、迎娶等程序。提亲阶段，必备燕麦炒面和酒。在定亲阶段用看鸡卦的方式，男方家择一吉日良辰到女方家吃定亲酒。女方家特备一对雌雄鸡，象征阴阳配合，杀鸡宴客，并取鸡腿骨占卜，若吉利，四支鸡卦骨雌雄配成对，用红绿线捆扎。男女双方各藏一对作订婚凭证，不得反悔。婚嫁阶段，迎娶新娘时，男方家带上金银衣服去女方家，新娘家要回赠生的红豆、大豆、燕麦等，特别强调是生的，寓意繁衍生长，生生不息。接亲队伍来到女方家，女方村寨的姑娘们用新鲜的枝条拍打接亲队伍，并泼洒净水，象征除尘驱邪。盘歌迎娶时首先从杜鹃花开始，接亲队唱到给新娘带来的嫁妆胜过杜鹃花之美。通过金、银、铜门，每道门均由姑娘们以歌盘问。在返程途中，送亲队伍在一棵大果树下歇息，并倒酒祈愿，祝愿新婚夫妇早生贵子，家庭兴旺。

从传统婚俗的这些细节我们可以看到燕麦和酒是当地自然环境下特有的物产，在彝族的生活中有着重要的意义和作用。盘歌从杜鹃花开始，可以看到杜鹃花是当地地理环境中常见的，而且被人们所喜爱，新鲜的枝条也被人们认为能驱邪除尘，最后在果树下用酒祈愿，果树在当地房前屋后也很是常见。在婚俗这种人生最重要礼仪中，当地环境下的物产不可或缺，也正是因为这些特色物产的使用和点缀，使其更婚俗更具民族特色。

2.彝族饮食和生态

彝族餐制为一日三餐。农忙时节，正餐之间有间餐，即随身带的燕麦、荞麦做的粑粑或土豆等到工地食用，俗称"吃晌午"。赫章地处高寒山区，所以玉米为主食，部分地方以荞麦、燕麦、土豆和豆类为主食。

彝族是酿酒的智者和喜酒的民族，能自煮烧酒、甜酒和咂酒。酒在彝家的生活中十分重要，举凡提亲、定亲、送聘礼、过年、丧事等重要场合送礼，以酒为第一。如在提亲时，要送燕麦炒面和烧酒。咂酒经漫长的发展，已融入彝族重要的礼俗之中，如在婚庆的第二天，主人家往往用咂酒敬送送亲队和亲友。午后在"超嘎"前置一坛咂酒，插入导管，轮流饮用。咂酒的吸管过去用麻秆，现在不再种植麻，改用竹管。

由饮食可以看出生活在高海拔地方人们的饮食品种和饮食习惯，饮食品种以高寒山区出产的荞麦、燕麦、玉米和土豆为主，由于高寒的地理气候和山区劳作的辛苦，酒成为驱寒和解乏的好东西，深受喜爱。饮酒用具由麻秆变成竹管，可以看到麻种植在过去存在过，现在已消失。

3.彝族节日和生态

彝族的传统节日，如五月初五端阳节，传说皇天策举祖在端阳日命其四大天医向大地四方撒播长生药，山间药物药性最好，故人们喜欢端阳节上山采药。根据母体营养为阴气的认识，端阳节吃雄黄酒，为儿童打绣香包是为去除阴毒。屋檐插水菖蒲和艾蒿以示纵横发展。从彝族端午的计算可以看到彝族历法是相当精密和完备的，从传说中的四大天医向四方播撒良药，可以看到彝族医药以山间生长的草药为主，而吃雄黄酒、打香包辟邪、插水菖蒲和艾蒿，是利用了生物的特性，这些和彝族生活的生态环境有着密切的关系。

六月二十四日扫火星节。按先天八卦天文历法推算，农历六月二十三日是天火星下界的日子。为了免除灾祸，要举行扫寨扫火星活动。从传统扫火星节来看，彝族对火神、灶神的认识，既崇敬又敬畏。通过这种节日活动，向大众宣传安全用火和注意防火的意识，对村寨安全和生态都具有积极意义。

4.苗族饮食习俗和生态

苗族和当地彝族一样以荞麦、燕麦、玉米为主食，燕麦制成炒面，在家是招待宾客的小食品，出门作为干粮，随身携带一小木碗，在野外用山泉水或井水调食。各种家禽肉及猎获的飞禽走兽为菜肴，喜用猥子、麂子、野鸡、菌类、植物嫩苗为菜肴。

和当地彝族一样，苗族以当地物产为饮食，并喜爱饮酒。当地物产的炒面和酒，不仅是生活的日常必需品，更是节日、婚姻丧葬等重要场合的必需品。而以猎获的飞禽走兽为佳肴，这与苗族的打猎习俗有关。

弩是他们打猎的重要工具，弩身采用当地常见的木材岩青冈，这种木材质地坚硬，扁担采用岩桑或岩杉，不仅木质坚硬且韧性好。弩弦古时用牛筋制作，后用自栽的火麻制成麻线。箭头用铁片打制，箭头通常涂有弩药。弩药用藤乌、大马蜂尿、一枝蒿等熬制成膏药，也有用耗子头、半夏熬制的膏药。这种膏药有麻醉作用，受伤猎物会短暂昏迷。箭身用野刺竹，箭尾用牛皮和鸡毛制成。

在雉街苗族迁徙到赫章定居时，生态环境非常好，到处是莽莽森林，野生动物也很多，大的野生动物有老虎、豹子、财狼、野猪、黄麂子，小的如野兔、野鸡等很常见。直到20世纪50年代末，森林遭到大量砍伐后，大的野生动物就绝迹了，到70~80年代野兔、野鸡等也都很少见了，这与森林植被在短期内较难恢复以及大量的捕捉有关。

5. 苗族节日、歌舞和生态

花场节，选择一处宽敞的草坪，由寨老在节日前带领芦笙队在草坪中插一株常青香樟树和竹子作为花树，围绕花树吹跳芦笙舞，作为踩场仪式，并把该地作为永久性的活动场地。到节日清晨，再将事先砍选好的香樟木再次插在选定地点，各路芦笙手云集花树旁拉成圆圈，绕树起舞，通宵达旦。天亮后，主持的寨老收起花树，花场结束。

苗族大迁徙舞，意思是寻找居住的地方，舞台在村头、野地、荒坡均可。

花场节在各地苗族都有，名称叫法有所不同，是一个热闹的节日，是青年男女交往的节日，也因花场花树而更具烂漫色彩。在大自然空气清新的松林山坡，人们开心地交往着交流着，正如大迁徙舞，最独特的就是它的舞台，是真实的场景，有山坡，有岩石，有森林，在大自然环境中的节日和舞蹈，与自然和而为一的协调和统一，因此也更具特色。

一个民族的习俗和所处的自然环境息息相关，不论是饮食、节日还是婚俗，当地物产的燕麦、荞麦、自制酒、杜鹃花扮演了重要的角色，这些高寒山区的特有物产使得这些习俗更具民族特色。

综上所述，赫章县雉街彝族苗族乡发达村、雉街村是黔西北地区的彝族、苗族村，从生态文化的角度对村寨基本情况、传统宗教、传统农业、林业、传统习俗等方面进行了详细的考察分析。我们可以看到：当地人传统宗教中对自然的敬重，在农业生产中适应当地高寒气候选种小麦、玉米、荞麦等作物，对贫瘠的山地采用轮耕的方式种植；在林业生产中退耕还林、封山育林、种植当地适生林木；在习惯法中较好的执行了对山林的保护和补育；在生产和生活习俗中体现了对当地环境的适应和认可，形成了一整套完善的生态文化和生态智慧，较好地维护了当地的生态环境。这些生态文化和智慧具有当地特色的文化，在生态文明建设中具有重要的意义。

生态环境变迁与传统文化的应对 *

罗康隆　谭卫华 **

摘　要　侗乡地域辽阔，所处的生态系统千姿百态，有限的水稻品种很难满足精巧耕作的需要，在其漫长的历史进程中，通过对梯田的营建，培育出了耐寒、耐阴、耐湿、耐淹等环境的众多传统糯稻品种。这些糯稻品种对于化解气候风险，诸如对于规避梯田脱水、化解烂秧风险与规避秕谷等方面具有特定的价值。

关键词　侗族；梯田；糯稻品种；气候风险

引　言

　　贵州省从江糯稻的稻鱼鸭农业耕作体系已经成为我国重要的农业文化遗产。我们从2007年开始在该地区持续进行了10年的田野调查，在江占里村记录了20个传统糯稻品种，在其邻村黎平县黄岗村，系统地鉴定和记录了13个处于规模应用状态的糯稻品种，还发现了另外6个零星种植的珍稀糯稻品种。鉴于侗族的传统种植体制，糯稻品种也需要休闲和复种。通过访谈和入户稻种查证，我们又发现了5个当年没有种植，拟于三年后再启用复种的品种。总之，占里村和黄岗村现存珍稀糯稻品种总计44个。凭借这一数据，不仅是在我国传统的稻作区，就是在广大的侗族地区，都称得上是琳琅满目了。然而，这仅是侗族地区历史上曾经拥有的糯稻品种极其有限的部分，是真正意义上的绝后余生侗族传统农作精髓，留住这样的

　　*　国家社科基金重大项目"西南少数民族传统生态文化的文献采辑、研究与利用"（批准号：16ZDA157）成果之一。

　　**　罗康隆，1965年生，吉首大学人类学与民族学研究所教授，主要从事生态民族学研究；谭卫华，1984年生，湖南师范大学社会学系，主要从事民族社会学研究。

精髓是当前保护非物质传统文化重要组成选项之一。

侗乡地域辽阔，所处的生态系统千姿百态，有限的水稻品种很难满足精巧耕作的需要，因而在历史上，几乎每一个侗寨都像今天的黄岗那样拥有好几十个糯稻品种，才能确保稻鱼鸭和谐生计的稳态延续，也才能具有抗灾防灾的高效适应能力，并且在一定程度上补救了特定生态背景对水稻种植的不利因素。在那样的时代，整个侗族地区，排除了重复命名之外，很可能还掌控着成百上千种糯稻品种。在其后的中央政策推行"糯改黏""黏改杂"的社会过程中，平坝地区，特别是交通沿线和中心城市附近的侗寨，传统的糯稻品种大部分绝传，这当然是一项难以挽回的非物质传统文化传承的损失。因而，占里与黄岗现存的44个珍稀糯稻品种更显得弥足珍贵，尤其对我们当下如何应对气候变化具有一定的反思价值。

一、传统糯稻的基本特性

传统的评估方法习惯于认为，梯田脱水、育秧时节的烂秧比例和收割时的秕谷比例超过20%都可以作为梯田种植抗拒气候风险失败的标志。然而，通过对黔东南侗族稻作梯田的综合调查后发现，上述习惯性的评估指标存在很大的局限。首先，在这里的侗族稻作梯田中，并行种植着的多个糯稻品种的生长期和抗旱能力互有区别，因而无须担忧稻田会脱水。此外，这里的梯田大多使用井泉水灌溉，大气降温对稻田水温的影响很小，因而种植传统的糯稻不会出现烂秧。同时，这些糯稻品种都能适应阴冷丛林生态环境，不管气候如何变化，其秕谷所占比例都不会超过5%。因此侗族梯田的传统糯稻种植抗拒气候风险的潜力极高。对于长期稳定延续的稻作梯田而言，其抗气候风险的能力必然成为它的文化适应性禀赋之一，简单的指标认证很难正确地揭示其抗风险能力的大小，因而直接的数据测量意义并不明显。

水稻的原产地是低海拔低纬度的河网湿地生态系统，[1] 这就注定了水稻的生物属性必然是一种耐高温、高湿，惧怕干旱、低温、阴雨的农作物。低温、阴雨和脱水都是水稻难以抗拒的气候风险。自从10世纪以来，水稻

---

[1] 杨庭硕、王楠:《民族文化与生态环境之间的水资源供求优化》,《吉首大学学报（社会科学版）》2011年第1期，第34页。

在我国东南河网平原地带得到了大面积推广种植。其拓展很快就导致了耕地的不足，随即爆发了严重的耕地资源短缺，[1]就在这个时候，梯田开始见之于古代农书的记载。梯田的出现对缓解稻田耕地的不足发挥了重大的积极作用，但同时也诱发了一系列的气候风险。[2]由于水是从高处向低处流动，因而梯田首先要严防脱水。其次，梯田由于所处海拔区位较高，气温必然比低海拔稻田偏低，相对湿度偏大、阴冷又会成为制约水稻正常萌发的重要气候因素，因而梯田在播种期的烂秧比例偏高又是梯田水稻种植的另一个气候副作用。另外，水稻在扬花时节需要较强的日照，切忌阴雨的干扰，否则会使秕谷比例上升而直接导致水稻减产。我国东南部的低山丘陵地区，由于处于冷暖季风频繁拉锯式袭击的地带，播种期的烂秧更是需要严密防范。

对梯田种植而言，抗拒上述三项气候副作用[3]能力的高低是种植成败的标志。[4]这三项指标对我国东南的丘陵山区而言，显然具有较高的实用价值。然而，笔者通过调查我国云贵高原东南缘的梯田水稻种植后，却发现了例外。这就迫使笔者不得不思考：梯田的水稻种植是否真像传统理解的那样必然具有其不利性；或者即使存在着这样的不利气候因素，人类是不是有能力加以化解。带着这样的思考，笔者将自己的研究成果简述如下，以求证于海内外诸贤达。

贵州侗族地区传统糯稻生长环境系人工建构起来的，满足了稻、鱼、鸭在同一耕作带和谐并存的基础，但要实现三者之间相生而不至于相克，则需要仰仗和谐高超的节制艺术。众所周知，水稻是一种喜欢高温、高湿和直接日照的泽生农作物，这样的生物习性在平原坝区，随地都可以得到充分的满足，但在高海拔的山地丛林地带，就难以兼顾了。而且其间的湿、热、光三要素匹配又会出现千差万别的变数，这对于水稻的稳定种植极端不利。在阳烂，稻田中就分为冷水田、向阳田、过水田、阴冷田、高

---

[1] 夏如兵:《中国近代水稻育种科技发展研究》，南京：南京农业大学出版社，2009年，第168页。

[2] 赖纯佳、千怀遂等:《基于数据处理及图件的小麦——水稻种植制度的气候风险评估》，《农业工程学报》2011年第2期，第231页。

[3] 周曙东、朱红根:《气候变化对中国南方水稻产量的经济影响及其适应策略》，《中国人口·资源与环境》2010年第10期，第152页。

[4] 贺天博:《对梯田抵御气候风险习惯性认证的质疑》，《原生态民族文化学刊》2010年第4期，第11页。

榜田等众多的类型，有的冷水田整天的阳光直接日照时间还达不到四小时，有些冷水田的最高水温不可能超过25℃，最低也不会低过11℃，对一般稻种而言，几乎无法生长。有的高榜田，保水能力极差，水稻生长季经常脱水，一般的水稻品种在这样的稻田中，产量还达不到普通稻田的一半。而这样的差异，又远远超出了人力调控范围之外，为了确保水稻的正常生长，阳烂乡民不得不另辟蹊径，从水稻特异品种的培育入手，去化解这一矛盾。

在占里和黄岗侗族社区，据统计原有44个糯稻品种，这些糯稻品种的共性特征有三：一是高秆，出土秆高超过150厘米，最高的可以高过200厘米；二是耐水淹，50厘米深的水淹，不至于窒息稻根的呼吸，15厘米的水淹，稻种也能顺利出芽生长；三是耐阴冷，扬花季节，遇到了阴湿浓雾季节，也能扬花结实。

高秆的好处在于，可以让鸭穿行于生长着的稻谷间，自由觅食却不会伤及稻穗，加上生长季很长，插秧后还可以超过120天，足够错位放养三批雏鸭，并且能够顺利产出。高秆糯稻还有利于在丛林的夹缝中争取阳光。此外，这些高秆糯稻都长有坚韧的长芒，谷壳上排列着披针状的倒刺，而且不掉粒，稻叶和稻秆都长有绒毛，深秋时节，寒露霜降都不会对糯稻构成威胁，还能免受兽雀的侵害。高秆糯稻的生长季长，对水域的庇护度高，也有利于田中鲤鱼的长时间放养，从而获得较高的收成。

耐水淹也有多重的好处，一方面可以在暴雨时节贮备尽可能多的水资源，确保耕作期水位的稳定。另一方面，田中贮备深水还能增加鱼、鸭的生活空间，扩大鱼、鸭饵料的繁殖范围，有利于提高鱼、鸭的产量，还能避免鱼、鸭之间的相克。田中贮水深，还是稳定小区域气温的必备前提，这对于水稻抵御冻害也十分有利。正因为这里的糯稻耐水淹，可以蓄积较多的水，使得这里的每一块稻田都是一个微型水库，这样一来，对于确保水资源配置的稳定，乃至在旱季补给江河水源都大有好处。

侗族地区传统糯稻品种的90%以上，普遍具有耐阴性，并具有耐低温的特殊禀赋。这些生物特性，很明显是针对黄岗特有的生态背景培育出来的。在黄岗，80%的土地丛林密布，所有的稻田都镶嵌在深山丛林之中，加上山脉的耸立、山谷的开口取向不同等地理因素的综合限制，这里的稻田直接日照时数明显偏低，实测结果表明，相当一部分田块，夏季每天的实际日照时数不超过6小时，最短的阴冷田直接日照时数，甚至不到四个半小时。然而，这些糯稻品种，即使在这样的环境下也能稳产、高产。在极端阴冷的田块中，仅是产量降低15%而已。这一生物属性在今天具有特殊意义，因为凭借这样的品种可以实现林粮兼容并存，而互不干扰。对侗族乡民的传统生计而言，其价值更大。这是因为侗族的传统生计要实行林粮兼营，如果不具有这样的生物属性，林粮并存不损害林就要损害田。因而可以说，这是侗族传统生计育种目标的理想结果。

而阴冷的最大功效在于，使林粮兼容成为可能。在占里村，不少稻田深陷在高山丛林之中，林不妨农，农不损林。如果没有这样的特异糯稻品种，侗族和谐生计中的林粮兼营就不可能做到。糯稻耐阴冷的一个派生功能正在于，在稻田中由于稻谷生长繁茂，稻田中形成了一个自成系统的生态系，外界天气的阴晴雨雪，乃至强风等概率性的剧变都很难波及稻田内。因而稻田内的温度、湿度可以超长期保持平稳，这无异于延长了鱼鸭的生长期，使之能获得在开阔地域放养，获得更高的产出率。

镶嵌在深山丛森中的稻田，由于日照不足，灌溉用水又来自井泉，这就使得稻田中的水温和土温都普遍偏低，对一般的稻种而言，很难在这样的地带正常生长。我们的实测表明，夏季气温最高时期，不少稻田水温还滞留在23℃～25℃，有的过水田水温还不到20℃，但它们中的很多品种，并未观察到明显的生长受阻状况。值得一提的是，这儿稻田的水温波动幅度不大，在插秧时节，平均气温有偶尔可以低到9℃以下，然而稻田的水温和土温由于来自于井泉水，因此反而比气温偏高，可以平均超过15℃，个别田块可以长期维持在17℃。这样一种状况，以当地这样的特殊环境而言，对稻、鱼、鸭和谐生计也具有积极作用。对鱼苗放养而言，由于鲤鱼在12℃以上，就可以进入正常觅食快速生长的状态，因而这儿的鱼苗放养，可以比平坝地区提前半个月以上，而且可以一直放养到初冬水稻收割完毕为止，整个放养时段最长可以达到9个月，这是此地每亩田鱼的收获量比平坝地区还要高的原因。同样的道理，这儿的放鸭时段更长，据观察，在撒秧时候已经有侗族乡民在放养雏鸭了，而且即使稻谷收割完毕后，鸭的生长也不会明显放慢。

不仅插秧后的稻苗能抵御阴冷，连育秧期段的幼养也具备抗阴冷的禀赋。我们实际参加过的撒秧操作实践表明，撒秧时，气温仅有12℃，而侗族乡民已经在正常撒秧。撒秧时的水深从8厘米到15厘米不等。撒秧后，多次急剧降温，最低时气温低到8℃，我们外出都披上了棉衣，但田中的水温没有低过15℃，结果撒下的稻秧全部出苗，无一粒烂秧。这些糯稻品种的特异性，由此可见一斑。

侗族耕地主要在山区，气候多变，常见的倒春寒、早霜每年都会碰到，更麻烦的是，黄岗地处冷暖气流交汇的锋面带，因而常年多雾，有浓雾的天气每年都超过210天。特别是在糯稻扬花时节，多雨、多雾，对一般稻种而言往往会导致无法正常授粉，造成严重减产。但这里的糯稻品种，却不会明显受害，只要正午时有1～3个小时雾散雨止，正常结实完全没有问题。这些糯稻品种秆叶表面都着生绒毛，晚秋的寒露和早霜只能在绒毛表面凝结，不会造成水稻受冻害。黄岗早春倒春寒严重，某些年份还会遭遇冰雹袭击，但这儿的糯稻品种由于可以实施深水撒播，而当地的水温由于出自井泉灌溉者多，倒春寒时水温比气温高，因而能有效抵制倒春寒，一般不会造成烂秧。这些糯稻品种由于秆高秆硬，表面附有绒毛，水稻常见的害虫难于侵害稻秆，只有卷叶虫能够造成明显危害，不过稻、鱼、鸭共生放养的鸭群能有效地杀灭卷叶虫。各种水稻病害中只有稻瘟病会造成局部危害，但由于当地侗族乡民往往实行多品种混合插秧，所以稻瘟病虽偶有发生但不会蔓延。这里的稻田由于常年储有深水，而稻秆又特别高，老鼠在田水中很难对稻秆构成威胁。据乡民反映田中的稻谷极少发生鼠害。

这里的糯稻品种，稻谷尖端都长有长芒，谷芒最长的品种可长达12厘米以上，而且尖端锋利，谷壳表面又长有倒刺，在生长状态下不会掉离，所以飞行中的鸟雀无法直接啄食谷粒，这就有效地规避了鸟类的危害。据乡民反映哪怕是收到禾晾上的谷穗一般的鸟雀也不能直接危害，只有掉到地上的谷粒鸟雀才得以啄食。

可见，侗族人对传统糯稻的驯化是通过自己的智慧对作物品种进行适当的改造，使之适应于所处的生态环境，同时通过自己的生计方式等文化形式对作物品种高效利用，并怀有敬畏之心，克制对自然资源进行过度的利用，而使得这些丰富的传统稻作品种得以延续下来。

二、黎平黄岗梯田的个案分析

笔者的调查点位于贵州省黔东南苗族侗族自治州的黎平县双江乡黄岗村。黄岗是一个典型的侗族村寨，全村350多户，1700余人。该村的10个组全部聚居在黄岗寨内，只有第6组位于岑秋村，是一个苗族村寨。黄岗村土地有将近3万多亩次生森林，稻田面积2100多亩，固定水域1000亩左右。

黄岗村位于分水岭的山脊地带，最低海拔点为420米，最高海拔点为1050米。境内地势南高北低，境内有3条小河，小河之间有4条山岭阻隔。3条河流出黄岗村后汇合为归密河，最后汇入都柳江。由于境内地表崎岖不平、落差极大，因而境内的所有小河都有瀑布相连。全村境内找不到超过20亩以上的平坝地带，所有的2000多亩稻田几乎全部是梯田。这些梯田的最低海拔区位是450米左右，最高海拔稻田区位将近1000米。所有的稻田都沿着坡面层层建构，每一块稻田大致都呈现为条带状，以至于该村第4组和第8组的耕地号称"千丘田"。经过实际调查统计后，这两组梯田的块数确实都超过了1000块，但实际可利用的耕地面积却还不到300亩。像这样落差极大的梯田，稻田脱水的风险可想而知。黄岗村不仅地表崎岖不平，而且山高林密，土地资源的同质性极低。所有的稻田都掩映在丛林之中，还要受到山岭的阻隔，大约有超过20%的梯田在一天中能够接受阳光直射的时间低于5小时，个别稻田每天只能接受1～2个小时的日照。因此梯田的气温偏低，不少稻田的气温即使到了盛夏也不会超过28℃，而水温则只能达到23℃左右。至于在撒秧季节，瞬时的气温甚至可以低至0℃左右，倒春寒很自然成了这些梯田育秧的大敌。更由于黄岗所处的区位与南岭西段相接，从孟加拉湾和东京湾吹来的暖湿气流可以直接抵达这里，而北方的干冷气流也可以顺着河谷直达，这种冷暖气流在秋季的频繁交汇，再加上地势偏高，致使这里的水稻在成熟季节总会碰上连天的阴雨和浓雾天气。其时，空气的相对湿度将近饱和，牛毛细雨可以一连好几天不止，即使是晴天能够直接接受阳光的时段也仅止于正午时段。

综合以上因素，在这样的背景下所开辟的梯田，显然具有诸多的不利因素。按照水稻专家的成熟理论，这样的地段显然不利于水稻种植。制约水稻种植的自然与生态资源短缺至少包括如下六项。其一，由于丛林密布河谷幽深，星散在其间的稻田肯定会日照不足，我们通过田块实地测量证实了这一点。不少田块一天当中阳光普照的时间少于四小时，日照不足是水稻种植的大害。其二，同样是因为森林密布，地表水域接收日照的时间太短，因而水温普遍偏低，我们的实测表明，这里一般以上的稻田夏季最高水温都达不到25℃，这同样是水稻种植的大害。其三，黄岗地区海拔偏高又处于冷暖空气交汇的锋面带，因而阴多晴少，全年晴天不到96天，春秋两季更会遇上连天的雾雨，弥天大雾中夹杂牛毛细雨。秋季时常常会连续4～5天浓雾不散，对水稻的扬花而言会造成致命性的损害，这更是水稻种植的大害。其四，黄岗地区正处于溪流得不偿失的源头，加上山高坡陡，致使雨量虽然丰沛，但海拔较高地段稻田脱水同样是水稻种植的大害，海拔较低的地带水资源虽然有保证但水温又偏低，稻田容易漏水同样不利于水稻种植。其五，春秋两季气温偏低而且波动幅度大，特别是早霜和秋霜对水稻育秧和收割都极为不利，种植水稻既要防止烂秧，收割时又要防止出芽和霜害，这也是水稻种植的大害。其六，不同田块的自然资源配置差异太大，没有任何一个水稻品种普适于黄岗的所有田块，这也是水稻种植的大害。

鉴于上述六项自然资源短缺，种植水稻应当是一种不合时宜的错误选择。虽然客观存在，但在我们的调查结论却证实这里的水稻种植不仅稳产而且高产，即使碰上了严重的自然灾害，水稻也不会明显减产。然而，相关的文献记载、乡民们的回忆以及考古学所能提供的物证都证明，这里的梯田水稻种植至少稳定延续了3个多世纪，而且产量高，受自然灾害的影响极小。换而言之，黄岗村的梯田水稻种植是化解不利气候因素的成功例证。因此，探究侗族乡民化解自然风险的适应对策就显得意义重大了。这足以证明黄岗人琳琅满目的糯稻品种确实具有补救自然资源短缺的自然性适应能力。

其一，规避梯田脱水的对策。黄岗村侗族乡民首先是通过多样化的糯稻品种来规避梯田脱水风险的，其传统种植的水稻都属于糯稻品系。[1]他们至今在当地还在种植的及其邻近地区培育出来的，包括乡民记忆当中的糯稻品种总计达23个。由于一些品种已有多年没有种植，因而笔者在调查的过程当中，仅仅获得了当前他们仍然在广泛种植的13个品种，并将其中10个品种的相关生物属性整理成表1。

---

[1] 崔海洋：《论侗族制度文化对传统生计的维护——以黄岗侗族的糯稻保种、育种、传种机制为例》，《广西民族大学学报（哲学社会科学版）》2009年第5期。

表1 黄岗村糯稻品种的穗、谷、米测量统计表

（单位：厘米）

编号	品种		穗						谷粒			米粒		
	侗文名称	汉语名称	颗粒（粒）	分枝（行）	芒长	长径	短径	横径	长径	短径	横径	长径	短径	横经
01	Lieec jul	列珠	247.3	12.3	2.17	29.5	1.67	2.33	0.769	0.227	0.138	0.56	0.188	0.268
02	Koux liong xebc	六十天糯	151.67	9.67	1.87	22.17	1.5	2.83	0.753	0.242	0.355	0.555	0.231	0.313
03	Koux jiml saos pangh	矮径朝糯	—	—	—	—	—	—	0.869	0.213	0.326	0.576	0.187	0.261
04	Kgoux bienl guic laox	高径朝糯	—	—	—	—	—	—	0.77	0.225	0.34	0.567	0.191	0.285
05	Kgoux bienl guic laox	老毛牛糯	290.3	15.33	4.1	28.17	1.83	3.67	0.717	0.239	0.362	0.509	0.207	0.301
06	Kgoux bic pagt	树皮糯	175.33	12.3	4.07	29.87	1.93	2.33	0.74	0.246	0.376	0.557	0.224	0.325
07	Kgoux bie pagtmani	黄芒糯	217.67	14.67	6.97	29.33	2.87	3.13	0.713	0.229	0.329	0.515	0.194	0.293
08	Kgoux weenh	万年糯	166.67	9.67	6.33	27.83	1.83	2.93	0.767	0.221	0.331	0.553	0.199	0.274
09	Kgoux kgouc	金洞糯	154.67	11.33	3.77	24.17	2.1	3.17	0.727	0.232	0.347	0.509	0.205	0.285
10	kgoux yak	红禾糯	165	10	3.8	25	1.6	2.7	0.6	0.2	0.356	0.508	0.204	0.305

　　这13个糯稻品种共同的特点在于它们都属于高秆类型，成熟时稻株的立地高度可以高达110～130厘米，而且有些品种分蘖能力极强，一般都在5～10株。更重要的特性在于，这些糯稻品种不怕水淹，在生长季节即使水深超过50厘米，只要稻尖能够露出水面就不会淹死，而仅仅是稻株水下部分的叶子萎缩，稻秆则会迅速拔节生长。❶正因为如此，这里每年只需下一次暴雨，稻田中储积的水就可以满足水稻全年生长的需要，而当地的夏季一般都要发生4～6次持续24小时、降水量达100毫米左右的大暴雨。这样一来，乡民们只需要把田埂加高加固，确保稻田储水达到50厘米以上，这里的梯田就不会发生稻田脱水之虞。实测的结果也表明，这里的梯田田埂都超过了40厘米。特异的糯稻品种，再加上人工培修的田埂结构，基本上能化解稻田脱水的风险。

　　更值得一提的是，这里的稻田还通过侗族乡民的制度性保证做好了配

---

　　❶　崔海洋：《从糯稻品种的多样并存看侗族传统文化的生态适应成效》，《学术探索》2009年第4期。

套水利建设。乡民将鱼塘与稻田联网，河流与鱼塘串通，人工的饮水设施明渠、暗沟和涧槽交错设置在稻田和鱼塘之间，确保每一块稻田都能做到排灌自如。再加上沿山设置的拦山沟和引水渠，坡面只要出现地表径流，绝大多数稻田就可以获得有效灌溉。与此同时，当地社区还通过协商方式建立了稳定沿用的用水规章，在所有的河渠上都设置有分水坝，可以精确控制每一块稻田的水位高低。这就意味着当地侗族文化对环境的适应能力，已部分地化解了客观存在的不利自然因素，确保了梯田水稻种植的稳产和高产。❶

其二，化解烂秧风险的举措。尽管如前文所述，黄岗当地的气候极易导致稻田烂秧，但实际其比例却非常低，主要基于以下几个原因。首先是前文所述的13个糯稻品种的种子萌发也与众不同。它们在10～18厘米的深水下也可以正常发芽、生长，而且能够迅速拔节，使稻尖迅速露出水面。在幼苗期，稻叶即使处于水面以下也依然能够正常完成光合作用，但等到稻尖露出水面后，水下的稻叶又会迅速萎缩，露出水面的稻叶又会快速生长。❷ 就是说，即使在萌芽期，这里的糯稻也具有抗拒水淹的特殊禀赋。其次，由于黄岗地区山高坡陡，基岩又主要是由砂岩构成，基岩风化后形成的土壤含沙量很重，整个黄岗地区地下水涵养量极高，导致在黄岗的坡面处处有泉水，到处可以挖井取水，因而这里的稻田几乎全部是靠泉水供水。由于有土壤发挥保温作用，所以井泉出水口的水温极为稳定。一年当中水温的波动都在10℃～15℃，靠井泉灌溉的秧田只要储水深度超过10厘米，即使遭逢倒春寒，哪怕气温降到了0℃左右，而且持续一两天，秧田水温还是可以维持到10℃左右。这正好是防范水稻烂秧的有力保障措施之一。❸ 另一个保障措施则在于，当地侗族乡民对稻田的供水还有特别的讲究。他们会在井泉的出水口修建配套的通水渠和过水渠，稻田的排水口也有多个，可以相互替换开启和关闭，能够准确地控制稻田内供水的流向和流速。需要对秧田升温时，则让井泉直接流入秧田，并加快排水，使

❶ 杜荣民、刘心禹译：《稻作为主的耕作制下土壤管理的物理学问题》，《Soil Physiesand Rice》1989年第1期。

❷ 傅志强、秦淑萍等：《灌水方式对湘南丘岗区水稻生长发育及产量的影响》，《湖南农业科学》2010年第21期。

❸ 贺天博：《对梯田抵御气候风险习惯性认证的质疑》，《原生态民族文化学刊》2010年第4期。

得较为温暖的泉水流遍整个秧田；当不需要保温时，又可以让泉水从过水沟流过，使稻田的水温不会过快地升高。正是凭借这种看似粗陋的保温设置，可以让这里的稻田水温在育秧季节的大部分时间可以维持在12℃上下，这就已经能使当地特有的糯稻品种正常发育。❶与此相印证的是，近两年来，有关部门为了提高粮食产量，在黄岗也推广了杂交稻种植，而且还派去了专业的水稻技术人员指导当地的乡民育秧，而育秧时由于经常遭逢倒春寒，技术人员要求乡民实施旱地育秧，抓紧晴天让秧田暴晒，以便提高土温。尽管采取了这样的措施，不管哪个杂交水稻品种的烂秧比例仍高达20%以上。乡民们总结说，旱地育秧不行，白天虽然可以提高土温，但杂交稻不耐旱，迟早都得灌水。由于水温和土温反差太大，杂交稻受不了这个"气"，不烂秧才怪。从乡民的这一总结中，不难看出，乡民的传统是靠井水和泉水去实现秧田的保温，而这样的保温要有效又必须以糯稻品种的特异性为依托，还要以乡民对气候的变化做出针对性的调控，才能收到良好功效。上述条件缺一不可，而技术人员却只注意到了气温的满足，却忽略了杂交稻本身不能耐受深水环境的缺氧、也耐受不住水温的剧烈波动，还忽略了当地水温恒定而气温却易于波动的特点，因此收效不大。近年来，侗族乡民也会种植少量的杂交稻，他们的育秧办法则与传统的办法不同。他们将秧田设置在海拔较低、向阳的背风坡，有时还围起挡风的栅栏，以此达到稳定水温的目的。他们的杂交稻育秧烂秧比例可以减少到10%左右，但依然比传统的糯稻品种高，以至于乡民们认为从其他地方买进杂交稻的秧苗来栽插更为实惠。

其三，规避秕谷的措施。如前所述，黄岗地区在从仲秋到深秋这一段时间内，阴雨天气占到整个时段的70%左右，而这一时段正好是水稻的扬花季节。按照常理，在这样的地区种植水稻肯定会出现大比例的秕谷，但调查的结果却恰好相反。其中的原因如下：这里的侗族乡民早就注意到了当地的气候对水稻扬花不利，因而在水稻插秧时就采取了积极的防范措施。他们将不同的糯稻品种实施混合栽插，而且混合栽插的方式也是多种多样，有的是将不同糯稻品种进行条带状混合栽插，一个品种只栽插1～3行就换另外一个品种；有的是块面混种，将一块田分成3～5块，每一块

---

❶ 崔海洋：《论侗族制度文化对传统生计的维护——以黄岗侗族的糯稻保种、育种、传种机制为例》，《广西民族大学学报（哲学社会科学版）》2009年第5期。

种一个糯稻品种；有的则是实行同心圆混插，不同的糯稻品种沿着田坎插成圈状，3～5个糯稻品种围绕同心圆插3～5圈。这样做的优势在于，由于不同的糯稻品种扬花季节有早有迟，这就使得整个稻田的扬花期会拉得很长，水稻可以等待最佳时期获得授粉，以此确保在不利条件下授粉的比例也能很高，进而使得糯稻很少出现秕谷。此外，由于这里糯稻品种的分蘖能力很强，❶分蘖时间不同的植株的扬花时间也会拉出较长的时间差来，这也会提高授粉率。还有一个不容易引起关注的措施也有助于水稻授粉率的提高，这就是乡民在稻田中喂养的鸭子。成群的鸭子在觅食过程中要不断地撞击稻秆，使得稻穗间频繁碰撞，这对提高水稻的授粉率也有很大的帮助。❷通过分析乡民规避秕谷的方法，我们同样可以看到他们实施的手段也具有多样性和复合性，而且成效比较显著。这与现代技术对策存在着很大的不同，这应该是值得学习和借鉴的风险防范思路。

其他保持梯田高产稳产的措施。黄岗侗族社区的梯田为了保证稳产和高产，需要应对的不利因素还远不止于上述三项，其他如病虫的危害、鼠雀的危害、暴雨的袭击、山体的滑坡等都可能会对梯田的水稻种植构成潜在威胁。❸侗族乡民的应对措施同样表现得具有复合性和多样性。如应对虫害和病害就与他们实施多品种复合插秧有关联。因为不同品种的糯稻由于稻秆的硬度、绒毛的密度等都互有差别，因而对不同的病虫害也具有不同的抵抗能力。实施了多品种的复合种植后，尽管也会遭受病害和虫害的袭击，但不会大面积蔓延，仅止于个别植株。一旦出现病害，乡民会将病害稻秧植株拔掉做牛的饲草使用；而如果是虫害，那么他们就将害虫捕捉起来，制作成美味佳肴食用。当然，他们的稻田中大量放养鲤鱼和小麻鸭也可以收到抗拒虫害的功效，因为很多害虫在鸭子和鱼撞击稻秆时，都会吐丝悬挂于空中避害，这些害虫恰好会成为鱼和鸭子的捕食对象。❹应对降水量的频繁波动，他们也有良方。一方面，他们所种植的糯稻品种生长期差异极大，生长期最短的"六十天糯"，从下种到收割只要60～70天。

---

❶ 任翔、翁清妹等：《水稻分蘖能力 QTL 的定位》，《武汉大学学报（理学版）》2003年第4期。

❷ 徐旺生：《从间作套种到稻田养鱼、养鸭——中国环境历史演变过程中两个不计成本下的生态应对》，《农业考古》2007年第4期。

❸ 朱志成、吴素琴等：《直播稻田病虫草鼠害的发生特点及药控措施》，《上海农业科技》2009年第5期。

❹ 罗康智：《论侗族稻田养鱼传统的生态价值——以湖南通道阳烂村为例》，《怀化学院学报》2007年第1期。

稻田储满水后，即使连续一个半月不下雨，这样的糯稻也能够获得丰收，因而这是当地侗族乡民的一个应对偶然发生的春夏连旱的备用品种。生长期最长的是"苟羊弄"和"鹅血红"。❶这两个品种在插秧后，可以在田中持续生长150天左右，有的年份下雪结冰后还可以慢慢地收割，因而对于防范某些年份的提早降温具有独特的功效。特别值得一提的是，这两个品种即使在稻谷成熟后，稻叶也不会随之迅速转黄，而是长期保持鲜嫩状态，因而是牛、马等牲畜越冬的鲜嫩饲草。正因为有这两个特殊的糯稻品种，所以当地饲养的牛、马不少，每户约有3头牛、3匹马。同样因为并存的糯稻品种很多，生长期和收割期都拉得很长，这使得当地的侗族乡民一年中几乎有半年的时间都可以吃上刚刚收割的新鲜糯米，这在其他地区的人们看来几乎不可思议。

三、传统糯稻品种与人文环境的协同演化

水稻是中国最悠久的粮食作物，在中国南方的农村，人们在几千年的生活中驯化了大量的稻种。随着社会的发展，物种多样性在逐渐减少，特别是自进入工业文明以来，人类对于生态环境的破坏日益加深，物种的生存受到生物因子和非生物因子两方面的威胁，为了避免物种的消失，保护生物多样性日益受到社会的关注。当前在生物学方面最常用的技术手段就是建立种质基因库，对植物进行迁地保护。❷根据《中国资源科学百科全书》中的解释，所谓种质基因库是通过搜集和保存植物体的一部分活组织，主要保存植物的种子、花粉、培养组织、一部分营养器官、DNA 等。❸其中保存种子的种质基因库又叫种子库，里面涉及种子生存所需的生理代谢的条件，同时依据种子类型的不一样保存的时长也有所差异，通常存放于5℃或更低温度环境中，或者将含水量为5% ~ 7%的种子放置在密闭容器中，或者将种子保存在相对湿度低于20%的条件下，同时还可以把种子保存在液态氮(－196℃)中。有生命活力的种子都要进行生理代谢，所以种

---

❶ 贺天博：《对梯田抵御气候风险习惯性认证的质疑》，《原生态民族文化学刊》2010年第4期。

❷ 唐安军、宋松泉、龙春林：《植物遗传资源的种子基因库保存（英文）》，《云南植物研究》2007年第1期。

❸ 孙鸿烈：《中国资源科学百科全书》，北京：石油大学出版社，2000年，第624页。

子的保存时间还是有限的，需要定期进行检测，当种子的发芽率低于20%时，就需要更新种子。❶ 为了确保种子的稳定性，基因库中每一品种都经过了个体种植、栽培研究的过程，整个工作繁杂且重要。

目前，我国采取的是国家和地方共同建立基因库的方式来保存种子，其中国家建立长期和中期种质基因库。长期基因库的目的在于利用先进的设备和科学的管理对重要的物质进行长期的战略性保护，存放年限为30～50年。中期基因库主要功能则在于根据相关要求进行种质之间的交流、交换，同时对一些地方在受到种质丢失的问题后进行一定的补充。对于地方性的种质基因库则是为了在植物的原生地方便于利用和便于保存。尽管有了国家和地方双重形式的保护和利用方式，但并不意味着没有问题。首先就稻种而言，对于一些种类难得或者不易保存的种类，一般放置于低温（−2℃）的条件下进行长期保存。但长期继代培养的会产生染色体裂变而导致遗传基因的不稳定性。其次，为了确保和完善种质建立起来了一套完整的体系，但是这一套体系却忽视了即便是同一种类的种子它们之间所处的环境也是不同的，而离开原生地的保护会给人和物种都带来一定的问题，种子由于保存时间有限，其发芽率会随着保存时间的增长而降低，为了保证活力必须实行轮换种植。在异生境中因为光照、海拔、气温等环境的不同无法完全保证其遗传多样性与稳定性，还容易造成基因漂移。对于生活在特定生境的人群来说，接触一个不同特征的物种时短期内也是无法完全掌握的。最后，还面临着种质冷藏库保存设施不完善、基础条件平台建设有待加强，专业研究人员少，且队伍不稳定的问题。❷ 因此，要想保护好水稻的种子就必须依靠原生地的农民。

作为种质所在地的保护和储存者，他们也许不知道其中所含的比例成分，但是他们非常清楚所在地的自然环境。农民在常年的生活中凭借自己的知识经验驯化了大量的植物品种，能够根据土地属性进行选种和育苗。水稻的原产地是低海拔低纬度的河网湿地生态系统，这就注定了水稻的生物属性必然是一种耐高温、高湿，惧怕干旱、低温、阴雨的农作物。低温、阴雨和脱水都是水稻难以抗拒的气候风险。侗族地区的气候极易导致

---

❶ 唐安军、宋松泉、龙春林：《植物遗传资源的种子基因库保存（英文）》，《云南植物研究》2007年第1期。

❷ 朱明、阮仁超、聂莉：《贵州省作物种质资源保存现状与展望》，《贵州农业科学》2007年第5期。

稻田烂秧，但实际其比例却非常低，主要基于以下几个原因。

首先，这些糯稻品种的种子萌发也与众不同。它们在10～18厘米的深水下也可以正常发芽、生长，而且能够迅速拔节，使稻尖迅速露出水面。在幼苗期，稻叶即使处于水面以下也依然能够正常完成光合作用，但等到稻尖露出水面后，水下的稻叶又会迅速萎缩，露出水面的稻叶又会快速生长。就是说，即使在萌芽期，这里的糯稻也具有抗拒水淹的特殊禀赋。

其次，由于黄岗地区山高坡陡，基岩又主要是由砂岩构成，基岩风化后形成的土壤含沙量很重，整个黄岗地区地下水涵养量极高，导致在黄岗的坡面处处有泉水，到处可以挖井取水，因而这里的稻田几乎全部是靠泉水供水。

由于有土壤发挥保温作用，所以井泉出水口的水温极为稳定。一年当中水温的波动都在 10℃～15℃，靠井泉灌溉的秧田只要储水深度超过10厘米，即使遭逢倒春寒，哪怕气温降到了0℃左右，而且持续一两天，秧田水温还是可以维持到10℃左右。这正好是防范水稻烂秧的有力保障措施之一。再者当地侗族乡民会在井泉的出水口修建配套的通水渠和过水渠，稻田的排水口也有多个，可以相互替换开启和关闭，能够准确地控制稻田内供水的流向和流速。需要对秧田升温时，则让井泉直接流入秧田，并加快排水，使得较为温暖的泉水流遍整个秧田；当不需要保温时，让泉水从过水沟流过，使秧田的水温不会过快地升高。如此可以让稻田水温在育秧季节的大部分时间可以维持在12℃上下，使当地特有糯稻品种正常发育。

在调查中，我们了解到近两年来有关部门为了提高粮食产量，在黄岗也推广杂交稻种植，并派去专业的水稻技术人员指导当地的乡民育秧。育秧时由于经常遭逢倒春寒，技术人员要求乡民实施旱地育秧，抓紧晴天让秧田暴晒，以便提高土温。即使如此，杂交水稻品种的烂秧比例仍高达20%以上。乡民们总结说，旱地育秧不行，白天虽然可以提高土温，但杂交稻不耐旱，迟早都得灌水。由于水温和土温反差太大，杂交稻受不了这个"气"，不烂秧才怪。

从乡民的这一总结中，不难看出，乡民的传统是靠井水和泉水去实现秧田的保温，而这样的保温要有效又必须以糯稻品种的特异性为依托，还要以乡民对气候的变化做出针对性的调控，才能收到良好功效。

鼠雀危害是稻田种植区需要认真对待的生物灾害，在黄岗野生的鸟类和鼠类虽然很多，但对糯稻的影响都很小，这也与乡民所种植的糯稻品种生物属性、田间管理和收割方式有关。当地的糯稻品种都属于长芒型，在上述13个糯稻品种中，谷芒最长的可以达到13厘米，最短的也有1～2厘米。糯谷成熟时，整个谷穗就像一条大毛虫，鸟类不能直接啄到谷粒，就算是啄到了谷粒，长长的谷芒很容易卡在鸟类的喉管中，使其无法直接吞咽。更何况这里的糯稻谷穗极为坚韧，而且不会掉粒，鸟类很难将整穗的稻谷啄下来叼走。鸟类在飞翔中撞击稻谷，谷粒也不会随意掉落，以至于鸟类很难从生长中的谷穗上获取谷粒充饥，而必须得等到稻谷掉落水中发芽后才有机会取食。当然，也因为这里的稻穗太独特，因而收割的办法也与外地迥然不同。乡民们是用摘刀将谷穗一穗一穗地割下来，捆成禾把，晒在禾晾上，等到这些禾把彻底干透以后才收入粮仓储藏。在整个晾晒的过程中，尽管是悬挂于露天，鸟类同样因为这些谷芒太长而无法偷食。当然，也因为有谷芒的保护，这样的稻穗也不怕被雨水淋湿，或者是被雨雪冻伤，因为这些长长的谷芒犹如给稻谷穿上了一层厚厚的外衣。而禾把则是珍贵的编织材料，当地乡民称为"米芯草"，其市场价格几乎等同于同样重量的糯米价格，因而这里的糯米亩产虽然仅有300～600斤，但是实际经济收入却可以翻番，乡民因此认定种植传统糯稻比种植现代的籼稻更为划算。侗族乡民在田中终年灌水，除在田中进行鱼和鸭的放养外❶，还有其他功效。水稻在整个生长期都是浸泡在水中，老鼠就很难接近稻根，也不可能爬上稻秆，或者是咬断稻根。所以即使在糯稻成熟后推迟一到两个月不予收割，老鼠也无法偷食稻谷，而必须等到乡民收割完毕后，才有可能偷食被鸭子捡食后存留下来的少量谷粒。稻谷收割后由于是晾在禾晾上，禾晾的下端又设置有防止老鼠攀爬的机关，老鼠也几乎不可能偷食。这种防范方式还是一种网络式的配置，能够充分利用各种生物之间的匹配关系，将防范与维护相结合。这样的防范思路可以称得上是一种有助于生物多样性并存与自然和谐❷的模式，是值得学习和借鉴的。

---

❶ 罗康智：《侗族美丽生存中的稻鱼鸭共生模式——以贵州黎平黄岗侗族为例》，《湖北民族学院学报（哲学社会科学版）》2011年第1期。

❷ 朱志成、吴素琴等：《直播稻田病虫草鼠害的发生特点及药控措施》，《上海农业科技》2009年第5期。

结　语

在深入探讨黄岗的梯田糯稻种植的内在技术细节后，我们深感其间的复杂程度远远超出了预先的估计，传统的研究方法表现出一定局限性。从表面上看，这里的梯田糯稻种植，几乎没有表现出任何明显的气候性灾害，但当地的常规自然要素又明显地对水稻种植极为不利。如果用民族学的术语表述，只能说是这里的侗族传统文化对所处的自然环境达到了高度的适应。不过，这样的表述将会使人感到十分空泛而难以相信，但当试图抛开民族学的表述方式和丢开度量指标后，我们立刻感到要把其间能够规避各种气候风险的技术细节、制度保障和土地资源配置一一交代清楚，并揭示其防灾、减灾的原理，有些力不从心。笔者尽管做了尽可能周详、准确的介绍，然而回头一看，仍然感到自己是挂一漏万，因为这里侗族居民的梯田水稻种植，事实上是一张无所不包、无所不有的立体网络，可以把各种有害的因素都控制在成灾之前。乡民们偏好自己的传统糯稻有他们自己的考虑，他们思考的比其他人理解的要周全得多，也有效得多。❶这可以从一个侧面揭示出民族文化对环境的适应，其实是一项系统性的社会配置。一旦取得了较高的适应成效，各自然要素和人为要素之间，必然会相互穿插和相互嵌合，形成一个自成体系的网络才得以发挥抗拒风险的成效，因而引导传统创新时，绝不能单就一个要素去下结论和采取措施，而必须通盘考虑整个适应机制的相关内容。此前很多急于求成的技术推广，正好在这一点上出现了偏差，因而难以收到很好的技术推广成效。❷可见，文化适应显然是就整个设置和结果而言的，因为它是靠长期积累的经验建构起来的社会规则和生存方式，正像天网恢恢那样，不易觉察，但却疏而不漏。也正因为如此，要凭借有限的指标去评估这里的梯田糯稻种植，肯定会显得苍白无力。

---

❶ 崔海洋：《论侗族制度文化对传统生计的维护——以黄岗侗族的糯稻保种、育种、传种机制为例》，《广西民族大学学报（哲学社会科学版）》2009年第5期。
❷ 同上。

乡村都市化背景下以"水" 为中心的村落社会

——以南北两村为例

李陶红[*]

摘　要　本研究选取两北两个水资源差异较大的村落：山西介休洪山村和湖南通道上岩坪寨村，以乡村都市化为研究的背景和理论的指导，以水资源为切入点，梳理水资源与村落生产生活、生态、信仰等诸多文化要素的关联；水资源与村落权力的表达；乡村都市化背景下的水资源变化与村落境遇。以此探讨乡村都市化前后，村落社会的共同特质、面临困境及实践中的出路。从水可看到中国传统社会是一个缜密而稳定的农耕文明体：稳定的慢结构。以"水"为中心的村落社会认识视角可以成为以"土"为中心的乡土社会认识的补充，又可深化对乡土社会的认识。在乡村都市化背景下，村落的当下实践表明村落具有"弹持"能力，村落自有从稳定慢结构孕育的"生存性智慧"和"社会底蕴"，这些都促发村落社会在乡村都市化的"裹挟"之下，实现内生发展。

关键词　乡村都市化；水资源；以"水"为中心；弹持；内生发展

一、导言：水资源与乡村都市化研究结合的可能性

（一）水资源的人类学研究

对于水资源的研究，关注最多的是水利社会的研究。水利社会是以水利为中心延伸出来的区域性社会关系体系，通过水利这一农业社会最主要的纽带，可以加深对社会组织、结构、制度、文化变迁等方面的理解。近

　＊　李陶红，人类学博士，大理大学民族文化研究院民族研究所助理研究员，研究方向：族群与区域文化。

十多年来，民俗学、水利学、历史学（社会史）、人类学等不同学科皆已形成通过水来研究社会的共识。水利社会研究集中于以下两个主题：一是区域社会史视野下对历史水权问题的实证研究与理论建构；二是对水利社会的综合性研究。注意探讨水神信仰与政治、经济、社会的互动及关联性，开展水文化及其象征意义、水文化与水权分配、水文化与地方社会秩序形成之间关系的综合性研究，试图探讨乡土社会中权力与象征符号的建构过程。

人类学视域下的水，在以上研究基础之上，更为强调水的权力属性，及将水作为地方社会得以建构的纽带。魏特夫的《东方专制主义》❶形成了将治水社会与东方专制主义串联起来的治水学说，提出中国集权国家是以水为控制中心来实现政治控制的。格尔兹的《尼加拉：19世纪的巴厘剧场国家》❷对灌溉会社的组织、祭祀仪式及其象征性进行考察，认为灌溉会社是巴厘岛权力的核心。弗里德曼在《中国东南的宗族组织》❸中，注意到了水于维系宗族社会结构和运作的重要性，水利与稻作经济成为宗族争夺资源的目标。而弗里德曼的弟子巴博德以台湾乡村的水利调查为例，研究一个社区的水利系统怎样影响到该地社会文化模式的议题，进而对弗里德曼的"水利灌溉系统促进宗族团结"的假说提出挑战。❹ 杜赞奇在《文化权力与国家》❺中提出了"权力的文化网络"概念，其中以河北邢台水利组织"闸会"为研究个案，指出不同层级的闸会对应不同层级的龙神祭祀体系，而国家对龙神的认可与赦封，成为国家权力渗透到乡村社会的表征。与此研究类似的，将水与政治、权力、意识形态的结合，成为了20世纪上半叶以来水资源研究的一个基本视角。

围绕水资源研究的权力视角，水资源的研究也实现了诸多拓展。王铭铭在《关于水的社会研究》❻中提出了从以"土"为中心到以"水"为中心的研究视角，认为只有这样才能在乡土中国与水利中国之间找到历史与现

---

❶ 魏特夫：《东方专制主义》，徐式谷等译，北京：中国社会科学出版社，1989年。

❷ 格尔兹：《尼加拉：19世纪剧场国家》，赵丙祥译，上海：上海人民出版社，1999年。

❸ 弗里德曼：《中国东南的宗族组织》，刘晓春译，上海：上海人民出版社，2000年。

❹ Pasternark, Burton., *Kinship and Community in Two Taiwan Villages*, Stanford : Stanford University Press，1972.

❺ 杜赞奇：《文化、权力与国家：1900～1942年的华北农村》，王福明译，南京：江苏人民出版社，1996年。

❻ 王铭铭：《关于水的社会研究》，《心与物游》，桂林：广西师范大学出版社，2006年。

实的纽带。麻国庆在《"公"的水与"私"的水——游牧和传统农耕蒙古族"水"的利用与地域社会》❶中提到"水"的视角是了解中国基层社会民间组织的重要出发点。张亚辉的《水德配天——一个晋中水利社会的历史与道德》❷从文化、象征与道德观念层面，提出对晋祠水利社会史的独特见解。石峰的《非宗族乡村：关中"水利社会"的人类学考察》❸对关中水利社会进行历史人类学的考察，关注宗族力量缺失的社会中，是由何种组织力量牵引社会运转的。同时与人类学的宗族理论形成对话，明确提出了人类学观察汉人乡村社会的两种模式："宗族乡村"模式和"非宗族乡村"模式，目的是从亲属体系之外来重新认识中国乡村社会的复杂性。此外，李红武的《晋水记忆——一个水利社区建设的历史与当下》❹从社会记忆的视角，探讨民众对晋水的记忆是如何通过恢复以祭祀水母为核心的河会仪式得以表述和传达的。

　　费孝通先生在研究乡土中国的时候，曾明确指出中国是以"土"为中心的社会，以"土"为中心形成的农业社会一直是中国社会的本色。"农业和游牧或工业不同，它是直接取资于土地的。"❺费孝通在分析中国农民为何聚村而居的原因时，也指出水的因素在其中的重要作用："需要水利的地方，他们有合作的需要，在一起住，合作起来比较方便。"❻费孝通先生虽然只是提及了水这一要素，但并未如"乡土社会"的理论建构一般付诸心力。深入分析，在农业发展过程中，土地的优良又与所依赖的水资源密切相关，水资源的可利用程度直接体现了土地的实际利用价值。从一定程度而言，以"水"为中心的社会研究亦是费孝通先生提出的以"土"为中心范式的一种补充。以"水"为中心切入的研究是切入社会结构研究的有效途径，因此，既有研究已经将以"水"为中心的社会研究统一为"水利社会"的研究。于区域研究而言，现有水研究的相关理论也渐与弗里德曼的宗族

　　❶　麻国庆：《"公"的水与"私"的水——游牧和传统农耕蒙古族"水"的利用与地域社会》，《开放时代》2005年第1期。

　　❷　张亚辉：《水德配天：一个晋中水利社会的历史与道德》，北京：民族出版社，2008年。

　　❸　石峰：《非宗族乡村：关中"水利社会"的人类学考察》，北京：中国社会科学出版社，2009年。

　　❹　李红武：《晋水记忆：一个水利社区建设的历史与当下》，北京：中国社会出版社，2011年。

　　❺　费孝通：《乡土中国》，北京：北京大学出版社，2012年，第10页。

　　❻　费孝通：《乡土中国》，北京：北京大学出版社，2012年，第11页。

理论、施坚雅的市场理论体系、林美容的祭祀圈理论等一同并置，水资源渐成为学术界关注的研究对象。于单个的村落而言，水的研究可以笼络村落生态、生计、信仰等要素，进而建立起社会结构的立体构图。

（二）中国的乡村都市化

顾定国与周大鸣教授的"乡村都市化"的提出，主要用以区别于我们耳熟能详的"城市化""都市化"等的理解和研究。他们指出，乡村都市化，并非简单地指越来越多的人居住在城市和城镇，而应该是指社会中城市与非城市地区之间的来往和相互联系日益增多的这种过程。即城市与乡村的相互影响，乡村文化与城市文化互相接触融合后，"产生了一种整合的社会理想，既含有乡村文明的成分，又含有城市文明的成分"，这种现象就是"乡村都市化"。❶

乡村都市化的五个层面：一是人口结构的分化，从事非农业的人增多；二是经济结构的多元化，第二、第三产业比重逐渐增加，农业经营方式从传统农业向外向型、商品化、现代化农业转变；三是生活方式的都市化，人们的衣食住行和休闲生活向都市生活转变；四是大众传播的普及，随着乡村生活水平的提高，大众传播日益渗透到乡村社会，成为乡村社会变迁的动力之一；五是思想观念的现代化，人们的思想观念从保守、落后、守成转为开放、先进和进取，人的文化水平提高，人的总体素质提高。❷

乡村都市化的提出及其研究，将研究的关注点从城市本身拉回到乡村，关注乡村与城市的连接，强调乡村与城市的过程互动，物化的城市化转向人的城市化的过程。意在爬梳在都市化浪潮下，乡村如何在都市化气息的"裹挟"之下，原有呈现均衡、同质的稳定农业社会体系被调整及打破，地方社会如何适应及改变都市化气息，如何在好恶交织的都市化进程中汲取、改变、适应、挑战、发展的复杂文化策略过程。

（三）水资源与乡村都市化研究结合的可能性

水是切入研究村落社会结构的窗口，乡村都市化正是当下村落社会结

---

❶ 周大鸣：《现代都市人类学》，广州：中山大学出版社，1997年，第219页。
❷ 周大鸣：《现代都市人类学》，广州：中山大学出版社，1997年，第222页。

构变化的提炼，因此，二者的结合具有可行性。在乡村都市化"裹挟"之下，呈现均衡、同质的稳定农业社会体系被打破，而这样的一种变化在水资源方面细致入微地表现出来。本研究将乡村都市化作为背景，以水资源为切入，来观察乡村都市化背景下围绕水这一特殊资源带来的乡村社会的变化过程。同时也将乡村都市化作为研究的理论指导，结合村落社会的发展实践，提出乡村都市化背景下的乡村社会的困境及其实践重构。本研究的路径与结论仅是一种尝试，望各位专家学者提出宝贵指导意见。

本研究的田野点，选取南北两个村落。北方村落选取山西介休洪山村，此是缺水地带。南方村落选取湖南通道上岩坪寨，此是水资源丰富地带。基于区域的关照和类型的关照，选取水资源较为贫乏和水资源颇为丰富的地区，较具典型意义。

二、洪山村——水书写的历史

（一）洪山村水环境

洪山村位于山西介休市东南方向12公里处的洪山镇中东部丘陵地区，临天俊山北麓、狐岐山脚下。有史可查的洪山村历史约有3000年，关于洪山村的历史文献记载早已有之，其记载又与狐岐山、狐岐胜水的记载紧密相关。《山海经》中有记载："狐岐之山无草木，多青碧，胜水出焉。而东北流注于汾，其中多苍玉，即此俗名洪山。"明万历《汾州府志》载："狐岐山，又名洪山，在县东南二十里。山中有狐洞，可通十里。"明代万历十九年（1591）《介邑王侯均水碑记》有记载："县之东曰洪山，泉水涌出，灌民田，得沃壤之利，乡人立庙祀之，从来远矣。"❶清代嘉庆的《介休县志》有记载："狐岐山，即《禹贡》治梁及岐之岐山也。"

洪山的历史文化可以说是积淀在当地水的开发与利用基础上的文化，是一部由水写就的历史。洪山当地将治水的历史一直追溯到大禹治水的年代，在《介休县水利志》中就有记载"大禹治水，凿开壶口，治理吕梁，到狐岐山。《尚书·禹贡》有治梁及岐的记载。所以洪山泉源神庙祭祀大禹。

---

❶ 黄竹三、冯俊杰：《洪洞介休水利碑刻辑录》，北京：中华书局，2003年，第181页。

洪山水利始于大禹治水之时"❶。据洪山当地的村民介绍，洪山现仍有大禹治水的实物遗存。

出自洪山村的洪山泉，属汾河水系，为山西省19个重点岩溶大泉之一。洪山泉素有"胜水流膏"的美称，为"介休十景"之一。整个洪山泉域汇水系统的范围总计632平方公里。据20世纪90年代资料统计，面积占介休市1/3的洪山灌溉区域，其粮食产量却占到全市1/2以上。❷洪山泉域是介休市粮食作物主要产区，有"介休粮仓"之称。

（二）洪山泉与村落文化

（1）洪山泉与村落生产生活的关联。依赖水这一大自然的恩赐，自古以来，洪山泉域的农业生产就较为发达。由水而生的水利经济成为洪山经济社会发展的支撑，如水磨、制香、陶瓷、琉璃等。洪山发达的水利经济促进了当地手工业的发展，同时，手工业形成锁链效应，陶瓷、制香，琉璃又带动造纸、编草绳等手工业的发展。这与同时代的农耕社会相比，凸显了其优越性与独特性。水利经济促进了地域间人群的互动，洪山的陶瓷、琉璃、香等的生产、销售、运输，带动了人的流动与文化的流动。洪山因多样的水利经济促成社会的活力，形成一定意义范围内的手工业制造中心与商业活动中心。建立在得天独厚的洪山泉基础之上发展起来的水利经济，使洪山村充分实现了经济效益，从而使"近水楼台"的洪山村成为繁荣富庶的地区，有了"晋中小江南""小北京""小香港"等的称号。

（2）用水观念与习俗。洪山泉在历史上惠及48个村落的生产生活用水，围绕水资源的合理利用和防治水污染形成了一套约定俗成的用水观念与习俗。在生产的灌溉用水方面，于每条干渠，均会设水老人一名，负责干渠灌溉诸事宜，水老人一般由干渠流经的村落来轮流担任，水老人之下还设渠长若干名。

历史上的洪山村村民，已经有关于水的生态环境意识，碑刻资料中还有保护水源，防治污染的记载。❸村内有清代碑刻关于保护水源，防治污染的"永远禁止倾倒灰渣"碑。❹因洪山历史上盛产陶瓷，每天产生的灰

---

❶ 续忠元:《介休县水利志》，介休县水利水保局编印，1986年，第1页。
❷ 相关数据由洪山水利管理处提供。
❸ 黄竹三、冯俊杰:《洪洞介休水利碑刻辑录》，北京：中华书局，2003年，第233～234页。
❹ "永远禁止倾倒灰渣"碑文信息资料由介休市文物局提供。

渣量也较大，一些人家为图方便，便将灰渣直接倒于河中，造成河流中下游河道淤塞，因此，中下游其他村落的村民每年均需要定期清理河道。并且，灰渣也不利于河道中水磨的运转，基于此，便立碑文，将倒灰渣的行为作为村民的道德范畴。将倾倒灰渣的规范用碑文的形式呈现后，村民乱倒灰渣的现象渐少，灰渣均运往专门的灰渣山进行倾倒。同时，此碑文还可以看到洪山村早已在清代就有关于环境管理的习惯法出现。

当地六十岁以上的老人不难回忆道，儿时的记忆里，各街路旁都有沟渠，常年流水，可供居民饮水。当时的村规民约规定，每天上午十点前，人们在河里担饮用水，不准在河内洗刷衣物等。❶ 村民们对洪山泉的回忆，是清冽的泉水，没有丝毫污染，洪山泉就是"流膏之水"。

（3）水与民间信仰。在洪山村，水与民间信仰紧密相连，本土孕育而生的源神信仰成为洪山村民间信仰的内容之一。围绕源神信仰形成的"三月三""八月初一"庙会，就是当地人对水敬之、惜之，奉为神灵加以呵护的共举之事业。《后汉书·礼仪志》上有记载："是月上巳，官民皆结地东流水上，曰洗濯拔除，去宿垢病。"旧时村民来祭，焚香鸣炮，以酬神思，祭毕将祭品抛于池内，名曰"神食"，县令也要率官吏来庙祭祀，并点牌上水，唱戏酬神，盛况非凡，宋代以来沿袭相承，形成传统的洪山庙会，也就有了介休"三月三，骑着毛驴赶洪山"的习俗。清代乾隆四十二年，介休知县吕公滋在"三月三"有诗云："草含新绿柳含翠，谁在春山列画屏。胜水澄清修禊好，风流千载想兰亭。"足见洪山"三月三"的渊源。

每年农历三月初三上巳节为源神诞辰日，也为放水之日。每年三月三，引洪山泉水灌溉的48村落在源神庙商议分配当年的用水，然后发放水牌，并举行开水仪式，意味着新一年的灌溉开始。水牌的拥有意味着水权的拥有，也意味着用水分水等公平伦理的持有与规范化。其合法性是用源神庙神祇的权威性和仪式来维系的，即用文化权威来界定。"三月三"的隆重程度，村民对笔者有一个非常夸张的说法："三月三"洪山泉域范围内的人都来参加庙会，有人专门数过前来参加的人数，竟然有六千多人，让人为源神庙有限的空间之内可以容纳这么多人而惊叹。粗略统计，平均边长不到20厘米的地砖上需要站四个人，才足以容纳足够多的人。姑且不去考证四个人站一块地砖的可能性，但村民如此夸张的说法足以反映"三月三"

---

❶ 《洪山镇建设调查资料》，1986年3月，介休市档案馆提供。

庙会的盛况。

在普通乡民的视野中，源神爷是一种至高无上的神秘力量，为了酬谢神恩，泉域民众每年要举行祭祀源神的活动。在文献中有记载，"三月三"众人聚集到源神庙举行祭祀水神仪式的场景："在源神庙大殿前摆满了三牲祭品、面塑蒸食、时鲜果品……香烟缭绕，灯烛辉煌，源神庙善人们身穿道袍左右支应。本府同知，本县县令、县丞及诸多当地外任官员按品阶依次排列在前排；县里绅士，村头社首和涉及用水各村的'公人'排在二排，当地香业工会、水磨业公会、瓷业工会的头目及本村乡绅排列在三排。由县衙师爷司仪，共向水神行三拜九叩首大礼，由县令宣读祭表文，祭毕，官员们返回接官厅议事，众多乡民争先焚香叩拜，许多还向庙祝布施，庙祝鸣金还礼：'善哉，善哉！'"❶在庄重地祭祀"源神爷"的同时，很多民间水事纠纷和水利问题便也在热闹非凡的庙会前夕得以稳妥解决。凭借对源神爷的尊崇与祭祀，泉域社会的水利秩序得以有效维护。

（三）洪山泉与村落权力

（1）分水·水权·水案。洪山泉因在洪山村落发展史中由人们付诸了从自然资源的水到经济资源的水的发展历程，在这一过程中，因为人与水的互动机制，形成了一系列水利管理的文化机制，而由洪山泉引发的"分水""水权""水案"，成为其文化机制的核心要素。从水利管理的文化机制中，可以抽离出治水的两条主线：国家治水与地方治水，国家治水为暗线，地方治水为明线。

分水，成为洪山泉自宋代文潞公以来最为有效的管理方式。"宋文潞公始立石孔，分为三河。……中西两河至石同，立铁孔分四六。……此三河引渠灌地大较，余水俱流入沙河达于汾也。稽之旧册，东河水地五十三顷六十七亩零，水程五十三程四时一刻；中河水地三十八顷八十五亩零，水程四十程八时；西河水地六十顷七十六亩零，水程六十就程六时四刻。设水老人、渠长，给于印信簿籍。开渠始于三月三日，终于八月一日。……又以八月田苗尚须浇灌，改定九月寒露后止。"❷

文潞公三河分水，开始了水权的分配制度。由于气候变迁，加上人口

---

❶ 介休历史文化丛书编委会编、王锡堂搜集整理：《介休民间传统习俗》，介休市三和印务中心承印，2011年，第33页。

❷ 《介休县志·乾隆》，太原：山西人民出版社，2012年，第35页。

的增加，水资源越来越紧缺，水权逐渐成为突出的问题。以上史料均提到的"买水、卖水之弊""有地无水、有水无地"等问题，均涉及水权问题。水权是水资源稀缺条件下的产物，主要是指水的所有权和使用权。❶王亚华认为：明清时期出现的事实上的水权交易，是以特定的历史条件为背景，同时也是历代技术进步和制度变迁的结果。❷水权可以独立买卖可以说是明清时期所特有的现象。张小军对水权的分析认为：水权不是单纯的经济资本现象，国家、认知、信仰、仪式、伦理观念以及相应的庙宇祭祀，都在真实地影响和决定着水权的系统和秩序。❸行龙的分析认为：水权交易现象存在的一个严重弊端是"卖地不卖水，卖水不卖地"，其后果是导致水地分离，一些种水地纳水粮的农户长期得不到水，而一些种旱地纳旱粮的农户却能得灌溉之利，出现了严重的不公和紊乱现象，由此导致水利纠纷不断。❹水权问题带来纠纷的同时，水权占有上的差别亦直接导致了泉域社会不同村庄因利益分配不均带来的贫富分化。而洪山泉以地域优势，享有充分的水权，成为洪山泉利用的最佳受益者。

水案是明清时期介休洪山泉域社会的突出特点。❺行龙对山西水案的研究中，分析了引发水案的社会因素：明清以来引发的众多水案，不仅与整个农业生态环境的恶化有着紧密的联系，而且与其不合理地占有和使用有关，分水不均，上下游难以协调，渠首豪强霸占水利，私开、私挖、盗水、抢水等，都是导致大量水案发生的直接因素。历史事实证明，在水资源匮乏的状态下，更应该加倍注意合理地开发和利用水资源。❻

洪山泉的治理过程中，可以梳理出两条主线，一条是以国家为力量参与的治水暗线，另一条是以民间为主要主导力量的治水明线。从国家治水而言，治水成为官员的重要政绩；水利管理者的"乡绅化"和"官员化"。

---

❶ 张俊峰：《前近代华北乡村社会水权的表达与实践——山西"滦池"的历史水权个案研究》，《清华大学学报（哲学社会科学版）》2008年第4期，第45页。
❷ 王亚华：《水权解释》，上海：三联书店，2005年，第143页。
❸ 张小军：《复合产权：一个实质论和资本体系的视角——山西介休洪山泉的历史水权个案研究》，《社会学研究》2007年第4期，第42页。
❹ 行龙：《"水利社会史"探源——兼论以水为中心的山西社会》，《山西大学学报（哲学社会科学版）》2008年第1期，第37页。
❺ 张俊峰：《水案冲突·源神信仰·泉域社会——基于明清时期山西介休洪山泉域社会的田野考察》，《区域社会史比较研究中青年学者学术讨论会》，2004年，第254页。
❻ 行龙：《明清以来山西水资源匮乏及水案初步研究》，《科学技术与辩证法》2000年第6期，第33~34页。

从地方治水而言，来自地方民众的水神崇拜；修缮源神庙的民间动员；水利碑铭的民间规约。明暗两条线相互配合的同时，民间治水力量尤其凸显，总体而言，治水的主要力量还是来自民间。

（2）源神庙。源神庙建于洪山泉出水口的位置，自古以来即为祭祀水神之场所，为乡民耕农所景仰，同时也是水务管理的权力象征。源神庙各殿廊下，竖列有宋、元、明、清、民国等历代碑碣20余通，堪称历代社会政治、经济、文化和治水、管水、用水及水利文化发展史的缩影，是研究洪山水文化不可多得的历史资料。源神庙主要作为历代水利事务办公之用，庙里供奉的主神是尧、舜、禹，奉于正殿位置，这在一般庙宇是鲜有的。

自宋朝以来介休县的历任官员对洪山水利均予以高度重视，基于对水资源、水权、水利秩序的共同关注，官府和地方士绅的着眼点最后便都落在了源神庙——这个在泉域社会民众心目中具有特殊意义的象征符号上。❶正殿的牌匾为"授受一堂"，意为千古圣君，授受于一堂，结合正殿供奉尧、舜、禹的用意，意在强调治国安邦之事，莫大于治水之举。洪山源神庙立庙之高远就在于此。"自古除水之害，兴水之利者，其功莫大于神禹。"❷不难发现，将大禹视作源神和"能御大灾捍大患即谓之正祀"这两点是源神信仰被官员和士绅认可的主要依据。

因此，源神庙就成为国家权威的象征，泉水带给民众的所有恩惠都是国家施与的，由地方官、士绅和水利管理人员共同决定的水利秩序通过每年的抛池放水仪式得以确认。在这里，洪山源神庙已成为实现官方和泉域社会控制水权的地方势力意愿的场所，充满着强烈的正统色彩。❸源神庙成了官民的互动场，在此利益场内，官方、民间、民间内部各利益团体，实现着利益的共享与博弈。在共享与博弈过程中形成的多层次的水神信仰和祭祀活动，同样表达了不同利益群体水权的合法性占有。作为一种象征符号，不同类型的水神信仰均可在现实社会中找到相应的利益群体，代表

---

❶ 张俊峰：《水案冲突·源神信仰·泉域社会——基于明清时期山西介休洪山泉域社会的田野考察》，《区域社会史比较研究中青年学者学术讨论会》，2004年，第260页。

❷ 《介休县志·康熙》，太原：山西人民出版社，2012年，第71页。

❸ 张俊峰：《水案冲突·源神信仰·泉域社会——基于明清时期山西介休洪山泉域社会的田野考察》，《区域社会史比较研究中青年学者学术讨论会》，2004年，第259～260页。

了一种文化安排。❶

（四）转折——洪山泉的断流

（1）断流及现实策略。整体而言，洪山泉流量在1998年以前较为稳定，1998年泉水流量为0.83立方米／秒，但从1998年开始泉水流量急剧下降，2003年时最小流量只有0.08立方米／秒，此后七八年间泉流一直在0.1～0.14立方米／秒之间波动。而进入2010年特别是2011年以后，泉水流量又呈现出急剧下降之势，2010年泉水平均流量为0.08立方米／秒，到2011年5月以后现有测速仪已测不到流量，泉流降至0.03立方米／秒以下，近乎枯竭。❷2014年2月，洪山泉彻底断流。直至现在，洪山泉仍未复流。

洪山泉断流与洪山灌区大面积的农业用地开发有关，直至1958年，洪山泉所要供给的灌溉面积增加至13万亩，而在明洪武十八年（1385），洪山泉所要供给的灌溉面积为2.44万亩❸，增长了六倍多。过快的农业增速，已经造成了洪山泉水供给不足。就洪山村而言，历史上的洪山得益于便利的水利灌溉条件，很多土地都是水浇地，所以，村民较为重视土地。在20世纪70年代，洪山村共有土地面积4000多亩，人均土地面积1亩多。而现在，因为建筑用地、退耕还林、抛荒弃荒等原因，土地面积锐减到2000多亩，人均耕地面积不到0.5亩。面对水资源的枯竭，村民在土地上的耕耘已经难以为继，很多人家会将土地免费送给别人耕种，以能够有更多的精力来从事打工行业，甚至有送人土地却送不出去的情况。从表面来看，凡是农业人口均拥有土地，但实际而言，一半以上的村民有土地但已不再耕种，形成不愿意从事农业的"农业人"。

但关键的断流原因在于洪山村周边区域的煤矿开采及打井造成的洪山泉域的破坏。据悉在20世纪70年代，在洪山村与运吉村之间有县营的洪山煤矿（现已停办）；在洪山村与杨家庄之间有镇办的洪山镇煤矿（现已停办）；在洪山镇与连福镇接壤处有20多个小煤矿，现在仍有五家在运营；在洪山镇与龙凤镇之间有开山取石，开挖小煤窑的情况；在洪山镇与平遥县接壤处，也有一定数量的煤矿。而这些区域，均涉及对洪山泉域保护区

---

❶ 行龙:《"水利社会史"探源——兼论以水为中心的山西社会》,《山西大学学报（哲学社会科学版）》2008年第1期，第37页。

❷ 相关流量数据由洪山水利管理处提供。

❸ 续忠元:《介休县水利志》,介休县水利水保局编印，1986年，第46页。

的破坏。关于洪山泉域范围内的打井现象，除洪山村外，均有打井的现象。在90年代，有洪山镇与平遥接壤处打井，致使出自洪山村的泉水流量减少的情况，就此，洪山当地还有一场与平遥因为水的官司。

自洪山泉断流后，介休市政府领导班子来到洪山了解实况，会议讨论解决洪山村的吃水问题。由市政府直接出资来解决洪山村的饮水问题，决定利用送水车从邻村输送生活用水，以解决村民的吃水问题。笔者2014年7月在洪山村调查期间，每天见得最多的就是奔忙的运水车。运水车一天大致供应村民100立方米的饮用水，基本能解决村民的生活用水。据调查村民用水，可以按需取水，对取水的时间与数量都没有具体的规定，什么时候需要多少水，皆可以自由到供水点取水。现在运水成为洪山村民解决当地用水危机快捷且唯一有效的形式。

在2013年，村民面对渐已枯竭的洪山泉，便以村集体的名义向3公里开外的杨家庄实施饮水工程，但因为各种技术原因，饮水功能未能如愿完成。2014年2月，洪山泉彻底断流之后，饮水工程由政府出面提供资金支持，当地的洪山水利管理处负责具体实施。饮水工程从绵山引水，水程大概约15公里，工程现已投入，原计划在2014年的7月完工，但实际的工期直到笔者7月底离开洪山仍未完成。

因土地占用等问题，引水迟迟未在工期内完工，村民亦有因长距离引水而造成管道故障等偶发情况造成当地出现用水不便等隐忧，在这样的情况下，村民联名撰写了《洪山村民关于打井取水的要求与决定》，上报相关部门，以期获得在村落范围内打井的许可。

（2）洪山泉断流与人口隐忧。洪山村的居住人口在20世纪70年代末80年代初出现了高峰，大约有6000人。有以下几个方面的原因：一是当时洪山的非农业人口增多，在洪山村的洪山陶瓷厂的员工有1000多人，大多来自晋东南，这一部分员工中的近三分之二定居洪山村。二是作为县营的洪山煤矿，涉及员工300多人，其中的100多人也选择定居洪山。可以说，当地围绕水而形成的产业发展成为洪山人口增加的重要因素。

从80年代初开始，洪山的人口渐有下降，下降最为明显的时期是在2000年至今的10多年间，人口少了1000多人。在2000年，洪山村户口的人数为5112人。其中，户口在洪山村，但并未住在洪山村的人数为252人

（其中外出不满半年人数为27人；外出半年以上人数为225人）。❶而根据全国第六次人口统计资料数据（2010年），人口普查期间居住在洪山村的总人口数为4434人，其中的3649人的户口在洪山村，276人的户口在洪山镇的其他村委会，399人的户口在其他乡镇。在人口普查期间，户口在洪山村，但并未住在洪山村的人口数为1313人，其中189人居住在洪山镇的其他村委会，1124人居住在其他乡镇尤其以居住在介休市区的居多。❷从2000年与2010年户口在洪山村而实际不在洪山村居住的人数从252人增至1313人。可见，洪山村人口流失现象严重。

导致洪山人口锐减的原因具体可以归纳为以下几点：一是陶瓷厂于2004年以后停厂，造成原住洪山村员工的流失；二是洪山煤矿的关闭造成的居住人口的流失；三是洪山水利管理处搬迁到磨沟村造成的人员流失；四是因集中办学的需要，原处于洪山村的洪山镇中学合并至介休市区，部分家庭为了孩子的教育，也随之迁移到了介休市区居住；五是洪山当地大学生户口的外迁；六是打工潮背景下的外出打工现象；七是洪山村因水断流带来的生存危机，致使一部分人外迁。以上致使人口减少的因素中，水的因素和教育的因素是导致洪山当地人口减少的主要原因。

洪山村当地的洪山小学历年新接收的学生人数变化情况，也可以作为当地人口变化的一个侧面来反映。以洪山镇小学的实际情况来看，在1965年毕业的人数不足50人，仅1个班级；到了1970年，毕业班的班级数增加到4个；到1978年和1979年，班级数量为7个，为历届最多；之后的班级数便呈下降趋势，2000年以后，毕业班仅有1个班级，不足50人。而情况与洪山小学相类似的洪山镇中学，因生源问题也将面临停办的危机。

三、上岩坪寨——水乡缩影

（一）侗寨水生态

上岩坪寨位于湖南省通道侗族自治县独坡乡南部偏西，东邻侗寨地坪，西靠侗族圣山三省坡，西南与广西干冲侗寨仅一山之隔，南毗苗寨孟

---

❶ 2000年洪山村户主姓名底册，人口统计数据资料由洪山村委会统计员张育政提供。
❷ 人口统计数据资料由洪山村委会第六次全国人口普查快速汇总（过录）表统计员张育政提供。

冲，北接侗寨虾团。上岩坪寨是一个自然村，因行政管理的需要划分为上岩和坪寨两个行政村。上岩有348户计1445人，坪寨有327户计1376人。❶侗乡有"无溪不花桥"❷的说法，水与侗族文化有着密切关系。上岩坪寨共计约3000人口共用同一条河流——独坡河，流经上岩坪寨的河流是独坡河的上游河段，当地村民均用"大河"来指代此河流，河流的源头即为离侗寨有十多公里路程的三省坡。上岩坪寨是河流流经的第一个村落，因此河流常年清洌，河水也可直接饮用。河流流经上岩坪寨的长度大约为两公里，在两公里的范围内，村民将河流分为十三段，十三个河流段都冠以一个确切的名字。

上岩坪寨作为"水乡"侗寨的一个缩影，村民与水和谐共居：以线状流动存在的河流、消防渠，以面状静止存在的稻田、鱼塘，以点状分布于村寨间的水井，共同构成当地的活性水资源系统。侗寨的一泓清泉、甘甜的泉水，成为外地人对侗寨最佳的视觉与味觉体验。侗寨村民与水这一自然资源和谐共居，体现的是侗族特有的生态审美及与生态互为和谐的诗意栖居。以"水"为中心共同形成了水资源的活性系统，在实现和谐人居环境方面发挥效用，成为侗寨"少数民族特色村寨"的生态诠释。

（二）水与村落文化

1. 水与村落生产生活

流经侗寨的河流集生活与生产用水于一体，在村民的日常生活中，河流是妇女们清洗物件的汇聚地，是儿童捉鱼抓蟹的空间，还是村民们天然的澡池，更是整个侗寨消防的后盾。河流在村民的农事生产方面，主要发挥灌溉功能，因河流灌溉而衍生出的水车、分水槽、拦水坝、水渠等一系列灌溉设施，体现着村民与自然协同的朴素智慧。

现存村寨内作为公共空间的水井有15个，供给侗寨约3000人口的生活用水。在没修通自来水之前，井水是村民饮用水的最主要来源，村内的公用水井，足够村内的所有村民饮用。井的命名一般以鼓楼的名字来命名，因为村寨的鼓楼多建于村寨的中心位置，而井也多依鼓楼而建，古楼和井亦成为坪寨村民的公共空间，因此井分布于鼓楼附近的情况也居多，

---

❶ 据2013年独坡乡人口和计划生育办公室统计的最新数据统计资料。

❷ 《通道侗族自治县概况》编写组：《通道侗族自治县概况》，长沙：湖南人民出版社，1986年，第10页。

井也成了村民日常活动较为频繁和集中的地方。公共空间具有公众性和批判性。❶ 依鼓楼而建的井作为公共空间的生产方式，侗寨的闲人琐事和外来消息的传播，就在村民挑水往返于井的过程中，实现了流动与扩散。除了集体共用的井之外，还有村民个人自建的井，独门独户的一些人家为了方便，会自己开凿一口井，井一般凿于自家的房前屋后，或直接根据地形凿于室内，可省却往来挑水的烦忧。

上岩坪寨传统的村落建筑为全木结构，且建筑群较为集中，建筑鳞次栉比，因此消防工作尤为重要。鱼塘和消防渠不仅承担了村落消防的重任，也在美化村容、构建村落的微型生态循环中系统发挥着重要的作用。村落的鱼塘按所有权分为两类，一类鱼塘作为村民共有的公共空间，主要用于防火，是村寨的公共消防系统，日常兼养鱼。这类鱼塘的所有权属于所有村民，单个村民对鱼塘只有使用权，没有占有权。另一类鱼塘是村民在自己房前屋后的空余用地上开挖的，属于私人所有，这样的鱼塘或由几家人协商开挖，或是由独门独户开挖。鱼塘的大小不一，整个上岩坪寨散布于村落间的鱼塘有10多个，足起到消防的功能。如遇偶发的火灾，村民可取最近的鱼塘水源进行消防，因为便捷的水源，可让火情在第一时间内得到控制，同时在火情的控制方面，鱼塘也起到火情隔离带的作用。除了在紧急的火灾情况下，鱼塘的修建也给村民的日常生活提供了方便。鱼塘在日常的主导功能就是养鱼、养鸭，村民可将杂草、牛粪等放入鱼塘，成为鱼和鸭的食物，这些食物经过消化吸收，形成粪便沉积在鱼塘底部。村民亦可定期将鱼塘的淤泥置于菜地或稻田，成为蔬菜和粮食的肥料。因为鱼塘均位于家门口，所以村民可以常年吃到新鲜的鱼，鱼成为村民蛋白质的主要供给来源。同时，鱼塘对调节上岩坪寨这一微生态系统起到了一定作用，给当地严酷的夏季带来了些许凉意。鱼塘与村落交相辉映，亦形成不错的村庄布局。除了散布于村落间的鱼塘，还有在村落呈网状分布的消防渠。消防渠多为半米宽，常年有流水，消防渠的修建不只美化了村落环境，最为重要的是将每户人家看似相连的建筑隔开，在火情出现的时候消防渠可发挥隔火带的功能。鱼塘及消防渠在村落间的修建是将火灾防患于未然的有效方式，在关键时刻有效保护了村民的生命财产安全。

---

❶ ［德］哈贝马斯:《公共领域的机构转型》，曹卫东等译，上海：学林出版社，1999年，第2页。

上岩坪耕作的土地面积中近90%是稻田，因此水稻种植成为上岩坪寨最重要的农业形态及生计模式。村民建立在丰富水资源的基础之上，发展了稻田养鱼的模式。"侗族的鱼是与稻连在一起的，稻田里的收入是稻鱼并重。侗族民间流传的谚语：'内喃眉巴，内那眉考'，意为'水里有鱼，田里有稻'，这种稻田养鱼的方法就是侗族的传统生活方式。侗族认为有鱼才有稻，养不住鱼的地方稻谷长得也不好。"❶稻田养鱼需要依托水这一重要的自然资源，当地充足的水源供给为稻田养鱼模式提供了便利。鱼是村民重要的食物来源，侗族的特色菜——腌鱼，将批量收获的鱼做了长期的保存，凸显了侗族的智慧。

2. 水与信仰文化

正因为水资源作为农业社会的核心资源，在水稻种植为主导的上岩坪寨，水与当地文化相依相伴。杨庭硕强调，文化具有能动创新性诱发的生态行为及其生态后果更为关键。不同文化习得的生态后果也是不同的。❷水资源与侗寨的文化关联，可从水与当地的信仰文化来看。在当地，水既代表"福"，又与"祸"相连；在2013年举行的求雨仪式与过去传统的求雨仪式对照中，可看出水资源在当地人中的位置有所变化；在当地宗教仪式中常常存在的"画水符"仪式，凸显了水的神圣性。

上岩坪寨村民兴土木时会看"风水"，他们相信"风水"，相信"龙脉"与村寨、家庭的兴衰有着必然联系。当地村民将"风水"比作看不见的手机信号，虽是看不见摸不到的东西，但它确实存在，没"风水"就如手机找不到信号。风水先生一般会借助罗盘来定位，寻找好"风水"。风水定到了凶的位置，注定会有灾难。找到了好的风水，就能人丁兴旺、诸事顺利。因对风水的讲究，在村落的整体选择方面，能够依山傍水是村落的最好选择，龙脉顺山势到达村落而止，所指之处就是"龙头"，龙头后是山脉，如若村落有水相伴，那么这样依山傍水的地势就称"座龙嘴"，能"座龙嘴"的村寨定能世代繁荣。水象征财富、运气、健康，水从村寨流过，象征着好的一切从村寨白白流失。为了留住好的东西，村寨的人们便修建风雨桥，用来"锁"住风水。村寨的风雨桥依水流而建，赋予水与风雨桥特别的意义。村寨内有始建于民国三十一年（1942）的回龙桥，起到锁住

---

❶ 罗康隆：《水资源的利用与生计方式》，徐杰舜主编：《人类学与乡土中国——人类学高级论坛2005卷》，哈尔滨：黑龙江人民出版社，2006年，第516页。

❷ 杨庭硕等：《生态人类学导论》，北京：民族出版社，2007年，第42页。

上岩坪寨风水的寓意。因为村民将回龙桥赋予了"锁风水"的寓意，凡孩子出生、满月等人生礼仪，都会来回龙桥祭拜。当地的孩子出生，会给孩子举行盛大的出生仪式，即"三朝酒"。届时请风水先生选好日子，在三朝酒当天，孩子的亲人会随同风水先生到回龙桥举行仪式，意为将孩子完全从另一个世界接回村民所生活的世界，被社会所接受和认可。"比起日常生活中的'秘而不宣''未充分言明'以及缄默的意义而言，仪式是较为集体性和公开性的'陈说'，具有经验的直观性。"❶桥因水而生，桥因村民的仪式而赋予新的意义，桥象征了关口，通过举行的仪式，孩子不再是特殊的非人群体，而是被社会所认可、所接纳的群体。

当地水资源的来源几乎全靠自然的降水，水资源的供给量具有不确定性，每年稻谷的产量也不确定。稻谷产量的不确定性致使当地的村民一般没有卖稻米的习惯，村民对保存陈年老米自有一套技术。村民将谷子晾晒干后，直接置于干燥的环境下保存，不容易坏。家家户户多保留了两三年前的稻谷，储存稻谷的习惯是备天灾人祸的不时之需，储备的稻谷亦成为家庭财富的象征。稻谷与财富关联，是侗寨传统农耕文化的产物，是当地农耕文化的观念延续。而现在，伴随打工经济的出现，市场观念渐深入人心，老一辈固有保留下来的储备陈年老米的习惯被家庭的年轻人认为是跟不上时代的，甚至一些家庭直接不种稻谷，用打工挣到的钱购买大米。

侗寨村民遇干旱的年份，会举行集体的求雨仪式。上岩坪寨历史上最近的一次求雨仪式于1997年举行，至今已有近17年。今年上岩坪寨因一个月未下雨，因稻田面积占了所有土地面积的近90%，大部分稻田都处于缺水的状态，有些稻田已严重缺水，到了禾苗枯萎、土壤龟裂的程度。干旱于专门从事水稻种植的村民而言是致命的，在几个村民的积极倡议和一些村民的积极响应下，一场近17年未曾举行的求雨仪式于2013年8月1日举行。

因当地村民的生产生活与水息息相关，水在宗教仪式中亦赋予了神圣性。笔者亲历了当地的阴阳先生石昌辉以水为主要宗教仪式的媒介为自己女儿治疗疾病的仪式活动。石昌辉的女儿打电话说肚子疼，电话接罢，他便去水桶里盛了一碗水，点燃一支香，准备三张草纸，治疗疾病的仪式开始。石昌辉在屋子的一个角落点燃草纸，同时点上香，将碗里的水含在口

❶ 彭兆荣：《人类学仪式的理论与实践》，北京：民族出版社，2007年，序言第2页。

里，然后喷洒到烧尽的纸上，连喷三口，边念经边用点着的香画水符，最后将香燃尽的部位弹进碗里剩余的水中。据石昌辉老人介绍，画过水符的水因为有了神的授意，可以起到治病救人的效果。画过水符的水首先由阴阳先生喝一口，因为这是由神仙授意的水，阴阳先生喝了会增寿。然后将阴阳先生喝过的水给病人喝，或者用水沾湿病人的衣服，表明神性已经通过水，传递到病人身上。在这个疾病治疗的仪式中，日常的生活用水脱离了日常生活用水的功能，水在仪式中成为沟通神界与俗界的中介物，通过画水符的方式，将神的旨意传递到了水中。笔者在村寨调查过程中，因腿被蚊虫叮咬，村民见状，便会告诉笔者"用水洗洗"，也许水于伤口并无什么疗效，但就因为村民对水的重视，赋予了水更多的功用与"神力"。水的神圣性赋予并非空穴来风，而正因水在日常生活中的重要意义使然。

3. 从水与生态文化来看

当地的"风水林"、传统消防体系、稻田养鱼模式等具有生态学的意义；稻田养鱼模式可以提高水稻生产的自然环境质量。水对侗寨村民的生产生活至关重要，居住在此地的祖先们认识到树木对于涵养水源的重要性，会专门划出特定的区域来保护树林，俗称"风水林"。"风水林"虽在"文革"时期遭到破坏，但现在仍有保存。侗寨现有的风水林，集中于上岩村第二村民小组的集体林，位于"龙省塘"（侗语音译）的山脉，山脉位于三省坡脚下，是侗寨河流的源头，距离侗寨有6～7公里的路程，整个风水林有300亩左右的面积。此处的风水林因为有村规民约的限制，一般没有砍伐的现象，万一有人砍了树，整村的村民会用言语指责他，并会对砍树人进行相应的惩罚。"龙省塘"保留了风水林，还得益于管理的优势，因此处的山林仅划归到村民小组而非明确到每家每户。山林就成为该小组的共同资源，要使用资源需要得到所有村民的同意，但村民集体约定不去砍这片风水林，也就让想要砍伐的人无可乘之机。村民与其面对偷砍树木而面对同胞谴责的风险，就不如不砍。这种以集体为单位占有山林，以共同监督来保护山林的管理方式颇见成效。直至现在，该片山林古木参天，村民无法追溯风水林的树是什么年代种植的，只清楚是古人留下来的。除风水林外，村内在"文革"前也有较大的古树，十多棵，多分布在井边、住房边、村寨空地内。

当地的稻田养鱼模式，也给当地带来了可观的生态价值。第一，稻田养鱼模式可起到防虫的效果，水中的浮游生物和害虫成为鱼的天然饵料，同时，鱼经过消化的害虫又通过有机物的形式排到稻田中，成为稻谷生长的部分营养供给。第二，稻田养鱼模式可以提高水稻生产的自然环境质量。将鱼引入稻田中，成为稻田生态系统的一部分，加速了物质、能量的流动和循环，有效地改善了水稻的生长环境。第三，稻田养鱼模式可以实现稻田的高收益。"在稻田养鱼可以实现鱼粮双份收成，不仅满足了村民的粮食需求，同时也解决了村民的吃鱼问题，丰富了村民的蛋白质。"❶第四，稻田养鱼是创造绿色农业的一个成功范例。稻田养鱼减少了农药的使用，从源头上切断了因施放农药带来的环境污染和食品污染问题。

从水资源与当地文化的层面，可以就此强调地方性知识的两个维度。一是作为本土生产的地方性知识。地方性知识是在特定区域、文化背景下的生产。笔者所调查的侗寨依水而建，村民对水资源进行有效利用，水资源与当地民众的生产生活发生重要关联。更进一步讲，水资源与当地文化相伴相生。水与"福""祸"关联，上升到了村民的信仰层面；水在宗教仪式中，凸显其神圣性；稻田养鱼模式具有重要生态学意义；水的"公"与"私"践行了村民的平等观念。以上都是围绕水资源而生成的作为侗寨本土的地方性知识。二是作为过程的地方性知识。笔者在此欲强调，地方性知识是一个变化的过程。在对侗寨水资源与地方文化关联的考察过程中，时隔17年举行的求雨仪式，从神圣的仪式变成了世俗的狂欢，现有的求雨仪式更多了娱乐的成分。在侗寨传统的农业社会中，稻谷的储备与财富的积累相关联，而随着打工经济的出现，保存陈年老米成为守旧观念的表现。侗寨的稻田渐荒芜，清澈的小河渐已不复，分布于房前屋后的鱼塘、消防渠渐被填埋，原有的地方性知识在改变，新的地方性知识在生成。由此，地方性知识是一个动态的变化过程，在对地方性知识的保护中，不应一味在强调对地方性知识原汁原味保护的同时，而忽略地方性知识亦是在变化中不断创造的过程。

（三）水与村落权力

水资源历来被上岩坪寨村民看作共享的公共资源，由村民来公平享有，村内的任何人在水资源的利用上并无特权。一方面村民在水资源的制

---

❶ 罗康隆：《水资源的利用与生计方式》，徐杰舜主编：《人类学与乡土中国——人类学高级论坛2005卷》，哈尔滨：黑龙江人民出版社，2006年，第517页。

度分配上以"公有"为分配的主导。分水槽的利用、村规民约的践行、乡村权力中的村委会成员等地方精英的参与，成为侗寨村民平等利用水资源的保障因素。另一方面，在水资源的实际管理方面，又将水适度"私化"，水的私化有按组分水、按户分水两种方式，水管理的适当私化使水的管理科学化，同时提高了村民积极性。

1. 水为"公"的情况

稻田的分配实质就是水资源的分配，灌溉用水方面，在过去为了吃饱饭而奔忙的年代，村民将稻谷的收成看得很重。如遇干旱灾害，会有因为灌溉用水的分配而引发的一些水资源纠纷，此类纠纷要么由双方现场解决，要么借助当地有权威的人士，例如请有权威的老人或是村委会主任来解决，通过村委会的途径来解决的话，需要发生争执的双方各写下纠纷的具体情况，请村主任过目后当场解决。一般而言，村一级就可以解决此类纠纷，而无须将纠纷扩大到乡一级或是县一级去解决。在调解用水纠纷时常使用的调子是"水是大伙的"，通过这样一句说辞，一般会让发生争执的当事人觉得理亏，以彼此退让来化解纠纷。通常，这样的说辞于通明事理的村民来说都能管用。同时"水是大伙的"，不仅澄清了水作为公共资源的事实，同时村民也将水资源利用的决定权划归到他们认为代表村落权力的权威老人或是代表国家意志的村委会一级，他们的评判与判决也就具有了威信力。村民通常遵循"水为公"的集体意识，从整体而言，当地因水资源而引发的纠纷少之又少。水作为公共资源由村民共享是村民平等权利观的体现。

村寨从稻田用水的具体操作层面来看，充分体现了当地村民充分维护公共资源，实现资源共享的理念。"水资源的配置需要关注公平分配和社会文化的可接受性。这是由于水资源具有基础性和公共性，极容易引发利益冲突。所以，水资源的配置只有在保障安全、公平分配和社会可接受的前提下，才能最大限度追求资源利用的效率。"❶ 为了解决稻田水资源分配的均等问题，村民利用分水槽来分配稻田的用水。分水槽的凹槽部分作为水流入稻田的入口，凹槽的大小可以控制，修建灌溉沟渠的过程中，共用此沟渠的农户会根据各自稻田的面积来确定凹槽的大小。面积大的稻田所建的凹槽要大些，流入稻田的水也就多；相反，面积小的稻田所建的凹槽

---

❶ 刘戎:《水资源治理与水利管理的区别》,《水利经济》2007年第3期, 第55页。

要小些，则流入稻田的水也就少。这样的分水方式省却了灌溉时分水不均引发纠纷的麻烦，因此在传统的稻田灌溉用水中，鲜有发生因水而引发的纠纷。如有纠纷，理亏的一方要么罚钱，要么罚工，要么罚管理水渠，如有弄坏的田埂要让其重新修好。据杨献光老村支书介绍，他在任九年间只发生过两起水纠纷，一起是在1991年，一户村民半夜偷水的情况；另一起是在1995年，一个村民利用自己在山上放牛的机会，将别人家的水引到自己的田里。最后的处理结果都是让当事人写承诺，并罚款50元。在处理此类用水纠纷的时候，村民小组长起到了重要的权威作用。村寨内的小组长在任期上需要"秉公执事"，由该小组村民民主投票产生，如果小组长做得绝对好，可以无限期地任职下去，如有失职行为，组员可以随时协商替换组长事宜。组员大多选择做事公平、不失公允、重视群众的人来当小组长。因此小组长就是组内公平的标尺，小组长的标尺性位置与村民对公平共享的诉求，得以实现水的"公有"。同时，水为"公"的维护中，民间信仰和仪式也发挥了作用，例如以村落为单位的求雨仪式，通过全部村民的参与，强化了水作为公共资源的重要地位，极个别人想要私自占有水的行为，亦受集体观念的谴责。

2. 水为"私"的情况

村民在水资源的管理方面，尤其是在灌溉用水方面，会将公有化的水适当私化。稻田灌溉用水的适当私化是伴随将农田具体划分到各家各户而产生的，为了方便管理，稻田的划分按村小组为单位来划分，整个上岩坪寨有19个村民小组，就将稻田分为19个片区。各个小组内的成员又在小组指定的片区内来划分稻田，每个片区内稻田所共用的水渠由村小组统一管理，如遇水渠需要维修的情况，小组组长会通知大家一起来维修水渠。笔者了解的上岩第4组共同管辖的水渠总长约为2公里，小组内共25户人家一起来管理的话，就不是什么负担了。并且水渠流经该小组分配到的稻田里，修好的水渠是可以为村民享用的，因此村民有修缮水渠的热情与积极性。稻田按组划分的同时，分配到各家各户的稻田也是连片的，这样可以方便村民集中管理稻田。这样一来，一些水沟就可以由各个农户来管理，水沟变成了供单个农户管理享用的"私物"，自然提高了农户管理水渠的积极性。

总而言之，当地水资源的利用在"水为公"的集体意识之下，在管理层面将水资源适当私化，将水资源的管理连同稻田的划分明确地划归到村委会以下的村民小组一级，村民组一级又将水资源划分到以户为单位的个人，有效提高了水资源的利用效率，同时水资源的日常管理与维护得到了保障。现在大面积连片的稻田区域还在沿用传统分水槽的方式分水，但在小片的稻田区域，已经省却了分水的烦忧。一些总面积仅为几亩地的地方，通常就将此片区域划归为一户人家，这样此片的稻田水源仅供此户使用，更是省却了分水的纠纷。需要注意的是，水资源在管理方面的适度私化是建立在公平原则基础上的。稻田分配的标准是依据稻田的肥力、稻田水源充沛情况、稻田离居住地的方便程度来考虑的。根据这些分配标准，分到各户的稻田人均面积从4分到9分不等。现在分到各家各户的稻田是于1995年分配的，在1995年前，稻田施行"三年一小调，十年一大调"的规定。从1995年到现在，村民对此种稻田的分配方式均表示认同，鲜有对稻田分配不均的抱怨。村民有如下对稻田分配的认识：因为越接近水源的地方，或是水源较好的地方，他们分到的稻田一定没有离水源远的地方分到的稻田多，因此离水源近的稻田就越具有对水源的支配权，如果遭遇干旱年份，离水源近的稻田都没水，那后面无水灌溉的村民也就无话可说。村民愿意维持1995年分配至今的稻田，其中一个重要原因是村民认为当时稻田分配不失公允。同时调整稻田过于麻烦，现有稻田产量较高，不存在所产大米不够吃的情况等因素，村民不再愿意调整稻田。另一个重要原因还在于村民打工这一大的生计方式的出现，劳动力外出打工，致使没有太多劳动力顾及农事生产，一些实在没人手种田的人家便将稻田免费送别人种，或是按亩付给别人工钱，让人代为管理，工钱一般为350元/亩，不包括农药和化肥的钱，最后收获的稻谷归自己所有。同时也有部分稻田因找不到人耕种而处于荒芜的状态。

（四）乡村都市化背景下的侗寨水资源

侗寨水资源的利用，从传统中走来，并延续至今，井水、河流成为村民生产、生活中的重要因素，鱼塘和消防渠是村民延续至今仍在使用的传统消防，同时，侗寨村民还因地制宜，创造性的发明了稻田养鱼模式。然而，水资源的传统利用模式并非僵硬而止步不前，而是嵌入了现代，于20世纪90年代施行的自来水"入村入户"工程，虽少却了挑水时井边的喧腾，但多了解除挑水烦忧的便利。伴随现代消防体系的嵌入，现代消防话语也渐深入村民内心，与传统延续下来的消防体系互为补充。由此，侗寨不抛弃传统，但也不固守传统；不排斥现代，但也不敬畏现代。侗寨在传统延续与现代的嵌入中，继续保持着自身的魅力。

而当下，水资源的利用方式在延续中出现了变化。20世纪90年代以来打工经济的出现造成大批量的劳动力外流，依赖水资源而进行的水稻种植渐有荒废之势。很多村民宁愿外出打工也不愿依靠仅有的稻田维持生计。波普金在《理性的小农》（*The Rational Peasant*）❶一书中指出，农民是经济理性的主体，主要受个人利益的驱使。在继续稻谷种植与打工之间，村民作为理性经济人，纷纷加入了打工的队伍，使侗寨呈现年轻人外出打工，老人和孩子留守家中的人口格局。打工经济的收益超过了水稻种植的收益，成为村民最主要的经济来源。人口外流引起的农业地位下降，从求雨仪式变迁中仪式过程的简略、态度认知的转变等来看，就很显而易见。

在生计方式的转变之下，稻田渐荒芜，水利设施渐失去了功能，建筑用地挤占了鱼塘、消防渠等传统的消防系统。村落的水污染问题也已经暴露。我们一面能看到水资源利用中出现的问题，另一面也能看到侗寨村民在生计变迁面前的应对。侗寨兴起的"田糖农业合作社"为标志的农村农业合作社，提高了农业的效率，也成为提高水资源利用效率的有效路径；侗寨引入现代消防体系，以弥补传统消防之不足。

从水资源传统利用方式和现实利用方式来看，侗寨水资源的利用方式存在变化。影响水资源利用的因素主要有三个方面。一是人口因素。从上岩坪寨的现实情况来看，人口持续增多，但稻田资源和已有的水资源总量没变，如果所有的人口都将劳动力附着在稻田的耕作上，必然造成"农业的内卷化"趋势，形成一种实质上没有发展的发展。而自20世纪90年代出现的打工经济，就是有效缓解当地人的矛盾，疏散劳动力，实现劳动力资源开发的有效应对，改变了当地整体的"农业内卷化"境遇。劳动力从种植水稻的生计模式中抽离出来，也是当地村民实现经济效益最大化的表现。因此造成现有稻田疏于管理的情况，正是村民为寻求最佳生存状态的适时选择。因人口增长及外出打工带来的人口流动，导致传统农业不受重视，打工的经济效益明显高过种植水稻带来的经济效益。因水稻种植在当地生计模式中的地位下降，水资源利用效率变低。二是管理因素。因村落

---

❶ S.Popkin, *The Rational Peasant: the Political Economy of Rural Society in Vietnam*, California: University of California Press, 1979.

的管理不到位，造成村落规划不完善，建筑用地大量挤占了鱼塘、消防渠等传统消防体系。同时，村落的水污染问题也已经暴露。三是技术因素。一方面，村落兴起的以"田塘农业合作社"为标志的农村农业合作社可作为提高农业的效益，成为提高水资源的利用效率的有效路径；另一方面，利用现代消防体系来弥补传统消防的缺失，做到传统消防与现代消防的优势互补，但村落的传统消防体系仍然是基础。另外，村落可通过完善水利设施来弥补当地水资源的不确定性因素，以此降低农业的风险。

四、结语：从"水"看乡村都市化背景下的村落社会

（一）以"水"为中心的村落社会

不论是缺水村落，还是水资源丰富村落，"水"都内嵌到村落社会的生产生活、村落组织、村落地方文化中，内化为信仰，从"水"，可以全盘笼络起村落社会形态和结构。以"水"为中心的中国社会的研究可补充费孝通先生以"土"为中心的中国社会研究。

不管是缺水村落，还是水资源丰富村落，自然形态的水的供给总是不稳定的，相比较而言，缺水村落的水利管理比水资源丰富村落的水利管理更为缜密。由于作为自然资源的水的不稳定，需要一套缜密的制度实现水资源利用的优化，从水即可看到中国社会是一个缜密而稳定的农耕文明体：稳定的慢结构。

当下，不管是水资源缺乏村落，还是水资源丰富村落，都面临着一样的水资源问题。水之变背后的村落之变又与乡村都市化紧密勾连，呈稳定慢结构的农业基色下的村落社会在乡村都市化的"裹挟"下被打破，或是重构。

（二）村落"弹持"与内生发展

洪山村当下面临严重的水资源匮乏问题，资源匮乏带来了当地社会的巨变。以洪山为代表的水资源与人生存之间的紧张关系，也衍射了周边诸多区域的发展困境。洪山村仅仅是诸多村落中自然资源与社会发展关系紧张的缩影。水资源丰富的上岩坪寨，一样暴露出社会发展的问题。水资源的传统利用方式与现实利用方式存在变化。侗寨水资源利用的影响因素有

人口因素、管理因素、技术因素，这些因素既有桎梏，又有动力。

以洪山村的洪山泉为代表的泉域社会，在开发及利用过程中是以跨越村庄的维系方式，其良好运行建立在村落间的协调与沟通基础之上。过去的泉域社会有超出村落的合作机制，现在的泉域社会危机治理仍需要这样的合作机制。洪山泉域的保护，仅以洪山村为保护地，是解决不了问题的，必须要跨越以行政区划为限制的有形边界，建立更大区域范围内的联动机制。这不仅应了泉域跨区域存在的现实，也应了泉域保护的有效性之需。

在乡村都市化进程中，洪山村和上岩坪寨因为既有的土地难以为继，打工成为地方新的，甚至是主要的生计来源。打工经济是典型的外附型经济，需要反思的是，洪山村、上岩坪寨出现的打工经济是否是转移当地劳动力，地方实现最优发展的最佳途径。笔者的回答是，地方社会的发展还是得回到内生型发展。

现有洪山的发展模式呈现一种外附型的发展模式，较为典型的是打工经济的出现。而就现实的洪山村的发展而言，外依型的打工经济仅停留在满足村民基本的生活需要上，难以满足村民进一步发展的需要。洪山村发展的考量还是需要回到内生型的发展模式上来。其内生型的发展模式在洪山有可行性，并且也已经在实践的路上，当地源神庙到水利文化博物馆的价值转变即是一例，是在不放弃地方文化价值，又得以适应乡村都市化背景需求做出的发展策略调整。在内生发展模式的探索中，当地将文化产业开发作为当地发展的转变点，以文化产业开发为动力，实现当地文化的再生产，用文化的再生产带动洪山的整体活力。在侗寨，地方社会围绕水形成的一套水文化体系亦给我们启示。侗寨自古保留下来的人与水和谐共居的图景及更深层次人与水的文化关联，这些都应化作当下侗寨发展过程中，处理人与环境关系需要回归的观念本位。

乡村都市化中，我们应该关注乡村衰落的表象背后所蕴藏的乡村社会强大的维系机制。从这个方面来看，村落的共同体并未瓦解，村落依然有着强大的自我组织能力。乡村都市化进程中，村落具有"弹持"的能力，即自我修复的能力，而这样的修复能力主要依托文化来实现的。以两个村落为例，乡村都市化背景下，传统的文化资源又重新自我修复，村民通过村落的血缘、地缘关系寻找外出务工的机会，传统的人情往来得到复兴。我们认为，"生存性智慧"和"社会底蕴"或许成为解释村落"弹持"能力的路径。所谓的"生存性智慧"指的是"人们在生活实践中习得的、应对生活世界各种生存挑战的'智慧'"❶，而所谓"社会底蕴"则意图强调"生存性智慧"产生以及赖以生存的原因。❷这两个概念的价值在于都强调人类社会的生存性本能，而人如何生存以及以何种方式生存，是每一个社会的成员都要面临的问题。

在乡村都市化的大背景之下，如何关注地方社会的发展，洪山村、上岩坪寨可作为鲜活的案例来讨论。在乡村都市化背景下，地方社会文化是延续与断裂并存，关键在于如何处理好二者的关系。文化的断裂性应该基于对文化延续性的充分认识与把握基础上。在历史长河中，文化的生产无处不在，而能够生存和发展的文化生产，定是建立在对既有文化事项的尊重与理解基础上的。乡村都市化的乡村衰落表象下，是复杂的文化转型过程，是乡村内部经外力刺激迸发出来的修复与适应过程。在乡村都市化背景的主动接纳或被动承受的过程中，乡村自我的文化自觉和自觉发展成为乡村发展的民众智慧。

---

❶ 邓正来：《"生存性智慧模式"——对中国市民社会研究既有理论模式的检视》，《吉林大学社会科学学报》2011年第2期，第5～10页。

❷ 杨善华、孙飞宇：《"社会底蕴"：田野经验与思考》，《社会》2015年第1期，第74～91页。

生态文明视野下的生态扶贫研究*

吴合显**

摘 要 立足于生态文明实质，生态扶贫的内涵显然包括三大要素：其一是生态，其二是文化，其三是两者相互磨合后所形成的生计方式。研究表明，这三个要素是一个相互关联的整体，展开生态扶贫不仅要对这三者做到精确掌握，还要准确理解它们之间的关联性。以这样的认识为依据，具体选择和实施相应的扶贫手段和方法，才能确保扶贫行动不仅可以收到理想的经济效益，而且实现生态维护与绿色发展的和谐推进。

关键词 生态文明；生态扶贫；生态维护；绿色发展

随着社会经济的飞速发展，跨国、跨地区的相互影响日趋频繁，影响强度也与日俱增，此前隐而不显的人类社会需要面对的问题日益暴露出来，特别是工业文明飞速发展所伴生的负效应，开始引起世界范围内的普遍关注。生态危机、环境污染、资源匮乏、社会冲突加剧，以及由此而引发的贫困问题远非此前的各种扶贫理论所能加以化解。为此，如何应对由此而引发的贫困问题，自然成为众多学科致力于探讨的重大课题。基于总括当代扶贫理论和实践特点的需要，有必要将这样新型的扶贫观点总称为生态文明视野下的生态扶贫，并以此区别历史上的各种扶贫理论和行动，彰显当代扶贫理论的特点，并以此表达人类社会对生态问题的深切关注。

然而，目前学术界关于"生态扶贫"的研究和学理性剖析还很不足，相关研究还处于初步阶段。为此，本文立足于生态文明的视角，对生态扶

* 国家社科基金重大项目"西南少数民族传统生态文化的文献采辑、研究与利用"（批准号：16ZDA157）阶段性成果之一；国家社科基金一般项目"少数民族地区绿色发展与生态维护和谐推进研究"（项目编号：16BMZ121）。

** 吴合显，湖南凤凰人，吉首大学人类学与民族学研究所博士，主要研究方向为生态民族学。

贫的理念做进一步的探讨，以助推区域可持续发展目标的实现。

一、有关生态文明实质的探讨

叶谦吉教授在1987年就提出了"生态文明"的概念。他认为生态文明就是人类既获利于自然，又还利于自然，在改造自然的过程中，同时又保护自然，人与自然之间保持着和谐统一关系。❶另外，于谋昌教授提出，人类从制造第一把石斧开始，就梦想做大自然的主人，人类为了在大自然取得自己的生存，必须改变自然。就是"反自然"。但是，不能这样反下去，如果这样反下去，自然就会跟人类一块儿毁灭。❷其后，研究者分别就生态文明实质和科学定位及社会定位展开了多视角、多学科的研究。

既然生态文明是有别于工业文明的新文明形态，那么，生态文明的实质显然与工业文明以追求利润为目标的社会运行方式截然不同。生态文明必须是以人为本，以生态的属性为转移的社会运行方式，这一实质性的转换必然带有全局性、系统性和彻底性。不过，能够意识到这一点的研究者为数不多，而立足于工业文明的思维定式，去解读生态文明的研究者反倒不少。

有学者将生态文明定义为，生态文明是优化人与自然的关系，建设有序的生态运行机制和良好的生态环境所取得的物质、精神、制度成果的总和。❸这样的观点正面提及生态文明是人类历史上一种全新的文明形态，实属难得的创建，但对生态文明的定义却缺乏历史的纵深感，表述上也未能切中"以人为本"这一关键主题，未正面提及以人为本就很难与以利润为转移的工业文明从实质上区分开来。另有学者提出，人类要实现从工业文明范式向生态文明范式的转换，需要进行异常思想理论的"哥白尼革命"。❹不错，要建成生态文明思想观念上的整体性革命必不可少。否则，就不称其为人类历史上的新类型文明了。如果立足于人类的文化史，将生

---

❶ 转引自叶峻：《从自然生态学到社会生态学》，《西安交通大学学报（社会科学版）》2006年第3期，第49~54页、第62页。

❷ 于谋昌：《文化新世纪：生态文化的理论阐释》，长春：东北林业大学出版社，1996年。

❸ 于晓霞、孙伟平：《生态文明：一种新的文明形态》，《湖南科技大学学报（社会科学版）》2008年第2期，第40~44页。

❹ 张敏：《论生态文明及其当代价值》，中共中央党校博士论文，2008年。

态文明确认为继狩猎采集、游耕、畜牧、农业、工业文明之后的第六大文明，则更能体现生态文明的当代价值。

有鉴于此，要实现生态文明的使命，需要立足于人类学，特别是要从生态人类学出发，形成一个基本的认识。即生态文明是人类历史发展进程中的一种全新的文明类型。它必然是针对工业文明的不足和缺陷，通过文化突变而创新的人类新时代和造就的一代新人，而绝不是工业文明的延伸，更不是"工业文明"的附庸。生态文明不是对"工业文明"的漏洞实施修补，而是从根本上解决人与自然和谐共荣关系的重建问题。需要强调的是，以往将生态文明建设使命理解为具体的生态维护措施，将生态文明建设等同于节能环保、污染治理、生物多样性保护等具体化的社会行动，没有注意到生态文明建设意味着从观念到社会组织，从资源利用到人与自然关系的和谐是一个整体，需要做全局性的考量，需要相互协调的从头开始，而不能在"工业文明"既成事实面前，对工业文明的负效应，甚至是对生态灾变去加以具体的补救。这样的看法，事实上是在降低甚至曲解生态文明建设的基本属性和使命。

综上所述，立足于民族学和人类学已有的研究成果，生态文明的实质是要在人类历史上已有的五大文明，即狩猎采集文明、游耕文明、游牧文明、农耕文明、工业文明的历史积淀基础上，通过对工业文明负效应的反思，对人类已有的文明做到取其精华，去其糟粕，去创建全新的第六种文明。生态文明建设则是达到这一目标的具体过程。

有鉴于此，生态文明的地位理当高于此前已经存在的五种文明。但是，生态文明并不会孤立的存在，它将和此前已有的各种文明达成和谐的并存，并达成有效的互补关系。同时，它还对其他文明的负效应做最大限度的消减。因为生态文明需要其他文明形态的支持，也需要其他文明做自己的镜子，这样才能谋求全人类的福祉。在扶贫行动中，需要认识和理解这一实质，才能有效推动民族地区的生态扶贫战略和可持续发展。

二、有关生态扶贫概念的探索

此前在探寻贫困的原因以及采取的扶贫对策时，人们总是习惯于用纯粹的经济和政治手段去展开讨论并付诸实施，生态问题一直被搁置在社会常态的运行之外，以至于人们在结算投入和产出时，事实上仅结算所产出的物质产品的投资和收益问题，从来没有注意到作为社会存在根基的生态问题，更没有注意到人类对自己所处的自然和生态背景在世界生产中从来就没有置身事外，而是在创造物质产品的同时也对相应的物质产品进行加工、改造和维护。❶党的十八大以来，习近平总书记在多个场合提过"绿色发展"理念，突出绿色惠民、绿色富国、绿色承诺的发展思路，推动形成绿色发展方式和生活方式。2015年11月《中共中央　国务院关于打赢脱贫攻坚战的决定》提出，坚持保护生态，实现绿色发展。牢固树立绿水青山就是金山银山的理念，把生态保护放在优先位置，扶贫开发不能以牺牲生态为代价，探索生态脱贫新路子，让贫困人口从生态建设与修复中得到更多实惠。❷近年来，针对当下我国扶贫开发工作中面临的新问题，学界从不同的视角提出了有关生态扶贫的概念。❸

有学者从可持续发展的理念出发，将生态扶贫理解为以生态功能的提升来逐步实现脱贫的手段。他们提出，生态扶贫旨在用可持续发展的观念，通过生态功能的提升为扶贫工作提供服务，从而提高扶贫效果和全社会的福利。❹

另有学者指出，生态扶贫就是要实施生态建设，通过改善生态环境质量，提供更多的就业机会来帮助贫困人口实现脱贫。而具体手段就是要结合生态综合治理和保育项目，挖掘生态建设和生态保护性就业岗位，为当地贫困农牧民劳动力提供生态就业机会，提高农牧民收入水平。❺

还有学者将生态扶贫理解为以加强基础设施建设为手段，从而改变贫困地区的生态环境和服务功能。他们认为，生态扶贫是指从改变贫困地区的生态环境入手，通过加强基础设施建设，改变贫困地区的生产和生活环境，以提高贫困地区的生态服务功能，最终探索出一条投入少、效益高，

---

❶ 罗康隆：《文化理性与生存样态的文化选择》，《吉首大学学报（社会科学版）》2006年第2期，第73页。

❷ 《中共中央　国务院关于打赢脱贫攻坚战的决定》，国务院扶贫开发领导小组办公室网（.http://www.cpad.gov.cn/art/2015/12/7/art_624_42387.html），2015年12月3日。

❸ 佟玉权、龙花楼：《脆弱生态环境耦合下的贫困地区可持续发展研究》，《中国人口（资源与环境）》2003年第2期，第47~51页。

❹ 章力建等：《实施生态扶贫战略提高生态建设和扶贫工作的主题效果》，《中国农业科技导报》2008年第4期，第1页。

❺ 刘慧等：《中国西部地区生态扶贫策略研究》，《中国人口（资源与环境）》2013年第54期，第56页。

符合我国国情的可持续扶贫方式。❶

上述论著将生态扶贫集中定义为，以少数民族地区的生态改善、生态修复或生态建设为前提手段，进而帮助贫困人口实现脱贫，最终实现我国脱贫攻坚的战略目标。以这样的思路来理解生态扶贫，虽然强调了少数民族地区的特点，也体现了贫困群众的利益，但依然没能摆脱我国传统扶贫思路的干涉与牵制，更没有从文化生态的视角去寻求贫困问题产生的根源。

三、生态扶贫与可持续发展

本文认为，生态扶贫就是要体现因地制宜，因人而异的具体化。因此，"生态扶贫"单就字面理解包括两层相互关联的组成部分：其一，它是立足于生态安全的社会行动；其二，它又是针对特定贫困群体采取的社会支撑手段。前者在此前的扶贫工作中并未提到，后者往往与社会救济混为一谈。这样的认识和理解虽然时下已经成为习惯性观念，但和现今的扶贫行动显然不容相提并论。然而人类所面对的生态问题具有全局性和共享性，还具有长远的责任性，就这三重含义而言，生态扶贫与要求在特定的时段内实现可持续的脱贫，显然存在着很大的差异。它必然标志着要将生态的社会责任纳入扶贫的范围去加以认真对待，必须在实现可持续发展的前提下去完成群体性社会地位的大调整。

"扶贫"的字面含义必然表现为通过社会手段使贫困群体改变其原有社会定位和生存方式，因而社会扶助的对象理应是稳定群体，而不是个人，更不是遇到特殊社会自然原因暂时陷入贫困的人，而救济的对象通常指个人和特定家庭，救济的手段仅在于帮助他们渡过难关，恢复到此前的正常状态，而不涉及对社会地位的重新调适，当然更不会涉及庞大的行政改制。在我国行政建制中，对二者有明确划定，救济由民政部门完成，而不是由扶贫部门完成，扶贫对象针对的只能是稳定延续的群体，其内涵是特定民族特定生存模式的居民，而这些居民在生活地位上具有各方多层次表达，扶贫的目的是要改变整个群体地位，包括改变生存方式的模式，改变

---

❶ 查燕：《宁夏生态扶贫现状与发展战略研究》，《中国农业资源与区划》2012年第79期，第80页；李广义：《桂西石漠化地区生态扶贫的应对之策研究》，《广西社会科学》2012年第9期，第76页。

与其他群体的协同关系，等等。

在我国扶贫工作启动之初，由于对贫困认识的基点在于当代贫困是历史上社会不公正延伸的后果，内涵仅局限于经济的问题，所以在早期救济与扶贫并未明确区别，扶贫行动与救济行动往往交错进行。❶ 而采取扶贫行动目标仅希望通过扶贫手段获得更大的经济型收入，至于收益的获得与其原有所处方式和社会地位有何种联系，与所处自然生态的关系，通常不在扶贫工作的考虑范围之内，其收到的成效也具有不稳定性。因而提出生态扶贫新概念并不是对此前扶贫工作经验总结基础上的诞生，而是需要重新审视贫困群体的贫困成因，以及扶贫手段和生态文明建设之间的内在关联性。

贫困群体的形成，从表面上看，仅是一个经济低下的问题，但若深究其致贫的社会文化因素，它必然涉及对财富的评估手段，更要涉及我们对财富计算的习惯性做法，更不可避免涉及从事生产所依存的生态背景，这些问题在西方发展经济学原理中已经有多层次多渠道的反映。原始资本的积累，制度的保障，特定民族文化与异种文化的互动兼容关系都应该是贫困形成的不可忽视的原因。❷ 仅就这样的认识而言，此前扶贫工作存在的问题，恰好表现为千篇一律用经济活动要素去采取相应的对策。资金的投入、技术的引进以及人才的培训都成了扶贫的主要手段，而期望目标则是取准于发达地区的运行模式，很少顾及扶贫对象的自身特点和他们所处生态系统的特点。于是在这样的扶贫策略上，不管具体做法有多大差异，但结果都表现为对发达地区已有生产的"克隆"，或者是简单地对发达地区经济运行模式的外延扩张。最终表现为在扶贫行动中隐含着生产生活方式的趋同。相关的理论可以表述为梯度理论、均衡发展理论，等等。❸ 但最终建构的结果即使扶贫对象做得再好，最终也不会成为发达地区的协作者，其间关系不是互补关系，而表现为竞争关系和相互排斥关系。更有甚者，很自然印证了中国古代先哲的哲理逻辑，"效其上者得乎其中，效其中者

❶ 青觉、孔晗:《武陵山片区扶贫开发问题与对策研究》,《中央民族大学学报(哲学社会科学版)》2014年第2期, 第23页。

❷ 安树伟:《21世纪初叶中国贫困形势与反贫困对策研究》,《中州学刊》2001年第1期, 第13页。

❸ 钟芮琦:《我国民族地区山区农村跨越式发展模式创新研究》,《贵州民族研究》2016年第1期, 第89页。

得乎其下，效其下者则无所得矣。"这不仅是中国此前扶贫工作的一般性特点，在世界范围内也存在着极大的相似性。

欧美各国对发展中国家实施援助计划，最具代表性的案例就是美国政府所推动的"绿色革命"。这一措施在拉丁美洲、南洋群岛和印度次大陆都曾经规模性的推广过，其具体内涵照例都涉及作物的引进和技术的转让，但实施过程都必然要对接受者实施经济活动以外的社会要求。这样，制度和生活方式的改变都会接踵而至，而造成的后果都会表现为另一种形态的被操控，成为发达国家生产和生活方式的外延扩展，而绝不可能与发达国家取得平等地位，更不能实现自身的超越。❶造成这种局面的根本原因在于，在类似的反贫困的案例中，照例都忽略扶助对象的历史传统，而且根本不考虑他们面对的自然生态特异性以及由此而产生适应的手段和方法。有鉴于此，提出生态扶贫新概念显然归因于此前各种扶贫方式的缺陷和不足，需要关注贫困群体所处生态的特点，还需要保持贫困群体与发达地区的发展取向，需要保持可持续的差异性，最终才能实现扶贫的结果有助于强化跨区域跨文化的和谐共存，而不是简单地成为社会的竞争对手或附庸。

基于对以上事实的认识以及对生态文明核心价值的把握，笔者认为当代生态扶贫的内涵显然包括三大要素：其一是生态，其二是文化，其三是两者相互磨合后所形成的生计方式。其中，扶贫对象所处的自然和生态系统显然具有其特异性，甚至可以说在地球上是独一无二的。在这样的基础之上，扶贫对象可以从事的第一产业本身也必然具有多样性，在历史发展进程中，他们肯定做了多样化选择，但最终定型下来的资源利用方式肯定表现为与所处自然生态系统的高度适应，基本上可以做到人类与所处生态环境的高度适应，人类的资源利用不会影响到相关生态的稳定和健康运行，做到了资源的利用和维护两全其美。如果不能做到这一点，相关民族就不可能延续到今天，相关生态系统也不可能在与外界密切接触前保持健康状况，而这正是生态扶贫必须先考察的核心内容之一。原因在于，我们的扶贫行动要真正获得可持续发展的潜力，此前获得的一切精神支持和技术技能积累到了今天肯定没有失去其价值。因而，生态扶贫的具体使命则

❶ 熊愈辉：《对绿色革命与新绿色革命的若干思考》，《石河子大学学报（自然科学版）》2003年第3期，第54页。

是支持其具有现代意义的创新，而绝不是将此前的生态系统和生产方式推倒重来。要知道推倒重来，说起来容易真正做起来却要耗费精力和投资，还要漫长的历史岁月。

就这意义上说，生态扶贫翻新不如述旧，原因在于大自然长期历史积淀下来的类型本身具有很高的稳定性，凭借社会合力可以做到，而且已经做到，但一旦人类干预停止，生态系统通常经历漫长岁月后可以恢复原状。而人类社会要永久改变这样的定型结果需要付出的代价，事实上是任何扶贫行动都无法支付的社会投入。因此，尊重自然，因地制宜，才是最明智的选择。各民族的文化也是长期积淀的产物，文化规约下所形成的民族一旦获得定型延续的可能，自身也具有修复、自我管理、自我调控的本能，更在于该种文化所包含的精神、社会组织和生存方式必然与该种文化所着生的自然形态达成高度相互适应，以至于相关生态系统不属纯自然的系统，而是达成了民族文化烙印的系统，或者可以简称为该民族的"文化生态共同体"，或者简称为该民族的"生境"。❶不言而喻，具体的扶贫行动如果要改变民族文化部署绝对可以做到，但做到这一步必须支付巨额的投资和经历的投入，虽然有限的资金和人力投入轻易改变民族文化，肯定不是一件轻而易举的事情。因此不管从事什么样的扶贫，对相关民族文化都需要做具体认知分析，做到精准把握，尽可能做到扶贫的手段能够最大限度利用已有的民族文化，特别是文化中包含的制度化支持。此前的各种扶贫行动很多在理论上可行，而且有成果范例可借鉴，但扶贫对象的制度支持，不能与扶贫手段相兼容，都无法收到扶贫成效，原因正在此。生态扶贫绝不允许时间和资金投入让扶贫对象改变其制度建构。扶贫对象的传统生计方式，本身就是衔接人类社会和自然生态系统的纽带。凡属能够长期延续的生计方式必然表现为本身具有可持续延续的能力，在文化和所属生态环境之间达成了极其复杂的联系。❷这样的联系可以用"桶板效应"做比喻，所有联系方式中，密切程度肯定各不相同，因而也会出现人与自然之间的"短板"。对着这样的"短板"，任何传统生计都能积极应对，以确保人类社会与生态主题之间能够定性为和谐并存的寄生关系。在传统的生

---

❶ 杨庭硕、罗康隆、潘盛之：《民族、文化与生境》，贵阳：贵州人民出版社，1992年，第97页。

❷ 杨小柳：《地方性知识与扶贫策略——以四川凉山美姑县为例》，《中南民族大学学报（人文社会科学版）》2009年第3期，第40页。

计模式中，最需要系统掌握的内容集中表现为资源利用方式，这样的资源利用方式肯定具有特异性，其他形式的生计模式不可能达到历史上定型下来的主要利用办法，因而在扶贫手段选择中，对这异样的资源利用方式需要高度重视，认真把握，以确保扶贫手段与之原有的利用方式越接近越好。接近程度越高，扶贫综合成本就越低，受到的成效就越大。扶贫手段需要创新，核心就在这一问题上。创新目标仅止于确保传统的资源利用方式与现代的外部环境相接轨，而且获得其独特的社会地位价值，有了这一地位价值，才可能真正做到可持续脱贫。

上述三个要素是一个相互关联的整体，展开生态扶贫不仅要对这三者达到精准把握，还要精准把握三者的关联性。以这样的把握为依据，具体选择和实施相应的扶贫手段和方法，才能确保扶贫工作不仅可以收到理想的经济效益，而且收到生态维护和绿色发展的和谐推进。只有这样才能称得上是生态扶贫，也才能达到与生态文明建设的协同推进，成为生态文明建设的有机构成部分。因而，生态扶贫的三大内涵应当确定为生态扶贫的基本认识前提。生态扶贫当然得考虑到现代生活的市场运行，我们也希望做到扶贫对象按照现代市场机制与外部结成相互依存关系。与此同时，我们需要牢记三个要素的相对稳定性和超长期可利用性，而所处的市场本身具有极大的变数，市场肯定是短时段的社会事实，因而简单地以市场为导向，去选择扶贫手段和方法，对企业建设而言无可厚非，因为企业本身就是短时段的实体，能盈利则继续，不能盈利则一了百了。但问题在于我们要确保扶贫对象可持续脱贫，本身就是长时段的要求，仅看市场波动，或者凭借经验估算市场走向，都是很危险的事情。一旦市场偏离估计，扶贫工作作出的一切努力将付诸东流。因而生态扶贫必须强调上述三项内容在扶贫工作中的不可代替作用，立足于现代的需要，去规划扶贫行动，而不主张单看市场走向，去评估扶贫成效，去规划扶贫行动。简单提市场化扶贫不可轻信，更不可盲从。

要掌握上述三大要素，两方面的经验可以为我们找到准确把握的突破口，其一是要看历史，其二是要看已有政策的延伸影响。人类的历史过程并不是任何民族孤立发展的过程，尽管鲍亚士和斯图尔德都致力于强调任何民族的特殊历史过程都是民族文化变迁走向的关键要素，但他们同时强调文化的传播也会严重影响相关民族文化的走向，对生态环境的适应也会影响到文化的走向。❶ 他们的论述致力于强调特殊历史过程的关键作用，但这样强调的目的是帮助世人更好认识民族文化的变迁动因和演化历程，而绝不意味着哪一个民族可以不受其他民族干扰而独立运行几千年，这在人类历史上是找不到例证的。事实上，任何民族发展必然深受相关民族文化的影响，而改变其文化发展的走向。相关民族的生计方式也是如此，而这两者最终会影响到相关民族对所处生态环境的适应方式。既然如此，在展开生态扶贫之前要认识和把握上述三大要素，重视相关民族的历史过程，显然是一个很有价值的手段。事实上，当前我们面对的14个国家连片特困区，虽说大部分在从事第一产业，但他们从事的产业内容却是各有特色，相互之间很难互相替代，扶贫工作中选定的任何手段和方法也是难以替代的。在扶贫行动中，要清醒认识这种不可替代性，认真搜集资料综合分析相关民族的历史过程，显然具有不可替代的参考价值。

时下我们归纳和总结接受扶贫对象的社会思潮相撞，通常都是做意向性的归纳和分类，将他们定义为农耕民族、游牧民族，等等。下一步的划分还可以具体化，仅林业就可以细分为用材林、经济林，等等。在这里，最值得注意的启示还在于他们现有的经济模式，能够做到今天基本定型，期间还包含着接受其他民族影响的结果。这些结果由于是发生在不同的历史时段和背景之下，导致现有的生计方式得失参半，精华与糟粕并存，要做到精准判断精华与糟粕，没有历史的眼光，没有跨文化的分析手段和敏感性，显然无法切中要害。评估若不能切中要害，扶贫手段的选择就可能误入歧途。

从历史的视角审视文化生态变迁与致贫原因的关系，有利于从主位的视角把握文化变迁对致贫原因的牵连关系。❷ 从政策梳理探讨致贫原因，有利于从跨文化的视角把握生态扶贫所需的相关经验和教训，这与政策制定自身特点相关联。因为任何意义上的决策制定，都必须立足于特定的民族文化去展开并以此确保各项政策之间的逻辑统一和管理的有效。当政策涉及跨文化的施政对象时，事实上不可能照顾到相关民族文化的全部内容，在文化逻辑之间发生冲突只能迁就于政策制定一方的文化特点，这将意味着扶贫对象的一方其文化生态的自我完整性必将受到牵制和损伤，其

---

❶ 石峰：《"文化变迁"研究状况概述》，《贵州民族研究》1998年第4期，第28页。

❷ 刘国华：《彝族"撮泰吉"的文化生态与现代传承研究》，《贵州社会科学》2014年第8期，第54页。

积累后的延伸后果往往是群体性贫困的直接导因。但在未出现重大冲突时，是不可能极早地认识到这一点的，往往需要等到文化生态出现重大偏差时，才会引起当事各方的注意，因而按照时间序列系统梳理各项政策之间的逻辑关系，将有助于及时发现群体性致贫的直接原因。

政策的制定，为了有利于行为规范的控制，确保政策实施具有延续性，因而历史上积淀下来的政策肯定在当事人的心目中留下深刻的印象，其惯性影响力也会在不经意中逐年积淀，这些积淀的后果对当时而言都会演化为行为的惯例，而很难意识到这些惯例在文化与生态发生变迁后是否能保持和谐兼容，其结果会导致在当时所面对的社会事实，往往与此前的惯例会呈现明显的反差，而这样的反差同样是探明致贫原因的不容忽视的关键因素。按照时间的序列清理，不同时期政策的内容和背景的差异，都将有助于及时发现跨文化背景下的致贫原因，也容易发现政策与生态的非兼容性。

相对于极其复杂的跨文化生态背景和社会背景而言，任何政策制定，都不可避免地力求简单化，政策要求往往都是取决于个人对群体的基本底线，这必然会使从政策实施的角度看很难发现人类社会与所处生态系统的偏差。但从当事人的自身感受着眼，对其与生态的不相兼容性则极为敏感，而个人的感受上升到政策层面再到每个人都接受的程度必然存在着时间和空间差，而时空差是政策实行时难以兼顾到的客观事实。❶查明这种时间差所引发的跨文化冲突的不相协调性，同样是查明群体性致贫因素的可靠手段，也是查明生态受损的有效手段。

应当看到，上述讨论的三大要素具有根本性的制约作用，不仅在历史上对人类社会的演进可以发挥重大作用，即使到了当代这样的社会建构方式依然是客观存在的事实；因而生态扶贫的规划与付诸实践，上述三个要素依然要发挥关键作用，它们乃是展开生态扶贫工作不可忽视的基础准备，也是评估扶贫成效的准绳。从历史的视角和政策的视角发现其间的不相协调，很自然地成为探明致贫原因的切入点和实施要领，也是做出政策调整和确立扶贫手段的基本依据。

相比于此前的扶贫方式，我们不难发现此前扶贫工作的特点就在于，扶贫主导者总把自己所处的文化生态背景以及社会发展路径视为可以无条

---

❶ ［韩］全京秀：《环境人类学》，崔海洋译，北京：科学出版社，2015年，第65页。

件遵循和仿效的对象去展开扶贫工作。由于具有文化和生态背景的差异性，特定民族的成功，事实上不存在绝对可靠的可模仿性和可复制性，从而在扶贫过程中引发新形式的群体贫困。生态扶贫与此前的重大区别就是能及时关注到贫困与生态变迁之间的联动关系。因而对于实现可持续脱贫，显然具有不容忽视的优势，也更符合生态文明建设的需要，从而避免将生态变迁与致贫因素相互隔离起来造成的误导和认识分歧。

可持续发展是当代社会共同关注的重大社会问题，但是对可持续发展的实质认识客观上却存在着很大的差异。❶ 不少人在理解可持续发展时，总是立足于当时已有的社会形态、人与生态的关系去设想可持续发展的具体内涵。我们需要注意到可持续发展的内涵绝非单一，而必须承认其内涵也需要多元并存。具体到扶贫实践而言，不管基于什么样的考虑，只要是采用千篇一律的资源利用手段去展开扶贫就已经忽略了可持续发展的内涵也需要多元并存这一根本原则。而这正是此前扶贫行动难以可持续脱贫的原因所在。

结　语

基于上述讨论，我们有充分的理由相信，要使扶贫工作获得可持续能力，成效又能表现出自我创新的能力，关键是在扶贫行动中，时刻关注资源利用方式的多层次多渠道的可行性。要落实这样的认识，需要在扶贫工作中知己知彼。在不认识和不正确把握扶贫对象文化生态历史过程的背景下，很难了解到扶贫对象的资源利用方式从何而来。在一般性政策制定中为何会在无意中引发群体性致贫问题，其原因和机制也很难发现。力求做到这一点，正是生态扶贫与此前扶贫工作的根本性区别所在。

---

❶ 牛文元：《中国可持续发展的理论与实践》，《中国科学院院刊》2012年第3期，第45页。

洱海专题研究

云南洱海保护与鱼鹰文化保全的生态史

何大勇[*]

摘　要　魅力无穷的洱海，是人们反复认识与利用的一个场地。在洱海环境保护这个大的系统工程中，鱼鹰文化也应该是其中的一个重要组成部分，不能够把它分离出去。因为鱼鹰捕鱼是反映生态完整性的一个指标。鱼鹰驯化、鱼鹰捕鱼，白族对之情感、文化认同等这个过程不是一朝一夕的产物，是那里居住的人们世世代代循环与共生的产物，是大理白族人民积累和培育的文化遗产。

关键词　鱼鹰；保护；保全；洱海

一、导言

洱海的环境保护不仅仅需要保护生态环境，还需要保全与洱海共生的鱼鹰文化，鱼鹰文化是洱海湖泊文化的一个亮点，是云南民族生态文化中循环与共生的一个实践形态。云南最大的湖泊滇池曾经有鱼鹰文化，但是已经消亡了，而大理白族人民保存的鱼鹰文化呈现出独特的地位。今天，环绕着洱海的环保活动中，针对如何保护鱼鹰文化已经成为一个矛盾交织点，回顾保护鱼鹰文化的生态史，这个文化有时被遗忘，有时成为文化的亮点，已经有必要对其进行梳理与归纳。总的来说，这个鱼鹰文化还是呈现出存亡的危机之态，尚未找到一条可持续的发展之路。本文就洱海的环境保护与鱼鹰文化保全生态史的关系进行论述。

---

* 何大勇，云南民族大学云南省民族研究所研究员。

二、洱海的环境保护

洱海，位于滇西大理地域，属澜沧江水系，在云南九大高原流水湖泊中居第二。据《大理白族自治州志》载：洱海为断层湖泊，古代文献记载有叶榆泽、西二河、昆弥川、洱水、珥海等称谓。洱海北起洱源县江尾乡，南至大理市下关镇，长42公里，东西宽4～9公里，湖面积约251平方公里，集水面积2565平方公里。西洱河为其唯一出水口。❶ 大理是众所周知的中国著名的国家级历史文化名城和风景名胜区，也是国内外知名度较高的一个观光胜地。

回顾洱海的环境问题，据颜昌宙等的研究，20世纪70年代以前，洱海处于良性循环状态；90年代后，尤其是1995年后，洱海水质逐渐变差，并于1996年和2003年两次爆发全湖性的"水华"现象。❷ 对于1996年"蓝藻爆发"的环境问题，杜宝汉的研究指出，1996年9月，洱海蓝藻爆发，水质恶化，湖泊从8月以前的中营养突变为富营养化湖泊。洱海富营养化的主要原因是引种太湖银鱼导致滥捕，大力发展网箱养鱼，围湖滩养鱼等。❸ 为了解决这些环境问题，在政策制定上，大理在1989年制定了第一部管理洱海的条例《云南省大理白族自治州洱海管理条例》（以下简称《洱海管理条例》），1998年对它进行修订，2004年和2014年再次修订。其他还颁布了四个法规性文件：《洱海水污染防治实施办法》《水政管理实施办法》《渔政管理实施办法》和《航务管理实施办法》。在工程治理上，2007年开始实施保护洱海的洱海生态修复、环湖治污和截污、流域农业农村面源污染治理、主要入湖河道综合整治和城镇垃圾收集污水处理系统建设、流域水土保持、洱海环境管理工程六大工程。

就2004年修订的《洱海管理条例》来看，第七条涉及渔业捕捞的规定中，禁止七种行为：（一）侵占滩地建房、围湖造田、围建鱼塘；（二）从事网箱、围网养殖活动；（三）使用燃油机动船捕捞，在湖岸使用动力设施捕

---

❶ 大理白族自治州志编纂委员会：《大理白族自治州志》，昆明：云南人民出版社，1998年，第147页。

❷ 颜昌宙等：《云南洱海的生态保护及可持续利用对策》，《环境科学》2005年第5期，第38~42页。

❸ 杜宝汉：《洱海富营养化研究》，《云南环境科学》1997年第2期，第30~34页。

捞作业;(四)捕捞大理裂腹鱼(弓鱼)、洱海鲤等珍稀鱼类,猎捕野生水禽、候鸟、蛙类等栖息动物;(五)炸鱼、毒鱼、电力捕鱼和使用岸滩小拉网、"迷魂阵"、虾笼等有害渔具和捕捞方法捕鱼;(六)未经洱海管理局批准采捞水草;(七)其他破坏洱海资源的活动。

而从2014年修订的条例第二十四条来看,禁止行为计十三种:(一)侵占滩地建房或者搭棚、围湖造田、围建鱼塘;(二)从事网箱、围网养殖活动;(三)擅自在滩地种植、养殖;(四)捕捞大理裂腹鱼(弓鱼)、洱海鲤等珍稀鱼类,猎捕野生水禽、蛙类等栖息动物;(五)倾倒垃圾和其他废弃物,丢弃动物尸体,排放污水及其他废液;(六)使用含磷洗涤用品;(七)擅自采捞水草;(八)擅自从事生物引种驯化的物种繁殖、放生非本地水生物种;(九)擅自砍伐、破坏林木;(十)在洱海岛屿采石以及违规建筑;(十一)在滩地摆摊、设点从事经营活动;(十二)使用水上飞行器;(十三)损毁界桩、水文、气象、测量、码头、航标、环境监测、标识标牌等设施。与2004年修订的条例比较,可以看到管治更加细化,保护目标更加明确,也说明了环保工作的难度与人们不断开发自然环境所引起的洱海问题。

在行政管理上,引入了现在环境治理理念流域管理的思想,把上游地区隶属洱源县的江尾、双廊两个乡镇划归大理市管辖,这样整个洱海湖面变成由大理市管理,并且扩大了州洱海管理局的管辖范围。2014年修订的《洱海管理条例》中,明确了洱海保护管理范围为洱海主要流域,包括洱海湖区和径流区。具体管辖范围是洱海最高运行水位范围内的湖区、西洱河节制闸至天生桥一级电站取水口的河道、引洱入宾老青山输水隧道至出口界碑处。湖区界线由大理市人民政府划定,设置界桩,并向社会公布。定义了洱海最低运行水位为海拔1964.30米(1985年国家高程基准,下同),最高运行水位为海拔1966.00米。洱海最高运行水位范围外的主要汇水区域为洱海径流区,其主要范围包括:大理市所辖的下关、大理、银桥、湾桥、喜洲、上关、双廊、挖色、海东、凤仪10个镇,洱源县所辖的邓川、右所、牛街、三营、茈碧湖、凤羽6个乡(镇)。

在生态环境保护方面,开展保护水源地的森林保护和修复工作,实施退耕还林、还草项目。2007年5月开始,在大理市辖区洱海流域范围内开展全面禁止放养山羊的工作,并且发出《通告》,禁牧补偿为凡按要求销售处置,并签订协议的养殖户,养殖的山羊在按市场价出售的基础上,政府对每千克山羊给予3元的补助；禁牧后养殖户转向其他养殖业需进行厩舍改造的，经申请批准后，羊厩每平方米补助50元。

上述内容是洱海治理的几个主要方面，另外，其他还有实施入湖河道水质监测、环保新技术的推广、增加鱼苗投放种类、水位从原来的1971米提高到1972.61米等的具体措施。思想认识上树立"洱海清，大理兴"的观念，对洱海从不同角度进行环境保护，结果2004~2006年洱海连续三年总体达到并保持Ⅲ类水质标准。大理州环境保护局公布的结果表明，2007年洱海属Ⅲ类水质，主要污染物为总氮、溶解氧。

对层出不穷的环境问题，需要更为细致的管理来应对，2014年的保护内容从最低水位海拔1964.30米提高到最高水位海拔1966.00米。洱海湖区和径流区的湖泊、主要河流、水库的水质按照国家地表水环境质量Ⅱ类标准进行保护。实行取水许可制度，明确了对水产资源实行有偿使用制度，范围包含：（一）从洱海取水或者使用洱海水资源从事发电等经营性活动的，缴纳水资源费、水费；（二）从事渔业捕捞的，缴纳渔业资源增殖保护费；（三）在风景名胜区内从事旅游经营的，缴纳风景名胜资源有偿使用费；（四）法律法规规定应当缴纳的其他规费。

在渔业管理上，制定有《大理白族自治州鱼类繁殖公约》《关于加强洱海水产资源管理》《洱海渔政管理实施办法》等法规。实行年度封湖禁渔制度。对亲体、幼鱼及大理裂腹鱼（弓鱼）等产卵繁殖、索饵栖息的主要水域实行长年封禁。银鱼的捕捞为另外的具体办法执行。在船舶管理上，核发船舶的准入许可证，实行统一审批、总量控制和入湖许可制度。从2002年开始，每年2月20日至6月20日封湖禁渔，6月21日至8月20日，开湖捕鱼。2007年开始实行全湖上半年封湖禁渔，任何渔船不得出港，并且在捕鱼技术上严禁拉大网，取缔大型拖网。2008年的具体实施通告如下。

大理市人民政府关于2008年洱海全湖半年休渔的通告

根据《中华人民共和国渔业法》《云南省大理白族自治州洱海管理条例》的规定，为确保洱海生态恢复和渔业的可持续发展，结合洱海渔业生产实际，经大理市人民政府研究，决定对洱海实行全湖半年休渔，现将有关事项通告如下：

一、全湖半年休渔的时间：2008年1月1日至2008年7月1日。

二、全湖半年休渔的范围：全湖封禁。

三、全湖半年休渔期间，禁止一切形式的捕捞作业。

四、全湖半年休渔期间，洱海上所有的捕捞渔船、住家船必须于2007年12月31日以前按属地管理的原则停入渔港；到1月10日未入港船只一经查获，按"三无"船舶没收处理。7月1日渔民持入港凭证取船。

五、对双廊镇红山（红山庙）至鳌山（海潮河抽水站），面积为2.144平方公里的洱海水生生物核心保护区，实行长年封禁，由市洱海保护管理局设置区域标志。

六、全湖半年休渔期间，禁止在洱海管理区域内（外延15米范围内），放置一切捕捞渔具，一经查获，没收处理。

七、全湖半年休渔期间，禁止在沿湖集市销售密眼纱窗网片及禁用网具，禁止在沿湖集市、水产品加工厂储存、晾晒、加工和收售洱海鱼虾或用人工养殖鱼类冒充洱海鱼欺诈消费者，一经查获，没收处理；禁止在沿湖集市、道路两旁粘贴、悬挂加工、销售洱海鱼广告，一经查获，按有关规定给予处罚。

八、凡是违反本通告的，依据《中华人民共和国渔业法》《大理白族自治州洱海管理条例》的规定进行处理。

九、广大渔民要自觉遵守本通告的各项规定，支持洱海全湖半年休渔工作。沿湖各镇、大理经济开发区管委会和各有关部门要齐抓共管，密切配合，共同开展好2008年洱海全湖半年休渔工作。

十、根据《云南省大理白族自治州洱海管理条例》第七条和第二十条的规定，2008年7月1日开海后地笼、三层刺网等有害渔具禁止使用。

十一、本通告自2008年1月1日起执行。

2014年修订的管理条例中，规范了处罚标准，渔业管理有：（一）违反第十八条第一款规定，无证捕捞的，责令停止捕捞，没收捕捞工具和违法所得，并处5000元以上1万元以下罚款；买卖、出租、转让、转借捕捞许可证的，吊销捕捞许可证，并处500元以上2000元以下罚款；（二）违反第十八条第二款规定的，责令停止捕捞，没收捕捞工具和违法所得，并处1000元以上5000元以下罚款，情节严重的，可以吊销捕捞许可证；使用机动船、在湖岸使用动力设施捕捞作业或者炸鱼、毒鱼、电鱼的，责令改正，没收相关设施和违法所得，并处5000元以上2万元以下罚款；（三）违反第十九条第一款规定的，责令停止捕捞，没收捕捞工具和违法所得，吊销捕捞许可证，并处2000元以上5000元以下罚款；（四）违反第二十条第一款、第二十九条规定的，没收船舶，并处1000元以上5000元以下罚款；（五）违反第二十条第三款规定的，责令改正，对个人处500元以上2000元以下罚款，对单位处1万元以上5万元以下罚款。其他与渔业有关的条例，如第二十四条、第三十二条、第三十四条、第三十六条等，都有细化的经济处罚规定。

但在这样一个保护洱海的大环境下，影响了鱼鹰捕鱼的传统生业活动。半年的封海使得鱼鹰的食物及以此为生的用渔户受到严重影响。如何延续和保全鱼鹰文化与洱海的环境保护同时并举，成为当下一个关注的焦点。

三、鱼鹰文化的生态

鱼鹰是渔民对驯化成能够捕鱼的鸬鹚的称呼，它是渔民捕鱼的好帮手。大理驯养鱼鹰的历史悠久，从1964年祥云大波那出土的铜棺上饰有鱼鹰等纹饰的考古资料可以说明，在战国时期，鱼鹰文化已经成为白族的特色文化。诗词上，唐代杜甫留有"门外鸬鹚去不来，沙头忽见眼相猜""鸬鹚西日照，晒翅满渔梁"，皮日休吟诗有"鸬鹚成群嬉，芙蓉相偎眠"等为大家所熟知的诗词。云南地域方面，唐代樊绰的《蛮书·第七云南管内物产》中记述的"水扎鸟"指鸬鹚（鱼鹰），载"西洱河及昆池之南接滇池，冬月，鱼、雁、〔鸭〕丰雄、水扎鸟遍于野中水际"。这个应是大理地区鸬鹚（鱼鹰）方面最早的文字记录，怎样用鱼鹰来捕鱼，在宋代沈括的《梦溪笔谈·艺文三》中，记述了四川长江三峡地区的鱼鹰文化："克乃按《夔州图经》，称峡中人谓鸬鹚为乌鬼。蜀人临水居者，皆养鸬鹚，绳系其颈，使之捕鱼。"明末清初诗人吴嘉纪作《捉鱼行》："菱草青青野水明，小船满载鸬鹚行。鸬鹚敛翼欲下水，只待渔翁口里声。船头一声鱼魄散，哑哑齐下波光乱。中有雄者逢大鱼，吞却一半余一半。"此诗把鱼鹰捕鱼的动态过程细致地描写了出来。后有清代人檀萃的《滇海虞衡志》记述了云南鸬鹚之发展状态："人蓄鸬鹚以捕之，……亦到处有之。"这个鱼鹰捕鱼的生业一直延续至今。鱼鹰捕鱼的生业不仅在中国，从印度东北部到越南、日本都有从事这个生业活动的人们。

笔者的调查统计表明，洱海地域主要渔民分布在喜州沙村、上关波罗、双廊岛盈、海东金梭岛及挖色海印的五个渔业社（见大理主要渔村略图）。洱海地区的渔民，根据民国二十四年（1935）的统计，《云南省农邮调查》记："在洱海从事渔业之渔民，据大理县政府调查，有渔户二百二十六户，计一千二百五十四丁口，除少数兼营农业外，均系专营渔业，此与滇池渔民不同之点。"❶说明历史上形成了专业的渔户，不同于昆明滇池地区。

今天驯养鱼鹰之地的核心区位于喜州沙村，沙村是喜州镇13个村委会之一，历史上称为"青莎洲"，是学者们研究鱼鹰捕鱼文化的重要考察地。该村落是一个著名的古渔村，留下了许多美好的传说，如大理国时期，第一代国王文武帝段思平达此的传说等，民俗上保存着农历七月下旬举行"开海节"活动。对此地一直都有持续不断的研究，主要有张云霞2006年的洱海鱼鹰的繁殖与驯化调查研究，石鸣2012年的对杨六斤的采访报道，彭凤2015年的以大理沙村为例来探讨生计方式的改变对白族传统村落的影响，刘德军2016年的洱海区域鱼鹰驯养捕鱼活动的传承与保护研究等。

大的行政村有村民1160户，人口16290多人，但实际上沙村渔民有100多户，700多人。自2002年封湖禁渔的政策实施以来，渔民的生业发生了巨大变化，虽然政府力所能及地来从经济上对鱼鹰渔户进行补偿，如在2006～2008年，在封湖禁渔期间，给渔户发放生活补贴每月25元，每天给每只鱼鹰补贴1元，但是放弃这个捕鱼方式的人在增加中，这种古老的捕鱼方式正在走向消亡。从这个时候起鱼鹰捕鱼的存亡问题受到媒体的关注，沙村作为媒体单位的采访地，在2006～2008年有如下的主要报道：《春城晚报》以题为"杨义珠：守望洱海最后的鱼鹰"（2006年3月28日），《生活新报》以题为"鱼鹰不渔"（2007年5月30日）、"漂泊洱海"（2007年8月7日）和"无鱼可捕大理鱼鹰面临'下岗'"（2008年2月20日），《都市时报》以题为"洱海渔民鱼鹰的反哺情"（2006年10月11日），云南电视台《民生关注》"正在消失的洱海精灵"（2007年11月7日）等报道。从这些报道中可以看出，鱼鹰面临存亡的危险，需要呼吁各方对此进行保护。由此，鱼鹰保护成为人们关注的一个焦点。2008年"洱海鱼鹰捕鱼技艺"申

---

❶　转引自杨聪：《大理经济发展史稿》，昆明：云南民族出版社，1986年，第98页。

报了省级非物质文化遗产名录，2009年10月洱海鱼鹰驯养捕鱼被列入第二批省级非物质文化遗产名录，认定了8位非物质文化遗产传承人，政府规划在海西、双廊、西洱河设置表演点进行鱼鹰驯化及表演。在沙村成立了一个民间的洱海鱼鹰驯化表演基地，大约有60多艘船，渔民们划船载客为游客表演鱼鹰捕鱼的技艺，鱼鹰文化由此逐渐成为优质的观光项目，各地的人们慕名而来。带来的结果就是市场经济的大发展，以沙村为中心，沿岸有能力的村落都开展起了鱼鹰捕鱼的演示场地，到2013年发展到了7家。一种无序发展状态在蔓延，并带来一系列无法把握的问题，如游客安全、生态隐患、洱海保护条例中没有注明的保护等。为此，政府加大了监管力度，2015年6月17日，大理市政府发布《关于鱼鹰表演旅游经营项目全部迁出洱海湖区范围的通告》，禁止任何单位和个人在洱海湖区范围内开展鱼鹰表演旅游经营项目。

此后，围绕鱼鹰表演旅游经营的合法与正当化问题，各方在进行协商中，对此，新闻媒体也先后进行了相关报道，关注这个发展中的困局。❶

关于洱海鱼鹰的统计没有准确的数字，20世纪80年代初，鱼鹰有524只（大理市史志编纂委员会，1998：323）。2006年的统计数字为"上世纪60年代，村里有72户人家养鱼鹰，鱼鹰总数有1500多只。2005年，饲养鱼鹰的渔民减少到了10户，鱼鹰105只。而最近，只剩下了93只鱼鹰"。❷可以认为进入20世纪以后，鱼鹰已经屈指可数，2007年只有6户在饲养鱼鹰。大理市畜牧事业局的调查数据显示，大理市2007年共有鱼鹰养殖户8户，鱼鹰135只。而根据本地人杨伟林的统计，20世纪80年代洱海区域共有鱼鹰2500余只，分别在洱海边的沙村、马久邑、龙龛、才村、康廊等处，以沙村最多，当时有72户渔民以鱼鹰捕鱼，共有1574只；到90年代末，马久邑、龙龛、才村、康廊等地因种种原因不再驯养鱼鹰，只有沙村一地有540只；到2003年鱼鹰户降为10户，鱼鹰数量降为180只；到2005年只有8户渔民驯养鱼鹰，成年鱼鹰也只剩下80只。❸从驯养鱼鹰的户数

❶ 李文女等：《探访：大理喜洲涉事渔村　破解洱海鱼鹰之困》，云南网（http://society. yunnan.cn/html/2013-02/06/content_2609172_6.htm）；秦蒙琳：《大理洱海鱼鹰　出路何在？》，《春城晚报》2015年6月26日，云南网（http://dali.yunnan.cn/html/2015-06/26/content_3795458. htm）。

❷ 《春城晚报》2006年3月28日。

❸ 石鸣：《守望洱海鱼鹰》，《中国西部》2012年第14期，第96~100页。

变化，可以看出饲养鱼鹰出现存亡的危机倾向。

关于鱼鹰捕鱼家族的分支和现状，根据张云霞的调查情况，详细记述如下：

从事鱼鹰捕鱼的家族主要有两个分支，即南北两个分支。北部起源于邓川，主姓为王姓，王姓家族主要分布在洱海东岸，其中的一支从双廊镇的天生营，到挖色镇的挖色村，又到海印村，再到康廊村落籍。现在康廊村的王姓渔民有15家（80人），都属于同一家族，有本主庙，全家族一起过本土节，王姓渔民一年过两次节。农历六月十五日为王姓家族祖先王雪补的寿诞，号为"封敕威灵邦国帝"，这一天，全家族聚在一起，请客过本主节。正月十二日为正月节，相传这天挖色村本主邀请王姓本主赴宴（正月初六起挖色村轮流过本主节），晚上则请挖色村本主到家中小会，顺便吃夜宵，所以现在的王姓家族晚饭后才杀鸡，晚上12点左右到本主庙祭祀。近几年王姓家族不再从事鱼鹰捕鱼，洱海东岸已经没有鱼鹰捕鱼户。

南部分支起源于大理市下关镇石坪村，主姓为赵，赵姓分支较多，范围较广，新中国成立前石坪村有赵家"本主庙"，鱼鹰捕鱼的赵姓家族都有回石坪村过本主节的习俗，现在还有人称为"鱼鹰本主庙"，但庙址已毁。石坪村赵姓最早期一支迁移到沙坪，然后又迁移到海东、大关邑、马久邑、下龙龛、沙村等地，据渔民介绍，海东南村赵姓鱼鹰户的势力在新中国成立前较大，不仅买下了"宾居水口"（常年上税）的捕鱼权，银梭岛也成为他们家族的坟地，新中国成立后就未再从事鱼鹰捕鱼。至今，整个洱海地区只有喜洲镇沙村18社有8户渔民从事鱼鹰捕鱼，主姓为杨和杜（家谱载从风仪下庄搬来，原姓段），共有鱼鹰70只❶。

驯化鱼鹰捕鱼是渔猎技术的一项革命，也是一套系统的传统生态学知识的反映。关于如何繁殖、如何配种及系统训练法等的驯化方法，只在养鹰户间进行秘密传授，不随便传给外人。外人也只知道一些皮毛，核心内容不易明白。在今天进入快速发展旅游的时代，鱼鹰捕鱼技术的核心看点就是让鱼鹰咬住鱼后，渔师要把鱼鹰举高展示给游客观看。2015年7月14日央视网《致富经》节目《发现鱼鹰的商机之后》中，沙村鱼鹰基地的杨玉藩对采访记者说："所有鱼鹰驯养师，必须做到，在鱼鹰捕到鱼后，要能熟练掌握把鱼鹰高高举起的这个动作。做不到这个（驯鹰者）就走人了，包

---

❶ 张云霞：《洱海鱼鹰的繁殖与驯化调查》，《大理文化》2006第2期，第59页。

括动作，包括鱼鹰，驯养，等等，你这些东西做不到你（驯鹰者）就走人。不是每个鱼鹰都会咬住鱼，你也看见了好多鱼鹰都练不出来，一家人出去带了10只、12只、15只，只是几只鱼鹰可以抬，可以咬。"❶

笔者通过调查杨义珠（白族，时龄63岁，2006年8月调查）驯养鱼鹰的活动得知，白语称"鱼鹰"（鸬鹚学名 Phalacrocorax carbo）为"嘎 ga"，驯养鱼鹰就是用来帮助人们捕鱼，鱼鹰捕鱼这个行为称为"米嘎 mi-ga"。对其成长过程，通过观察，世代都是这样来识别它们，1岁之前的鱼鹰称为"嘎玛得 ga-ma-de"，满1岁的鱼鹰称为"色搞之 se-gao-zhi"，2～5岁的鱼鹰称为"那之搞 na-zhi-gao"，5岁以上的鱼鹰统称为"可嘎接得 ke-ga-jie-de"。鱼鹰在农历四月和十月时会换毛，而一年之中春节前后的毛最为艳丽。十一月至次年一月是鱼鹰的发情期，嘴巴发红表示其在发情期中，这个时候要安排其交配。鱼鹰死亡后，渔民要在洱海边择地安葬，不会食用它们。过去出海常到洱海东岸去捕鱼，一只好的鱼鹰能捕到十多公斤。鱼鹰捕鱼时，主人要发出呼声及挥动竹竿击水，以指挥鱼鹰行动。笔者实地调查表明，在10：30～11：05的现场，观看鱼鹰捕鱼活动时，发现鱼鹰在30分钟内捕到了一条鲢鱼、四条鲫鱼，最大的一条鱼达四千克多。这说明鱼鹰的捕鱼能力还是很强的。

沙村中村民小组17～19社的三个组是渔民，但也不是渔民都在驯养鱼鹰，其中只有18社的渔民多驯养鱼鹰。杨氏是村里公认的驯养鱼鹰的高手，曾经在20世纪90年代末出访日本岐阜长良河表演过鱼鹰捕鱼，为国家争得来荣誉，由此，让日本人知道了大理洱海还存在着传统的捕鱼方式——鱼鹰捕鱼。他有3艘渔船❷，拥有大鱼鹰8只、小鱼鹰9只，计17只。鱼鹰如果出卖的话，雄鱼鹰每只市价300～500元，雌鱼鹰100～250元。村里饲养鱼鹰的户数在1998年有72户，2005年有10户，2006年有7户。杨氏家族驯养鱼鹰已经有五代了，杨氏有两个儿子，都在外工作，不以捕鱼为生。现在由于观光的需求，在2013年时鱼鹰价格突飞猛涨到一只2000元左右。

---

❶　央视网三农频道·致富经：《发现鱼鹰的商机之后》（20150714），http：//sannong.cntv.cn/2015/07/14/VIDE1436885879304133.shtml.

❷　关于洱海渔船数量，根据统计得知，1985年底，机动渔船有268艘，非机动渔船有1786艘，计2054艘（大理市史志编纂委员会：《大理白族自治州志》，昆明：云南民族人民出版社，1998年，第323页）。2007年洱海共有注册渔船3200多艘（《生活新报》，2007年8月7日）。

现在，杨氏为了让鱼鹰捕鱼技术维持下去，开海期间在北才村龙王庙前洱海旁，以向旅游者表演鱼鹰捕鱼，❶ 吃渔家饭的活动，维持生计。出海观看费二人共计100元。封海期间大理州政府每月生活补贴25元，喜洲镇政府补贴250元，计275元。这些钱是不够用来购买鱼鹰食料的，还要出外打工挣钱才能够饲养鱼鹰。杨氏一天要喂鱼鹰一次，鱼鹰食料以小鱼、螺和猪油、猪肠为主，一般在收工之后。杨氏说，村里原来驯养鱼鹰的一些人，由于供不起鱼鹰食料，放弃了鱼鹰捕鱼，捕鱼技术更换为使用渔网，称渔网为"橹 lu"，有渔具不下10余种。渔船以前用木船，近20年来都改为了铁船。捕鱼用具的现代化，带来的一个后果是现在根本捕不到土著鱼，土著贝也很少遇得到。土著贝的特征是有刺，现在已经看不到了。杨氏曾经捕到的土著鱼有弓鱼（搞毛 gao-mao）、道的宝（dao-de-bao）、赛毛毛（sai-mao-mao）、呼突（hu-tu）四种鱼。只能叫得出汉名"弓鱼"，是因为大家对它的认可度高，而其他的土著鱼只知白语称呼，不知汉名。关于洱海的弓鱼鱼类品种，据《大理市志》介绍，土著种中经济价值较高的有黄壳鱼（土著鲤的统称）、弓鱼（大理裂腹鱼）、油鱼、鳔鱼（洱海四须鲃）、鲫鱼等，尤以弓鱼和鳔鱼闻名于世。据中国科学院昆明动物研究所测定，洱海及沿海围塘原产16种土著鱼类，隶属4科8属。其中以鲤科鱼类为主，该科中鲤亚科鱼类占50%，鲃亚科占17%，裂腹鱼亚科占33%。❷ 这说明科学识别中的鱼类，洱海湖中已很难遇得到。对土著鱼进行详细记载的历史资料为民国《大理县志稿》卷五，其载有谷花鱼、竹钉鱼、白鱼、大头鱼4种鱼，在《特别产附》中认为有9种，引用历史资料分别描述为：（1）弓鱼，《一统志》载出洱海西北面者佳。如鲦而鳞，细长不盈尺。明代杨慎称为鱼魁。（2）鲫鱼，许缵曾的《东还纪程》载洱海鱼类颇多，视他水所出甚美，冬鲫甲于诸君。（3）细鳞鱼，许缵曾的《东还纪程》载洱海河尾产细鳞鱼，为鱼类之至美者。花鱼，产洱海河尾，鳞细嘴尖，身有黑黄花纹，大者十余斤，味较细鳞鱼尤鲜美。（4）飞鱼，洱河尾产鱼一种，于无人时则跃嵌岸边岩石上，见人仍入水中，故谓之为飞鱼云。（5）油鱼，许缵曾的《东还纪程》载洱海首有石穴，八九月产油鱼。（6）鲤鱼，《檀萃滇海虞衡志》载，鲤最美，小者不能盈掌，且满腹鱼子。此江乡

---

❶ 笔者调查得知，当时在洱海东岸挖色也有鱼鹰表演活动，但是规模不大。

❷ 大理市史志编纂委员会:《大理白族自治州志》，昆明：云南人民出版社，1998年，第321页。

所不见者，大或重七八斤，且十余斤，味甚佳，鲤之小者与鲫似。（7）金鱼，唇有两须，鳞甲金黄，长盈尺余，二三月间满腹有油，味极鲜美，产于洱河东石峡处，渔人不能设网，故大者不易得。（8）鳔鱼，产洱河，长约二三寸，脊青腹白，鳞细而软，秋冬极肥，煎包微黄，浇醋调脍，复蒸透，味尤鲜美。（9）面肠鱼，产于洱河南北湖中，形似鲫鱼，而腹大，剖之一肠环结于内，如切面丝，秋季易捕。以上可以说明，大理历史上洱海流域的鱼类繁多，地方识别名有多样的称呼。关于对鱼的识别问题，需要通过采访老渔师来进一步深化研究，上述描述只是一个初步探索。

四、结语：践行洱海环境保护中的鱼鹰保全

在洱海环境保护这样一个大的系统工程中，鱼鹰也应该是其中的一个重要组成部分，不能把它分离出去，因为鱼鹰是反映生态完整性的一个指标。鱼鹰驯化这个过程不是一朝一夕的产物，是那里的人们世世代代循环与共生的产物，是大理白族人民积累和培育的文化遗产。也是一种传统的生态学知识（Traditional Ecological Knowledge，TEK）。

饲养鱼鹰的渔民，现在特别忧虑鱼鹰在洱海的存活与灭绝的问题。封海禁渔期间，饲养户给鱼鹰提供食物是相当困难的，1只鱼鹰的食物费一天要花费人民币2元。在2004年时曾经向有关方面上报《喜洲镇沙石渔业社关于洱海鱼鹰在未来保护治理洱海中路在何方的建议》，一是请求政府给予鱼鹰适当的补助；二是划定适当水域，为游客开展鱼鹰捕鱼的表演节目；三是开展鱼鹰研究等。当地政府为了保存鱼鹰捕鱼的这项技术，于2006～2008年三年封湖期间，对鱼鹰饲养户进行补贴，同时对每只鱼鹰每天给1元钱的食物补助。

在云南大理苍山洱海国家级自然保护区中❶，主要侧重生物多样性保护为主，对于鱼鹰捕鱼这样的生态文化，还未纳入保护的范围，2014年修订

---

❶ 云南大理苍山洱海国家级自然保护区，1981年建立省级保护区，1994年晋升为国家级，保护面积79700公顷。大理州环境保护局作为管理单位，依据《云南省环境保护条例》（1992）、《大理白族自治州大理风景名胜区管理条例》（1993）、《云南省自然保护区管理条例》（1998）、《云南省大理白族自治州苍山保护管理条例》（2002）、《云南省大理白族自治州洱海管理条例（修订）》（2004）、《中华人民共和国环境保护法》（1989）、《中华人民共和国自然保护区条例》（1994）、《风景名胜区条例》（2006）等有关法律、法规进行管理。

并公布的《洱海管理条例》中未见到保护鱼鹰的条款。故而，一是建议有关部门把它作为保护民族文化多样性中的一个子文化来进行保护，因为鱼鹰捕鱼是洱海的一张生态名片。只有生物多样性保护与文化多样性保护同时并举，才能使得洱海的环境保护走上可持续发展之路。

二是建议政府自上而下地引导饲养鱼鹰户转向生态旅游，核定饲养鱼鹰户，指定他们为传统生业类传承人"鱼鹰师"，建立户档，引导他们向观光旅游转型。虽然现在认定了8位非物质文化遗产传承人，但这还远远不够。把他们以捕鱼为生的生业转变为从事以表演鱼鹰捕鱼为生的生业，一是为观光活动增添一项新的内容，二是虽不再以捕捞为生，但可以合法、合理地进行适当捕捞以维持饲养，让鱼鹰能够存活在洱海之中。这样他们既能够维持饲养鱼鹰，又能够增加经济收入，成为延续鱼鹰捕鱼文化的实地保护人。世界自然遗产评估专家吉姆·桑塞尔博士对保护鱼鹰提出，传统的鱼鹰捕鱼方式非常生态，可以在总量上进行控制，实施特许经营，保留下大理特有的文化，这对全世界的游客都是非常有吸引力的。❶游客来观看鱼鹰捕鱼这个传统的捕鱼方法，需要指定一块水域，可以借鉴笔者观察到的日本京都岚山大堰川夏季举行的乘船观看"鹈饲"（驯养鱼鹰捕鱼）活动的做法：划定水域由一个公司来经营，游客需要购买票船，乘船去河中鉴赏渔师表演的鱼鹰捕鱼技术，游览时间为一小时，同时也对少数游客实行可选择不限时间的租船。虽然现在可以看到沙村洱海鱼鹰驯化表演基地中已经有了这样的运作，但是如本文中所述的那样，经济利益导致沿岸无序发展，需要政府来制止这种状态。虽然当地政府极具战略眼光，把《洱海鱼鹰捕鱼技艺》申报了省级非物质文化遗产名录，但是如何把它进一步细化保护，还无良策。对于思考鱼鹰捕鱼如何与旅游融合，早在1995年访问过日本的陈天祥就指出："我们了解到在日本鱼鹰捕鱼是一项传统的娱乐活动而不是人们谋生的手段。岐阜市将其开发为旅游项目，长良川现拥有游船近百只，年均接待游客约1万人次，鱼鹰成为岐阜市的标志。一位中国留学生向我们介绍，岐阜因鱼鹰捕鱼使长良川的鲇鱼身价百倍。大理鱼鹰海上捕鱼也不失为一种旅游资源，在开发利用历史文化、民族风情、苍洱风光等资源的同时，予以重视和研究，使鱼鹰捕鱼成为大理的一项旅

---

❶ 《专家桑塞尔称：苍山是"三江并流"的补充》，《春城晚报》2007年10月29日。

游产品，应该说是可行而现实的。❶ 这对于我们重新思考如何走可持续发展道路，有一定的启迪作用。贵阳图云关有一名联："一亭俯览群山，吃紧关头，须要看清岔路；两脚不离大道，站高地步，自然赶上前人。"如这个名联所说，我们要有践行精神，还需"两脚不离大道，站高地步，自然赶上前人"。习近平总书记在2015年1月20日考察大理时提出要改善好洱海水质，在洱海湾桥镇古生村与当地干部合影后说："立此存照，过几年再来，希望水更干净清澈。"

鱼鹰捕鱼的生态史是鼎盛与衰落的交织过程，它是白族人民心目中的一个瑰宝，如何把它传承下来变为当代的一个大课题。

---

❶ 陈天祥:《洱海鱼鹰异国献技独领风骚：云南大理鱼鹰捕鱼表演在日本》,《民族工作》1995年第2期，第45页。

白族古代对洱海源头治理初探

李学龙[*]

一、洱海源头治理概述

洱海位于云南省西北部大理市境内，是著名的高原湖泊，被誉为白族人民的"母亲湖"，为中国第七大淡水湖。洱海的水源，除西面的苍山十八溪外，北面的弥苴河、罗时江、永安江是其主要来源，补给量占了洱海水源的70%，无论是从环境保护的角度，还是从灾害防治的角度看，都对洱海影响极大。由于受到区域性天气系统和地理地形的共同控制，洪涝灾害十分突出，是洪涝灾害的重灾区。防洪抗灾、变害为利，成为人类与自然相互关系的重要课题。

早在一千多年前，生活在洱海源头的白族先民便开始了对弥苴河的综合治理工程。六诏时期，邓赕诏即在沙滩、沼泽、浅湖中，从下山口向南修筑沙堤，导流开垦。罗时、罗凤兄弟开罗时江，将西湖出口由德源山东北角入弥苴河改为向南单独出流，数流共注变为二河分流，大大缓解了弥苴河的行洪压力。

明代开始，在前代治理弥苴河经验的基础上，军民合力，大规模兴修水利，疏浚弥苴河，实行"分定里界，按粮编夫，东堤军屯修筑，西堤里民修筑"等制度，成立了专管的河工机构和专业人员，后来演变为河工局、河工委员会，并建立起一整套经费筹集、人员组织、疏挖要求、日常维护的管理体制。在疏挖河道、筑堤护河的同时，将治理与生态维护相结合，在河堤上广种护堤树木，并精心管理，对保证河堤安全起了十分重要的作用。

清承明制，继续对弥苴河进行治理，"为分杀大河水势"，人工分散水

---

* 李学龙，大理大学教授。

力，采取分河、筑坝、建涵闸、凿鱼沟等措施，形成涵、闸、坝、沟集于一体，排、灌、渔、航汇于一河的系统工程。灾患频繁的邓川坝子成为"灌井疆，生百谷，济舟行，鱼果腹"的鱼米之乡，"赋税储蓄，军民衣食，胥出于此"，综合效益十分明显。

弥苴河上段成"悬河"之状，事关周边百姓安危及生产。长期以来，当地百姓也形成了自觉护堤的良好习惯，将堤上的林木视为神物，精心呵护。在河道两侧培育和保留了以合欢树为主的古老护堤林带，至今还保存着几人合抱的大树一万余株。旧志曾作为地方八景或十六景之一，载于史籍。而今，高出平地数米的河堤和林木，不但是当地一道著名的文化景观，也是白族及其他民族千百年来对弥苴河治理的历史见证，是重要的文化遗存。

作为防洪减灾的区域性河湖治理工程，从唐代开始已逾千年，从明代大规模治理始也有500多年。地方史籍记载颇多，《邓川州志》所记较为详尽。清咸丰五年（1855），侯允钦著《弥苴河工志》，集河工之大成，将历代经营并渐趋完善的各项管理规章制度、河工要领、积弊、大事、要事等系统梳理，总结了治人、治河之法，并提出了一些独到的见解。1995年，洱源县水利电力局编纂《洱源县河湖专志集》，将《弥苴河志》作为其中之一，对弥苴河治理的历史情况作了系统的介绍。

二、治理经验的总结

弥苴河上游及源头地区，属北亚热带高原湿润季风气候，夏湿冬干，干湿分明，降雨时空分布受气候和地形控制极不均匀，年降雨日数主要集中在雨季。该区地质构造复杂，上游泥沙流失严重，下游河湖交汇，加重了灾害的发生，历来灾害严重。综观历史，洱海源头的治理，并非一朝一夕，也非一劳永逸，而是经数十代人，上千年时间持续治理的结果。在这个过程中，不断修正，不断改进，终有成果。总结起来，在对弥苴河的治理上，白族先民们有着自己独特的智慧，积累了难得的经验。这些经验主要如下。

1. 宏观疏浚与局部整治的结合

自然灾害是一个区域性的灾害，在防治上既要有重点，也要有全局性的眼光。唐代之前，上游的水源均通过弥苴河注入洱海。六诏时期，邓赕诏居民在弥苴河开垦导流，进行局部整治，罗时兄弟开罗时江，行宏观疏浚。在洱海源头实行宏观疏浚与局部整治的结合，首开先河。

清乾隆四十六年（1781）邓川进士高上桂上"两河三埂策"，得到实施。在东湖水尾入弥苴河的青索桥附近，顺大河东堤开通"漫地江"，至白马登入洱海，称为永安江。永安江的修成，洱海源头"三江"川字形格局基本成形，三江分别入海，洪涝得以缓解。

2. 政府主导与民间力量的结合

明代以前对弥苴河的治理情况，缺乏具体的记载，但治理从唐代开始一直进行。明代的治理也是在前代基础上进行的，只是更加规模化和制度化。明代随着大量移民进入"屯田"，对灾害的防治更加突出，大规模治理势在必行。明正统间，在前代治理弥苴河经验的基础上。军民合力，大规模兴修水利，疏浚弥苴河，实行"分定里界，按粮编夫，东堤军屯修筑，西堤里民修筑"等制度。在管理维修的措施和制度上，历代都有改进。治理和筹措资金的方法逐渐制度化，积累了较好的经验。历代地方政府在弥苴河的治理上，都将动员受益区民间力量作为重要的措施来抓，取得了良好的成效。

3. 生态治理与人工治理的结合

弥苴河治理的一个突出特点是生态治理与人工治理的结合。由于弥苴河区域雨季集中，上游泥沙随洪水大量淤积于河中。而所筑堤坝，以冲积的沙石为主，极易溃决。以致堤越筑越高，河道也越来越高，成为"悬河"，威胁也越来越大。在长期的实践中，当地人采取了生态治理与人工治理相结合的办法。在河堤上广种树木，"……密种柳木若干株，每日见工程若干分"（据明代邓川人杨南金《重修河堤记》），"广植榆柳，但禁势豪砍伐，今贫人窃取，并纵畜损伤，责在巡河老人严拿"（同朝庠生倪天禧）。

河堤两边的树木，郁郁葱葱，"既可固堤，兼可济急"，"试看堤湾水曲处，大溜直射堤埂，但得树枝拦之，水即掉头，以此救险者屡矣"，作用非同小可。在树的种类上，古代也有所论，种类并不限于某一树种，而是"广植树木，不拘种类，以大叶柳为便，根密枝繁，又易发生"。而对于河堤沿岸，"有则护之，无则树之"，使得河堤之树不断增加，在护堤上发挥了重要作用。从现今还保存的护堤树来看，既有灌木，也有乔木，高低参差，对河堤形成了立体保护的形态。

值得一提的是，在护堤的树木中，有很多漆树相杂在其间，据有关部门统计，大约有2500棵。漆树属漆树科，落叶乔木，系有毒植物。其毒性在树的汁液中，对生漆过敏者皮肤接触即引起红肿、痒痛，误食引起强烈刺激，如口腔炎、溃疡、呕吐、腹泻，严重者可发生中毒性肾病。而弥苴河一带，树木稀少，护堤河上树木多了，难免有人砍伐，在护堤树上下功夫，不失为一个绝好的办法。在护堤林带上，掺入漆树，一则可以避免被砍伐，二则对于其他树木，也起到了一定的保护作用。

4. 防灾治理与综合利用的结合

弥苴河的治理，并不是只考虑了防灾减灾，一味进行灾害治理。而是将防灾治理与综合利用相结合，将弥苴河治理改造成一个防灾治理与综合利用相结合的工程。弥苴河地区，"旧苦于水"，据有关部门统计，自明正统十三年（1448）至1990年共计542年间，发生较大的水旱灾害的有107年，其中洪涝灾害有86年（前旱后涝有12年），占80%，单纯的旱灾有21年，占20%（《洱源县河湖专志集》）。在对弥苴河的治理中，古代先民们充分发挥自己的勤劳与智慧，将弥苴河变成了防灾治理与综合利用相结合的水利工程。其中，如明万历初，知州建上东闸和上西闸，分洪入东西两湖；清康熙年间在青索桥下开西岸建单孔石闸，有"灌田捕鱼之利"；雍正年间在青索桥下建下东闸；乾隆年间，将东闸灌沟扩大并固定为永久泄洪道，使泄洪与渔业兼顾。明清两代，在上中游采用了建闸分渠、分散洪水的有效措施，共建成分流涵、闸、沟50余处，其中排灌两用的涵洞30个。仅是在西闸河至河尾长5.9公里的下游地段，先后开辟了排灌兼用、农渔结合、年产弓鱼21.5万斤的鱼沟18条，既分散了行洪压力，又有良好的经济效益。

即便是为分洪所开的罗时江，经过长期不断改造，不但缓解了弥苴河的行洪压力，还形成了灌溉、行船、补鱼等多功能的工程。至民国时，以运盐为主的各类小木船千余只，终年出没于其间，昼夜穿梭运行，对活跃本地经济，起了积极的作用。

三、几点启示

通过白族先民对弥苴河传统保护治理的梳理和总结，我们对这一保护治理工程有了粗略的了解。这一工程，从最初的防治洪涝灾害，便于生产和开垦，进而发展成为以防洪为主的防灾利用的综合性工程。这一工程，仍给我们很多启示。

1. 综合治理综合利用

洪涝灾害的结果，是局部的危害。但形成的原因，则是多方面的。因此，在治理措施上也不能单纯性的防治，而要进行综合防治。在弥苴河的治理中，突出了综合治理的特点，最初罗时兄弟开凿罗时江，即开综合治理之河。之后漫地江及永安江的开凿，使弥苴河对沿岸生产生活的危害进一步减少。同时，在弥苴河治理中，将治理与利用相结合，使治理工程与防洪、抗旱、航行、渔业综合利用相结合，达到综合治理与综合利用的有机结合。

2. 持续不断治理

弥苴河的治理，从南诏时开始，逾一千多年，大规模的治理也有五百余年。在漫长的时间中，弥苴河的治理，一直在进行，尽管因社会动荡或其他因素，出现"河事废弛"的情况；对弥苴河沿岸的树木，也有"势豪砍伐""贫人窃取""桥夫擅行盗伐"等情况。然而，总体而言，治理还是持续进行，不曾有大的荒废，政通人和，则大兴治理。历代地方官员，都将治河作为要事来抓，在外为官之人，回乡均以治河为己任。

3. 政府主导广泛动员

弥苴河的治理，经历了一个漫长的历史过程。在这个过程中，既有民间自发的治理，也有政府主导的大规模整治。但从成效来看，政府主导时期成效最为明显，而以明清两朝治理效果最为突出。然河流治理为社会性工程，需要广泛动员社会力量。明代的河工机构中，"民委首领，官军委千、百户"，以当地土官"阿侯"为总理，军民结合，政府与民间集体领导，共同治理。在制度和措施上，按照"谁受益谁治理"的原则，以"照田起夫""按粮编夫"为主，调动受益地区的一切力量进行防治，连路途较为遥远的鸡足山僧户也不例外。

4. 总结经验不断改进

治河非一日一时之功，随着时间的推移，也在不断地改进，各个时期，采用不同的方法，理论的总结和实践都在改进，如河工机构、措施和制度，也随时代及出现的新情况不断改进，由明初的军民集体领导方法，演化为河工局、河工委员会、水利委员会，等等。特别在治河措施、编制施工方法和分洪泄流策略上，也在不断改进。对于洱海源头的治理，也由最初的疏挖"三江"，扩大到洱海出口西洱河的治理。这些改进，对于后来对洱海的综合治理，起到了很好的借鉴作用。

结　语

清咸丰时，邓川州举人侯允钦在《弥苴河工志》中说道："弥苴河在滇西不过澜沧一勺耳，然挑浚之夫，岁以六万，修筑硪夯，劳且半之，是又全滇未有之钜役。"前有所稽，后有所鉴。洱海的治理作为耗费了大量人力物力、经历了漫长岁月的河湖治理工程，作为区域性环境治理的实物例证，对先民的智慧进行总结，对前人的治理理念进行发掘与研究，将有助于我们对环境保护和治理思路的拓展。云南有很多高原湖泊，也面临相同的问题，通过总结和研究，可对高原湖泊的保护和综合整治提供一些有益的借鉴。

洱海保护理念与藏区圣湖观念比较

潘文良 *

摘　要　藏区稍大一点的湖泊通常就被藏民尊为圣湖，但同样有着自然崇拜、民间信仰、佛教信仰等类似文化背景的洱海流域却没有形成圣湖观念。分异的根本原因在于当地的人类活动是否有必要利用水域。圣湖观念正在经受当地经济社会发展的剧烈冲击，圣湖观念对圣湖生态环境的保护效度已显式微。人类活动量远超过生态环境承载限度的洱海流域所经历的"洱海保护模式"和正在开启的"抢救模式"，在理论和实践上表明，公共治理才是湖泊生态文明的根本出路。但圣湖观念给我们的启发，可以提醒我们修正保护者观念，挖掘生命共同体和有机整体等观念资源，超越自然崇拜观念，给人们提供与自然共情的合理依据。

关键词　湖泊生态文明；生态环境保护；公共治理；圣湖；洱海

湖泊作为区域陆地水循环的重要载体，通过和陆地生态系统之间进行物质循环、能量流动和信息传递，可以形成局部小气候，调节区域气候，在区域水量平衡中有着非常重要的地位和作用。同时，湖泊水域的变化是其流域水量平衡的综合结果，对气候变化和人类活动的影响具有高度敏感性。因此，自然科学家和社会科学家都对湖泊投入了巨大的研究热情，形成了丰硕研究成果。在环境保护成为显学后，湖泊保护的相关理念也得到了广泛挖掘。作为洱海周边的居民和藏区圣湖的游客，笔者受现有研究成果的引导和启发，尝试着把洱海保护理念与藏区圣湖观念进行比较，试图有所发现。

---

*　潘文良，大理大学民族文化研究院文化生态研究所。

一、藏区圣湖观念简要述评

藏区通常都是高山重重，草原辽阔，湖泊众多，氧气稀薄，气候寒冷，风雪冰雹肆虐，因此，这里的居民自古就对大自然格外敬畏。藏区的农民、牧人和城镇居民，有的生活在重重大山之中，有的生活在江河湖畔，因而敬仰高山、湖泊。千百年来，高原居民自然而然地滋生了对神山和神湖的崇拜。有山就有山神，有江河、湖泊，就有水神。大凡形状奇特、外观雄壮的大山，在藏区都可能是某个神祇的居所。每一座神山、每一个神湖都可能是某个神祇的魂魄所居之处。因而藏区有无数的神山、圣湖。在佛教传入西藏之前，高原居民主要信仰的是崇拜万物的原始苯教。随着佛教逐渐在藏区扎根，藏传佛教的整体生态观也逐渐形成。在这种整体生态观影响下，出于对自然和神灵的敬畏与崇敬，藏区对自然的崇拜得到接纳甚至强化，进而也对自然所包含的神山、神湖、圣水开始崇拜，有神山、圣水的地方以及寺院所处的区域，都成为神圣的自然保护区，任何人都不能触犯神地及其范围内的生物，这样便保护了这些神山、圣水和寺院所在地区的生物多样性，确保了生态环境的平衡和优化。可以认为，藏区游牧民在对自然资源的依赖性和对自然环境的敬畏等因素影响下，逐渐形成了种种自然崇拜的原始观念，后来系统化为苯教而得到强化，再后来还吸附了藏传佛教并实现政教合一而得到巩固，使得当地文化无形中承担了保护重要物种和维持生态系统的责任。这种原始的和谐状态并不是当地人的主动选择或文化自觉，但藏族原始宗教、雍仲苯教、藏传佛教和民间民俗文化信仰都沿袭着这一古老的传统，并加以改造，纳入自身的系统。这种由神圣叙事主导的环境保护观念长久以来主宰着湖泊沿岸地区人与自然的关系，虽然与普适性的科学话语不完全相容，但正是人类学家所强调的"地方性知识"（Local Knowledge）。

藏区牧民正是通过对他们所处的青藏高原的生态环境深刻的认知与理解，建构了一套能够高效利用和有效维护生态资源的技能和技术以及环保经验和行为习惯，它们构成了藏区的地方性知识系统。在藏族原有的知识分类体系和信仰体系中，除了特别列名的三大圣湖或四大圣湖，稍大一点的湖泊实际上都被当地尊为圣湖，和神山一样作为膜拜的对象。在这种信仰主宰之下，他们发展出一整套对于神山圣湖的解释系统和崇拜仪式，对于神山圣湖的崇拜和祭祀不仅渗透进他们的日常生活，影响着他们的一举一动，还衍生出很多颇具特色的盛大仪式活动。

圣湖崇拜包含很多禁忌、规范和仪式，并以"祭海（湖）"仪式为高潮。一般来说，各圣湖的祭海仪式每年举行一次，具体日期由环湖地区德高望重的活佛算出，确定之后再通过遍布各个乡村的寺庙通知给每家每户。寺庙中提前就开始准备祭祀所需要的各种材料，其中包括宝瓶、酥油花以及各式鲜果。祭海仪式当天，不仅周围寺院的喇嘛们会悉数前来，周边的村民也会举家盛装出行，带着他们精心制作的祭品。祭祀仪式在活佛高僧的主持下进行，先是在挂有动物头骨的"拉泽"附近念诵经文，吹奏法器。然后是颇具仪式感的"煨桑"，即点燃青稞、松柏枝等富有香气的植物，以期用烟雾打动湖神。煨桑之时法号齐鸣，喇嘛诵经，一派庄严景象。煨桑之后众人一起绕拉泽三圈，然后带着祭品一同走向湖边。在湖边喇嘛们继续诵经，而参加祭祀者则将祭品投入湖中，同时口诵经文，祈祷湖神保佑丰收吉祥。祭祀之后人们还会继续歌舞欢庆直到日暮，一场祭海仪式才算正式结束。对于当地藏族来说，这种活动既是他们祈求丰收和平安的宗教活动，也是获得群体认同的重要途径，通过这样一年一度的自然仪式，他们互致问候，交流信息，在一种神圣氛围中获得重要的安全感和归属感，同时也获得了与这片土地的情感联系。

二、洱海保护理念及其实践

洱海是云南省第二大高原淡水湖泊，是大理（白族）人民的母亲湖。到20世纪60年代初期，洱海仍然基本保持原有的生态环境。但后来的相当长一段时间，由于生态环境保护意识淡漠，无序开发给苍山、洱海的生态环境造成很大危害，洱海流域生态环境问题逐渐暴露并日益恶化。可喜的是，近年来，"洱海保护模式"有效遏止了洱海流域生态环境的恶化趋势，并逐步实现洱海水质趋稳、向好。洱海生态环境保护工作的基本理念可以概括为：以公共管理为主要力量，以全民环保为基础观念。这实际上就是一个公共治理的基本理念。

洱海面临严重污染破坏与水位下降引起的生态问题，单靠一般的行政管理与部门协商已经难以有效保护。为了从根本上解决洱海保护问题，必须从立法的角度加以严格规范。为此，大理州人大常委会制定了《云南省

大理白族自治州洱海管理条例》（以下简称《条例》），于1988年3月19日
在第七次会议上通过，并报省人大批准施行。为了使《条例》施行更具有
可操作性，大理州人民政府制定了与《条例》相配套的6个规范性文件，即
《大理白族自治州滩地管理实施办法》《大理白族自治州洱海流域垃圾污染
物处置管理办法》《大理白族自治州洱海水污染防治实施办法》《大理白族
自治州水政管理实施办法》《大理白族自治州洱海保护区内农药经营使用
管理办法》。2004年，州人大又根据执法当中遇到的情况对《条例》进行了
修订。此后，州人民政府也根据修订后的《条例》对6个管理办法进行了修
订，公布自2008年8月1日起，按新修订的管理办法施行。依据《条例》与
6个管理办法的规定，大理州开始对洱海生态进行全面治理整顿，主要实
施6大治理工程。通过立法与多年坚持不懈的治理，从法律上解决了省属
电站发电与地方生态环境保护的矛盾，洱海的生态环境得到改善，洱海水
富营养化得到初步遏制。2004年至今，洱海水一直保持在Ⅲ类，部分月份
达到Ⅱ类，成为全国城市近郊保护最好的湖泊之一，被国家环境保护部誉
为"洱海保护模式"，向全国推广。

当前，当地正开启"抢救模式"，实施洱海保护治理"七大行动"。
2016年11月30日省政府第103次常务会议作出"采取断然措施，开启抢救
模式，保护好洱海流域水环境"的重要决策部署。2017年2月17日省政府
第107次常务会议审查通过了《大理州开启抢救模式全面加强洱海保护治
理的实施意见》和《洱海保护治理与流域生态建设"十三五"规划》。为全
面深入贯彻落实好习近平总书记的重要指示精神，省委、省政府的重大决
策部署，州委、州政府成立了以州委书记、州长任双组长的洱海流域保护
治理领导小组，组建了州洱海保护治理"七大行动"指挥部。"七大行动"
即流域"两违"整治行动、村镇"两污"治理行动、面源污染减量行动、节
水治水生态修复行动、截污治污工程提速行动、流域综合执法监管行动、
全民保护洱海行动。

三、比较视野中的几点讨论

圣湖观念并非藏区专属，杭州西湖等湖泊也有称圣并经"封圣"，也有
"苍山、洱海是云南省的名山圣湖"的说法。但总体来看，只有藏区的圣湖
观念是较为系统且受实践遵从的。就藏区湖泊和洱海流域的比较来看，自

然崇拜、雍仲苯教、藏传佛教的结合，似乎是藏区圣湖观念的文化背景；但有着类似文化背景的洱海流域，自然崇拜、本主信仰、佛教，却没有形成圣湖观念。例如：当地农民信仰佛教，却依然上山打猎，下水捕鱼；佛教相信生命轮回，肉身皮囊，却大肆占地修墓土葬，等等。

自然崇拜、传统民间信仰、佛教都有较大的变易性。自然崇拜和传统民间信仰，会随着交通、旅游等社会经济发展，日益受科学认知、现代文明和文化传播的剧烈冲击而衰退。佛教也因其经典和教义的开放性，不断与社会环境相调适而变化。例如，藏传佛教的整体生态观，主张众生平等，要求尊重世间万物的生存权。对于尊重生命的要求便是禁忌杀生，但是，由于生活在牧区，饮食上无法避免食用牛羊肉，因而不少地方有专门的屠夫宰杀，宰杀时要念经、供灯、超度，甚至骨头也会放到寺院里进行超度。这样的行为和教义调适，是因为佛教经典和教义的开放性，可以不断变通而自圆其说。随着当地社会经济发展的需要，圣湖观念的式微甚至废弃也就并非不可能。

可以认为，自然崇拜、传统民间信仰、佛教并不是圣湖观念形成的根本原因；藏区湖泊所在地形复杂、通达性差、人烟稀少、当地文化受外来文化影响小，人类活动尚无必要利用水域，这才是根本原因所在。相对而言，洱海流域的人类文明很早就在活动量上把洱海水域纳入活动范围，甚至可以明确，取水技能和渔业技术并不是削弱圣湖观念可能性的原因，居民生存和社会发展的需要才是。这一点，从藏区湖泊的旅游开发、水电利用等方面的快速发展导致圣湖观念的式微，可见一斑。

四、保护理念与圣湖观念的分野和超越

圣湖观念本质上是自然崇拜的延续，在其核心关系中，湖和我的关系是圣与俗、尊与卑、上与下的关系，同时也是一种有情的关系，除了敬畏之外，还有各样个性的情感关联。但在保护湖泊生态环境的理念中，我和湖的关系相比圣湖观念是翻转了的，不但成了我和它的关系，而且是保护者与被保护者、强者与弱者的关系，实质上是主我与客我的关系，即便有情也往往只是自恋。好在江河无情，也就不会嘲笑人强做保护者和自恋狂了。当然，保护者观念已经被不断修正，生命共同体观念和有机整体观念正在超越自然崇拜的观念而尝试着给人们提供与自然共情的依据，使经济

人和大自然培养感情成为可能，并因能兼顾经济效能而使人与湖泊和谐相处更为可能。

五、公共治理才是湖泊生态文明的根本出路

洱海流域没能形成圣湖观念一般有效的生态环境保护观念，但藏区圣湖观念的生态环境保护功能也将随着当地经济社会的发展而式微。当湖泊生态环境不能承载过量的人类活动时，"以公共管理为主要力量，以全民环保为基础观念"的公共治理理念就成为不二选择。就如洱海保护开启"抢救模式"，实施的"七大行动"中，前六项行动（流域"两违"整治行动、村镇"两污"治理行动、面源污染减量行动、节水治水生态修复行动、截污治污工程提速行动、流域综合执法监管行动）就属于公共管理，只有加上最后一项"全民保护洱海行动"才上升为公共治理。因为，公共管理、观念共识、公众参与结合在一起才形成公共治理的基本框架。这样的公共治理才能真正经济、有效地实现流域内人类与湖泊生态环境的持续和谐相处。这样的状态，也就是当地的生态文明状态。

民族文化研究

杨慎《木氏宦谱·序》及其在"宦谱"及家族史研究中的价值

赵心愚[*]

摘 要 明代著名学者杨慎于嘉靖年间谪戍云南永昌卫后，为丽江纳西族木氏土司家族木公于正德年间所修的《木氏宦谱》写有一序，全文近1500字。此序既有中国古代宗谱序一般应有的内容，又记有秋阳之后完整的木氏家族世系，还写下了其相关的看法与感言，绝非一般的应酬之作。分析其内容，此序可分为四段，其中第二、第三段中有一直记到木公的完整的木氏世系及简要事迹，因而在"宦谱"及家族史的研究中具有重要价值。根据此序的有关记载并结合其他材料，可以推测木公正德年间始修之《木氏宦谱》有关叶古年之前记载、叶古年及之后"六代"、秋阳之后各代木氏祖先名字等内容，探"宦谱"始修时之原貌。

关键词 杨慎；《木氏宦谱》；纳西族；木公；丽江木氏土司

杨慎，字用修，号升庵，四川新都人，明正德六年（1511）殿试第一，授翰林修撰。嘉靖三年（1524），以议大礼谪戍云南永昌卫，其"扶病驰万里，惫甚，抵戍所，几不起"。居滇30余年后，时年72岁卒于永昌。❶杨慎由于居滇时间长，在当地交游甚广，有关云南的诗文颇多，云南人多称其为"杨状元"。《木氏宦谱》虽名为"宦谱"，实为云南丽江纳西族木氏土司家族的宗谱、家谱。方国瑜先生考证后曾言，此"宦谱""始作于正德年

---

* 赵心愚，1953年生，重庆人，西南民族大学教授，主要从事西南民族研究。
❶ 《明史》卷一百九十二《杨慎传》；王文才：《杨慎学谱》，上海：上海古籍出版社，1988年，第128页。

间，出木公手，自后时有增益，止于清初"。❶ 从其始修时间看，木公修《木氏宦谱》时杨慎还未到云南，与木公没有也不可能有什么联系。谪戍云南永昌卫后，杨慎与本就相识亦为进士的永昌张志淳及其子往来唱和颇多，熟悉汉文化且酷爱诗文的木公便通过张氏父子渐与杨慎建立了关系。尽管杨慎在世时与木公未能见过面，但双方通过书信等"神交"不断。❷ 正是有了这样的关系与交往，杨慎在滇期间不仅了解了木公及其家族，还为木公的诗集作序，并为其所修的《木氏宦谱》写下了此序。❸

一、杨慎序的内容简介及相关情况

与中国不少古代家谱一样，现存的《木氏宦谱》也有多篇序、跋，杨慎《木氏宦谱·序》即为其中之一。此序约1500字，在诸篇序、跋中虽不是文字最多的一篇，但内容十分丰富，写得也很有特色。从其内容看，此序可分为四段，第一、第四两段写有关的感言与看法，第二、第三两段则叙述木氏家族世系及简要事迹，从木氏始祖叶古年起，一直写到修其家谱时已在土知府任上的木公。总的来看，整篇序文少空话、套话，四段内容都具有重要的资料价值。由于非常完整地记述了木氏家族的世系，因而其第二、第三两段在《木氏宦谱》及其家族史的研究中尤其具有值得注意的价值，所以很早就引起相关研究者的注意。

根据目前能看到的资料，最早注意到杨慎序中所记木氏家族世系并留下记载的应是明末清初的朱桂林。1648年朱桂林在其所作的《木氏宦谱·重序》中，具体提到了木氏家族宋元之交时期的"麦琮"，然后又称"生子良，良生兀，兀生亮，亮生甲，甲生得"。在写"得"获赐姓"木"后，又称"生子初""初生土""土生森"，等等。值得一提的是，朱桂林在所写的"重序"中还明确说："观国史杨君用修序谱，适子世继二十七叶，及今重三十二世。"❹ 将其言与杨慎序中所记木氏世系、各代名字对照，可知朱

---

❶ 方国瑜:《木氏宦谱概说》，载其著《云南史料目录概说》(第一册)，北京:中华书局，1984年，第473页。木公，木定长子，嘉靖六年(1527)袭丽江土知府职。

❷ 杨慎《雪山诗选·序》中有"予感雪山之神交于千里"语。"雪山"，即木公之号。杨慎此序见乾隆《丽江府志略·艺文略》，丽江县志编委会办公室翻印本，1991年。

❸ 杨慎先后为木公诗集《万松吟卷》《仙楼琼华》及杨慎所选木公诗集《雪山诗选》作序。

❹ 朱桂林:《木氏宦谱·重序》，见《木氏宦谱》影印本，昆明:云南美术出版社，2001年。

桂林作重序时曾细读了杨慎序，而且是依杨慎序中所记木氏世系写其"重序"相关内容。朱桂林之后，注意到杨慎序并对其所记木氏世系提出看法的是清道光年间任丽江知府的陈钊镗。陈在所写的《木氏宦谱·后序》中，先基本抄录了杨慎序中木氏"麦琮"之前的世系与名字，然后又将这部分内容与其所见的《木氏宦谱·图谱》世系作比较。❶ 陈钊镗当时感到不解的是，杨慎序中所记世系与"图谱"中的世系有很大不同。为何会存在这样的矛盾？陈当时百思不得其解，并未找出原因，也未作出合理的解释。不过，从陈之"后序"的内容中，可以看出其对杨慎序中所记木氏世系是非常感兴趣的。在西方学者中，最早注意到杨慎序及其所记木氏世系的应是 E. 沙畹（E. Chavannes）。1912年，沙畹研究了 J. 巴克（J. Bacot）提供的《木氏宦谱·图谱》等资料，在《通报》第13卷发表了其写的《有关丽江史地的文献》一文。在此篇文章中，沙畹特别谈到了杨慎所作序，但其对杨慎序中所记木氏世系比"图谱"所记世系多出十多代也表示不解，与陈钊镗不同的是在此文中对这一问题作了较多的探讨，不过亦未找到满意的答案。1913年巴克在莱顿出版《么些研究》一书，将沙畹这篇文章附于其书后，沙畹对杨慎序所记木氏世系的讨论也就又见于巴克书中。❷ 发现杨慎序所记木氏世系与"图谱"中的世系存在不同，说明沙畹与陈钊镗一样对杨慎序所记世系也作了比较与研究。以上谈到的几位研究者，实际上是从不同角度注意到杨慎序中所记木氏家族世系的价值。

　　细读杨慎《木氏宦谱·序》，可发现此序所记木氏世系不仅与《木氏宦谱·图谱》所记世系区别大，而且与现在看到的《木氏宦谱·文谱》所记世系也存在明显不同。杨慎序是为木公始修的《木氏宦谱》也就是目前所称的"文谱"而作的，但为何与现在"文谱"所记世系也存在不同呢？前已言及，方国瑜先生考证《木氏宦谱》后曾指出，这一"宦谱"始作于正德年间，"自后时有增益"。"时有增益"的确是有的，但笔者认为，除一般的"增

---

❶　陈钊镗：《木氏宦谱·后序》，亦见《木氏宦谱》影印本。云南美术出版社影印出版的《木氏宦谱》分"文谱"与"图谱"，前者即《木氏宦谱》（甲），后者即《木氏宦谱》（乙）。"文谱"只有文字记载，"图谱"文字简，但有木氏各代图像。杨慎序本为始修的"文谱"所作，但传抄者后将其移于"图谱"之前。陈钊镗所见《木氏宦谱》即前有杨慎序的"图谱"。据方国瑜先生考证，"图谱"成于清道光年间。见方国瑜《木氏宦谱图像世系考概说》，载其著《云南史料目录概说》第一册（中华书局1984年，第475页）。在"图谱"中的"一世考""二世考"之后，均有"右录大概备观，其余细事另有宗谱"十四字，说明"图谱"的确成于"文谱"之后。

❷　J. 巴克（J. Bacot）：《么些研究》，莱顿，1913年，第128页。

益"之外，后人所作的较大较多的改动也是存在的。几年前，有研究者在分析"宦谱"版本后已指出："首订于木公时期的'宦谱'已不存。"❶笔者赞同这一看法。之所以木公始修的"宦谱"现已不存，其原因就是后人不断地对"宦谱"进行较多较大改动，当然还有不断的一般"增益"。这样的不断加工之后，木公当年所修的《木氏宦谱》必然难保其原貌，因而杨慎为始修的《木氏宦谱》所作的序与目前的"文谱"也就必然出现不同。

值得庆幸的是，杨慎作于嘉靖二十四年（1545）的《木氏宦谱·序》虽然由于"宦谱"未刻印而长期不为人们所知，但被木氏家族后人较好地保存下来，又由于是名人所作之序，木氏后人也不可能对其也作"增益"或"改动"。需要指出的是，杨慎作此序时，距木公始修完成《木氏宦谱》的时间很近，而且作序时杨慎不仅看了之前张志淳于正德十一年（1516）作的序，而且应认真看了当时的"宦谱"。因此，杨慎此序内容中实际上保留了一定的木公始修《木氏宦谱》的内容，我们分析杨慎所作序，结合相关资料，可以找到一些与木公始修《木氏宦谱》有关的线索，并可对其原貌作一些推测。❷

二、杨慎序中与始修"宦谱"有关的内容

分析杨慎序中关于木氏世系的内容，将其与影印本《文谱》中之木氏世系对照，结合张志淳《木氏宦谱·序》《丽江木氏勋祠碑记》及木公《建木氏勋祠自记》、朱桂林《木氏宦谱·重序》等明代和明末清初文献中的相关资料，可大体从以下几个方面来推测木公始修《木氏宦谱》中木氏世系的相关内容。

1. 关于始祖叶古年之前的记载

杨慎《木氏宦谱·序》中明确写道："木氏之先，始于叶古年，当唐武德世，仕为总兵官。"其记木氏家族世系，是从叶古年开始，之前则未提及。张志淳《木氏宦谱·序》称："读其所为《木氏宦谱》，盖自始祖讳叶古

---

❶ 杨林军：《〈木氏宦谱〉诸版本源流新考》，《云南社会科学》2012年第5期。
❷ 有研究者认为，现存世的杨慎序为杨之手书，应误。见杨福《杨慎撰〈木氏宦谱〉册序并书》，《四川文物》1988年第5期。存世的杨慎序虽然非其手书原件，但内容应为杨慎所撰，因而不影响其史料价值。

年者。"❶ 张志淳语中的"其"即指木公，此言亦证明张当时知《木氏宦谱》为木公所作。在《丽江木氏勋祠碑记》中张志淳又写道："嘉靖七年春，丽江嗣知府公，创建勋祠，以祀其先，则来征言。……唯丽江始祖叶古年，肇兴唐初。"❷ 其序与碑记皆表明，张志淳认为木氏始祖为叶古年。木公自己在《建木氏勋祠自记》中亦说："祖叶古年，以上十一代，虽有俗老口传名讳，而无谱牒，不敢据信。"❸ 由此看来，木公也将叶古年视为木氏之祖，而且明确说叶古年之前因无谱牒，不敢据信。同样因为如此，对于叶古年以上十一代之前，木公更不太可能在始修的《木氏宦谱》中提及。

影印本《木氏宦谱·文谱》在叶古年之前有一大段文字，一开始为："草古天能古，草俸地能俸，草羡古甫古，古甫古吕古，古吕气吕古，气吕露吕古，露吕陆点古，一点海娘丁，海失海羡古，海羡刺羡古，刺羡天羡古。"在这十一句话之后，又为："天羡从从，从从从羊，从羊从交，从交交羡，交羡比羡，比羡草羡，草羡里为，里为糯于，糯于南伴普，伴普于，于哥来，哥来秋。"❹ 这十二句应为人名，因每个名字之下都记"娶天女"或"娶载女"×××为配偶，后几位在娶配偶之下还注明其"寿"多少岁。从所注看，寿都在一千岁以上。分析这些文字，这十二位都是传说中的人物。J.F.洛克（J.F.Rock）在《木氏宦谱》（甲）的研究中，指出一开始的十一句话为东巴经《崇般图》中的内容，而《崇般图》要在每年阳历正月纳西人祭天时咏诵。在此之后，为十二代传说的世系。❺ 李霖灿在相关研究中，也提出了与J.F.洛克基本相同的看法，认为前十一句为么些人传说中的"人之初"的口诀，后之十二句为么些远古世系的祖先名字，并指出其出自于东巴经《媒歌》，但又认为，这些祖先名可能与宋史上"摩娑酋

---

❶ 张志淳：《木氏宦谱·序》，见《木氏宦谱》影印本，昆明：云南美术出版社，2001年。

❷ 张志淳：《丽江木氏勋祠碑记》，见乾隆《丽江府志略·艺文略》，丽江县志编委会办公室翻印本，1991年。

❸ 木公：《建木氏勋祠自记》，见乾隆《丽江府志·艺文略》，丽江县志编委会办公室翻印本，1991年。

❹ 本文《木氏宦谱》引文，均引自《木氏宦谱》影印本，昆明：云南美术出版社，2001年。

❺ J.F.洛克：《中国西南古纳西王国》，刘宗岳等译，昆明：云南美术出版社，1999年，第49～57页。

长蒙醋醋"有若干关联。❶ 方国瑜在《么些民族考》中认为，"丽江土司《木氏宦谱》记录历代事迹，首载渺茫之古史，……此文从 Toba 经译出，瑜所藏《放牲经》载之"。❷ 前几年有研究者指出，《木氏宦谱》中这些内容为《东巴经》中关于人类起源和远祖世系的经文，具体来自《阔受》，寿岁则从《神寿岁与舞蹈》之类经书中吸收进来。❸ 以上多位研究者所言都有依据，尽管具体说法不一，但基本点是相同的。关于人类起源及远祖世系，多部纳西族东巴经中确有相似的内容。问题在于，木公始修的《木氏宦谱》是否也如影印本《木氏宦谱·文谱》一样，即在叶古年之前也将这些内容写入？

从杨慎《木氏宦谱·序》所记来看，当时应并未写入。这是因为，如果已写入，作谱序者在其序中肯定会提及。一般来说，作谱序者不会擅改家谱中有关家族历史的记载。同时，前已言及的张志淳序及碑记，以及木公《建木氏勋祠自记》都只言始祖叶古年，实际上均可证明这一点。因此，现《木氏宦谱·文谱》影印本中关于叶古年之前的内容，很有可能是木氏家族中木公之后的人所"增益"的，并非木公当时所修"宦谱"中就存在的内容，即木公当时未将这些内容纳入木氏家族世系与历史中。

2. 关于叶古年及之后的"六代"

杨慎《木氏宦谱·序》中在记叶古年之后即称："壹传上元中，为秋阳。"张志淳《木氏宦谱·序》则称："自始祖讳叶古年者，陆传而至三甸总管秋阳，时唐上元中也。"虽然都记叶古年为木氏家族始祖，但在传秋阳这一问题上，杨张二人的说法明显矛盾。

影印本《木氏宦谱·文谱》在"哥来秋"之后记："始祖叶古年，唐摩娑。年之前十一代，东汉为越嶲诏。诏者，王也。年之后六代，改筰国诏。又定筰县改昆明，升为昆明总军官，传至唐武德时祖叶古年，凡十七世，续传至秋阳。"这一段内容文字抄写上可能有些问题，如何理解目前说

---

❶ 《元一统志·丽江路军民宣抚司·建置沿革》："南诏衰后，大理亦莫能有其地。乃磨些蛮蒙醋醋为酋长，世袭据之。"赵万里校辑本，北京：中华书局，1966年，第554~555页。李霖灿的这一看法可能存在问题，因这十二代在秋阳之前，也就是唐之前，与宋代的人物不可能有关系。李霖灿的看法见其文《释丽江木氏宗谱碑——么些族的历史长系》，载其著《么些研究论文集》，台北"故宫博物院"，1984年。

❷ 方国瑜：《么些民族考》，《民族学研究集刊》1944年第4期。

❸ 和力民：《丽江木氏历代宗谱碑考证》，木仕华主编：《丽江木氏土司与滇川藏交角区域历史文化研讨会论文集》，北京：中国藏学出版社，2008年。

法不一。J.F. 洛克在《木氏宦谱》(甲)的研究中，称叶古年是唐朝时代的一个摩娑，又说木氏家族到唐武德年间，传至叶古年和他的后裔秋阳，木氏共有十七代。在有关注中洛克又说，杨慎序中叶古年是唐武德年间的一个军事官员，而秋阳于唐高宗上元年间就任。并说，张志淳序里说得"比较准确"，从叶古年到秋阳，有六个世袭统治者，但这六人一共大约只是56年，"如果这些统治者代表六代，那么这个时间肯定是不够的，这一记录看来不确切，从木氏墓地的碑文上也可证实，关于叶古年，人们一无所知"。❶ 从洛克前后所言看，其对叶古年及后传问题看法实际上也存在矛盾。方国瑜《么些民族考》中，明确指出杨慎序谓"叶古年一传至秋阳者，误"。❷ 周汝诚研究"宦谱"及杨慎序中相关内容后则认为，"盖秋阳为叶古年之子也""秋阳系叶古年之后为三甸总管"。❸ 罗常培看法有些独特。根据父子连名制，罗常培认为哥来秋之后，应为秋阳，中间不该有叶古年间隔，并称："我怀疑叶古年就是哥来秋或秋阳两人中之一的汉化姓名。自然这一点还需要更多的证据才能断定。"❹ 以上多位研究者的分歧很明显，而且多提到杨慎序中所言。出现如此大的分歧是因为"宦谱"所记本身存在问题，将其与杨慎序中所言比较又出现矛盾。

武德是唐高祖年号。武德元年至九年，即公元618～626年，此时为唐朝建立之初。《元史·地理志》记柏兴府(今四川盐源)："昔摩沙夷所居，汉为定筰县，隶越巂郡，唐立昆明县。"据史籍所载，唐武德二年(619)置昆明县。因此，"文谱"中这段记载本身可以理解为叶古年为唐武德时人，为昆明总军官，从武德年间到唐高宗上元年间(674～676)传秋阳。从时间上看，这本身也是可能的。若其间还有六代，则如 J.F. 洛克所言，这一时间就有问题了。"叶古年"，《元一统志·丽江路军民宣抚司·建置沿革》作"叶古乍"，《元史·地理志·通安州》亦作"叶古乍"。研究者现多认为，"乍"实为"年"之误，"叶古乍"即"叶古年"。前已言及，木公在"自记"中亦将叶古年视为木氏之祖。因此，在木公始修的《木氏宦谱》中，记

❶ J.F. 洛克：《中国西南古纳西族王国》，刘宗岳等译，昆明：云南美术出版社，1999年，第58、84页。
❷ 方国瑜：《么些民族考》，《民族学研究集刊》1944年第4期。
❸ 周汝诚编、郭大烈校订：《纳西族史料编年》，《纳西族社会历史调查》(二)，昆明：云南民族出版社，1986年。
❹ 罗常培：《论藏缅族的父子连名制》，附其著《语言与文化》，北京：北京出版社，2004年。

述其家族世系与历史应从叶古年开始，这应是可以肯定的。J.F.洛克提到"木氏墓地的碑文"，指"丽江木氏宗谱碑"，但此碑立于清道光年间，时间太晚，并不能说明问题。叶古年之后是否有六代，影印本"文谱"的有关记载也较含混。木公始修《木氏宦谱》有可能文字不是如此，或写得非常明确，所以张志淳序中就明确称"陆代"，其碑记中所记世系也将此六代纳入。在张作序近30年后，《木氏宦谱》可能在木公手中又有所改动，写的内容也略有变化，所谓"六代"因连名讳也无，因此只强调叶古年传秋阳，于是杨慎在序中即写为"壹传"。当然，也不排除杨慎写序时可能出错，即错误理解了相关记载后称"壹传"。在杨慎序中，拾捌传为"良兀"。此"良兀"即"麦兀"，亦即"阿良阿胡"。《元一统志·丽江路军民宣抚司·通安州》称麦兀为叶古年二十四世孙。包括叶古年在内六代加上十八传，正好二十四世。因此，杨慎写序时有可能错，木公始修时本就称叶古年六传至秋阳。再有，木公在其"自记"中亦只言叶古年以上"不敢据信"。因此，其始修《木氏宦谱》在叶古年之后，亦称有六代也极可能。由于缺乏直接材料，此问题只能暂作如此推测。不过，应当指出，作为谱序作者，一般不会自作主张去改谱中家族的世系，只能依其家谱所记世系写序。因此，有可能是杨慎失误，也有可能是木公自改。

3. 木氏家族自秋阳后各代的名字

初读杨慎序中所记木氏家族世系，尤其是前写始祖为叶古年，之后传秋阳，再看明初为木得、木初等，会以为与《木氏宦谱·文谱》所记世系内容都基本相同，但细读后可发现，秋阳之后至木得之前，木氏各代祖先名字与影印本《木氏宦谱》所记并不相同。杨慎序中秋阳之后各代名字是：阳谷—谷工—工蒙—蒙汪—汪完—完浓—浓可—可同—同庚—庚沽—沽犀—犀参—参禄—禄麦—麦琮—宗良—良兀—兀亮—亮甲—得（获赐姓木）—初—土，等等。此序这十多代木氏祖先名字中，"宗良"之"宗"本应为"琮"，或麦琮之"琮"本应为"宗"，可能是传抄者误。杨慎序中，只写"甲之长子得"，并未写其全名，之后即写赐姓"木"。张志淳《木氏宦谱·序》中，在秋阳之后，只明确提及"蒙汪"，尽管只有这一个名字，但值得注意，因与杨慎序中所记名字相同。张志淳《丽江木氏勋祠碑记》中，先明确提到"麦琮""宗良"，这二人与杨慎序中所记相同。值得一提的是，其后还明确提到"甲得"，这就是"亮甲"之子"得"的全名，而杨慎序中未记这一全名。朱桂林《木氏宦谱·重序》中明确提到"麦琮"，然后

记"生子良，良生兀，兀生亮，亮生甲，甲生得"。写其获赐姓"木"后，
又记"生子初""初生土"，等等。《元一统志·丽江路军民宣抚司·人物》
中，记有"麦琮"，其事迹与杨慎序中所记麦琮事迹多相同。同书《建置沿
革·通安州》中，又记有"麦兀"。《元史·地理志》中，又记"麦兀"为"麦
良"之子。

影印本《木氏宦谱·文谱》秋阳之后各代名字为：阳音都谷—都谷刺
具—刺具普蒙—普蒙普王—普王刺完—刺完西内—西内西可—西可刺
土—刺土俄均—俄均牟具—牟具牟西—牟西牟磋—牟磋牟乐—牟乐牟
保—牟保阿琮—阿琮阿良—阿良阿胡—阿胡阿烈—阿烈阿甲—阿甲阿
得（获赐姓后，即木得）—阿得阿初—阿初阿土，等等。将"文谱"所记
这些名字与杨慎序中所记名字略作比较，可看出现在"文谱"中各代名字
均为四字，而杨慎序中所记名字均为两字。尽管存在这样明显的差异，但
二者有一点又相同，即都为父子连名。并且，尽管一为四字，一为两字，
有些用字也不相同，但所记各代实际上是一致的，只是名字具体记载不
一样而已。J.F.洛克在《木氏宦谱》研究中，已注意到二者名字对应问题，
在"阳音都谷"后即注：这是杨慎序中提到的"阳谷"；在"西内西可"后
注：这是杨慎序中的"浓可"；在"西可刺土"后注：这是杨慎序中的"可
同"。[1]J.F.洛克仅仅指出各代名字可对应，但未作进一步解释。陶云逵在
研究中通过列表比较，也发现杨慎序所记木氏多代祖先名字似乎是简称，
用字也不全同。[2]对于为何出现这样的差异，陶云逵也没有作进一步说明。
周汝诚在纳西族史料研究中明确指出，杨慎序中记秋阳之后木氏家族多代
名字为"简称"，并在"阳音都谷""都谷刺具""普蒙普王""普王刺完""刺
完西内""西内西可"一直到"牟西牟磋""牟磋牟乐""牟乐牟保""牟保
阿琮"等之后都一一注明对应的杨慎序中所记之名。[3]对于杨序为何要写此
"简称"，此"简称"用字为何也合父子连名制的原因，周汝诚仍然未作出
说明。

---

[1] J.F.洛克：《中国西南古纳西王国》，刘宗岳等译，昆明：云南美术出版社，1999年，第
85页。

[2] 陶云逵：《关于么些之名称分布与迁移》，《中央研究院历史语言所研究集刊》（第七本第
一分册），1937年。

[3] 周汝诚编，郭大烈校订：《纳西族史料编年》，《纳西族社会历史调查》（二），昆明：云南
民族出版社，1986年。

从张志淳"序""碑记"及朱桂林"重序"所记看，可以肯定杨慎序中秋阳之后各代木氏祖先的名字不是杨慎自作主张改写的，也不是杨写序时为方便作的简称，而应是明代甚至更早一些时间里木氏家族就如此记这些名字。尽管现影印本"文谱"中木氏各代祖先均为四字，但从"阿胡阿烈"传中所附的考证中可看出，木氏后人仍称祖先"阿琮阿良"为"琮良"，称"阿良阿胡"为"良胡"，称"阿胡阿烈"为"胡烈"。方国瑜先生在《木氏宦谱概说》中已指出"兀"即"胡"，"良胡"亦即"麦兀"。因此，"简称"之说应有理由，但非杨慎提出。用字不同，应是译音无定字，但杨慎序中木氏祖先名所用汉字也非杨慎确定的。结合《元一统志》《元史·地理志》相关记载来看，当时的木氏祖先为人们所知的名字应即如此。更需要指出的是，结合以上各种材料分析，可以认为木公始修的《木氏宦谱》记秋阳以后各代一直到甲得，应均为两字名，而且用字也如杨慎序中所写。正是由于是木氏家族尤其木公所定，所以虽为两字名，仍合父子连名习俗。与前已言及的世系一样，谱序作者杨慎绝不会自作主张或图书写方便将谱中家族名字作改动或加以简写，用字也不会自己确定，只能依木公提供的"宦谱"所写名字来写。因此，杨慎序中秋阳之后各代木公祖先名字应为木公始修《木氏宦谱》的内容。

结　语

在拙文《杨慎〈木氏宦谱·序〉的初步研究》中，笔者已谈及杨慎序对于《木氏宦谱》编纂的研究有着重要价值。❶ 因为涉及的问题较多，当时只是在文中提及而已，本文即对此再作一专门探讨。应当指出，杨慎序及所记木氏世系对宦谱及木氏家族史的资料价值及研究价值并不只限于以上三个方面，还应作进一步研究。在以上的探讨中，笔者也只是略抒浅见，目的是想以此引起有关研究者对杨慎序及《木氏宦谱》研究的重视，并供有关研究者、关注者参考，有的看法可能有不妥之处，敬请方家指正。在《杨慎〈木氏宦谱·序〉的初步研究》一文中，笔者还谈及此序对于杨慎晚年思想及其在滇生活的研究也有值得注意的价值，因这里主要探讨对"宦谱"及家族史研究的价值，故不再赘述。

---

❶ 赵心愚：《杨慎〈木氏宦谱·序〉的初步研究》，《云南社会科学》2015年第2期。

齐政修教：明清时期土司地区国家治理方略 *

李良品　葛天博**

摘　要　"齐政修教"是明清时期中央政府治理土司地区的一种方略。其中，"齐政"作为国家治理土司地区的目标，主要体现在土司地区与经制州县政务的"齐政"和土司地区的土司相关制度"齐政"。"修教"是国家治理土司地区的举措，具体有二：一是土司地区建立多种学校，二是强制土司及其子弟入学读书。"修教"的绩效十分显著，不仅加速了主流价值在土司地区的广泛传播，改变了土司地区民众的习俗，而且维护了土司地区的社会稳定，促进了改土归流在土司地区的顺利实施。从总的来讲，明清中央政府通过对土司地区统治阶层和普通民众"修教"的举措，以实现"齐政"的政治目标。

关键词　齐政修教；明清时期；土司地区；国家治理；方略

中央民族大学的苍铭先生针对土司遗产申报世界文化遗产需要文化价值作支撑的实际，提炼出"齐政修教、因俗而治" ❶八字作为土司制度的内涵，为2015年土司遗址成功申报世界文化遗产奠定了理论基础。其实，"齐政修教"是明清时期国家治理土司地区的一种方略。"齐政修教"典出《礼记·王制》，其内涵为：国家在管理边疆民族地区时应当注重统一政令，政府要注重加强对少数民族地区民众进行礼仪方面的教育。可见，明清中央王朝在西南、中南和西北地区实施土司制度，且强调"齐政修教"，其目的在于突出中央政府在土司地区的绝对权威和儒家礼仪文化教化的重

---

*　本文为国家社科基金项目"中国土司制度与国家治理研究"（批准号：16BMZ017）。

**　李良品，男，1957年生，重庆石柱人，长江师范学院教授，乌江流域社会经济文化研究中心专职研究人员，主要从事西南民族历史文化研究；葛天博，1971年生，安徽濉溪人，长江师范学院副教授，博士，主要从事民族法制与地方治理研究。

❶　苍铭：《从申遗看土司制度研究存在的不足》，湖北省文物局等：《唐崖土司学术研讨会论文集》，北京：科学出版社，2014年。

要。对于这个方略，笔者认为"修教"是国家治理的举措，"齐政"是国家治理的目标，即国家通过对土司地区统治阶层和普通民众"修教"的举措，以实现"齐政"的政治目标。

一、"齐政"：国家治理的目标

按照一般的解释，这里的"政"即政令，所谓政令是指政府发布的有关施政的命令，或者叫政策和法令。《周礼·天官·小宰》中有"掌建邦之宫刑，以治王宫之政令。"孙诒让则解释为"凡施行为政，布告为令"。所谓"齐政"，就是要统一政令，使国家在执行过程中整齐划一。明清中央政府在土司地区实施土司制度时，虽然有"因俗而治"的民族政策和"以夷治夷"的国家治理手段，但是在实际治理中，十分注重统一政令。土司制度是明清中央政府在西南、中南和西北少数民族地区实行的一种特殊的行政管理制度，其目的在于中央政府逐步地、适时地对土司地区的重大事务进行干预，以实现国家治理"齐政"的目标。

（一）土司地区与经制州县政务的"齐政"

明清时期，中央政府在土司地区的国家治理上，统治者期盼与全国经制州县在各个方面相一致，以便管理。

（1）基层行政组织的"齐政"。土司地区基层行政组织虽时有变化，但与土司地区周边经制州县基本一致。明清时期土司地区基本上实行乡、都、里、甲制。其基层政权组织主要掌管辖区内丁户房产、税赋兵役、文教医卫、婚丧生育、救灾济贫等事宜。明朝时，乡（都）下设里、甲，以110户为一里，推丁粮多者10户为里长，轮流为首，10年一轮；其余100户分10甲，甲设甲首。里长、甲首负责教化、赋税、争讼等事情的处理。清代以乡、都、里、甲作为基层政权组织，同时设立牌甲制。顺治元年（1644）规定："州县城乡十户立一牌长，十牌立一甲长，十甲立一保长。"（《清史稿·食货志》）居民每户发给印牌，记载姓名、丁口、行踪，"出则记所行，入则稽所来"。牌长、甲长、保长负责维护治安、管理户籍、征收课税。《清史稿》卷一二〇《食货一》之"户口田制"条对全国的牌甲制度有详细记载："世祖入关，有编置户口牌甲之令。其法，州县城乡十户立一牌长，十牌立一甲长，十甲立一保长。户给印牌，书其姓名丁口。出则注所往，入则稽所来。其寺观亦一律颁给，以稽僧道之出入。其客店令各立一簿，书寓客姓名行李，以便稽察。"❶可见，由于明清中央王朝在土司地区的国家治理思想逐渐与国家"大一统"的理想相契合，诸多地方基层行政组织与内地府、厅、州、县的设置别无二致。

（2）土官衔品与流官的"齐政"。《明史》卷七十六志第五十二《职官五》中明确规定，文职土官"军民府、土州、土县，设官如府州县"。《明史》卷七十六对武职土司的衔品也有明确规定："宣慰使司，宣慰使一人，从三品；同知一人，正四品；副使一人，从四品；佥事一人，正五品；经历司，经历一人，从七品；都事一人，正八品。宣抚司，宣抚使一人，从四品；同知一人，正五品；副使一人，从五品；佥事一人，正六品；经历司，经历一人，从八品；知事一人，正九品；照磨一人，从九品。安抚司，安抚使一人，从五品；同知一人，正六品；副使一人，从六品；佥事一人，正七品；其属，吏目一人，从九品。招讨司，招讨使一人，从五品；副招讨一人，正六品；其属，吏目一人，从九品。长官司，长官一人，正六品；副长官一人，从七品；其属，吏目一人（未入流）。蛮夷长官司，长官、副长官各一人，品同上。又有蛮夷官、苗民官及千夫长、副千夫长等官。"❷这是对土司衙门的名称、官员数量的设置、官员的衔品的规定，这就使土官衔品与流官衔品实现了对接。

（3）赋税之额"比于内地"。元明时期，中央王朝已在"籍户"的基础上制定了土司应纳赋税之额，并且其征收带有强制性。《元史》卷五八载："文宗至顺元年，户部钱粮户数一千三百四十万六百九十九，视前又增二十万有奇，汉、唐极盛之际，有不及焉。盖岭北、辽阳与甘肃、四川、云南、湖广之边，唐所谓羁縻之州，往往在是，今皆赋役之，比于内地。"❸这说明元代中央王朝已把土司地区"比于内地"。明代中央政府实行两税法，也就是每户按土地和财产的多少，一年分夏、秋两次收税。《万历会计录》中就详细记载了万历年间西南民族地区各地的田赋均是按照夏、秋两次收税，有的土司地区仅征收一次，条件相对较好的土司地区则征收两次，如播州宣慰司夏税米4241.34斗，秋粮米43937.226斗；播州长官

<hr>

❶《清史稿》卷一二〇，北京：中华书局，1976年。
❷《明史》（第六册），北京：中华书局，1974年。
❸《元史》卷五八，北京：中华书局，1976年。

司夏税9704.449斗，秋粮米45006.84斗。❶除一些土司区或只缴秋粮，或差拨银两，或差拨马匹外，西南地区大部分土司地区均须缴"夏税"和"秋粮"，这与其他经制州县已无区别，只是数量多少而已。到了清代，中央政府则采取了征收货币的赋税制度，即一条鞭法和摊丁入亩。土司地区与全国其他地方一样，将原有固定下来的"丁税"平均摊到田赋中，征收统一的赋税地丁银。

（4）明清中央政府对被征调土司土兵享受官军同等待遇。如从石砫土司兵援辽时"照关宁步兵之例，每兵一两四钱，而将官月禀亦照一体之例，不敢有异同"❷的奏疏可见，石砫土司兵参照"班军本处有大粮，到京有行粮，又有盐斤银"❸标准，土司兵在征调中基本上享受了明朝正规军待遇。清王朝强调土司兵"与绿营同一效命疆场"，其相关待遇"均着照绿营之例"。《钦定兵部军需则例》中的"土司军功议恤"条例足以佐证土司战时待遇、军功赏赐、阵亡伤亡、出征病故、对其家属赐钱物和免役等与清朝绿营军队相同。让土司在征调、作战及阵亡伤亡后享受官军同等待遇的规定，强化了明清中央政府对各地土司优抚政策所带来的实惠，提高了土司对中央政府的信任度和认同感。

（二）土司地区的土司相关制度"齐政"

明清时期中央政府在实施土司制度的过程中，虽然在不同时段、不同地区、不同民族中或因为"因俗而治"的民族政策导致各地有些许差异，但作为工具性的土司制度必须解决土司的职衔、品级、承袭、征调、朝贡、抚恤等诸多问题。也就是说，包括土司职官制度、承袭制度、征调制度、朝贡制度、奖惩制度、抚恤制度等内容在内的土司相关制度，使各地土司在明确"必须怎样做"的具体程序与路径后，做到在土司制度的各种具体制度的执行过程中必须整齐划一，实现"齐政"目标，以维护土司地区的社会稳定和长治久安。

（1）土司承袭制度。土司承袭制度不仅是土司制度的核心内容，而且

---

❶（明）张学颜等：《万历会计录》，《续修四库全书》卷八三一，上海：上海古籍出版社，2002年，第734~735页。

❷《题定秦兵饷例不准盐菜布花疏》，《度支奏议·新饷司》卷十七，《续修四库全书·史部》卷四八五，上海：上海古籍出版社，2002年，第333页。

❸（明）申时行：《大明会典》，北京：中华书局，1989年，第2231页。

关系到土司政权的稳定以及中央政府对土司政权的有效管理。因此，明清时期中央王朝均十分重视土司承袭问题，故在《大明会典》《礼部志稿》《大清会典》《钦定大清会典则例》中对土司承袭制度的内容有详细记载。如《大明会典》卷之一百二十一对"土官袭替""土官就彼袭替""土官袭替禁例""夷人袭替"等制度规定记载尤为详细。❶《钦定大清会典则例》卷三十《土官》❷中则对土司承袭、分袭等问题规定得十分具体、明确。土司承袭制度包括土司承袭程序、承袭文书、承袭次序与范围、中央政府颁发给土司的承袭信物、承袭变通方法及处置、承袭相关法规等。仅土司承袭程序就包括中央政府委官体勘查核、取具宗支图本、册报应袭子侄名册、官吏人等作保、邻封土司甘结、督抚具题请袭（呈部具奏）、赴阙受职（就彼冠带）等内容。这些规定就是让各地土司明白，凡承袭土司，必须按照这些制度执行，绝不含糊，没有伸缩余地和空间。

（2）土司朝贡制度。明清时期各地土司向中央王朝朝贡，既是各地土司表示忠顺中央王朝的一种表象，也是明清统治者显示中央王权的一种招牌。❸如《大明会典》卷之一百零八载：

> 凡土官差人到京，鸿胪寺即与引见，并投进实封奏本。其方物，赴礼部验进。嘉靖元年议准，圣节止许各宣慰、宣抚、安抚官，具方物，差人赴京。其余佐贰官以下及把事头目、护印舍人，止许朝觐年入贡。每司量起的当通把三二人，赍执方物。多者给与本册咨批，少者给与咨批，各给关文应付马匹，就彼变卖银两贮库。降香、黄蜡、茶叶等物，要实重五十五斤为一杠。每杠赏阔生绢二匹，照杠递加。其不由本布政司起送、或斤重不足、差人过多、不待朝觐之年，擅自起贡，礼部不与进收，责谕遣回。赏赐应付，通行停止。二议准，前数须及过限一月，俱属违例，止减半给赏。若违例多端者，不赏。❹

这里不仅对各地土司级别、朝贡时间、朝贡物品和回赐以及贡品处理

---

❶ （清）乾隆《钦定大清会典则例》，乾隆十三年（1748）抄本，第626页。

❷ 李良品、廖佳玲：《明代西南地区土司朝贡述论》，《长江师范学院学报》2015年第5期。

❸ 阿桂：《钦定兵部军需则例》，《续修四库全书》卷八五七，上海：上海古籍出版社，2002年。

❹ （明）申时行：《大明会典》，北京：中华书局，1989年，第597~598页。

方式等作了明确、具体的规定，而且对违反朝贡程序、贡品数量不足、朝贡人数过多、不合朝贡时间等朝贡违例等方面也作了相应规定，这就使土司朝贡制度十分具体、明确，具有可操作性和一致性。

（3）土司抚恤制度。对土司在征调过程中伤亡者及家属制定了抚恤制度。明代中央政府对土司伤亡将士与家属的抚恤采取给予一定数量的"安家银"的方式。如《题定秦兵饷例不准盐菜布花疏》中说："这石砫兵依议付秦翼明并领挑选七千员名，同松潘兵赴关进取着加，与总兵职衔功成之日，以流官升叙松潘，既系官兵准照川兵例，给与安家银两，石砫土兵量给一半，俱着该部先行措发。"❶ 清政府对土司的抚恤制度主要在《钦定兵部军需则例》的《土司军功议恤》中。可见，明清两朝对土司在征调过程中的伤、亡、残等，基本上参照明清两代官军将士的抚恤规定执行，这些规定不仅十分具体，而且操作性强。

二、"修教"：国家治理的举措

迄今为止，学界对"齐政修教"的理解仍然是见仁见智，众说纷纭。苍铭先生认为，"齐政修教"意思是管理边疆民族地区，并对这些地区实施礼仪教化。"齐政修教"突出中央政府的权威和儒家文化的教化。❷ 李世愉先生认为，"齐政修教"体现在土司继承人须入学习礼。如明太祖朱元璋时规定，"各土司皆设儒学"，土司的"储君"先要入学习礼，方能接任土司。明嘉靖时，还赐播州宣慰司儒学《四书集注》一部，以鼓励土司向学。❸ 其实，他们讲的都是"修教"的问题，"齐政"的问题均未涉及。即便是"修教"的问题，目前学界也基本上无人涉及。笔者认为，对明清时期土司地区来讲，"修教"是国家治理的重要举措，也就是说，对土司地区的朝廷命官及民众实施礼仪教化，是明清中央政府国家治理的重要举措。具体来讲，明清中央政府对土司地区实施礼仪教化的措施有二。

---

❶ 《题定秦兵饷例不准盐菜布花疏》，《度支奏议·新饷司》卷十七，《续修四库全书·史部》卷四八五，上海：上海古籍出版社，2002年，第333~334页。

❷ 苍铭：《从申遗看土司制度研究存在的不足》，湖北省文物局等《唐崖土司学术研讨会论文集》，北京：科学出版社，2014年。

❸ 阿桂：《钦定兵部军需则例》，《续修四库全书》卷八五七，上海：上海古籍出版社，2002年。

（一）在土司地区建立多种学校（官学、书院、社学）

在土司地区建立多种学校，是对土司、土司子弟及土司地区民众实施礼仪教化的最主要措施。现有史料显示，土司地区建学兴教始于明代，学校的主要类型有官学、书院、社学。有明一代，土司地区学校建立情况如表1所示。

表1　明代土司地区学校建立情况 ❶

（所）

类　型	湖　广	四　川	云　南	贵　州	广　西	合　计
官学	1	14	65	31	9	120
书院	—	—	33	14	2	49
合计	1	14	98	44	11	169

明太祖朱元璋建立明朝后，十分注重学校的建立，尤其强调学校教育对礼仪教化、移风易俗的作用。朱元璋于洪武二年（1369）"诏天下府州县皆立学"，"朕惟治国以教化为先，教化以学校为本。京师虽有太学，而天下学校未兴。宜令天下府州县皆立学，延师儒，授生徒，讲论圣道，使人日渐月化，以复先王之旧。" ❷《万历野获编补遗》卷四"土教官"条对土司地区准许起用本族人为教职的变通处理办法有详细记载：

> 土官以文职居任，与流官同称者，自知府以下俱有之。惟教职必用朝廷除授，盖以文学非守令比也。惟宣德间，有选贡李源，为四川永宁宣抚司人，入监，宣抚苏奏：本司生员俱土獠朝家，所授言语不通，乞如云南鹤庆府事例，授源教职。上允之，命源为本司训导。盖是时滇蜀皆有之，然皆夷方也。……又土官之设，惟云贵川湖及广西，而广东琼州府，亦间有抚黎之土县佐。若内地则绝无，惟江西赣州府、安远县、信丰县、会昌县内四巡司，各置流官一员，土副巡检一员，以土人李梅五等为之，亦宣德间事，从巡抚侍郎赵新之言也。❸

❶　黄开华：《明清时期土司制度设施与西南开发》，《明清时期土司制度》，台北：台湾学生书局，1968年，第179~204页。
❷　《明史》卷六九，上海：上海古籍出版社，1991年，第184~185页。
❸　（清）沈德符：《万历野获编补遗》卷四，北京：中华书局，1959年，第933页。

上述做法从根本上解决了土司地区推行儒学缺乏土教官教学的实际问题。在中央政府的高度重视下，土司地区各类学校教育得到快速发展。清代在明代学校教育的基础上，有了更大程度的普及。于是，学校教育成为明清中央政府对土司地区统治阶层和普通民众进行礼仪教化的最重要、最得力的工具。

（二）强制土司及其子弟入学读书

明清时期，中央政府为了加强对土司地区统治阶层的礼仪教化，国家采取的举措有二：一是要求各地土司子弟进入国子监读书。当时国子监教学的科目有礼、乐、律、射、御、书、数等。明清时期，中央政府为了让少数民族统治阶层学习儒家文化和礼仪，强制要求土司及其子弟进入国子监深造。对土司及其子弟进入国子监深造的记载不绝于书。如《国榷》卷七载："洪武十五年六月戊寅朔辛卯，云南北胜州酋长高策甫七岁，率所部降。后十年，入朝，送大学，及长，还为土官，令所历土官视效之。莅事之日，即禁通把事毋置田宅，以渔于民。边境赖之以宁。"❶二是强制土司应袭子弟就近进官学（或司学、儒学）读书。土司子弟入学读书的目的，一方面要求学习儒家文化，另一方面则是促使各地土司的行为和礼仪与朝廷命官的身份相符合，以便更好地为封建统治阶级效力。所以，明清时期中央政府强制各地土司应袭子弟必须进入儒学读书，否则，就不准土司应袭子弟承袭土司之职。土司应袭子弟就近入官学读书规定源于朝廷命官的奏议。如洪武年间监察御史斐承祖言："'四川贵、播二州，湖广思南、思州宣慰使司及所属安抚司州县，贵州都指挥使司，平越、龙里、新添、都匀等卫，平浪等长官司诸种苗蛮，不知王化，宜设儒学，使知诗书之教，立山川社稷诸坛场，岁时祭祀，使知报本之道。'从之。"（《明太祖实录》卷二四一）这则奏议得到明太祖的采纳，有力地推进了土司地区儒学的创建以及山川社稷诸坛场的设立，使教化活动的普及更为广泛。之后，明代中央政府又多次对土司子弟入学读书做出了明确规定。如弘治十六年（1503）有"以后土官应袭子弟，悉令入学，渐染风化，以格顽冥。如不入

---

❶ （明）谭迁：《国榷》卷七，北京：中华书局，1988年，第621页。

学者，不准承袭"❶的规定。到清代，更加重视对土司及其应袭子弟入学教育，学习礼仪。因此，从一定程度上讲，明清时期土司地区官学教育能够快速发展，其重要原因之一在于，土官子弟要承袭宣慰使、宣抚使、安抚使、长官司等职，必须先进入当地官学读书后才能获准承袭。

三、"齐政修教"：国家治理的绩效

明清时期中央政府在土司地区实施"修教"，在针对土司统治阶层进行礼仪教化的同时，也教化了当地的少数民族子弟，使教育面向土司地区下层民众的思想有所体现。总的来讲，明清时期中央政府在土司地区实施"齐政修教"的国家治理方略，其成效十分显著。

（一）"修教"加速了主流价值的广泛传播

从历史文献上得知，明清时期中央政府要求学校教学内容多为"四书""五经"以及法律、童蒙教材等。据《明史》载：明代国子监"所习自《四子》本经外，兼及刘向说苑及律令、书、数、《御制大诰》"。而府州县学主要有："国初举业有用六经语者，其后引《左传》《国语》矣，又引《史记》《汉书》矣。《史记》穷而用六子，六子穷而用百家，甚至佛经、《道藏》摘而用之，流弊安穷。"贵州省清代的《绥阳县志》之《社学规条》涉及的教材书名有：《四书》《五经》以及《孝经》《小学》《性理》《四书集注》《五经》传注、《周礼》《仪礼》《三传》《国语》《国策》《性理》《文选》《八家文集》《文章正宗》《五大全》《性理大全》《朱子纲目》等。❷学童启蒙通用的教材有《三字经》《百家姓》《千字文》《千家诗》《幼学琼林》《弟子规》《小儿语》《续小儿语》《龙文鞭影》等。女学童发蒙时，多半读《女儿经》《妇女贤》《劝孝歌》《女四书》《女幼学》等。清雍正之后，土司地区义学除学习上述有关内容外，还要加学《圣谕广训》。❸明清时期中央政府在土司地区创办官学、书院、社学和义学，不仅使土司阶层能"修教"，而且使土司地区少数

---

❶ 《明史》（第六册），北京：中华书局，1974年，第7997页。

❷ （清）陈世盛：《绥阳县志》，《贵州府县志辑》卷三六，成都：巴蜀书社，2006年，第213～214页。

❸ 贵州省地方志编纂委员会：《贵州省志·教育志》，贵阳：贵州人民出版社，1990年，第454页。

民族子弟也能"修教",这无形中加速了国家的主流价值内容在土司地区的广泛传播。也正因为如此,在现存的很多土司家族的族谱中都充分体现了国家的主流价值观,如清代酉阳冉氏土司编纂的康熙《冉氏忠孝谱》、乾隆《冉氏忠孝谱》以及同治《冉氏家谱》在卷首"家规"中均有"孝顺父母、尊敬长上、友于兄弟、新睦宗族、和睦邻里、敦肃闺门、禁止争讼、勤习正业、定正名分、致谨坟墓、慎选婚姻、教约子弟、慎重继嗣"❶十三条,这些内容与国家的主流价值是十分吻合的。从这一角度看,明清时期中央政府实施"修教",不仅夯实了中央政府提倡的统一多民族国家的思想基础,而且促进了土司阶层和土司地区民众的国家认同。

(二)"修教"改变了土司地区的习俗

明清时期土司阶层及辖区民众在自觉接受"修教"后,使崇儒学之风渐浓,这对于改变土司地区落后的习俗起到了积极作用。对于这些变化,在当时的地方志中有一定记载。如明代贵州巡抚郭子章在《黔记》中对贵州宣慰使辖区民众有"礼宗考亭,不随夷俗;文教丕扬,人才辈出"盛誉。在贵州宣慰使安氏土司大本营的大定府:"俗尚敦庞,冠、婚、丧、祭,渐能循礼。"❷在杨氏土司经营数百年的播州,经过杨氏土司的建学兴教,到"平播之役"后,该地区真正实现了移风易俗,"士愿而好学,女贞而克勤。及入清朝,士风尤盛,人才间出。士质而有文,民朴而易治。崇尚气节,不耻贫贱"❸。因此,乾隆《贵州通志》对播州地区也有"冠、婚、丧、祭,不尚奢华。人知向学,深山穷谷,尤闻弦诵声。虽夜郎旧地,当与中土同称"❹赞美之词。可见,明清时期随着儒学、书院、社学、义学等学校教育在土司地区的普及,"修教"真正使一直被"边缘化"的土司地区逐步纳入中央政府儒家教化体系之中,促进了土司地区各族民众风俗习惯的改变。

---

❶ (清)冉奇镳、冉天泽:《康熙冉氏忠孝谱》,康熙二十二年(1681)刻本。

❷ (民国)刘显世、谷正伦:《贵州通志·舆地志风土志》,贵阳:贵州大学出版社,2010年,第371、第381页。

❸ (民国)刘显世、谷正伦:《贵州通志·舆地志风土志》,贵阳:贵州大学出版社,2010年,第383~384页。

❹ (民国)刘显世、谷正伦:《贵州通志·舆地志风土志》,贵阳:贵州大学出版社,2010年,第384页。

（三）"修教"维护了土司地区的社会稳定

明清时期中央政府实施"修教"，使土司阶层和辖区民众懂得"三纲五常之道"（《明太祖实录》卷二三九），并通过"立山川社稷诸坛场，岁时祭祀，使知报本之道"（《明太祖实录》卷二四一），使土司阶层和土司地区各族民众自觉肩负起维护社会稳定的责任。西阳冉氏土司在接受"修教"之后，整个土司阶层的思想得到提升，在康熙《冉氏忠孝谱》"家规"中的"孝顺父母、尊敬长上、友于兄弟、新睦宗族、和睦邻里、敦肃闺门、禁止争讼" ❶ 七条，其中"和睦邻里"条中讲明这样的道理："古者，乡田同井，出入相友，守望相助，疾病相扶持。盖邻里之中，非本支即世戚，朝夕相接，其谊即休戚相关，洽比之谊，不可不讲也。我族众之于邻里，当和以相处，礼以相接，有无相济，急难相接。毋失色于乾馔，无起争于瓯脱，则有以得睦姻任恤之道，而里为仁里，邻亦德邻矣。"在"禁止争讼"条云："除本族雀角，各房长会议处分，不使成讼外，如本族与外姓有争，事情重大，付之公断。若止户婚田土，以及些小纷争，宗长询托致讼之家亲族，令其劝息。曲在本族，饬令服理。曲在异姓，委曲调停。禀官请息，虽少屈抑，亦自家讨便宜处。否则，一事之微，尝有破家荡产，忘身辱亲者，讼则终凶，易所以垂象也。至于阴险之徒，唆人争讼，己复为之关说，此或以贪饕起见，或以报复行私，堕彼术中，追悔无及。我族人记宜凛之戒之。" ❷ 这七条，从族内"父母、长上、兄弟、闺门、宗族"开始，再到族外的"邻里"与"争讼"，无一不是维护土司家族和土司地区的社会稳定的体现。在其他土司家族的族谱中也不乏"孝父母""和兄弟""敦手足""睦邻里"等内容，这些内容用以教育族众，长时间的潜移默化，有助于维护土司地区的社会稳定。

（四）"修教"促进了改土归流的顺利实施

清代继承明代强制土司及土司子弟入学"修教"的传统，且要求更具体，执行更彻底，普及更广泛，效果更显著，如此一来，土司阶层也能审时度势。到清朝雍正年间实施大规模改土归流时，由于"国家声教远敷，而任事大臣又能宣布朕意，剿抚兼施，所在土司俱以望风归向，并未重烦

---

❶ （清）冉奇镳、冉天泽:《康熙冉氏忠孝谱》，康熙二十二年（1681）刻本。

❷ （清）张天如等:《上谕》,《永顺府志（卷首）》，乾隆二十八年（1763）抄刻本。

兵力，而愿为内属者，数省皆然"❶。从历史文献看，雍正年间的改土归流除了在彝族地区有一定规模的战争外，其他地区多以和平方式进行。众多土司没有产生对抗朝廷而另立"独立王国"的思想，这无疑是他们接受的"修教"之后对改土归流所产生的正效应。所以，"自此土司所属之彝民，即我内地之编氓；土司所辖之头目，即我内地之黎献"❷。如湖南永顺宣慰使彭肇槐以及湖北以忠峒安抚司田光祖为首的十五家土司均自请改土归流。这种和平、彻底的改土归流方式，使湖广地区免遭战争破坏。可见，明清时期中央政府实施的"修教"，不仅实现了中央政府原定的对土司地区统治阶层和普通民众进行礼仪教化的目标，而且对土司地区实施改土归流起到了实质性的推动作用。

---

❶ （清）张天如等：《上谕》，《永顺府志（卷首）》，乾隆二十八年（1763）抄刻本。
❷ （清）张天如等：《上谕》，《永顺府志（卷首）》，乾隆二十八年（1763）抄刻本。

《二酉英华》土司"史影"稽考[*]

曾 超[**]

摘 要 《二酉英华》是清代冯世瀯所编辑的有关酉阳、秀山、彭水、黔江籍诗人所作诗歌的第一部总集。在该诗歌总集中，不少人用诗歌咏赞的凝练笔墨，描述了中国土司时代酉阳司的文治武功、社会生活，反映了中国土司时代酉阳司的史迹与史影。

关键词 《二酉英华》；土司；史影；稽考

清人冯世瀯汇总编辑的《二酉英华》[❶]一书，是今天渝东南民族地区第一部诗歌总集，24卷，共收录酉阳、秀山、彭水、黔江籍59位作者2972首诗歌，较为系统、全面地体现了民国以前该地域的诗歌状貌及其水平。[❷]中国土司制度草创于宋，肇定于元，成熟于明，终结于清，对中国历史发展、社会治理、边地管理、统一多民族国家结构有着极为重大的影响。历史上，该地域属于土司区（酉阳、秀山、黔江部分）、监控土司区（黔江守御千户所）、土司周邻区（彭水），同时，该地域周边也是土司林立（永顺、保靖、思州、思南、唐崖等），很自然，土司制度及其影响不可避免地会出现在该地域。及于诗歌领域，就是不少诗家运用诗笔以简练的语言描述了酉阳土司的治政、土司的文治武功与文韬武略、土司时期的社会生活

＊国家社科基金项目"乌江流域民族间信任和谐与社会稳定发展研究"（项目编号：12 BMZ 023）；国家社科基金青年项目"改土归流后武陵民族地区人口流动与社会治理研究"（项目编号：14 CMZ 006）；长江师范学院"中国土司制度与土司文化研究创新团队"建设计划资助项目（项目编号：2014 XJTD 04）；长江师范学院立项建设学科民族学2017年度特别委托研究项目"明清时期土司权力结构及其运行机制研究"（项目编号：2017 TSW 01）。

＊＊ 曾超，男，1966年生，土家族，重庆黔江人，博士，教授，《长江师范学院学报》执行主编；乌江流域社会经济文化研究中心、武陵山特色资源利用与开发中心研究员；中南民族大学、贵州民族学院、吉首大学硕士生导师。主要研究民族文化和区域文化。

❶（清）冯世瀯辑、马继刚主编：《二酉英华》，武汉：长江出版社，2014年。
❷ 袁娅琴：《冯世瀯诗集〈二酉英华〉地域特征探析》，《长江师范学院学报》2017年第1期。

等，从而在一定程度上反映了中国土司时代酉阳土司的史影。然而，长期以来，很少有人对之加以关注，故这里试加稽考，以期深化对《二酉英华》的诗歌研究、细化中国土司制度及其文化的研究。

一、《二酉英华》土司"史影"的作者

《二酉英华》一书的汇编者是冯世瀛（壶川）。酉阳黎洪邦在《序二》中赞之曰："华篇幸得壶川辑，《二酉英华》誉三巴。八十高龄挑灯苦，味无味斋赏琵琶。同治壬申付枣梨，无缘一睹枉叹嗟。"

《二酉英华》一书24卷收录有59位作者的2972首诗歌。其具体情况是：卷一田旦初（世醇，酉阳）100首；卷二田旦初108首；卷三冉石云（瑞岱，酉阳）134首；卷四蔡吉堂（世佑，酉阳）141首；卷五冉右之（崇文，酉阳）67首；卷六冉右之153首；卷七田砚秋（经奋，酉阳）185首；卷八熊升之（永俊，酉阳）105首；卷九周梦渔（卜熊，酉阳）145首；卷十冉梲庵（正藻，酉阳）120首；卷十一曾乙垣（炜，号怡园，酉阳）121首；卷十二冉雨亭（崇煋，酉阳）47首、陈寅山（鑫，酉阳）69首；卷十三冯石渔（文愿，酉阳）172首；卷十四冉宓琴（崇治，酉阳）51首、履云（万松，方外，酉阳）68首；卷十五张晓村（延燨，秀山）50首、田怡斋（荆芳，秀山）62首；卷十六王凤池（绳祖，秀山）89首；卷十七陈小山（景星，黔江）138首；卷十八赵云驷（大煊，黔江）83首；卷十九陈午峰（昌智，彭水）52首、黄静亭（文中，彭水）23首；卷二十支芙田（承祐，彭水）57首、李佐卿（铭熙，彭水）49首；卷二十一冉天章（云，酉阳）1首、冉公表（仪，酉阳）3首、冉大生（天育，酉阳）5首、冉玉岑（奇镳，酉阳）10首、冉竹田（承涵，号芳林，酉阳）15首、冉海容（广鲤，酉阳）6首、冉地山（正维，酉阳）14首、陈立山（序礼，酉阳）14首、冉祝三（酉阳）5首、冯京庵（世熙，酉阳）15首、田继斋（序统，酉阳）6首、黄鹤林（宪章，酉阳）18首、冉崧维（正岳，酉阳）36首；卷二十二朱鹿岩（明易，酉阳）38首、吴亮亭（熙奎，酉阳）14首、易琴斋（光吉，酉阳）14首、赵小楼（郑烜，号晴岚，酉阳）62首、陈斗垣（元煦，酉阳）15首、邓鲁生（学曾，酉阳）8首；卷二十三冉石糯（升堂，秀山）32首、陈子安（树勋，秀山）12首、陈竹卿（修业，秀山）33首、龚澍生（应霖，秀山）16首、葛纯斋（来滋，秀山）22首、向惕庵（志乾，秀山）14首；卷二十四陶地

山（祖谦，黔江）32首、刘熙台（际春，黔江）21首、赵雨人（澍，黔江）22首、程雨帆（昌浏，黔江）5首、邓乔年（永松，彭水）6首、高卫泉（沛源，彭水）12首、黄璞山（昆玉，彭水）10首、曾佐之（世璜，彭水）29首。另有马继刚、黎洪邦的序。

在《二酉英华》这些诗家及其诗作中，有部分诗家及其诗作涉及土司"史影"问题。仔细考察这些诗家和诗作，大体可分为四类。其一，部分诗家，本身就是酉阳土司承袭人，他们的诗作本身就是描述土司时期的社会情貌。这种情况主要集中在《二酉英华》卷二十一，主要有明世袭酉阳宣抚使司宣抚使冉天章的《仙人洞》，明世袭酉阳宣抚使司宣抚使冉公表的《翠屏山》《寻春》《桃涧》；明世袭酉阳宣慰司宣慰使冉大生的《除夕》《从征辽左经阵亡处举酒酹之》《辽旋舟次广陵饮朱给谏宜苏宅时令弟文鼎孝廉将北上》《出山海关》《题沙市徐园古柳别刘司马应翰》；明世袭酉阳宣慰使冉玉岑的《王子柳城卜居太溪寄赠》《游宛在亭陈子元美偶话西湖旧迹感而有作》《竹庐》《宫词三首录一》《昭君怨》《晓起》《军中夜坐》《游二酉洞》《呈峡州文铁庵先生》。其二，部分诗家系酉阳冉土司的后裔，有一些追忆之作。如冉海容的《官仓坝早行》《经先宣慰官署感赋》《经经历司旧署》；冉地山的《官山溪》《铜鼓潭与正山兄观先宣慰衙院及海阳遗迹凄然成句》《仡佬溪》；冉祝三的《大江里居民有祀大喇土司彭某者椎牛告洁其祀甚丰为五律以纪其事》等。其三，部分出身本地冉姓诗家咏赞史事。如熊升之的《铜鼓潭歌为故宣慰冉赋》《观孔夫人松鹤绣卷》等。其四，2014年，黎洪邦以诗歌形式所作的《序二》，有不少地方咏赞了酉阳土司的史事。

二、《二酉英华》的土司"史影"

在《二酉英华》中，有不少诗作借助诗歌的体裁，运用凝练的语言，通过诗赞描述了土司时期的社会情貌，在一定程度上反映了土司时代"史影"。借助这些"史影"，可部分还原历史的本真。

（一）酉阳司的国家认同

在元明清时期，西南地区土司林立，酉阳司即为其一。土司的显著特征在于"世"，即"世袭其官，世守其土，世管其民，世统其军，世延其绪"。❶ 在这些"世"中，最为核心的就是世袭其官、世有其权。从权力运行的角度看，如何用权？如何用好权？用权为谁？这是最为重要的问题。从总体上看，在封建时代各地土司难免有用权谋私的情况，但从大处着眼，除个别极端如播州杨应龙之外，大多还是抚民忠君、勤于王事，体现出浓郁的国家认同观念。❷ 即以酉阳司而言，殷勤王事，忠孝建堂、名家、修谱。冉守忠、冉守孝之得名即来源于宋高宗亲赐，酉阳冉氏不仅以此开基立业，而且忠孝传家，酉阳冉氏家谱即名为忠孝谱。在中国古代社会，忠孝传家即在家尽孝，在国尽忠，移孝作忠，忠孝一体。在酉阳司的历史发展过程中，历任司主可谓是尽职尽责、尽心抚民、尽忠朝廷。如冉守忠进入酉阳"谕以国恩，示以大义，皆感激悦服"。"督之耕稼，开垦荒僻，西人安之。"❸ 明弘治六年（1493），都匀苗为乱，冉舜臣以没有参加平乱为憾，慨然曰："吾亦土司耳，为国效力何惧，不如永、保乎？"冉崇文评述说："未奉调遣而自请行，然后知我先人之笃忠贞而报国家者至也。"❹ 万历二十八年（1600），冉御龙随李化龙从征播州杨应龙之乱，"辞赏赉而归。归而巡视诸边，每与邻司相遇，则戒之曰：同一土司也。叛乱者自取灭亡，我辈之羞，亦我辈之戒也"❺。这些事实足见酉阳司的拳拳报国之心和强烈的国家认同意识。

酉阳司的国家认同意识，在《二酉英华》的诗家诗作中也得到了呈现。这主要表现在熊升之的《铜鼓潭歌为故宣慰冉赋》、黎洪邦以诗歌形式所作的《序二》中。熊升之言："思州自昔临边陲，平蛮崛起宣慰司。宣慰尼山五贤裔，手提一剑佐明时。几回鸟道驰征马，几次蛮烟拂战旗。尽瘁王家宁惜死，血腥洗尽黔河水。频看贼党断千头，未教官军遗一矢。亲捧舆图入帝都，请颁学校到边隅。镝锋销尽天颜笑，金紫联翩酬装谟。"黎洪邦更盛赞："土司文韬武略，雪洞歌舞升平。开疆拓土尽命，平乱安邦亲征。"

❶ 曾超：《酉阳司权力赋值绩效研究》，《长江师范学院学报》2017年第1期。

❷ 曾超："杨保"名义演变考》，《长江师范学院学报》2014年第5期；曾超：《李化龙平播纪功铭与国家认同内涵研究》，《长江师范学院学报》2015年第5期。

❸ 四川黔江地区民族事务委员会：《川东南少数民族史料辑》，成都：四川民族出版社，1995年，第274页。

❹ 四川黔江地区民族事务委员会：《川东南少数民族史料辑》，成都：四川民族出版社，1995年，第282页。

❺ 四川黔江地区民族事务委员会：《川东南少数民族史料辑》，成都：四川民族出版社，1995年，第288页。

（二）酉阳司的传承史

熊升之称："思州自昔临边陲，平蛮崛起宣慰司。"此乃咏赞酉阳司的崛起。按：酉阳司的崛起乃肇因于宋代冉守忠平定金头和尚之乱（一作王辟之乱），据有酉阳之地。据《四川通志》❶、（同治）《增修酉阳直隶州总志》❷等记载，南宋建炎三年（1129），金头和尚倡乱西蜀，酉阳蛮群起相应，声势浩大，严重威胁到西南地区的政治安全和社会稳定。宋廷广招天下英豪平叛，冉守忠凭借家族和自身的优势，走到了历史的前台。❸《酉阳州志》❹载邵陆《冉氏族谱序》："酉阳冉氏，世袭土司，自建炎三年始。时叛苗流劫思南、涪、渝等地，守忠率诸洞獠夷助剿有功，册为宣慰司，是为迁西之始祖。"冉守忠奠定了酉阳司的六百余年基业。

在酉阳司的历史发展中，其秩官经历了酉阳知寨、酉阳知州、酉阳宣抚司、酉阳宣慰司的变化。从南宋建炎三年（1129）冉守忠主政酉阳开基立业，到雍正十二年（1734）末任司主冉元龄因事革职改土归流，历经宋元明清4朝，605载。其世系传承共23代28位司主，即一世冉守忠，二世冉文炳，三世冉世昌，四世冉胜宗，五世冉为义，六世冉贵迁，七世冉思通，八世冉万友，九世冉载朝，十世冉如彪，十一世冉应仁，十二世冉兴邦，十三世冉琛、冉瑄，十四世冉廷辅，十五世冉云，十六世冉舜臣，十七世冉仪，十八世冉元（宗易、月坡），十九世冉维翰、冉维屏，二十世冉御龙、冉跃龙，二十一世冉天麒、冉天育，二十二世冉奇镳，二十三世冉永沛、冉元龄。❺因其如此，黎洪邦言："六百年土司制，二十代土家兵。"

（三）酉阳司官署

土司衙署乃各地土司治政临民之地，更是各土司政治、经济、军事、文化之中心。酉阳司也不例外。"自（冉）守忠开辟以来，俱于感平官坝居

---

❶ （清）常明修、杨芳灿：《四川通志》，清嘉庆本。

❷ （清）王鳞飞、冯世瀛等：《增修酉阳直隶州总志》，成都：巴蜀书社，2009年。

❸ 曾超：《冉守忠开创酉阳土司条件考察》，《湖北民族学院学报》2013年第3期。

❹ 酉阳自治县档案局：《酉阳州志》，成都：巴蜀书社，2010年。

❺ 四川黔江地区民族事务委员会：《川东南少数民族史料辑》，成都：四川民族出版社，1995年。

住为治，至此始迁州治于忠孝坝。"❶ 可见酉阳司衙署的建立，最早是在冉守忠时期，即南宋建炎年间，地点在感平官坝。嗣后，冉文炳、冉世昌、冉维义、冉贵迁、冉思通均在这里以知州身份发号司令，治政临民，主持酉阳州政。到冉思通时期，鉴于感平官坝"僻陋""踔远""不足控制蛮夷"的实际情况，乃度地忠孝坝，建置衙署。❷ 由此，忠孝坝遂成为酉阳司的第二府衙。到冉如彪时期，因权力之争导致上衙、下衙之分，即宣抚所居曰上衙，佥事所居曰下衙，皆在酉阳铜鼓潭。

土司衙署实乃建筑群落，除司政司民之外，还有其他各种建筑，如演武厅、流官经历司署、官仓等。然日月苍狗，岁月轮替，当年衙署，遂成后人凭吊之所，特别是让冉土司后人感慨系之。对于酉阳司衙署，冉海容有《经先宣慰官署感赋》，诗云："带砺功名七百年，揭来事势变桑田。王侯第宅残阳外，钟鼎楼台暮雨边。父老尚能谈汗马，路人未解听啼鹃。伤心故国无穷憾，乔木阴阴岁月迁。"冉地山有《铜鼓潭与正山兄观先宣慰衙院及海阳遗迹凄然成句》，诗云："满目蒹葭水一方，金门玉户总荒凉。丹炉有药朝云冷，铜鼓无声夜漏长。故国迁移乔木老，乱峰重叠野花香。剧怜王谢凋零后，燕子依然在画梁。"对于酉阳流官经历司，冉海容有《经经历司旧署（近为州吏目所居）》，诗云："禾黍何堪老朔风，参军旧廨杳茫中。遗踪仿佛思檐马，往迹分明叹雪鸿。丝竹已难寻孔壁，笙歌先自罢秦宫。夕阳满目光阴异，愁看堂前射雕弓。"对于官仓，冉海容有《官仓坝早行》，诗云："晓角动高城，晓星当户明。懵腾驱马去，腷膊听鸡鸣。官道一条直，客囊双舄轻。前途重凝虑，渐次进山行。"

（四）酉阳司儒学

黎洪邦在《序二》盛赞："土司兴邦，汉学树帜。西宾鼻祖，陈忠睿智。"在这里，黎洪邦特别强调中原汉学、儒学在酉阳土司地区的传播及其影响，而导致这种重大转变的就是酉阳司儒学的建立。

在宋元以前，中央王朝或地方政权虽然在渝东南地区亦曾有郡县之设立，但人文发展程度不高，历来被视为蛮荒之地，甚至成为朝廷官员流贬

---

❶ 四川黔江地区民族事务委员会：《川东南少数民族史料辑》，成都：四川民族出版社，1995年，第270页。

❷ 四川黔江地区民族事务委员会：《川东南少数民族史料辑》，成都：四川民族出版社，1995年，第277页。

之地，如唐太宗太子李承乾、功臣长孙无忌流贬黔州（今重庆彭水），宋黄庭坚安置黔州。就是地处两江交汇的涪州，在古代也多为宗室、朝官的流放之地，如南齐涪陵王萧宝卷、北宋涪陵王赵廷美、黄庭坚涪州编管、程颐北岩点易等。至于更为僻远的少数民族地区，其人文发展的境况也就可想而知了。

冉守忠进入酉阳，主宰酉地，虽然"谕以国恩"，但尚无兴学之举。南宋时代，战事频仍，大元帝国儒学地位低下，故兴学实乃难事。明初，重儒兴学，以文教化，特别是土司承袭的规定，终致酉阳司儒学的建立。据《明史》《明实录》《冉氏族谱》等记载，明洪武二十七年（1394），冉兴邦承袭酉阳宣抚司宣抚使之职，朝贡于京师；永乐三年（1405）复遣子冉瑄"入朝修贡"；次年，因"军功"褒奖"加秩"，可冉兴邦辞而不受，请求"建立学校如州县例"，明成祖"允奏"，酉阳司获准建立儒学，"颁学印一，设教授一，子弟入学者同汉州府县科举，并岁贡登仕"。冉兴邦"复遣部长龚俊等贡方物谢恩"。❶ 永乐六年（1408）四川重庆府卫酉阳宣抚司儒学正式建立，以陈忠为西宾。

冉兴邦创建酉阳司学，实乃"破天荒"之举。从此，酉阳人文蔚起，人才辈出。不仅如此，还开启了各地土司兴学之举，对土司地区科举、教育、人文事业的发展发生了重大的影响。冉崇文评价说："酉僻陋在夷，且数千年，至是而始设学焉，此公之大德，酉人士又当数千户祝无忘者也。乃修贡尽职之诚，好学重文之雅。"

（五）酉阳司援辽

酉阳司冉氏是一个以武功起家、以军功驰名的家族，且男能披甲，女能主兵，故酉阳司的发展总与军事相伴而生、相伴而行。在酉阳司的军争中，平乱、御边、剿贼、抗倭、征辽等活动中均能见到酉阳土家健儿的身影。冉守忠平定金头和尚之乱、冉万有威震田安抚、冉御龙随征播州、白再香征战辽左等皆斑斑可考。

在酉阳司诸多的军旅斗争中，最让后人称道的是万历四十七年（1619）从征辽左抗击后金。因为冉跃龙以妻白再香为统帅，以弟冉见龙、冉人

---

❶ 四川黔江地区民族事务委员会：《川东南少数民族史料辑》，成都：四川民族出版社，1995年，第280页。

龙，子冉天育、冉天允及冉天彝、冉文光、冉文焕等为将军殷勤王事，效
力王室，领兵御敌于辽阳。"壮士征战几人回"，冉见龙"战死"，冉文焕
等战没，酉兵死者甚众。❶酉阳司土家兵捐躯为国，英烈千秋。因其如此，
冉天育写下了不少从征辽左的反映军旅生涯的诗作。如《辽旋舟次广陵饮
朱给谏宜苏宅时令弟文鼎孝廉将北上》，诗云："戎马驱驱万里征，归舟偶
次广陵城。二分明月还乡梦，两树荆花恋客情。谏议封章传北阙，孝廉家
法重西京。燕然他日铭勋处，好倩磨崖笔阵横。"该诗反映了"疆场立功"
的报国情。又如《出山海关》，诗云："长城临海复依山，万马萧萧晓渡关。
警报频闻休细问，男儿死国胜生还。"该诗体现了"壮士出征"的英雄气概。
又如《从征辽左经阵亡处举酒酹之》，诗云："日惨更风号，千兵血一刀。
黄沙平地起，白骨比天高。国师生为律，健儿死亦豪。裹尸无马革，薄奠
只村醪。"该诗描述了战争的"惨烈"情状。

从征辽左抗后金，冉跃龙、白再香殷殷的报国情、浓郁的国家观念更
是让后人激动不已。黎洪邦盛赞："白再香有帅才，平后金自请缨。"熊升
之更是以浓浓重彩盛赞冉跃龙，为之作《铜鼓潭歌为故宣慰冉赋》，将其与
"马革裹尸"的马援相提并论。该诗云："青山如画环江浦，石壁大字镌铜
鼓。铜鼓有文世罕知，铜鼓为歌谁为补。……（与前引同）回头演武旧疆
场，雨静风恬日月光。威远将军新赐第，鲥鱼衣带灿还乡。功高不肯铸铜
人，铜人涕泪化灰尘。位高不肯铸铜雀，铜雀笙歌苦零落。一从铜鼓铸江
潭，千秋百代沧波涵。凛凛蛟龙为护守，沉沉鲸穴谁窥探。我闻建武廿四
载，铜鼓之铭光鼎鼐。又闻诸葛赋南征，庐江铜鼓铿韶韺。两朝法物垂终
古，余烈堂堂畴与伍。得此硕画堪为三，不朽勋名长西土。祗今潭水流难
去，似恋当年立功处。忠孝由来海岳昭，簪缨况复鸾凰衮。我来冯吊旧山
河，断碣残碑感慨多。铜鼓迷茫不可见，铜驼几度空摩挲。"

（六）酉阳司民族民风

自古以来，渝东南即为少数民族地区。历史上，这里为"八蛮"、巴
人、濮人、冉家蛮、南客子、武陵蛮、五溪蛮、五水蛮、酉阳蛮、酉水
蛮、苗蛮等少数民族的栖息地；而今，这里乃土家族、苗族等多民族共

---

❶ 四川黔江地区民族事务委员会：《川东南少数民族史料辑》，成都：四川民族出版社，
1995年，第289页。

生、共存、共荣的"乐园"。

在《二酉英华》中就以咏赞地名的形式记载了仡佬族。冉地山就有《仡佬溪》一诗，诗云："王治渐摩数百年，醇风沕穆改蛮烟。却闻仡佬居溪上，尚在思黔故土前。纵猎俗移中夏地，踏歌声断早秋天。山民解说先朝事，卷叶吹茄倍怅然。"

既然渝东南是少数民族地区，自然其风俗亦不同于他地，当然更不同于中土汉地。冉祝三的《大江里居民有祀大喇土司彭某者椎牛告洁其祀甚丰为五律以纪其事》就描述了大江里的"奇风异俗"。诗云："大喇英灵古，乡民此信崇。提封蛮部还，祭典太牢丰。异迹巫难问，方言译未通。谁能谈往事，天宝白头翁。"

（七）酉阳司文学

酉阳司儒学的建立，不仅对汉文化传播有重大贡献，更重要的是由之生发了土家文学。冉云就是冉氏土司文学的奠基人，他著有诗集，惜已散佚。今存《仙人洞》一诗，收录于《二酉英华》之中。诗云："洞里神仙渺莫猜，登临此日费徘徊。四围碧树留残照，千载丹炉冷劫灰。花自无心开又落，云如有约去还来。烹泉煮石谁能耐，且漫题诗扫绿苔。"由于冉元在酉阳乃至整个土家族文学史上的特殊地位，故黎洪邦盛赞："冉云《题仙人洞》，土家屈指大才卿。"

受到酉阳司儒学和冉元文学奠基的影响，酉阳土家族文学一步步发展起来。冉舜臣有《飞来山记》《留霞洞记》《大西洞》等诗文。冉仪有《大西洞》《桃洞》等诗。冉维屏有《大西洞题名》，冉御龙有《大西洞洞中八景》《游大西洞题记》，冉天育有《詹詹言集》诗集，冉奇镳有《拥翠轩诗草》。

（八）酉阳司文化互动

在中国古代，土司虽为"国中之国"，但土司乃朝廷命官，土司辖地乃中央王朝之属地，因之，土司总是与中央王朝保持着广泛互动关系，比如承袭、贡赋、征调等。酉阳司也不例外。从前述酉阳冉兴邦兴学就可看出，酉阳司极为重视其与中央王朝的良性互动，体现出对中原汉文化的企慕。除前已述的军征、兴学和周边土司的互动外，在《二酉英华》中，还有如下的文化交流与交往。

黎洪邦有"杨正经作帝师，朱由检学琴笙"的咏赞，按：杨正经，字怀玉，明代崇祯帝朱由检的琴师，明代西阳人。崇祯赐有汉、唐古琴各一。明亡，流寓淮安，著有《西方思》《风木悲》。

黎洪邦又有"楠木朱砂贡品，故宫梁木有撑"的咏赞，这本是一种经济文化交流，但伴随的则是一种文化互动。

在西阳，随着西阳司儒学的兴起，人文蔚起，故不少西阳文人学士与中原士子多有交往。如在冉如镳主政西阳司其间，就有不少中原士人流寓其间，不仅与西阳士子咏赞酬唱，而且影响到西阳的治政。其中最有名的就是冉奇镳与文安之的酬唱。文安之，字铁庵，"季东阁学士，流寓于西阳者数年。"时"将有沅州之行，小饯栖鹤庵，庵前修筑萧疏，怪石林立，公两留题诗壁上"。两诗原唱是："武陵旧路已非赊，秦晋光阴一缕霞。一水一山如着我，细栽桑柘胜栽花。羽翰高骞道路赊，重来应识旧烟霞。客行有句怜苔藓，留待春深木笔花。"冉奇镳不仅为之饯行栖鹤庵，而且为之作有《呈峡州文铁庵先生》，诗云："春游纵辔野情赊，送客衔杯对晚霞。灵石欲留东阁句，先教风雨洗苔花。"

（九）酉阳司历史人物

在酉阳司的发展史上，亦曾有不少的"风流人物"。仅《二酉英华》所见的历史人物就有如下几人。

冉守忠，本名冉万要，宋高宗赐今名，封武略将军，授合门宣赞舍人，知制御前兵马使，领西阳知寨，为酉阳司始祖。熊升之《铜鼓潭歌为故宣慰冉赋》有诗咏赞云："思州自昔临边陲，平蛮崛起宣慰司。"

冉兴邦，冉应仁子，西阳第十二世司主。冉兴邦兴学，其功至伟。黎洪邦有咏赞。

陈忠，江西德化人。明洪武（1368～1398）进士，建文朝谏议大夫。朱棣"靖难"而隐居贵州铜仁，冉兴邦兴学，礼聘陈忠为西席教宾，更名冉承忠。黎洪邦咏赞云："西宾鼻祖，陈忠睿智。"

冉舜臣，号西坡，别号寻乐子。曾在飞来峰修建"雪洞"，又名"蟾窟"，并作有《飞来山记》。黎洪邦有"土司文韬武略，雪洞歌舞升平"的咏赞。

冉云，字天章，西阳第十五世司主。他是土家族历史上最早的诗人，其《仙人洞》一诗乃最早之诗作。黎洪邦有咏赞。

冉跃龙，字上乾，号海门，西阳第二十世司主。熊升之有《铜鼓潭歌为故宣慰冉赋》长诗咏赞。

白再香，冉跃龙夫人。曾代夫从征辽左，为著名女将军。同时，还署理西阳司司政。黎洪邦有咏赞。

冉天育，字大生，西阳第二十一世司主。他著有《詹詹言集》。同时，他是明代西阳诗人填词之首（陈梦昭《西阳历代诗词选》）。

孔夫人，冉天育夫人（《西阳冉氏土司忠孝谱》，2009）。熊升之有《观孔夫人松鹤绣卷》，诗云："碧池仙人下碧落，裁云绣月坐乡阁。懒作人间富贵花，独怜蓬岛松间鹤。松鹤由来孤且高，千年屹立水霜操。夫人意想出凡境，手把金针当彩豪。有松无鹤松少色，鹤摇缟翼矜修洁。有鹤无松鹤不仙，松引虬枝弄奇谲。虬枝奇谲锁寒烟，缟翼修洁凝晴雪。晴雪寒烟满幅飞，一松一鹤长相依。凡人未敢来逼视，藏之锦笥生光辉。夫人子姓我东主，谓我旧姻堪共睹。鲛绡展处起秋涛，松欲化龙鹤欲舞。还图兀坐试哦诗，笔下阵阵走风雨。"

冉奇镳，字玉岑，西阳第二十二世司主。著有《拥翠轩诗草》，与明季东阁大学士文安之有诗词唱和。

综上所述，《二酉英华》虽然主旨不再记述西阳土司时期的史事，也并非为了反映土司文化，但借助相关诗家的描述，则可追寻西阳土司文化遗迹，探寻西阳土司发展的"史影"。

国家与土司关系：王权慑服下的利益博弈
——以王阳明与水西土司安贵荣"三书"为个案*

彭福荣**

摘 要 王阳明于明正德初年罪迁龙场驿丞，因其身份与遭际、才学与人品得到水西安氏土司和各族土民的接纳与庇护，其《谢安宣慰书》和两封《与安宣慰书》展现了个人才学人品，也凸显了国家权力渗延，强化明朝的治理体系能力，维系了民族地区的国家统治，抑制了土司权益欲望的膨胀，稳定了各族土民的社会秩序。王氏与水西安氏土司互动及书信个案表明：国家与土司的实质关系是王权慑服下的利益博弈妥协，从而保持国家与土司、中央与地方的权力互动与利益统一。

关键词 国家；土司；王阳明；水西；安氏；"三书"

在大一统历史框架和地方行省管理体制下，元、明、清朝不断强化中央集权统治，凭依强大的军政势能，促进了国家权力渗延，构建和完善了国家治理体系与能力，利用土司制度，整合我国西南等地少数民族与民族地区到统一的王朝国家，把地方民族首领纳作王臣，予以政治、经济和文教义务，最大限度实现了自身追求的国家利益。在整合过程中，我国西南、中南和西北等地的少数民族尤其首领慑服于国家王权，认同元明清朝续递的历代治统，承担职衔承袭、朝贡纳赋、军事征调和崇儒兴学等王臣义务，在利益博弈与妥协中，换取国家确认土司统治地方的权力，最大限度保障自身统治地位和利益，实现国家与土司、中央与地方的权力互动与利益统一。

---

　* 国家社科基金资助项目"乌江流域历代土司的国家认同研究"（批准号：10XMZ013）成果之一。

　** 彭福荣，男，1974年生，重庆涪陵人，教授，硕士研究生导师，长江师范学院乌江流域社会经济文化研究中心副主任，主要从事民族历史和地域文化研究。

明正德初年，王阳明罪谪龙场驿丞，遭际令人同情，其学问人品让人钦佩，军政经验亦可师法。时贵州宣慰使安贵荣，受明朝土司制度的规约，同情王氏遭遇，敬服其才学人品，破格接遇谪迁同僚。安贵荣随着自身权力、利益欲望膨胀，试图挑战明朝的大一统政治理想和动摇国家在水西地区的统治秩序，在徘徊于国家利益与个人利益相互冲突之际，他向王阳明撰书请教和接受指正。王阳明为感谢接遇庇护之恩而提出军政建议，他利用双方良好关系，三次撰书安氏土司，积极促进国家权力渗延，及时干预水西土司侵损国家的思想和行为，协调了国家与土司的权力、利益冲突，维系和强化了明朝在民族地区的国家统治，将渗延明朝王权、维系国家统治，形塑民族关系统一起来，对维持秩序稳定和土司统治方面发挥了重要作用。

由此可见，王阳明与水西土司安贵荣的良好关系和书信往来，实为明朝渗延国家权力、深化王朝国家整合的结果，很大程度上显示了元明清朝与土司的权力互动、利益分歧及调和机制，点出了国家与土司关系的实质是王权慑服下的利益博弈与妥协，成为解剖王朝大一统与中国土司制度、国家治理与西南土司政治的重要个案，具有较强的典型性和代表性。为深入推进土司的国家认同研究，建构和完善中国古代国家理论，笔者拟就王阳明与水西土司安贵荣三封书信的相关问题略陈管见，以就教于方家。

一、缘起：王权慑服与土司国家认同

土司制度是元、明、清朝续递国家治统后，在大一统历史框架和地方行省管理体制下，整合西南、中南和西北等地的少数民族及其首领到统一国家的地方政治制度，借助各族历代土司建构完善国家治理体系能力以实现间接的国家统治。水西地区的彝族及其先民是我国具有重要历史影响的民族之一，曾有罗甸国、罗殿国、比楼国、罗氏鬼国等方国政权，安氏及其先祖作为首领，自三国蜀汉时期始亲附中央王朝，成为国家"王臣"，自身领地的"内地化"与所领土民的"内化"得到不断深化。水西安氏土司自洪武年间的水西霭翠、奢香等开始，认同元明两朝续递的治统，谨遵国家推行的土司制度，在保持中央与地方、明朝与土司的权力互动、利益博弈的过程中，履行王朝予以的军政文教义务，换取国家确认和巩固其地方统治权力，依托贵州宣慰使司，统领水西彝族四十八部，与统领水东十二马头的贵州宣慰使同知宋氏等，维系了明朝在彝族地区的国家统治，保有了历史时期以来的统治地位和现实的统治利益。至成化、正德年间，水西土司安贵荣随自身实力的增长，权力、利益欲望不断膨胀，尽管仍然认同和归附明朝，但不满意国家权力的渗延，其在土官职衔升授、领地驿站铺递和土兵军事征调等方面的观念和言行，与维持王朝权威和国家利益相冲突，一定程度上侵损了国家利益和威胁了国家在民族地区的统治秩序，而势必招致的惩戒又可能影响民族社会的稳定。在此危急关头，王阳明尽管远来谪所，但利用自身与土司安贵荣的特殊关系，及时书信劝止，在王权慑服的前提下，中央政府与地方土司实现了权力互动和利益博弈，以鲜活个案的方式显示了国家与土司的关系。

（一）安氏认同中原文化，促成王氏撰成《谢安宣慰书》

中原文化作为我国历朝强化的主流意识形态和"以文化民"的重要工具，在明朝通过土司制度整合王朝国家的过程中，作为崇儒兴学的重要内容，被西南等地各族土司兴学嗣职和发展科举得到推广和传播。受此影响，水西土司归附明朝，本着融入主流意识形态的目的，自感文化粗陋而认同中原文化，礼遇谪臣同僚王阳明，遂促成后者撰书答谢。

中原文化长期以来是封建王朝致力推广的主流意识形态，意图通过"以文化民"的策略，将更广大范围地域和更多数量民众，纳入"大一统"的国家视野，也是历史时期各民族认同王朝国家、深化中华民族与中华文化"多元一体"历史进程的文化血脉，其中的儒家伦常深远地影响了民族文化的发展和民众的社会交往。时至明代，通过崇儒兴学的土司文教制度，把西南等地历代土司与各族土民整合到统一王朝国家，借助"以文化民"的方式，通过兴办司学和推动科举，深化了中原文化对民族地区和少数民族的传播和影响，实现和巩固了大一统的政治理想。

水西位于远离王权的偏远之地，处于相对国家中心的边缘。安氏土司或出于对自身民族文化"蛮夷"属性的认知，受明朝国家整合的影响，认同共享中原文化，履行崇儒兴学的文教义务。在明朝国家整合和"以文化民"策略影响下，安贵荣欣赏同僚王阳明的才华，同情其流贬遭遇，主动亲近和礼遇谪黔的汉族文化精英，表现出鲜明的"崇儒向化"的意识和倾向，引发了王氏与其的书信往来。

正德三年（1508），王阳明罪谪迁龙场驿丞职。土司安贵荣基于对明朝王权的敬畏、土司制度的尊崇、王朝谪臣的亲媚和王氏学问人格的欣赏，主动馈送物资和遣人伐薪汲水，"使廪人馈粟，庖人馈肉，园人代薪水之劳"，安慰"窜伏蛮荒"的王氏，表现出边方"王臣"对明朝的顺附、同僚的关怀和中原文化的企慕。王氏虑伤远人之意，接受柴炭及米。巡抚王质遣人至龙场凌辱王氏，土司安贵荣使夷人困之，对其加以保护和援助。彝族土司安贵荣作为明朝边裔王臣，继承"恭敬上官"的民族传统，以从三品宣慰使接遇从九品驿丞小吏，破格礼遇谪黔同僚，主动"使夷人困之"，帮助王氏摆脱同僚的指难，礼敬王氏，主动馈以"金帛鞍马并柴米诸物"。

与此对应，"知书明理"的大儒王阳明尽管遭遇不公而流贬蛮荒，仍自居"王臣"，忧虑自身倨傲造成"伤远人之意"的恶果，以至于削弱土司对明朝的认同，拉大中央政府与彝族首领的隔阂，不利于国家权力渗延、治理体系能力建构完善和民族地区统治秩序维护，故仅接受谪居所需的柴米等物，于惊魂未定中撰成《谢安宣慰书》，向土司安贵荣表示感怀答谢。

安氏礼遇谪臣同僚及王氏撰书致谢的事实表明，明朝通过土司制度完成国家整合，在民族地区和少数民族建构并逐步完善了国家治理体系。受此影响，土司认同明朝续递的王朝国家治统，履行崇儒兴学义务，认同和传播中原文化，亲近汉族文化精英，显示了国家权力渗延和王权慑服下的土司归附关系。

（二）安氏畏惧王权紧逼，促使王氏首撰《与安宣慰书》

明朝实行卫所制度，利用军队控制战略要地和交通干线，通过在水西地区的军事驻防和驿铺置设，强化了国家权力渗延，但王权进逼，威胁到明代安氏土司的统治地位和利益。安贵荣畏惧王权紧逼，不满明朝奖擢的职衔，更欲减少明军把控的驿站，以私利侵损国家利益，促使王氏首撰《与安宣慰书》。

我国历朝通过制度设计、政治整合、军事驻防、经济开发和"以文化民"等方式，强化了对西南等民族地区和少数民族的国家统治，其中辟设驿站、铺驿以传送公文檄书，为国家权力渗延、王朝政治整合、军事驻防威慑和中原文化传播同化奠定了基础和前提。由于资源匮乏和地方僻远，明朝在水西地区实行卫所制度，在中央集权统治强化的背景下，国家权力通过土司政权向民族地区和少数民族渗延，把归附明朝的土司土民置于王权威慑和明军管控之下。

与此相应，水西安氏土司的地方统治权力在历史积淀中不断巩固和扩张，被明朝通过土司制度整合到统一的国家政治共同体中，得贵州宣慰使职，且长期位在播州、思州、思南诸宣慰司之上，是影响国家经略云南和控驭西南边疆的重要力量。安氏土司除接受水西地区的卫所体制外，自奢香夫人主动设置驿铺效顺明朝起，还要承担驿站、铺递所需的马匹、米粮负担，这既把土司政治置于王权慑服之下，自身和土民也背负负担，又使统治利益长期受损。文献资料表明，水西土司地区"于明代有卫三、守御千户所三。卫曰乌撒，曰毕节，曰赤水。所曰七星关，曰阿罗密，曰前所。皆隶贵州都司，属右军都督府"。"尽管三卫之官及兵悉依制与否，不可尽知"，但罗英《乡征记》称仅"毕节卫颍川侯前锋册载五千七百有奇，朝廷休养二百余年，盖不下五万"，是"屯所咸有城堡"的"西南雄卫"。❶另外，驿道是明朝及中央政府派出机构贵州都指挥使司、卫所明军和水西土司之间的纽带。贵州宣慰使摄政霭翠妻奢香夫人感念太祖恩典，在明洪武中期开辟以龙场❷为中心的数条驿道最为著名。《大定府志·经政志六》指出：明代水西的毕节、大定等地设置邮亭，始于汉武帝元光六年（公元前129）唐蒙辟治的南夷道，以汉僰道通达"西夷之地"，"是则自今毕节以西，南趋威宁、宣威，而放乎曲靖之道也"。随汉晋以降地方民族势力的崛起，驿道多阻闭不通，王朝国家亦"无复征讨之迹"。"元代再辟南中，始有毕节、周泥诸驿。明初，奢香以开道自效，在水西境内者，为六广，为谷里，为水西，为奢香，为金鸡，为阁鸦。皆在今大定府境内。为龙场、为威清，则在今修文、清镇也。而赤毕三卫之地，又有赤水、白岩、层台、周泥、黑章、瓦甸、乌撒、普归德八驿。"❸水西诸驿自奢香夫人辟设始，"其时又以卫军供站，令百户掌之"，"其供往来之行李也"，但"驿马及站夫之粮，皆供自土官"。"初设站时，站军多者，每站至三百余人，皆以罪人充发者，月廪米五斗。中叶以后，乌撒、乌蒙、东川、镇雄四土府夷人不供马，不给站军粮，而除授之官、间发之使至境，辄索马于赤、毕、乌三卫"。至嘉靖年间，水西"驿站之间又皆置铺，以递送文移、护送

❶ （清）《大定府志》卷四三《经政志五》，道光二十九年刻本。
❷ 修文龙场驿是贵州宣慰使摄政奢香夫人最早建立的驿站之一，本是生肖龙日逢集的集市，属安氏土司水外六目地，比邻同知水东土司宋氏及扎佐长官司，多彝、布依、仡佬、苗等族土民，交通便捷，为明正德初年王阳明谪居之所，系安氏土司苦心经营之地。
❸ （清）《大定府志》卷四四《经政志六》，道光二十九年刻本。

差使。亦以卫军充之，月支米二斗而已"。由此可见，明代水西驿道在飞报军情、接待使客、转运军需、土司贡物等方面发挥了积极作用，保障了地方与中央的公务联系，加强了明朝对西南边陲的控制，其于国家政治统治和军队控制方面的意义重大；但驿站、铺递的官军补给和递送文移、护送差使的马匹劳役等需耗甚大，以致嘉靖中叶的乌撒卫进士御史缪文龙奏告明朝"罢站军、铺军，仍责马及粮于土府"。

在大一统历史框架和地方行省管理体制下，明朝对各族土司予以保境安民、奉调与征的义务，用提升品级、敕授流官等方式，笼络地方民族首领，强化明朝的国家整合和土司的国家认同，也在水西地区设置卫所、驿站铺递及供给驻防、服役人马，便捷联系中央政府，促进地方经济社会发展，但也使安氏的土司政治置于不断紧逼的王权之下，自身统治利益因让位于国家利益而长期受损，增加了自身及土民的负担。因此，水西土司至成化、正德年间实力大增，安贵荣自明成化十年（1474）袭职，史称"贵荣多智略，善用兵"，❶位高势大弱其国家认同，权势欲望膨胀促其骄纵，一方面敬畏明朝王权，依赖国家确认和提升自身地方统治权威和地位，另一方面又欲尽量降低国家干预水西地区事务的能力和水平，扩张和保有自身统治利益，借明朝奖擢土官职衔不满之事，不顾侵损国家利益，心生减驿之念，成为威胁明朝国家治理体系能力的隐患。《大定府志·旧事志三》记载："贵荣渐骄蹇，不受节制。即听调从征，非邀重赏不赴。且藐视官军，尝睥睨贵州城，曰'是直水西毡衫叠塞耳'。"❷

正德三年（1508），原本骄纵膨胀的安贵荣从征贵州香炉山"苗民叛乱"，功封昭勇将军，尽管升职贵州布政司参政，但内心"犹怏怏"，更想借机"乞减龙场驿"以扩张自身利益。由于事关重大，水西安氏土司心存犹豫，不敢轻易决断，为书求教昔日的"兵部主事"王阳明。谪臣王阳明针对安氏的矛盾心理和困惑，及时撰作《与安宣慰书》，从明朝王权威慑下的国家治理体系能力建设方面，制止安氏的减驿请求。

（三）安氏不履土兵征调之责，促使王氏再撰《与安宣慰书》

根据明朝土司制度，国家允准西南等地各族土司拥有规模不等的土兵

---

❶ （清）《大定府志》卷四五《旧事志一》，道光二十九年刻本。

❷ （清）《大定府志》卷四七《旧事志三》，道光二十九年刻本。

武装，但也规定其军事征调的义务，达到保境安民、拱卫社稷和征御敌国的目的。水西土司身为明朝"王臣"，自应承担土兵征调之责，但其挑唆邻司动乱，又在"保境安民"中拥兵自重且阳奉阴违，威胁和动摇了国家在民族地区的间接统治，迫使王氏撰作《与安宣慰书》以诫告之。

明朝强化中央集权统治，延续并完善元朝的土司制度，完成对西南等地土司土民的国家整合，允准水西安氏土司拥有较大规模的土兵武装，规定其保境安民和奉调与征的国家义务。《大定府志·经政志五》指出：水西安氏土司的土兵强悍，"贵州宣慰司又有土兵，尝赴征调，盖亦有籍，号为悍勇。嘉靖十五年（1536），安万铨以花枪手助讨凯口贼，尤为土兵之最劲者。然其名籍抽取之法，宣慰使自专之，阃官莫得而知。《夷书》云罗罗之臣，皆号曰阿穆。有曰祃写，曰祃初者，译言兵帅。每则溪至一穆濯为祃写，设一穆魁以镇之。又散置祃裔、奕续为祃初以佐之。其要害处，置一更苴以统之，而设二三祃写焉。苗、僚各色目人寨大丁强者，亦授为祃写、祃初，自统其兵。而隶于穆濯之为祃写者，师行，每卒三马，五人为幕，役者五人，各给一马。负粮粮器械者，又各马。在路更番休牧，以备不虞。舍，则大营居中，小营环之，猛将悍蛮散营外为巡警，击首则尾应，击中则首尾皆应，如古所云'率然者'然，故有断头掉尾之谣。其侵轶内地及群蛮也，得地即分之，得财即与之，故好为盗寇边"。❶由此可见：安氏主导贵州宣慰司，水西土兵悍勇，其组建、管理、使用、行军和驻防等有民族特征。另外，安氏土司、水西土兵与明朝的关系相对疏远，国家认同较为脆弱，不时违制，"好寇盗边"，国家与土司、中央政府和地方政权冲突风险较大，和谐关系的建构只能仰赖双方的克制包容和相互妥协。

作为明朝王臣，水西土司手握重兵，自有义务"讨贼""平乱""戍辽"和"保境"，满足明朝对其保境安民、拱卫社稷和征御敌国的要求。土司安贵荣的权力和利益欲望随势力增长而膨胀，为巩固和提高自身统治地位和扩张统治利益，消极应对明朝靖乱檄令，甚至贪邻司领地，引诱挑唆地方动乱，其观念言行严重悖逆国家，侵损明朝的统治利益。苗民阿贾、阿札本贵州宣慰使同知水东宋氏所属，以土司宋然贪暴起事，在水东土司地区造成社会动荡。安贵荣消极应对土司奉调与征、保境安民的义务，挑拨和激化水东土司土民矛盾，试图削弱邻司势力，侵夺他人领地。《大定

---

❶ （清）《大定府志》卷四三《经政志五》，道光二十九年刻本。

府志·旧事志三》记载：正德三年，"乖西苗阿贾阿札作乱。当事令贵荣讨之。三檄。始出，败贼于红边，馘贼帅阿麻献之，遂阴撤兵归"。❶另外，安贵荣利用矛盾，激化邻司水东土司与土民的冲突，以便趁乱谋取其地。"同知宋然贪淫，所管陈湖等十二马头苗民皆为所科害，致激变。而贵荣欲并然地，复诱之作乱。于是阿朵等聚众二万余，署立名号，攻陷堡寨，袭然所居大羊场。然仅以身免。贵荣遽以状上，冀令己抚按之。"由此可见，土司安贵荣依势藐视明朝王权，故意怠慢"当事"军将的征调檄令，麾下土兵"三檄"乃出，不顾大局而"阴撤兵归"，诱乱邻司民众，意图达到消耗同知宋氏势力和吞并其领地的目的，不仅弃置保境安民、奉调与征的国家义务，更在客观上直接影响了民族地区和少数民族的社会稳定，甚至动摇了明朝在边远民族地区的国家统治。谪臣王阳明对此原则问题，"复贻书陈厉害，且言朝廷威命，严饬土司安氏审时度势，采取积极措施平息事端"。❷最终，王氏《与安宣慰书》成功劝导水西安氏土司遵制履职，宣誓明朝王权的影响，强化了土司的国家认同，使"贵荣之世，不敢跋扈"，维护自身领地和周邻地区的社会秩序，维系了明朝在水西地区的国家统治，调和了中央政府与水西土司间的冲突，史称"一书能抵十万兵"。

二、内容：国家整合下的利益博弈

王阳明身为谪臣，不以地荒位卑忘国忧，通过与水西土司的三封书信，友善规劝和透辟析理，回应安贵荣崇儒向化之心，分析减驿之请存在的风险，告诫不履土兵征调义务的危害，宣示了王权对地方事务治理的干预和对民族首领的影响，强化了土司对王朝国家的归附和认同，维系和完善了明朝的治理体系能力和国家统治。从内容角度看，王氏与安氏土司三封书信实际体现了国家整合视野下的利益博弈与统一关系，实现和保持了国家与土司、中央政府与土司政权的权力和利益互动：各族历代土司有助于元明清朝渗延国家权力到民族地区和少数民族，在建构完善国家治理体系能力的过程中，有助于实现天下一统的政治理想。与此相应，各族历代土司作为地方民族首领，仰赖元明清朝确认其地方统治权力的合法性，提

---

❶ （清）《大定府志》卷四七《旧事志三》，道光二十九年刻本。
❷ 同上。

升了其品级职衔，最大化地获取了统治利益。

（一）逊谢礼遇，或能强化土司崇儒向化之心

王阳明的谪黔遭际得到水西各族土司土民的同情，其人品、才学彰显了中原文化的魅力，持节自守和谦逊尚礼的言行贯穿着儒家道德伦常的精髓，折服"智计"的土司安贵荣并得其礼遇，故于《谢安宣慰书》感谢安氏亲近关照，以自身言行竖立标杆，坚其崇儒向化的心态，能够强化水西土司认同共享中原文化，为土司的王朝国家认同奠定心理基础。

王阳明因事谪黔，本身就是明朝统治阶级内部矛盾激化的结果，并延及荒远的龙场。《贵州通志·宦迹志》记载："质遣人至龙场驿凌侮守仁，为夷人所困。使人反诉之质。质怒。守仁弗谢。科与守仁同乡，乃贻书劝之。守仁答之。科卒为守仁调护。质虽衔之，终不深怨。"❶当时贵州巡抚王质认为：王氏谪居蛮乡，傲视明朝在水西地区的官府，故差人至其谪所"凌侮"之。在贵州按察副使毛科的调停下，王阳明与贵州流官的冲突才得以化解。对毛科的庇佑，王氏撰作《答毛宪副》，视"太府苟欲加害"之举为"瘴疠""蛊毒"和"魑魅魍魉"，明言不得"以是而动吾心"，更是凸显了明朝王臣正面形象，成为被水西地区各民族及首领欣赏的刚直不阿、凛然正义的典型。因此，地方流官对同僚落井下石，或已背离彝族质直尚义的道德观念，自当令水西土司土民反感反抗。《王阳明年谱》指出，"思州守遣人至驿侮先生"而"诸夷不平，共殴辱之"。❷更重要的是，王阳明对同僚的"凌侮"和愤怒，持节"弗谢"，义不受辱，更凸显其"威武不屈"的君子人格，其言行做派使安贵荣等切身感受了中原文化的魅力，敬佩而亲近之。在这个意义上，王阳明通过自身遭际、言行，让水西土司土民见识了汉族文化精英的节操和品质，也强化了他们对中原文化的认同，有助于从心理和精神层面强化边远民族对王朝国家的理解、认同甚至信任。

或正因为此，土司安贵荣意图亲附结纳，遣人侍奉明朝"谪臣"王阳明，馈送金帛鞍马及柴炭物资以帮扶落魄"同僚"。因此，王氏《谢安宣慰书》首先表明自身"得罪朝廷"而"窜伏阴岩幽谷"，解释其"旬月不敢见"的"简抗"行为符合"逐臣之礼"，感谢安氏"不以为过"而"使廪人馈粟，

---

❶（民国）任可澄：《贵州通志·宦迹志》，民国三十七年铅印本。
❷（明）王阳明：《王阳明全集》卷三三《年谱一》，上海：上海古籍出版社，1992年。

庖人馈肉，圉人代薪水之劳"，逊称"罪人"而不当"辱守土之大夫"，"震悚"安氏不顾其惧愧"礼辞"而复馈金帛鞍马，认为安氏隆礼情至之举加重"使君之辱"和"逐臣之罪"，表达接受安氏鸡鸭柴炭的周济而"敢固以辞"安氏金帛鞍马，显示自身即使身处逆境亦能持节守礼，文末敬告安氏"处人以礼，恕物以情"，再显谦谦儒生君子。

王阳明书信厘清自身谪臣与土司"守土士大夫"的名实关系，言行举止符合"非礼"毋言毋为，有条件有选择地接受安氏土司给予的礼遇财物，展现了君子固穷、持节自守的儒生形象，自身在民族地区体现出的儒家道德伦常对人品修养、人际交往和社会秩序的价值和意义，展现了中原文化的魅力，具体实践明朝"以文化民"的文教策略，引导土司土民认同共享中原文化，达到强化各族土民及其首领的国家认同的目的。

（二）阻减驿，彰王权并止土司违制

正德三年，安贵荣从征贵州香炉山"苗民叛乱"，功封昭勇将军，职升贵州布政司右参政。安氏犹豫于向明朝请赏升职，亦嫌明朝驿递深入领地腹地，为国家权力渗延提供了通道，危其土司统治，欲除后快而举棋不定，故为书求教昔日"兵部主事"的王阳明，遂有第一次《与安宣慰书》。

王阳明"主事兵部"，尽管谪迁荒远，亦深知驿站铺递对国家权力渗延、王朝政令檄书递送、物产资源流通和中原文化传播的意义，在自称"罪人"并"悚息"安氏"减驿事"，于《贻安贵荣书》加以劝止，从中央—边缘角度看，从国家制度、土官职责及其中利弊关系等方面，强调明朝崇高的王权和国家权威的不可挑战，凸显明朝对各族土司强大的政治势能，调节和强化了土司对明朝的国家认同。

笔者发现"历代土司认同顺附元明清等朝，是其传承和实践王朝国家的制度文明"，在实践层面是"承认国家集权统治和君权至上"，承认封建王朝绩递的国体和政体，"实践着'天下共主'的国家模式"，为"抵御敌国侵扰，护卫边疆稳定，实现国家统一与区域发展"尽义务。❶由此可见，安氏意欲挟功"减驿"，直接违背明朝"定自祖宗，后世守之不敢以擅改"的"朝廷制度"，或许朝廷宽宥，因国法难容而"有司者将执法绳之"，"远至二三十年，当事者犹得持典章"议罪之。在王氏看来，安氏得为水西等地

---

❶ 彭福荣：《试论中国土司国家认同的实质》，《青海民族研究》2016年第4期。

民族首领，祖先"自汉唐以来几千百年，土地、人民未之或改"，原因在于"能世守天子礼法，尽忠竭诚，不敢分寸有所逾越"，使得国家与其水西地方民族政权、"天子"与安氏祖先"忠良之臣"之间"不得逾礼法"，暗示侵损国家利益的结果就是朝廷将其土地民众实行全国一体的郡县流官之治。王氏进而指出安氏"奏功升职"并未妥帖：铲除盗寇、扶绥平良系"王臣"职分，挟功邀赏已属不该，土司升授流官更是皇帝恩宠。不过，王氏并不看好安氏袭授流官，因为宣慰本属土司，世有民众土地，而流官职任何方取决于朝廷天子檄令诏命。国家王权威严，身为流官"参政"的安贵荣自当"东西南北惟天子所使"，否则使其自身"千百年之土地、人民"非复所有，造成水西安氏土司家族自身得不偿失的后果。

（三）劝履臣职，显王权而弥土司变乱

明代水西安氏得职贵州宣慰使，位在贵州诸土司之上，土司安贵荣并不积极履行奉调与征的王臣义务，故意挑唆制造地方混乱，意图攫取邻司土地民众。王阳明虽仅为明朝谪臣驿丞，闻知水西土司不履臣职以致侵损国家利益，撰成《又与贵荣书》，批评安氏挑唆为乱和消极军征之错，指出安氏"守土者"不履地方靖乱之罪，但有被四邻强司得命夺占之祸。

土司作为西南等地的民族首领，麾下拥有规模不等的土兵武装，顺附强势王权，其国家认同的表现之一就是建构、完善王朝在民族地区和各族土民中的治理体系和治理能力，平时保境安民，战时奉调出征，拱卫以皇帝为核心的王朝国家，维护民族地区的社会稳定和国家统治，安抚领隶土民和维系地方安宁是其军事征调义务最基本的内容，消极应对王朝国家征调、制造领地内外矛盾就是侵损国家利益，是其遭遇国家认同危机的具体表现之一。时至明代，水西安氏、水东宋氏等地方民族首领归附明朝，认同明朝续递的王朝国家治统，得职宣慰使及宣慰同知等，成为国家在民族地区和各族土民的"王臣"。《大定府志·旧事志三》记载："自洪武以来，安氏世为宣慰使，管水西夷族四十八部。宋氏世为宣慰同知，管水东、贵筑等十长官。"❶ 作为明代地方民族首领，"今宣慰安氏亲领夷罗民四十八部，宣慰宋氏亲领夷汉、民十二部，同知安氏亲领夷罗民一部，共领长官

---

❶ （清）《大定府志》卷四七《旧事志三》，道光二十九年刻本。

司九"。❶ 虽同为彝族土司，但水西安氏与水东宋氏的军政影响、领地范围和统治能力存在较大差别。至安贵荣时期，水西土司独大一方，权力和物质欲望不断扩张，不仅消极应对明朝的军事征调，而且借机在邻司制造混乱，企图浑水摸鱼以兼并领地，拓展自身利益，对明朝的王权威慑视而不见，土司遭遇国家认同危机。由于耳闻安氏土司纵容甚至鼓动"阿贾""阿札"等在邻司领地为患一方，亦消极应对明朝的军征檄调，履行保境安民、镇乱"平叛"臣职，损及明朝的国家利益，破坏国家的统治秩序。为此，王氏撰作《又与贵荣书》，彰显明朝的国家王权，批评安氏土司的冒险行为，辨析可能带来的恶果，规劝安贵荣采取正确的措施。

纵观《又与贵荣书》，王氏指出：安氏土司挑唆、鼓动和支持民族地区叛乱的传言被当事人阿札"自言"证实，性质十分严重，且已引起"三堂两司""且信且疑"，形势较为紧迫。王氏结合明朝土司征调制度的规约，强调王臣本应"出军剿扑""讨贼"以履行奉调与征、保境安民的军征义务，但安氏土司拥军自重，麾下土兵"文移三至"始出，"偏师解洪边之围"已徐徐三月有余，因其"称疾归卧，诸军以次潜回"的消极履职，在保境安民、征贼平叛方面直接造成"不闻擒斩以宣国威，惟增剽掠以重民怨"的恶果，纵容土民声称"宋氏之难，当使宋氏自平"，"不为宋氏出一卒"，虽能一定程度上保全自身及土民的利益，但疏远了自身与邻司的关系，也懈怠和误读了土司政权的国家治理职责，均不利于在民族地区和各族土民建立国家统治秩序、促进国家权力渗延，使得国家认同让位于地方认同，国家利益让位于地方统治利益。王氏文章指出："守土者"是"地方变乱"的直接责任人，安氏是贵州宣慰使主官，本不应远身于宣慰同知宋氏土司遭遇的统治危机，背地挑动冲突以牟私利更与其身份、职责不相吻合。如果安氏土司不及时调整其悖逆明朝王权、侵损国家利益的言行，可能招致国家檄调其他土司的围攻。届时，水西安氏土司即使"拥众四十八万"的土兵和扼守"深坑绝囤"亦无意义。最后，王氏书信建议安贵荣"速出军平定反侧"，杜口息祸，改弦更张，弥变邀福。

---

❶ （明）江东之：《贵州通志》卷四《建置沿革·宣慰使司》，万历二十五年刻本。

结 语

王阳明于正德初年罪迁修文龙场驿丞，其才学人格及明朝王臣等身份被水西安氏土司和各族土民认可与接纳，为答谢和规劝而撰作《谢安宣慰书》和两次《与安宣慰书》，展现明朝谪臣的风采，也建构完善了国家治理体系和能力，维系了明朝在民族地区和少数民族的国家统治，抑制了地方民族势力膨胀。结合文献资料和研究成果分析，王氏给水西土司安贵荣的三封书信从撰作缘起到基本内容，实际体现了王朝国家与土司之间的王权慑服与利益博弈关系：元、明、清朝在大一统历史框架和地方行省管理体制下，利用王权慑服西南等边远民族及其首领，通过土司制度整合王朝国家，凭借强大的军政势能，形成并保持王朝与土司土民之间的利益博弈，土司必须也只能首先确保国家利益，才能实现和保障自身统治地位和权益，促成天下"大一统"的格局。由此可见，各族土司在王权慑服下，认同元明清朝续递的国家治统，维系和保有双方各自的地位和利益。各级地方流官作为元明清朝与各族土司之间的联系和纽带，可以干预、影响甚至引导地方民族首领及其民众，使国家与土司、中央政府与土司政权之间能够保持上下权力互动，维护西南等民族地区社会稳定，具有强化边远地区和各民族及国家政治共同体关系的作用。流官由于特殊的政治和文化身份，在王权慑服与国家认同的背景下，对民族地区和各族民众的国家权力渗延、统治秩序维系和中原文化传播等有影响深远，故对西南等民族地区不断派驻流官、日渐建立扩大流官政治和最终彻底改归流官治理，应该而且必须成为学界多加重视的重要问题。

武陵山片区资源型城市转型发展调查研究
——以贵州省铜仁市万山区为例[*]

曹大明　黄柏权　葛政委^{**}

摘　要　资源型城市转型发展是世界各国普遍面临的问题，也是国内外经济学、社会学长期关注的一个重点。本文在介绍万山丹砂开采以及城市发展历程的基础上，分析、总结万山区转型发展的做法和经验，探究其存在的主要问题，提出可资利用的建议，这不仅对其他资源型城市的转型发展具有一定的借鉴意义，而且有利于推动武陵山片区的扶贫攻坚以及区域社会经济的发展。

关键词　武陵山片区；资源型城市；转型；发展；建议

城市形成的原因多种多样，资源型城市是因自然资源的开采而兴起或发展壮大，且资源型产业在工业中占有较大份额的城市。❶资源型城市的发展具有周期性，存在一个起步、成长、成熟、衰退的过程。资源枯竭型城市即是指城市发展所依托的主体资源开发进入后期、晚期或末期阶段的城市。❷截至2013年，国家认定的资源型城市262个，其中资源枯竭型城市69个。武陵山片区有资源型城市与县区4个，其中贵州铜仁市2个，分别是松桃县与万山区。特别是万山区，它是1966年国家在贵州省设立的县级资源特区，也是武陵山片区唯一的资源枯竭型城市。其转型发展得到

---

　*　国家民委民族问题研究项目"武陵山区片区资源型城市转型发展调查研究"（项目编号：2016-GMF-023）阶段性成果。

　**　曹大明，男，1978年生，汉族，湖南永兴人，三峡大学民族学院副教授、博士，主要从事民族关系以及区域社会经济发展研究；黄柏权，男，1962年生，土家族，湖北咸丰人，三峡大学民族学院院长、教授，主要从事南方少数民族历史与文化研究；葛政委，1985年生，男，湖南娄底人，三峡大学民族学院副教授、博士，主要从事文化遗产、土司历史文化研究。

❶　李咏梅：《资源型城市转型与可持续发展》，乌鲁木齐：新疆大学出版社，2008年，第18页。

❷　贾敬敦、黄黔、徐铭主编：《中国资源（矿业）枯竭型城市经济转型科技战略研究》，北京：中国农业科学技术出版社，2004年，第15页。

了党和国家的高度重视。中共中央总书记习近平同志曾两次指示万山区的转型发展，第一次是在2008年1月31日，习近平看望雪灾中的万山群众，并指示了万山经济社会发展之路；第二次是2013年5月4日，习近平赞扬万山特区的脱贫工作，并明确要求万山特区抓住机遇，推动转型可持续发展。❶ 近年来，社会媒体非常关注贵州省万山区的转型升级发展，个别政府官员与学者也介绍了万山区的转型之路，❷ 但缺少从学理的角度系统、深入地分析、总结万山区转型之路的成果。为此，课题组于2016年6月10～16日、2017年7月18～24日前后两次对贵州省铜仁市万山区进行全面、深入的调查。本文将在介绍万山发展历程的基础上，分析、总结万山区转型发展的做法和经验，探究其存在的主要问题，提出可资利用的建议，这不仅对其他资源型城市的转型发展具有一定的借鉴意义，而且有利于推动武陵山片区的扶贫攻坚以及区域社会经济的发展。

一、"先矿后城"：万山丹砂开采及城市发展史

贵州省铜仁市万山区古称大万山，该地以盛产丹砂而著称，其丹砂开采历史源远流长。相传夏商时期濮人就在万山及周边开采丹砂，❸ 秦朝时术

---

❶ 习近平批示："铜仁市万山区2008年遭受特大凝冻灾害，这些年来在中央和省的支持下，万山干部群众奋力拼搏，实现了脱困目标，我感到十分欣慰。希望再接再厉，加大工作力度，用好国家扶持政策，加快转型可持续发展，不断提高经济社会发展和群众收入水平，为实现与全国同步全面建成小康社会作出积极贡献。"转引自中共铜仁市万山区委办公室：《中央省市支持万山转型发展政策文件汇编》（内部资料），2016年，扉页。

❷ 参见叶眉：《资源枯竭型城市的异地转型之路——以贵州万山为例》，《规划创新：2010年中国城市规划年会论文集》，2010年10月15日；张伶俐：《推动万山经济社会全面转型的调查与思考》，《中共铜仁地委党校学报》2010年第3期；中共铜仁市万山区委政策研究室：《加快万山区"两个转型"的实践与探索》（内部资料），2013年9月9日；文叶飞、刘泽坤等：《资源枯竭型转型的"万山答卷"》，《当代贵州》2014年5月25日；祝家顺等：《汞矿资源枯竭型城市转型个案发展研究》，《四川建筑》2015年第5期；人民日报《思想理论动态参阅》课题调研组：《"两个转型"实现凤凰涅槃"旅游+"孕育发展动力》，《贵州日报》2016年11月2日。

❸ 万山民间传说，商朝衰亡时，从西北方来了一位自称姓梵的女子，教老百姓在大崖石壁上攻采丹砂，久敲久凿，便在石壁上形成了洞穴。梵氏将丹砂献给武王，武王服之，神清气爽，颜面红润，身体强健。军师姜子牙称丹砂为万岁不老丹，一时朝野轰动，将丹砂视为宝贵神药，将产丹砂之山称为大万寿山。从此万山以丹得名。引自万山特区工业志编纂委员会编：《万山特区工业志》，香港创艺出版社，2013年，第85～86页。

士徐福更是将万山丹砂带到了日本。❶ 宋代，万山的丹砂开采已有明确记载。朱辅《溪蛮丛笑》"辰砂"条载："辰、锦砂最良。麻阳，即古锦州，旧隶辰郡。砂自折二至折十，皆颗块。佳者为箭镞。结不实者为肺砂。碎则有趱趏，末则有药砂。砂出万山之崖为最。仡佬以火攻取。"❷ 元代，置大万山苏葛棒（办）等处军民长官司，以田谷为长官。元末，有外来客民开采万山丹砂。❸ 明代，置大万山长官司，以杨政华为长官。同时将矿山收归国有，加大对万山丹砂的开采。《明史·地理志》载铜仁南铜崖山、新坑山言，该地"产朱砂、水银"。❹ 新坑山，在大万山司北五里，岩谷深邃。这一代的矿脉，属明初新发现的，故谓之新坑。《大明一统志·贵州布政司》载贵州土产曰："硃砂，省溪、大万山二长官司出。水银，大万山长官司出。"❺ 又于明太祖时（1368～1398）在万山设大万山水银朱砂场局，以加强开采、冶炼之管理。《明史·食货志五》载："惟贵州大万山长官司有水银、朱砂场局。"❻ 永乐十一年（1413），思州、思南两宣慰司因争夺万山一带朱砂资源相互仇杀，震惊朝廷，以致朝廷撤去两司，建立八府，以贵州布政司辖之，由此开启了贵州的"改土归流"。《明实录·太宗实录》载，永乐十二年（1414）三月初二日，"铜仁、省溪、提溪、大万山四长官司并鳌寨苏葛棒坑朱砂场局、大崖土黄坑水银朱砂场局属铜仁府"。❼《明实录·宣宗实录》也载：宣德元年（1426）正月戊午，"改贵州铜仁府大崖土、黄坑水银朱砂场局隶大万山长官司"。❽ 此后，随着万山丹砂采冶下降，朱砂水银场局管理人员有所裁减。宣德五年（1430）四月二十二日，"裁减贵

---

❶ 2002年12月12~15日，日本地质博物馆馆长遥秋带领的团队考察了万山矿区，并通过现代科技方法认定日本北九州出土的公元100～200年的文物丹砂颜料来源于万山矿区。

❷ （宋）朱辅撰，伍新福校点：《溪蛮丛笑》，附录于（明）沈瓒编撰、（清）李涌重编、（民国）陈心林补编的《五溪蛮图志》后，成都：岳麓书社，2012年，第337页。

❸ 民间传说，云南人马老板雇丁在万山大水溪上游左侧（仙人洞对面）石壁上凿梯开硐数月，耗尽投资不见丹，便悄悄逃离。岩丁们将所剩火药放最后一炮，出现了一大包火红的朱砂，便立即把马老板追回，继续沿着砂脉打，越打越旺，洞口不远处，有一晒席宽的大石板用着晒朱砂，朱砂把这块大石板也染得红彤彤的。明洪武时矿山收归国有，马老板发财回归故里。这里留下的石梯石硐，人们称之为云南梯、云南洞，称晒朱砂的那块石头为晒宝石。引自万山特区工业志编纂委员会编：《万山特区工业志》，香港创艺出版社，2013年，第87页。

❹ 《明史》卷四七《地理志》。

❺ 《大明一统志》卷八八《贵州布政司》。

❻ 《明史》卷八一《食货志五》。

❼ 《明实录·太宗实录》卷一四九。

❽ 《明实录·宣宗实录》卷一三。

州铜仁府大万山长官司大崖土黄坑水银朱砂场局副使一员"。❶宣德八年（1433），翰林编修采（铜仁）知府事，请罢其（砂丁）赔累永息。至明正统三年（1438）九月十四日，因"官多民少、地瘠课重"，朝廷"革贵州铜仁府大万山长官司水银朱砂场局"。❷弘治年间，万山仍在出产朱砂、水银，但已是"朱砂应岁贡，人户逐年凋"。万历时，砂丁入不敷出，以逃亡为生。"赤箭砂坑即祸坑，十家逃窜九家贫。诛求免应人情好，回首扪心那重轻"❸的诗句即是当时万山丹砂开采情况的生动写照。

清初，由于朝廷严禁民间采矿，万山丹砂处于停产"湮塞"状态。乾隆时，矿禁解除，万山恢复丹砂开采。乾隆《贵州志略》载："朱砂，铜仁产者，有形如箭簇，号箭簇砂，最为可贵，产于万山厂。他砂皆产于土中，此砂独产于夹石缝中，取之最难，每块并无重至一两者。"❹由于"取之最难"，万山丹砂产量仍十分有限。道光时，万山厂再次荒废。光绪年间，万山厂又恢复开采，但其生产始终处于"作辍无常"之状态。清后期，随着英法帝国主义的入侵、强占，万山丹砂进入掠夺性开采的阶段。光绪二十五年（1899），英法商人通过移花接木之手段组建了英法水银公司，到万山采冶丹砂。1899～1901年，公司集中力量在万山探矿、建房。控制万山一代的丹砂开采后，他们随即运用先进的技术装备掠夺性开采丹砂，提炼汞。至光绪三十四年（1908）撤离，英法水银公司在万山掠夺水银700吨，获利400万银元。❺

1908年，英法水银公司从万山撤离后，万山丹砂转由当地人分散开采，形成各矿业主"群雄割据，各霸一方"的局面。该状况一直延续到1935年国民政府完全控制贵州之时才结束。在此期间，万山有数十家民营矿厂。其中规模较大的"德益和厂"，开采老砂坑和黑硐子，雇工近300人。1935年，随着贵州军阀王家烈下台，国民政府资源委员会垄断开采包括万山在内的丹砂矿。1936年2月4日，贵州省建设厅省溪朱砂场局成立，驻万山（今万山镇解放街）。该局接管并开采老砂矿、万山场、岩屋坪、

---

❶《明实录·宣宗实录》卷六五。

❷《明实录·英宗实录》卷四六。

❸（明）刘望之：《隐忧八咏·禁买砂》，载（明）《铜仁府志》卷十二《艺文志》，万历四十年刊本。

❹（清）谢圣纶等辑：《贵州志略》卷八《物产》，乾隆四年（1739）刊本。

❺ 李杰：《解放前的万山汞矿》，《贵州文史丛刊》1982年第2期。

茉莉坪等，工人500余人。开办8个月后，因亏蚀太大而停办。1938年6月，国民政府资源委员会接管省溪朱砂场局，实行矿产国有制，同时接管了万山其他私营矿砂厂，并以万山为基地，逐步接管贵州各地丹砂矿及湖南晃县（今新晃县）汞矿。1939年1月，资源委员会与贵州省共同成立了管理贵州汞矿资源为主的贵州矿务局，同时成立贵州矿务理事会、委员会。矿务局成立不久，即在万山成立省溪汞矿，矿厂主任办公室及工务室设在省溪县城（即万山场，今万山镇解放街），总办事处及其他各课设在湖南晃县的上菜园（今新晃县人委会办公处）。

1940年秋，由于矿务局长史维新办矿不力，贵州矿务局被裁撤，各丹砂矿直接受资源委员会管理。1941年，资源委员会合并贵州、湖南、四川三省矿务局，成立汞业管理处，将撤销省溪县治后分属玉屏县的万山、铜仁县的岩屋坪、大硐喇、茉莉坪等矿区分别成立分矿，同时另设三八厂、贞册厂及务川、铜仁、酉秀、贵阳等事务所，收购农民开采的朱砂、水银。1946年9月，汞务管理处改为西南汞矿局。矿部设在晃县城上菜园，下设六个分厂，其中万山分厂、岩屋坪分厂均在万山境内。万山分厂有职员30余人，工人900多人，月产水银2吨多；岩屋坪分厂有职工400多人，月产水银1吨多。1946年10月，国民政府资源委员会西南汞矿局将万山矿厂转让给玉屏益民股份有限公司，将岩屋坪矿厂转让给铜仁八大商号合资经营的黔东民生股份有限公司。❶

1949年11月，万山解放。1950年7月，贵州省铜仁行政专员公署撤销玉屏益民股份有限公司产权，于1950年10月成立了由人民当家做主的矿山管理机构——公私合营万山汞矿公司。此后，公司隶属关系虽经历了贵州汞矿厂、湘黔汞矿公司、贵州省汞矿和贵州汞矿的更迭，生产也经历过一定的波动，但仍以较快的速度发展成为中国最大的汞工业生产矿山。从1950年至2000年，以万山为总部的贵州汞矿共生产朱砂1500余吨、汞近20000吨，为国家创利税15亿元。特别是在国民经济最为困难的1959～1962年，贵州汞矿以国家利益为重，在本身生活都十分困难的情况下，大干苦干，平均每年生产水银1137吨、朱砂75吨，为国家偿还苏联债务做出了重大的贡献。周恩来总理因此称万山生产用于还债的汞为

---

❶ 万山特区工业志编纂委员会编：《万山特区工业志》，香港创艺出版社，2013年，第98页。

"爱国汞"。 ❶ 1966年1月，贵州省人民政府和冶金部提请国务院审批，成立万山矿区人民政府。同年2月，中共中央、国务院批准，设立万山特区。5月成立特区人民委员会，驻万山城解放街。1968年9月，贵州省革委会撤销万山特区。1970年8月，国务院行文恢复万山特区。先后从玉屏县划出万山、高楼坪、黄道、下溪，从铜仁县划出敖寨、瓮背等区域归万山特区管辖。2002年，由于汞矿资源枯竭，支柱企业原贵州汞矿破产关闭，万山特区由此成为国内外最贫困最典型的资源枯竭型城市。2008年，万山特区国民生产总值仅4.6亿元；财政总收入和地方财政收入分别为6446万元和2893万元；农民人均纯收入2141元，列贵州省88个县（市、区、特区）倒数第4位；在岗职工年平均工资19557元，只有全国平均水平的71.7%。 ❷

较之于悠久的丹砂开采历史，"因矿而生"的万山城的始建时间相对较晚。该城始建于明初，乃大万山治所，即今高楼坪侗族乡郭家村万山司。这一时期，万山城房屋多木质结构草房，瓦房甚少。清光绪六年（1880）移省溪（今江口县）司吏目驻大万山，遂易名为省溪。治所为万山城老街，并筑城墙3.5公里。光绪二十五年（1899），英法水银公司在万山城西郊滑石坡修建红砖瓦房20余间。民国二年（1913）废司置省溪县，仍治万山城老街。这一时期，万山城内有街道1条，居民多沿街居住，住宅多为木质草盖的小平房。富者建木质瓦盖有石围墙的四合院，贫者住竹篱茅舍，上、中、下会馆和寺观万寿宫、禹王宫为古式阁楼木质结构瓦房。县政府办公楼为木质青瓦衙门式建筑。至民国二十一年（1932）前为省溪县中区驻地，民国二十一年设万山镇（今解放街）和三星镇（今土坪），属第一区。民国二十七年（1938）改为联保后，划为城厢、老砂坑（又名老山坑）、张家塆、万山司四个保，属第一区第二联保。民国三十年（1941）撤销省溪县，万山并入玉屏县，万山城设督导员办事处。民国三十一年（1942）改设万山乡，驻万山城老街。这一时期，万山城区总建筑面积2万平方米。益民股份有限公司的房屋为石围墙木质瓦房和砖瓦平房，矿工住茅草棚。1949年万山解放，作为万山区机关、贵州汞矿、地质队驻地，万山城的建筑面积、规模逐步增大。特别是1966年成立特区后，万山城的建设得到了

---

❶ 万山特区工业志编纂委员会编：《万山特区工业志》，香港创艺出版社，2013年，第153页。

❷ 万山特区发改局：《资源枯竭型城市贵州省万山特区转型规划（2010～2020）》，2009年，第6页。

较快的发展，并形成了以解放街、新街为主的街道网络。❶ 解放街又称老街，呈东西向，是特区党政机关所在地和商业集中区；新街是贵州汞矿矿部所在地和职工生活区，呈南北向，设有中小学、技工学校、医院、电影院、文化中心以及贵州汞矿研究所、贵州冶金地质一队综合研究室等科研单位。但是，受当地恶劣自然环境、城区大部分是汞矿采空区且东、北、南三面均是百米悬崖等方面因素的影响，万山城区不仅发展空间严重不足，而且城市交通、市政等基础设施建设也严重滞后。2008年，万山区全社会固定资产投资总额仅1.22亿元，位列贵州省88个县（市、区、特区）倒数第一位；高等级公路仅有2.5公里，县道54.5公里；城市市政基础设施建设30年来仅投入建设资金3000万元，城镇功能极不完善。❷

二、"破茧重生"：贵州省铜仁市万山区转型发展的现状

万山因汞闻名，也因汞而兴、因汞而衰。2001年10月，贵州汞矿的政策性关闭破产，使万山一度陷入窘境，经济建设基本停滞，矿区居民生活困苦，生态环境破坏严重，社会矛盾十分尖锐。2009年5月，万山被批准为全国第二批资源枯竭型城市，从此开启经济社会的转型。通过几年的奋力拼搏，万山已走出一条符合自身实际的转型发展之路，经济实力不断增强，社会秩序和谐稳定，生态环境明显改善，人民群众充满信心，实现了"中国汞都"的破"茧"重生和"凤凰涅槃"。其主要表现如下。

（一）经济发展在转型中提速，综合实力明显增强

2011～2016年，万山区生产总值由16.7亿元增加到45.0亿元，年均增长16.2%；财政总收入由1.49亿元增加到6.4亿元，年均增长33.5%；社会固定资产投资由11.1亿元增加到90亿元，年均增长51.6%；规模以上工业增加值由5.73亿元增加到14.9亿元，年均增长15.1%；社会消费品零售总额由2.5亿元增加到11.5亿元，年均增长31.5%；城乡居民人均可支配收入分别由1.26万元、3727元增加到2.64万元、8200元，分别增

---

❶ 贵州省万山特区地方志编纂委员会编：《万山特区志》，贵阳：贵州人民出版社，1993年，第210页。

❷ 万山特区发改局：《资源枯竭型城市贵州省万山特区转型规划（2010～2020）》，2009年，第5～7页。

长了2.1倍和2.2倍。2014年经济发展综合测评中，万山区排在贵州省47个非经济强县第七，排名全市7个非经济强县第一，创历史最好水平；经济发展群众满意度排全省第十二、全市第一。35项经济发展测评指标中，人均GDP、贫困乡镇发生率、集中式饮用水源地水质达标率、城乡生活垃圾无害化处理率，以及税收收入增速、金融机构各项贷款余额增速等6项指标排全省第一，产业投资占固定资产投资比重、金融机构各项存款余额增速2项指标排全省第二。2015年，万山区全面建成小康社会总体实现程度为89.2%，具备了在贵州率先全面实现建成小康社会的目标。❶

（二）产业转型步伐加快，产业发展势头强劲

根据"三次产业相互融合"的思路，大力破除三次产业的屏障和壁垒，形成三次产业相互促进、相互推动的良好格局。三次产业结构从2011年的15∶59∶26调整为2016年的22∶42∶36，结构不断优化。农业产业实现较大发展，已规划建设3个现代山地特色高效农业示范园，其中鱼塘、高楼坪现代高效农业示范园被列入全省"100个农业示范园"；成功引进九丰生态农业、梵净山农业海洋生态农业等项目，引资5亿元打造的梵净山生态农业科技园，被批准为国家级地方联合工程研究中心和首个博士后工作站。2016年实现农林牧渔业总产值14.8亿元，是2011年的6.7倍。工业经济实现了大转型，传统行业基本实现了从资源型到技术型的转变。成功引进新疆天业、东奇电气、安亚电器、净山酒业、腾晖建材等企业，2016年淘汰落后产能4.22万吨，汞化工、铁合金两大行业产值占比从2011年的95%下降至49%。投资20亿元的万仁新能源电动汽车2017年7月投产，填补了万山工业龙头企业之空白。服务业发展势头良好，现代物流、汽车销售、旅游等城市新经济快速发展。谢桥城区启动了黔东物流、梵净山生态物流、现代医药物流等基地建设，西南商贸、净山冷链、亿通等物流工程建设顺利。其中"西南商贸城"入驻商家380多家，是铜仁市业态最齐全、物流最便利、辐射最广泛的一站式商贸物流经济。谢桥新区汽贸城稳步建设，正成为铜仁市规模最大、功能最全的集汽车展销、配件销售、汽车修理于一体的大型汽车商贸城，目前入驻汽贸公司9家，建成运营的汽车品

---

❶《万山区2016年政府工作报告》，2016年3月19日，载《万山年鉴》编辑部：《万山年鉴·2016》，北京：中国文化出版社，2016年，第13～17页。

牌8个。旅游产业实现了跨越式发展,目前已成功打造以工业文明为主题的休闲怀旧小镇朱砂古镇,以农业观光为主的九丰农业博览园,以亲子游为主题的游乐场万山彩虹海。2016年,共接待游客223万人次,旅游收入增速位居铜仁市第一。

（三）城市异地转型初见成效,城市面貌焕然一新

通过抢抓铜仁撤地建市的机遇,实现了从边缘向中心城市融合发展的转变。2016年,万山城区面积增至24平方公里,户籍人口20万人,城镇化率达47.2%。根据城区建设规划,谢桥新区将按商务核心区、综合服务产业住区、谷地休闲产业住区、现代休闲产业住区、科研创新区五区进行建设。目前,万山新城已初具城市雏形,"四纵四横"路网和管网、电网等城市骨架基本建成,行政中心完成了搬迁,市第八中学、交通学校、体育馆、朱砂大酒店、游泳馆、风筝放飞基地等服务设施相继投入使用,西南国际商贸城、汽贸城、亿通汽配城等商贸综合体正式营业,房地产项目开发有序推进,共引进11个高档次精品楼盘。与此同时,万山老城逐步实现了景区化。依托朱砂古镇,重点加强配套路网升级改造、垃圾填埋场、污水处理厂等基础设施建设。以侗家民俗风情街为依托,改扩建中心广场、麻音塘广场,完成老城区主干道的黑化、万山红大道提级改造和城市风貌改造（一期）,硬化社区联户路23公里,安装通组路灯1200盏,实现了矿区向景区的华丽转身。

（四）生态环境逐步改善,生态文明建设有序推进

大力实施生态环境对矿渣、炉渣引起的地质环境污染进行整治,对矿区地貌景观进行植被修复,对矿渣裸露区进行绿化。汞污染防治被纳入《国家重金属污染综合防治规划》,成为全国6个典型区域土壤污染防治示范区之一。截至2016年,完成了红菱汞业、矿产公司等8家汞化工企业含汞废气和汞渣,下溪河、敖寨河沿岸4873亩污染土地（农田和耕地）,大水溪等8座尾矿库的综合治理。实施封山育林工程与石漠化综合治理试点,封山育林面积达22平方公里,治理石漠化37.3平方公里,治理水土流失5.4平方公里。2016年,万山区森林覆盖率已达56.61%。经过这些年的治理,原有矿山污染得到有效控制,生态形势得以根本好转。原来千疮百孔的老矿区如今郁郁葱葱,青山绿水随处可见。

（五）民生得到大改善，人民群众幸福指数显著提升

近五年来，万山区在中央、省财政的支持下，民生投入大幅增加。万山区财政把上级财政拨付给万山区资源枯竭型城市的转移资金，重点安排实施了社会保障、住房、医疗卫生等7大类48个项目。社会保障方面，制定出台了《万山区城乡医疗救助工作实施方案》《万山区临时救助实施办法》。2016年各项社会保险参保33.57万人次，社会保险费征缴额1.72亿元，基本社会保险覆盖率达91.6%；住房方面，万山区建设了廉租房、经济适用房等城镇保障性住房1.4万套，投入使用7000套；医疗方面，完成19个医疗卫生计生服务室和20个计生站基础设施及配套设备建设，新建和改扩建农村互助幸福院和改扩建敬老院17个，城镇居民医疗保险参保率达98%，新农合参合率达99.55%。民生支出由2008年1.8亿元增加到2015年13亿元，民生支出与公共财政预算支出占比由2008年的61.53%增加到2015年的84.3%。❶居住条件的改善、社会保障体系的完善、医疗救助力度的加大，使居民的生活质量明显提高，幸福指数不断提升。

三、全方位：贵州省铜仁市万山区转型发展的主要做法和经验

2002年贵州汞矿政策破产之后，万山区为摆脱困境做出了许多探索和尝试，但思路一直不太清晰。2009年，万山区列入了全国第二批资源枯竭型城市并有了相关国家政策指导，万山区才开始逐步寻找到转型升级发展的方向。2010年，铜仁市利用撤区设市的机遇，对万山区的转型发展进行深入的调查和思想大解放的全方位讨论。特别是2013年5月4日习近平总书记对万山转型发展做出重要批示后，❷万山区以城市转型和产业升级为主线，以维护社会稳定和改善民生为根本，以加快生态文明建设为目标，走出了一条全方位转型的可持续发展之路。

---

❶ 《铜仁市万山区国民经济和社会发展第十三个五年规划纲要》，载《万山年鉴》编辑部：《万山年鉴·2016》，北京：中国文化出版社，2016年，第54页。

❷ 2013年5月4日，习近平总书记对万山转型发展作出重要批示："在中央和省的支持下，万山干部群众奋力拼搏，实现了脱困目标，我感到十分欣慰。希望再接再厉，加大工作力度，用好国家扶持政策，加快推进转型可持续发展，不断提高经济社会发展和群众收入水平，为实现与全国同步全面建成小康社会做出积极贡献。"转引自中共铜仁市万山区委办公室：《中央省市支持万山转型发展政策文件汇编》（内部资料），2016年，扉页。

（一）以铜仁撤区设市为契机，强力推进城市异地转型

城市异地转型既是主动的，也是被动的。说是"主动的"，是因为"城市异地转型"是铜仁市万山区经过吸取历史教训、充分研究和利用国家战略、反复思虑后的战略；说是"被动的"，是因为万山原有城市转型发展面临着巨大的挑战。一是万山是依托汞资源开采而兴起的工矿型城市，城市基础设施功能不能服务于现代城市发展，城市布局随矿区变化而变化，城市建设散乱无序，发展空间狭窄。二是城市无业人员多，民风浮夸，城市平民百姓中流传着"吃粮靠种地，用钱靠捡丹"的顺口溜，在2002年特区汞矿关闭破产之后，偷矿、盗矿的行为更是屡禁不绝。三是万山区产业结构单一，且在矿区关闭后，城市产业已经无法支持原有城市人口。四是万山老城区生态修复压力较大。万山汞矿采矿区面积100平方公里，采空区面积达9.75平方公里，地面大小硐口200多个，形成采矿坑道长达970公里，这其中有一部分就在万山原城区之内，地质隐患较大。万山汞矿45年的生产经营，共排放废渣624万立方米，废气207亿立方米，废水5200立方米，"三废"分别超标5449倍、236倍、214倍。通过"三废"排放进入自然界的金属汞达到350余吨，严重污染了土壤、空气和河流。❶五是水资源欠缺。万山特区为喀斯特地貌，降雨多，储水难。加之地下已采空，地下水位下降。万山老城区又无大江大河，可利用水有限。在这种背景下，城市异地转型成为万山区转型发展的希望。

万山区通过城市异地转型大大拓展了原有城市的发展空间。2011年，万山区抓住了铜仁撤区设市的机会，利用新划转的乡镇（街道）把城市中心由万山镇转移到毗邻原县级铜仁市的谢桥街道办事处，融入铜仁市主城区，拓展万山城市发展空间，成为铜仁市"一城两区"的重要板块。❷同年，铜仁市还将属下的茶店镇、鱼塘乡、大坪乡三个乡镇划入新成立的万山区。此后，通过启动城市建设"三年大会战"、城市基础设施"十大提升工程"以及"产城互动、景城相融、教城一体"的山水城市建设，新桥新区不仅成了万山新的政治、经济、文化的中心，而且成了铜仁市的主城区。与

---

❶ 万山特区发改局：《资源枯竭型城市贵州省万山特区转型规划（2010~2020）》，2009年，第3页。

❷《省人民政府关于同意将铜仁市谢桥街道行政区域划归万山特区管辖的批复》（黔府函〔2011〕3号）指出："经研究决定，同意将谢桥街道的谢桥、唐家寨、楚溪、龙门坳、石竹、瓦屋坪6个村和谢桥社区居委会划归万山特区管辖。"

此同时，万山还不断完善老城区的配套服务设施建设，逐步加大对老城区的保护和利用。在引进江西吉阳集团投资20亿元、将朱砂古镇打造成国家4A级景区的基础上，以万山汞矿文化遗存申报世界文化遗产为契机，充分利用工业文化遗产发展以旅游业为主的第三产业，高标准建设"万山汞矿工业遗址博物馆"，重点打造以朱砂为特征元素的旅游商品生产销售基地、传统产业工人怀旧旅游基地、汞工业发展"时空隧道"以及朱砂古镇影视城。

（二）以产业结构优化升级为抓手，大力推进经济转型

经济转型升级是资源型城市转型发展的关键。铜仁市万山区以产业结构调整为抓手，以提升传统产业、扶持接替产业和新兴产业、发展旅游健康产业和现代农业、做大做强万山省级经济开发区为着力点，大力推进经济转型升级。

一是抓传统产业换挡升级。万山长期依赖于汞资源开采，并形成了与之相关的产业体系。2002年后资源的枯竭让这一单一产业无以为继，传统的金属冶炼和化工产业发展空间受限。为此，万山区利用汞工业技术优势，打造全国汞化工循环经济示范基地。利用传统汞工业技术、人才、品牌优势，通过走兼并重组、技术改造、招商引资、产业升级等路子，发展汞化工循环产业。引进全国500强企业湖北宜化等一批有实力的企业入驻工业园，促进汞化工企业抱团发展，优化汞化工系列产品的研发生产，延伸产业链。工业园现有涉汞企业13家，高纯汞、汞触媒、氯化汞、新型催化剂等产品占全国市场份额的80%以上，其中，含汞废物处置企业2家，处置能力也占全国80%以上，被国家环保部作为全国汞化工循环经济示范区进行规划建设。同时，抢抓国家大力发展节能环保产业的机遇，打造万山固体废物综合利用循环经济示范基地。在省环保厅和市委、市政府的关心支持下，已将万山作为省市区三级共建的固体废物综合利用循环经济示范基地，重点发展涉重金属、废旧塑料、废旧电器等固体废物综合利用产业。编制完成了《万山固体废物综合利用循环经济示范园区项目建设汇总表》，编制项目100个，总投资500多亿元。已与湖南、重庆等地客商签订

有关固体废物综合利用招商引资协议14个，投资金额12亿元。❶

二是扶持接替产业和新兴产业，使之迅速形成规模。接替产业方面，依托丰富的含钾页岩资源，打造钾化工产业基地。万山钾矿资源远景储量50亿吨左右，目前已被纳入中国科学院、省政府战略合作协议，被列为贵州省十大振兴产业之一。积极引进先进技术，加速推进工业性试验，综合开发钾矿资源系列产品，力争把钾产业建设成为万山资源枯竭型城市转型的接替支柱产业，把万山建成中国南方最大的钾化工生产基地。2011年，远盛钾业有限公司含钾页岩低温分解技术已中试成功，攻克了难溶性钾生产技术难关，达到国际先进水平，现正在建设2万吨综合开发实验项目；新兴产业方面，深入实施"引进来、走出去"招商引资战略，重点在新能源、新技术、大健康等领域引进和培育一批新兴企业，推动产业转型升级。银泰铝业、东奇打火机等40多家规模以上企业实现了投入运营，特别是巨力农业机械装备和制造项目的引进以及万仁新能源电动汽车投产，更是填补了万山区乃至铜仁无大型工业企业和装备制造业的空白，为促进经济快速持续发展奠定基础。

三是大力发展旅游健康产业和现代农业。旅游健康产业方面，依托万山丰富的旅游资源，借助沪昆高铁的开通、万山区大交通格局形成、矿山公园被批准为4A级景区、汞矿遗址被列入中国世界文化遗产预备名单的东风，夯实湘黔边境旅游精品关键节点，形成了东有凤凰古城、西有朱砂古镇的格局。同时，高起点规划、开发了挞扒洞长寿湖湿地公园、挞扒洞村、彩虹海、江南水乡·滨河公园、中华山·相思湖、黄腊洞、夜郎谷、国际风筝联合会万山放飞基地等旅游项目。现代农业方面，以山地高效农业为主线，积极推动"富民产业"提质增效，促进农业"接二连三"。借助"互联网＋农业"计划，大力发展大棚蔬菜、特种养殖、食用菌、山地刺葡萄、蜜枣等地方优势产业。点面结合，以高楼坪现代高效山地农业博览园为点，积极带动全区11个高效农业示范园的全面建设。截至2017年上半年，万山区引进农业龙头企业72家，建立蔬菜大棚30万平方米，培育专业大户418户、农民专业合作社265个，发展蔬菜基地41万亩、山地刺葡

❶ 中共铜仁市万山区委政策研究室：《加快万山区"两个转型"的实践与探索》(内部资料)，2013年9月9日。

萄1万亩、蜜枣2万亩。❶

四是做大做强万山省级经济开发区。按照"产业集结、工业集聚、企业集群"的发展思路，成立了贵州万山经济开发区，开发区规划总面积9.9平方公里，规划建设用地9.08平方公里，定位为国家级固体废物综合利用循环示范园区，以固体废物综合利用产业、汞化工和新型催化剂为主的精细化工产业、锰化工及锰气电一体化产业为主导产业的省级经济开发区。❷按照一期规划，开发区已基本完成"四纵两横"的主干交通路网以及水电、生活服务配套设施建设，初步形成了"一体四园"的产业格局（即"核心区综合体、固体废物综合处理产业园、中小企业产业园、工业文化产业园和生态产业园"）。2016年，开发区入驻企业128家，其中规模以上工业企业50家。园区完成工业总投资28.54亿元，完成规模以上工业产值63.98亿元（2000万元口径），完成工业增加值13.95亿元。

（三）以全面改善和保障民生为根本，积极推动社会转型

保障民生、守住底线是实现万山社会稳定和顺利转型的基础。维护好弱势群体和困难群众的生存权和发展权，既体现着国家的责任，也能保障社会稳定。2002年矿山关闭后，原矿山要安置的职工达1万多人。2011年，万山撤特区设区后，贫困人口从划转前的1.8万人增加到现在的3.52万人（按2300元标准计），占总人口的23%。贫困人口的社会保障、医疗卫生、保障性住房和其他公共服务的投入急剧增大，改善民生的任务更加艰巨。万山区充分利用中央财政转移支付和其他支持，以全面改善和保障民生为根本，积极推动社会转型。

一是尽力解决矿区居民住房问题。高度重视采空区移民搬迁、棚户区改造问题，重点加强完善住房保障制度建设。近5年，万山区建设了廉租房、经济适用房等城镇保障性住房1.4万套，投入使用7000套。2016年，通过廉租房、经济适用房、采空区移民搬迁、棚户区改造安置矿区居民多达1830户5340人。

二是努力解决百姓关心的就业、医疗、教育等民生突出问题。积极拓

---

❶　铜仁市万山区统计局：《铜仁市万山区2017年上半年经济运行分析》，2017年8月2日，索引号：GZ000001/2017-00356。

❷　《省人民政府关于贵州万山经济开发区总体规划（2013～2030年）的批复》（黔府函〔2015〕186号），引自《贵州省人民政府公报》，2015年第12期。

宽就业渠道，通过发放就业小额贷款、职业技能培训、"雁归人员"创业等方式，实现城镇新增就业1.2万人，城镇登记失业率控制在3.54%；实施优惠的医疗保险政策，对万山区在乡镇级定点医疗机构就医的合作医疗参加者报销比例为100%，区级定点医疗机构补偿比例为75%，参加合作医疗有重大疾病患者，花费超过10万元且在40万元以下的，报销80%；坚持"学前教育抓普及、义务教育抓均衡、高中教育抓品牌、职业教育抓创新"的发展思路，推进教育"9+3"行动计划、"4+2"突破工程。投入13.14亿元，建成市交通学校、第八中学、第六中学、第四小学和仁山学校。新增山村幼儿园62所，实现公办幼儿园乡镇全覆盖。❶

三是积极完善社会保障体系。严格实行城乡低保政策，制定出台《万山区城乡医疗救助工作实施方案》《万山区临时救助实施办法》，城乡低保标准按照每年不低于10%的比例增长。对具有万山区户籍的居民，凡家庭成员年人均收入低于当地居民最低生活保障标准的，均可享受城乡低保。实施有针对性的城乡居民养老政策，万山区居民根据自身情况可从年100元、200元、300元、400元、500元、600元、700元、800元、900元、1000元、1200元，1500元、2000元13个档次中选择一个档次缴费，财政给予相应的补助。对残疾、独生子女户、二女结扎户、一类低保户，财政按不低于100元的标准为其代缴；制定出台《铜仁市万山区万山镇被征地农民社会保障工作实施方案（试行）》，将万山镇确定为被征地农民社会保险工作试点；投入2670万元，积极推进农村互助幸福院、农村敬老院、城市中心敬老院、老年养护公寓、儿童留守之家、老年人日间照料中心建设。

（四）以加快生态文明建设为目标，积极推动区域生态改善

"发展和生态"是万山区转型升级的两条底线。针对存在汞矿采空区生态环境、地质灾害、重金属污染严重等问题，万山在把"发展"作为第一要务的同时，以加快生态文明建设为目标，把生态修复、改善环境摆在突出位置，积极推动区域生态改善：

一是变矿区为景区，变"废"为宝。实施万山汞矿遗址保护、改造、利用工程。2005年，成功将丹砂开采历史悠久、矿洞长达970多公里的"地下长城"申报成为国家矿山公园；2006年，仙人洞、黑子洞、云南梯等成

---

❶ 《2017年铜仁市万山区人民政府工作报告》，2016年12月19日。

功申报为国家文物保护单位；2012年，积极探索汞工业文化保护开发途径，主动开展汞工业遗址申报世界工业遗产工作，成功将万山汞矿遗址列入"中国世界文化遗产预备名录"；2013年，列为贵州省100个重点旅游景点之一；2014年，矿山公园获批为国家4A级景区。同时，积极引资将万山镇打造成规划面积105平方公里、核心面积5平方公里的"千年丹都·朱砂古镇"，大力发展旅游业。目前，古镇已形成汞矿工业遗址博物馆、主题雕塑广场、俄罗斯专家楼、朱砂大观园、湘黔汞矿公司遗址、星空影院、悬崖栈道、时光隧道、影视基地、国家文物保护单位仙人洞、黑子洞、云南梯等主要景点。

二是启动和实施尾矿库、闭库生态治理和生态脆弱区生态修复工程。加强与中国水电顾问集团贵阳勘测设计研究院、贵州劳动保护技术研究所、贵州省达成环保科技服务公司等企业和机构合作，对7个采矿区、6个尾矿库进行综合治理，目前已完成采空区除险加固及地质灾害综合治理、尾矿坝帷幕灌浆防渗、中孔修复、河道整治、场地平整等工程；实施封山育林工程、石漠化综合治理试点。2011年以来完成封山育林面积达22平方公里，人工造林面积达21平方公里，人工种草面积达11平方公里，治理石漠化37.3平方公里；实施了矿区土地复垦项目。2011年以来，投入资金达5030万元，土地复垦面积达477.52万亩。对集中堆放的矿石、矿渣进行多层防渗处理，并在渣土、渣石上通过地膜等形式发展绿色植物，改善土壤结构和特性。

三是大力实施环境污染综合治理。狠抓高能耗、高污染企业减排，严格控制万元GDP能耗、工业增加值能耗、化学需氧量，及氨氮、二氧化硫、氮氧化物等排放总量；利用进入全国6个典型土壤污染防治示范区的机会，加强汞化工企业含汞废气和汞渣治理，加大对电解锰、铁合金等重点企业的整治、督查监管工作，加强对高楼坪、茶店、敖寨、谢桥等重点乡土法炼汞高发区域的巡查；加大城乡生活垃圾无害化处理。投入4929万元，启动并完成了经济开发区固废填埋场（一期）工程。2016年处理率达90.94%；实施小流域治理项目，推进万山河道治理工程。完成下溪河、敖寨河沿岸4873亩土地（农田和耕地）污染综合治理。

四、不可回避：贵州省铜仁市万山区转型发展面临的问题

作为经济总量最小、发展空间最窄、贫困程度最深和生态环境破坏最重的全国资源枯竭型城市，万山的城市转型发展成效显著，得到了中央、省、市的肯定，但同时也存在一些不可回避的问题，主要如下。

（一）经济总量小，培育、发展接续替代产业比较困难

通过产业结构调整以及传统产业升级，万山区的经济总量和质量都有一定程度的提升，但区域经济总量小，对资源能源和环境的依赖性仍比较高，工业仍以金属冶炼和化工业为主，这可从2016年的经济总量、工业经济增长与2017年上半年主要工业产品产量中得到管窥。2016年，万山地区生产总值41.93亿元，在贵州省18个城区县域经济综合测评中排倒数第一位；人均GDP3.6万元，排第16位；工业增加值为13.31亿元，但高技术制造业增加值2亿元，仅占规模工业增加值的15%。❶2017年1～6月，规模以上工业增加值8.48亿元，同比增长11.1%。从主要工业产品产量看，传统的汞、铝材、锰矿占比较大，增速也比较高。汞产量1178吨，同比增长9.5%；铝材产量1.27万吨，同比增长22.2%；锰矿石产量45.95万吨，同比增长4.1%。❷同时，汞化工、铁锰合金等传统产业规模不够大、特色不明显、档次不够高、没有形成产业链条等问题仍然存在，增长方式仍比较粗放。此外，钾矿资源虽然比较丰富，但其开发利用还没有发挥效益，新的优势特色产业尚未形成；巨力农业机械装备和制造、万仁新能源汽车产品虽然分别在2017年3月、7月正式下线，但由于两家企业均是刚刚投产，其效益尚未完全体现并得到发挥；旅游业虽然迎来了"井喷式"发展，但成为区域经济支柱产业仍有很长的路要走。由此可见，万山区区域经济仍是以传统产业为主，发展方式仍比较粗放，培育、发展新的接续替代产业仍比较困难。

---

❶　贵州省铜仁市万山区统计局：《2016年万山区县域经济发展增比进位测评结果分析》，2017年3月20日，索引号：GZ000001/2017-00218。
❷　铜仁市万山区统计局：《铜仁市万山区2017年上半年经济运行分析》，2017年8月2日，索引号：GZ000001/2017-00356。

（二）城市异地转型建设任务重，谢桥新区融入铜仁市城市中心难

根据城市异地转型发展的规划和要求，万山区不仅需要推进谢桥、茶店新区以及万山工业园的建设，还要推动万山老城的改造。其涉及的工程项目数量巨大。这些工程项目建设，一部分项目可以通过招商引资或者中央、省、市各级政府部分的援助、政策支持完成，但交通路网、水利电力网、医院、学校等基础设施或公共服务项目都需要政府投入。对一个2016年全年财政收入只有4.69亿元、金融机构还不健全、融资还十分困难的市辖区来说，其城市异地转型建设资金压力非常大，这些都严重制约了万山区转型发展的进程。基于此，万山虽然被铜仁市定位为主城区辖区、商贸、宜居核心区，但在实际建设过程中，谢桥新区的建设缺乏市级重点建设项目支撑，城市管理职能缺失，一些基础设施、公共服务项目难以向谢桥延伸，使谢桥新区与铜仁市中心城区变成两大块，一定程度上使其难以融为一体。这不仅影响了万山区人气的聚集，而且一定程度上限制了谢桥新区商贸、房地产、饮食等行业的发展。《万山区2016年全年经济发展综合测评完成情况统计表》显示，该区社会消费品零售总额完成值为11.05，在贵州省18个城区县市中排名倒数第一；文化及相关产业增加值占地区生产总值比重为1.27%，排名倒数第一；招商引资指数、营商环境评价指数分别为70.01、71.83，排名都是倒数第二；城镇化进程指数为72.3，排名倒数第一。❶

（三）历史遗留问题较多，改善民生面临较大压力

成立新区之前，万山特区就存在下岗失业人员和待业青年就业难、职工生活困难、矿区社区居住条件差、维护社会稳定压力大等突出问题。❷撤特区设立新区之后，万山利用中央财政转移支付和其他支持，全面改善和保障了民生事业的全面发展，但贫困人口数量的增长以及贫困面的扩大，急剧增大了贫困人口的社会保障、医疗卫生、保障性住房以及其他公共服务的投入，使得改善民生的任务面临较大压力。这种压力在与贵州省

❶ 贵州省铜仁市万山区统计局：《2016年万山区县域经济发展增比进位测评结果分析》，2017年3月20日，索引号：GZ000001/2017-00218。
❷ 万山特区发改局：《资源枯竭型城市贵州省万山特区转型规划（2010～2020）》，2009年，第5页。

18个城区县市民生改善数据比较中得到了体现：2016年，万山区贫困发生率为8.05%，排名第14位；城镇常住居民可支配收入25496元，排名第17位；农村常住居民人均可支配收入7747元，排名倒数第一位；城镇新增就业人数1160人，排名倒数第一位。❶

（四）生态修复和减排任务艰巨，生态环境保护压力巨大

汞矿破产关闭特别是2011年撤特区设新区以后，万山区通过变矿区为景区、启动实施尾矿库、闭库生态治理和生态脆弱区修复等工程，生态环境得到了持续改善，但其生态修复以及工业园区减排任务仍然艰巨，生态环境保护压力仍然巨大。主要原因有三：一是地质隐患较大的采空区以及"三废"排放涉及的土地、河流面积大，且污染严重。其治理和修复需要大量的人力、财力和物力，这不是万山这样一个小县级区所能承担的，也不是一朝一夕所能处理和解决的；二是当下兴建拦渣坝、拦渣墙、拦沙坝、汞渣渗淋废水处理工程以及运用"排毒法"等技术手段治理汞矿和"三废"污染对持续改善万山生态环境确实发挥了重要作用，但这些方法和技术手段多是降低或者减少污染，没有从根本上彻底解决汞矿以及重金属污染的问题。相关研究人员对万山汞矿周边土壤、水体的取样研究对此给予佐证；❷三是当下万山区经济的支柱产业仍以金属冶炼和化工业为主，万元GDP能耗、工业增加值能耗、化学需氧量，以及氨氮、二氧化硫、氮氧化物等排放总量虽然控制在国家以及省市下达的目标任务之内，但其节能减排的压力仍然相当大。

（五）人力资源结构配置不合理，专业技术人才紧缺

资源枯竭型城市的转型是全方位、立体的转型。其转型不是简单的经济转型，还涉及生态与社会的转型。这些转型均离不开人，离不开人才。

---

❶ 贵州省铜仁市万山区统计局：《2016年万山区县域经济发展增比进位测评结果分析》，2017年3月20日，索引号：GZ000001/2017－00218。

❷ 胡国成、张丽娟等：《贵州万山汞矿周边土壤重金属污染特征及风险评价》，《生态环境学报》2015年第5期；唐帮成、王仲如等：《贵州万山工矿区农用水体汞污染情况调查》，《环境工程》2015年增刊；周曾艳、唐帮成等：《铜仁汞矿区土壤汞污染现状调查研究》，《环境保护科学》2016年第4期；曾昭婵、李本云：《万山汞矿区土壤汞污染及其防治研究》，《环境科学与管理》2015年第5期；湛天丽、黄阳等：《贵州万山汞矿区某农田土壤重金属污染特征及来源解析》，《土壤通报》2017年第2期。

设立新区之前，万山是一个工矿城市，在矿山开采以及化工领域培养造就了一批专业技术人才。设立新区后，随着行政区域拓展、服务半径扩大、人口倍增以及万山从工矿城市向新型可持续发展城市转型，万山的人才需要发生了较大的变化。既需要高素质的党政人才，也急需大量规划、科研、管理人才，而且缺口比较大。这可从近三年万山区的人才招聘中得到体现：2015年招聘176人，其中综合类（主要是会计、土建、城市规划、医学、计算机类）111人，卫生计生49人，教育类16人；2016年招聘167名，其中综合类（主要是农林、经济、考古、土木工程）19人，卫生计生类90人，教师58名；2017年招聘96人，其中综合类（主要是经济学、农林、土木工程、城市规划）16人，卫生计生类74人，教师6人。❶

五、面向未来：继续推进贵州省铜仁市万山区转型发展的建议

（一）培育接续替代产业，实现经济多元发展

经济转型是资源枯竭型城市转型发展的根本动力。万山区的转型发展，一定要抓住经济这个"牛鼻子"不放松，从多个方面展开：一是以黔东工业聚集区总体布局为指导，进一步抓好万山工业园的建设，优化产业结构，大力引进一批技术、资金、市场、规模等方面具有雄厚实力的龙头企业，率先在工业发展上实现突破；二是积极推进全国汞化工循环经济示范区、固体废物综合利用循环经济示范基地的建设，挖掘、发挥以汞工业为代表的金属冶炼和化工业的基础优势，推进传统化工产业技术革新，延长产业链条，提升以汞化工为主的化工经济的综合效益；三是大力推动钾矿资源综合利用开发，加强科技研发，做好2万吨综合开发实验项目，力争将万山建成中国南方最大的钾化工生产基地，将含钾页岩综合开发利用产业培育成万山接续替代支柱产业；四是积极扶持以万仁新能源电动汽车、巨力农业机械装备和制造为代表的新能源、新技术企业的发展，大力培育大数据网络经济与医药产业；五是继续加大对鱼塘、高楼坪现代高效

---

❶ 具体参见《铜仁市万山区事业单位2015年公开招聘新增人员简章》《铜仁市万山区事业单位2016年公开招聘工作人员简章》《铜仁市万山区事业单位2016年公开招聘（引进）高层次及紧缺急需人才简章》《铜仁市万山区2017年公开招聘（引进）高层次及急需紧缺人才简章》，均载自万山网（http：//www.wsxw.gov.cn）公告公示。

农业示范园的支持力度，发挥梵净山生态农业科技园的引领作用，建设一批有影响力的现代农业园区、家庭农场，带动农民群众增收致富，提高农村地区经济发展实力；六是推动旅游与黔东南民族风情旅游圈的融合，与"环梵净金三角文化创新区"的汇合，与湘黔旅游走廊的勾连，加强宣传推介，统筹安排旅游线路、旅游团组织，大力打造以朱砂古镇为中心的全域生态文化旅游；七是坚持产城一体化发展思路，以谢桥新城区和茶店城市功能拓展区为重点，大力发展商贸物流业、汽车服务业等，引导全市相关产业项目向谢桥集中，形成规模。

（二）加强谢桥与中心城区的联系，大力推进山水园林城市建设

城市异地转型是万山转型发展的创新举措和必由之路。万山的转型发展，必须在统筹城乡发展的基础上，加强谢桥与中心城区的联系，大力推进谢桥新区山水园林城市建设：一是严格按照铜仁"武陵之都·仁义之城"的整体城市定位以及建设山水园林城市的要求，以谢桥新区为中心，加快道路交通、水利水电、医疗卫生等公共基础服务设施建设，加快完善谢桥新区的政治、文化、科教、商贸、金融、休闲等功能，适度发展房地产业，以聚集人气、财气；二是统筹铜仁市重大城市基础设施建设项目，适当给谢桥新区以倾斜；三是加快推进连接谢桥新区与中心城区的基础设施，推进城市公共服务均衡发展，重点做好城市公共交通的统筹工作，拓延公共交通覆盖范围，加密运行班次，促使中心城区与谢桥新区紧密联结，方便群众出行；四是新老结合，统筹城乡。在建设谢桥新城区的同时，抓好老城区功能完善，以新城区带动老城区，形成一体化发展格局。

（三）提升公共服务发展水平，切实保障和改善民生

转型发展的根本目的是为了增加万山人民的福祉、促进人的全面发展。万山的转型发展，必须坚持共享发展的理念，提升公共服务发展水平，切实保障和改善民生：一是结合万山实际，实施大扶贫开发战略，围绕产业脱贫、易地扶贫搬迁、教育医疗脱贫、保障兜底扶贫等重点，做好精准扶贫、有效扶贫；二是依托产业转型、城市转型、社会转型、生态转型以及全民创业计划、"雁归工程"，加快发展新兴产业、现代服务和文化旅游业，促进扩大就业与再就业；三是通过完善保障体系、健全社会救助体系、加强保障性安居工程建设，切实提高社会保障水平；四是建立健全

医疗卫生体系，加强卫生计生基础设施建设，深化医疗体制改革，大力推动健康万山建设；五是加快谢桥新城区教育发展，改善办学条件，加强教师队伍建设，提高各类教育水平。

（四）坚持绿色发展理念，扎实推进生态环境治理

生态是万山转型发展的底线之一。万山的转型发展，必须坚持节约优先、保护优先、自然恢复为主的方针，将生态文明建设融入经济社会发展全过程，促进生态发展、绿色发展、循环发展。一是大力发展循环经济，促进汞循环经济发展，加强对含汞产品的分类回收和对含汞废气的治理，支持固体废弃物的回收和利用；二是扎实推进节能减排，坚持控新治旧，推动制造企业优化升级，淘汰落后过剩产能，推广环保高效的先进生产技术和工艺；三是加快城镇污水和垃圾处理基础设施建设，推动茶店垃圾填埋工程以及乡镇污水处理工程建设，完善万山工业园区废水、废物处理工程；四是继续争取上级政府部门资金、项目支持，加强对重金属和非金属污染、矿渣、废水的综合治理，积极开展预防和修复地下水污染，实施矿山土地复垦，重点控制土壤污染源；五是用好环境补偿整治、土地复垦等资金，大力实施生态跨越工程，加强封山育林、退耕还林、植树造林工程建设以及木杉河、下溪河、敖寨河、石竹河等小流域的治理，增强万山生态环境自我修复能力；六是加强对矿山资源开发和建设项目的环评工作，强化资源开采环境监测，扎实推进石漠化综合治理工程，努力遏制水土流失和石漠化扩展趋势，避免生态再度遭到破坏。

（五）加强人才队伍建设，实施人才强区战略

人才是万山转型发展的智力支持。万山的转型发展，必须树立"人才资源是第一资源"的观念，加强人才队伍建设，实施人才强区战略：一是完善人才培养、引进和使用机制，形成引才、育才、用才、聚才的良好氛围和环境；二是推进党政机关、专业技术、社会工作、公共服务等人才队伍建设，满足万山转型发展对人才的多元化需求，培养和引进一批城市规划管理、旅游开发、策划、管理的人才队伍，解决城市建设、管理以及旅游资源的开发和利用，通过事业编制调剂给予倾斜，切实解决医疗卫生、教育等领域缺编的问题；三是根据万山所需，构建人才引进绿色通道，重点做好接替替代支柱产业、新兴产业、特色优势产业、现代农业、文化旅

游产业等领域高层次人才引进工作；四是加强与各科研机构、科技企业的合作，组建产学研科技创新平台和联盟，开展急需的科研技术攻关，推动科研成果的转化和应用；五是加强与铜仁学院、铜仁职业技术学院等院校合作，重点培养一批技术技能人才。

（六）加强与上级政府部门的对接、联络，继续争取政策扶持

万山转型发展离不开国家、省、市领导的关心以及框架的政策支持。政策支持、战略引领是万山转型发展的基石和政治保障。万山下一步的转型发展，要进一步加强与上级政府部门的对接、联络，继续争取政策扶持：一是转型发展不是一朝一夕之事，国家层面一定要确保现有扶持政策的延续性和稳定性，真正做到"万山一天不小康，扶持一天不间断"；二是切实做好与国家、省、市战略对接，主动加强与国家、省有关部门的联系，重点抓好民生、扶贫等领域的引导以及财政转移支付的力度，积极探索研究扶持政策的实现路径，努力将扶持政策转化为具体的项目或资金；三是建立国家、省、市各政府部门转型联络与扶持政策落实情况动态反馈机制，及时高效指导、跟踪、督促万山的转型发展。

布依族传统民居的变迁研究

——以高荡村为例 *

周真刚　杨　艳 *

摘　要　扁担山地区的布依族依托于喀斯特地貌，形成了独具特色的石木结构的民居。将自然资源与生活需求完美结合的老石板房，在千年布依村寨高荡依旧完好地保存。石板房特色鲜明的空间结构和纷繁复杂的建筑仪式蕴含了丰富的布依族文化，是研究布依族的重要依据。但伴随着老石板房的逐渐消失，附着其上的非物质文化遗产更是难以保存。以高荡村布依族为例，通过对传统民居的变迁分析，深入探讨如何协调经济发展与传统建筑保护的关系，单纯的"不拆不建"是否是保护传统建筑和文化最有效的方式。在保护中寻求发展，采取因地制宜的发展模式才是保护传统民居和文化的长远之计。

关键词　布依族；传统民居；民族文化；石板房；保护

引言

近年，高荡古寨以千年布依村寨而被外界熟知，这座地处深山峡谷中的布依族村寨，完好地保存了传统的布依族建筑——老石板房。高荡古寨坐落在崇山峻岭之中，犹如群峰上托着一口锅，仅有一条道路通往寨中，布依语因此命名"翁座"。高荡村史记载："翁座布依，本土世居；沧桑历史，悠远厚重。"而世居的200多户布依族中仅有伍、杨两个姓氏，布依语是日常的交流语言，足见其与外界的联系十分有限。村寨的空间布局以两条约三米宽的道路为主，民居之间建有相互连通的巷道，形成纵横交错的

＊　国家社科重大招标课题"贵州山地文化研究"子课题"贵州山地建筑文化研究"的阶段性成果。

＊＊　周真刚，男，1976年生，贵州六枝人，西南政法大学法学在站博士后，贵州省民族研究院研究员，贵州民族大学客座教授、博士生导师；杨艳，女，藏族，中央民族大学法学院研究生。

寨中交通网。寨中的五道石拱院门将寨子分成相对独立的"小区"，❶用于防御的屯堡和云盘是村寨防盗御敌的体现。这座拥有六百多年历史的村寨至今仍保存着大量明清时期的老石板房，房屋的空间结构和营造技艺都体现了布依族丰富的民族文化，因而被列入"中国传统村落名录"、首批"中国少数民族特色村寨"、贵州省级文物保护单位等。与其他传统村落一样，高荡古寨同样面临着如何协调经济发展与传统建筑保护的关系的问题。目前"不拆不建"是保护传统建筑最普遍的方式，但是仅仅从数量上加以限制是否是保护传统民居的有效方式值得商榷，故步自封、抱残守缺的做法并不能实现传统建筑的保护。2016年寒暑假期间，笔者多次赴高荡古寨及贡寨、旧苑进行了田野调查，试图通过对该地区老石板房空间结构和营造技艺变迁的深入分析，探讨布依族传统民居所蕴含的布依族文化，阐明经济发展应当服务于民族文化的保护，采取因地制宜的保护方法才是长久之计。

一、传统的民居：老石板房

"无石不成寨，无水不落家"是布依族安家立寨的标准，高荡古寨地处扁担山喀斯特地貌区，数量繁多、质地优良的页岩为老石板房提供了天然的原材料。流经高荡古寨的梭啰河便印证了"高山苗，水仲家（仲家即是布依族），仡佬住在山旮旯"的民间说法。古寨中保存较好的老石板房有120多户，其中22户已列入重点保护建筑。老石板房建造时间以明清时期居多，也有民国时建成的。寨中房屋依山势地形而建，多数房屋坐北朝南，排列有序。"黔中一带，由于地产石头，从基础到墙体都用石头垒砌，屋顶也盖石板，称为石板房；另外石砌的寨墙和山顶的石砌古堡，形成典型的石头建筑群。黔中布依族的石板房就是人们适应和利用自然环境的一个范例。"❷老石板房以"一字型"的一栋单体正房（图1）为主，房屋的进深多数为7个或9个头，也有5个或11个头的。房屋结构主要分为三层，底层为牲畜圈舍，二层为居室，三层为储藏室，家中人口较多的也会在第三层安置床铺。古寨的多数石板房两边"山墙"和前后"廊"用石块砌成，"有

❶ 吴忠纲、伍凯锋：《镇宁布依族》，贵阳：贵州大学出版社，2014年，第395页。
❷ 杨昌儒：《民族文化重构试论——以贵州布依族为例》，《贵州民族研究》2008年第1期。

的老石板房前廊下半段用木方凿槽夹住厚石板作墙面，俗称挡风，上半段则为木质墙面和窗户，称为四落腔"。❶

老石板房的底层为牲畜圈舍，墙体用当地开采的石头修砌而成，高荡人称此种墙为"滑墙"。这种墙是用毛石砌成，墙的两面都砌，石块交错放置形成拉力，代替了石块之间的黏合材料。这种独特的营造技艺是高荡人充分利用喀斯特地貌中优质丰富的石材，经过长久生活经验总结出来的。底层属于整栋房屋的基座，因此在修建过程中要求达到安全、结实的标准，而一层的空间布局正体现了这一点。房屋底层的上半部分突出在地面，且圈舍的进深只有二层的前半部分，后半部分仍旧是实心的土墙，一半的空间不仅满足了圈养牲畜的需求，也是基于房屋稳定性和坚固性的考量，安置在楼梯两侧窄小的圈舍门同样体现了这一点。

高荡人不仅注重自然环境的选择，也非常讲究人文环境，因此在整个房屋修建过程中都穿插着有繁有简的仪式。仪式往往伴随着禁忌，只要是来参加仪式的，无论是主人、工匠还是访客都必须遵守相关禁忌。"安石"是修建老石板房的重要仪式之一，安石之前主人需要请风水先生测风水选地基，依据建房者的生辰八字确定房屋的方位。因此，在寨中即使大部分房屋皆坐北朝南，但是并没有完全相同的房屋方位。当遇到建房者的生辰八字与所选地基"不和"时，风水先生会另外选择将来跟建房者共同居住的人的生辰八字代替。房屋选址有两个基本的标准：其一，不能有"穿堂风"，这样的房屋才会给人带来"温暖"；其二，房屋的正面不能正对"洞"（比如山洞、窗户和门），高荡人认为房屋对着有"洞"的地方，主人容易和邻里发生口角。其实老石板房的选址标准不仅与背风向阳的建筑原理相契合，同时也宣扬了邻里和睦的相处方式。破土安石是房屋修建的第一个仪式，类似于现在的奠基仪式。风水先生事先测算一个吉日，当天用蜡烛和大公鸡祭拜土地菩萨，主人向东南西北四方下跪磕拜，祈求新房修建顺利、家人平安。风水先生在地基处先挖一个坑，放入第一块石头，石头上面滴上鸡血，然后在石头下面放置铜钱。鸡血和铜钱分别象征着消灾免难和兴旺发达。当风水先生完成所有的仪式后，其他人才可以真正地开始挖房基。这一天建房主人还要邀请家族中年长的亲戚来家里做客团聚，见证

---

❶ 杨芝斌：《镇宁发现千年布依寨》，《镇宁布依族》，贵阳：贵州大学出版社，2014年，第395页。

新房修建的开端。在互帮互助的传统社会里，这也是告诉邻里自己的修房计划的最好方式。高荡木匠伍德纲（57岁）说：

> 以前我们修房子都是帮忙，不给钱的，谁家要修房子了大家都去帮忙。工匠也不要钱，主人家只要负责饭就可以了。

老石板房的二、三层是主体部分，无论是结构的复杂程度还是仪式都十分丰富。二层的山墙和廊都是"滑墙"，内部则用木架结构分割，中国传统的榫卯木质建筑在高荡得到充分的利用，这又是老石板房的一大特色。二层以堂屋为中心，其左右两侧为卧室，一般用木板、竹篱笆隔开（图3）。堂屋的左后方为火塘，右后方是厨房。厨房和火塘之间开有一个小门，中间并没有任何的隔离物。卧室的廊上开有尖形和圆形窗户，窗户不仅窄小，而且外小内大的结构是高荡人防盗御敌的体现。高荡人伍开国说：

> 以前我们这里经常有土匪和盗贼来偷抢东西，里面宽外面窄的窗户可以很好地观察到房子外面的情况，而且还不会被对方发现。

堂屋后壁的正中间设有供奉祖先的神龛（高荡人也叫"家神"），神台上面安放祖宗牌位、香炉和烛台等。神龛壁贴中堂，神龛下面摆放一张八仙桌，节日祭祀时使用，平日作为餐桌使用。堂屋的上方是镂空的，在高荡人的眼中"大梁照地"预示着吉利富贵。堂屋虽然是家庭重要的活动区域，但是并没有比其他部分奢华，而是尽显高荡古寨的农耕文化。经常使用的农具任意悬挂在堂屋的墙壁上，以方便随时下地干活。堂屋门是两扇木门，门口的石梯很有讲究。阶梯一般是单数，以数字"7"居多。坐北朝南的房屋楼梯是向着东方，高荡人认为朝向东方的石梯能在早晨带来好的兆头，"早晨迎着太阳出门有一个好的开始"，将房屋的建筑结构与人的意愿完美的结合。安放堂屋门也有一套严格的程序，风水先生测算后选定吉日进行安装，吉日一到，工匠们将门盖（过梁）放置在堂屋门上面，风水先生用事先准备的鸡血祭祀，首先拿三根鸡毛蘸着鸡血，然后在门盖上面点三下，仪式结束后石匠再继续修建。第二层和第三层的内部是一个整体的木质结构，石匠完成了山墙和廊的修建后，木匠着手内部结构。木匠选用笔直结实的木头作为柱子，柱头的数字都是单数，一般是7根或9根（图2），中间的叫"中柱"，向两边依次是"长瓜""二柱""金瓜（又称短瓜）""元柱"，柱子的长度依次递减。柱子的木材至少使用两种以上的树种，这样象征着主人家"样样都有"。老石板房的第二层和第三层之间是用木板隔开，用于储藏谷物的顶层空间狭小，但石板铺盖的房顶和木架结构成了天然的风干场所，谷物存放在第三层既能防盗又不会腐坏。

立柱、上梁是高荡人建房中的又一隆重的仪式，几乎每一户都有人出席。"送梁"习俗更是布依族独具特色的建筑形式。房屋的大梁由外家赠送，大梁的材质不仅笔直结实，而且必须枝繁叶茂。而在树种选择上，木匠伍德高讲了这样一个故事：

> 在很早的时候有一群木匠去给一个大户人家修建房子，主人选用了上等的乌木来做房梁。木匠师傅在裁大梁的时候，由于估算失误，将主人家用作房梁的乌木裁短了。木匠师傅十分的苦恼，一方面要面临赔偿昂贵乌木，另一方面还要毁损自己的名誉。就在木匠师傅不知所措时，大徒弟告诉师傅高荡村盛产椿树，且质地好，能够承受重压不易折断。若选用椿树做大梁的话，就可以把用错的乌木制作一套桌椅。于是木匠师傅告诉主人选用乌木做大梁不好，乌木带有一个"乌"字不吉利，要选用椿树才更有利于家庭兴旺，寓意"一年四季旺如春"。主人见木匠师傅说的在理，于是就同意了改由椿树作大梁。从此以后高荡村的大梁都选用椿树，象征着全家一年四季兴旺如春。

外家送梁除了表示外家的关心和支持外，更是凸显外家的地位就像房子的大梁一样重要，以宣誓妇女在家中的地位；另外这也是一种分散或均衡木材使用的方法，以减轻高荡古寨木材的使用量。

立柱在上梁之前，木匠用穿枋把一根根柱子连接起来，斜靠在山墙上。吉时一到，木匠师傅先敬鲁班，保佑立柱顺利。"然后杀一只大公鸡，用鸡血淋在中柱的脚柱上，喊一声"立"，众人把一排排的柱子拉起来，木匠插上连接两列柱子的楼枕，把两列柱子连接固定好，新房子的架子就算立了，等待上梁的吉日"。❶

---

❶ 吴忠纲、伍凯锋：《镇宁布依族》，贵阳：贵州大学出版社，2014年，第242页。

木匠推刨好大梁以后，请出木匠师傅开梁口。师傅边开梁口边说"开梁口、梁口开，梁口开了生贵子，梁口开了出状元"等吉祥之词。大梁安放好以后，石木二匠的师傅沿着梯子爬上房顶"对四句"。如伍泽舟木匠师傅提供：

> 日时吉良，天地开张，鲁班先师（缺失），年请月利，上梁大吉昌，先师走中间，弟子走两边，两边梯子一样长，两边梯子一样高，两边梯子靠川方（穿枋），两边梯子川方（穿枋）靠，今日我师人来到，要请主家跪拜梁，一匹红布六尺长，主家挂师生两旁，头上戴的朝建帽，脚下穿得宰相鞋，身上穿的新衣，先爬云梯后爬房，登一步主人发财又发富，登二步子孙满堂，登三步六畜满路，登四五步金银谷米年年又满库，登六步七步人顶无其邮（？），登八步九步，步步登高，上头川（穿）到二川（穿），儿子儿生（孙）做高官，上了三川（穿）到两头，子子孙孙做公侯。

石匠师傅对答木匠的"四句"，如：

> 上一步，金银满库；上二步，儿孙满堂；上三步，牛马满圈；上四步，四季发财；上五步，五子登科。

这些四句都是四言诗，以问答形式，内容包括动工的时间、材料的来源等；木匠夸耀自己的木材珍贵，而石匠则说自己的石材稀有。石木匠师傅站在房梁两端，挖空心思地作出脍炙人口的四句，以赢得观看者的称赞。四句遵循固定的韵律，有的词是现成的，但往往需要匠人依据不同的环境改编、创作新词。占据上风的匠人赢得高荡人的欢呼和喝彩，占据下风的匠人就得喝酒以示惩罚。高荡村向来重视教育，享有"儒林村"的美誉，而对四句便充分体现了高荡人丰厚的文化底蕴。

二、老石板房的改造和新石板房的出现

自2010年11月贵州省书画院前往高荡古寨采风以后，这座古寨的布依风韵逐渐被大家熟知。高荡古寨采取旅游带动经济的发展模式提高当地

人的收入，2015年当地政府修建了一条从镇宁县城直达高荡村的柏油路，极大地方便了高荡古寨的交通。寨前平坝原有的土地也转而用作种植景观花卉和公共建筑的场所。原有的农耕文明逐渐被现在的旅游发展所代替，剩余劳动力明显增加，有的人外出务工，有的转而进行旅游发展。

（一）老石板房改造与认识

社会的变化并不是单方面的，往往伴随着生活方式和居住环境的改变。高荡古寨有限的居住环境促使年轻人不得不外出谋生，以冲破生活环境的局限。这也让外界的文化流入高荡，影响了老石板房的空间结构。大部分的老石板房只进行了内部结构的微调，也有一些对内外结构进行了明显的调整。

老石板房转变最大的部分是底层的圈舍。社会的发展畅通了古寨与外界的联系，也使高荡人意识到喂养牲畜的成本与风险远远高于外出务工获得的收入，以务工代替圈养牲畜成了自然而然的选择。笔者调研时，古寨中除了一户仍旧圈养2头牛以外，没有人再养牲畜。这也使得原本用于圈养牲畜的底层老石板房也被闲置和改装。古寨中有3户将底层进行了改装，其中2户的主人计划将自己的房屋装修成农家乐，而另1户则在底层安装了推磨机，将其简单地改装成磨房。除此之外老石板房底层几乎处于闲置的状态，主要用于堆放杂物，没有进行更多的利用。生产方式的变化带来居住环境的改变，原来的建筑结构不能满足当前社会发展的需求。老石板房记录着布依族人的生活经历，但这样的记载正在渐渐消失。

改善人居条件是高荡人改造老石板房的又一考量。老石板房的二层是人的主要生活场所，厨房、火塘、堂屋、卧室都集中在这一层，高荡人十分注重这一层的环境。有些经营农家乐的房屋，为了满足经营的需求，将一层的圈舍和二层的部分卧室改造成饭厅，供游客使用。老石板房的窗户改变十分明显，原本用于防御盗贼的窗户不仅窄小，而且内宽外窄的形状严重影响了屋子的采光。改造后的老石板房不仅加宽了窗户的尺寸，还安装了铝合金窗户，提高了房屋的采光度。老石板房的后廊以前只开有一个后门，现在大部分后门已经用石头填充，然而后门的两侧重新开凿了窗户用于采光。由于老石板房内部的木架结构容易损坏，因此老石板房的维护中，采取只更改木架结构的做法比较普遍。调研时古寨中正在进行重换木架结构的就有5户，仍旧依照原有的规格更换了木材。虽然为了与墙体保持一致而保留着原有的内部结构，但是选择木材种类、改造时间和仪式等都不再讲究，高荡人更注重的是木材的实用价值，原来赋予其中的仪式感已经明显弱化了。火塘的功能已经被火炉、电炉代替，很少有在家中保存火塘的老石板房。高荡人伍开国（伍家老石板房的火塘已经消失，使用的是电炉）说：

> 以前的火塘烧柴火，烟雾很重，墙壁上会留下很多的黑色烟尘，看着很不卫生，现在用的这个（电炉）干净多了，用着也方便。

火塘除了用于取暖外，还具有烘制腊肉的功能。高荡人在火塘的正上方挂一个铁钩，把肉类沿着铁丝一层层悬悬挂起来，制成风干腊肉。如今高荡古寨已经不再圈养猪，腊肉也从县城购置，火塘的这一功能随即消失。

无论是老石板房窗户形状的变化，还是内部结构的调整，都是基于原有功能的缺失与现实生活的需求，进而体现了高荡人生活方式的变化。从农耕文明走向多种经济形式共同发展，这是高荡人自己的选择，也是时代的赋予。

（二）新石板房出现的契机

高荡古寨有大寨和小寨之分，山脚平坝的两边，是古寨老石板房的分布点。原本大小寨之间的平坝是寨子的耕地，但是寨中人口的增加导致对房屋的需求加大。近二十年来，在平坝的耕地上修建房屋的数量增加了很多，高荡人将此处称为新寨。虽然新石板房依旧遵循"一字型"的单体独栋建筑模式，但是，无论从空间格局还是从营造技艺方面都与老石板房之间存在很大差异。新石板房的内部和外部的墙体改为砖墙，内部结构已经很少使用木材了。新石板房不再遵循三层的格局，主人根据居住需求建有一层、两层、三层等模式，其中以两层的居多。从外观上看，新石板房已经去掉了底层的圈舍，直接将一层建成以堂屋为中心，卧室、厨房等分立两侧结构。堂屋的正中间依旧建有神龛，有的将取暖的电炉安放在堂屋，用于取暖和就餐；有的将火炉安装在厨房，原本用作火塘的地方已经改成储藏室或者楼梯通道，后门在新石板房中已经不再设计使用。新石板房在第二层建有走廊，楼梯也沿着外墙修建。一位正在修建新房的主人说：

> 修走廊可以让房子看起来更美观，也可以在空闲的时候坐在这里
> 聊天。有些开农家乐的，还可以在走廊上安置桌椅，游客可以在这里
> 休息和就餐。

基于实用性的考量，很多的新石板房已经不再设计第三层，这一个天
然的风干区域也因为古寨农耕的弱化而逐渐地消失。但是，新石板房对卫
生间的要求却做了明显的改善。新式卫生间不仅墙壁是由砖砌成，内部的
装修设计和设施也完全采用现代化的器具，地砖、洗衣机、洗漱台、便池
已经完全进入了高荡人的生活。现代元素逐渐融入高荡人的生活，为他们
带来了干净、便捷的生活环境，但这种植入于传统建筑的新模式会不会在
一定程度上伴随着传统民族文化的消逝，值得进一步观察。

无论是老石板房的改造还是新石板房的修建，都体现了高荡人生活方
式的转变。"民居不是文物性古建，保护方式应该不同，需要研究和尝试。"
民居是自然环境和社会环境的有机结合体，在保护中采取因地制宜的保护
模式，做到地尽其力、物尽其用、人得其所，在满足高荡人对便捷生活需
求的同时，仍旧能够将承载布依文化的老石板房长久的保存下来。

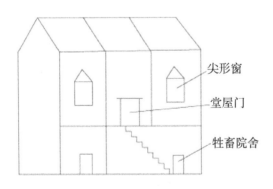

图1 老石板房外形图

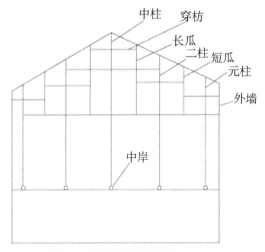

图2　老石板房侧面剖图

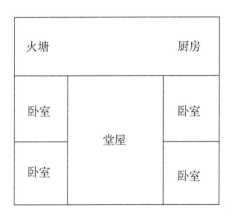

图3　老石板房二层平面图

三、传统民居变迁的反思

　　无论是老石板房的改造还是新石板房的出现，都体现了高荡人生活方式的转变。外来文化影响了古寨原有的发展模式，这种影响对高荡人来说利大于弊。在调研中，笔者问及房屋结构变化对自身的影响时，高荡人都认为变化以后更好。他们更愿意追求便捷、干净、舒适的生活方式，这种主动适应新环境的生活态度是自然而然的选择。为了发展经济，暂时采取"不拆不建"的发展模式，在高荡人看来也是合理的。即使不能修建新房子，他们也可以通过改造老房子的内部结构来改善生活环境。高荡古寨虽已纳入"中国传统村落名录"和"贵州省级文物保护单位"但高荡人并没有通过等待国家的补贴来改善自己的环境，他们认为房屋是自己生活的环境，维护自己的房屋是理所应当的事。而且，大部分高荡人对老房子有着深厚的感情，他们更愿意住在自家的老房子里。一位正在更换老石板房内部结构的妇女（50多岁）说：

> 我们家儿子儿媳出去打工了，现在（暑假）我和孙子在家（老石板房）挺好的，屋子里的柱子换一下、窗户开大点，住着也很舒服。

现在高荡古寨石板房的房顶修缮已经统一由政府负责，无论是更换老石板房房顶的石板，还是新修建的石板房，房顶的石板统一由政府免费提供，并负责完成修缮工作。房屋主人对房顶有任何改造意愿，只要符合老石板房保护目的的，向政府申请即可。这种保护模式，不仅减轻了房主保护石板房负担，也保存了高荡古寨石板房的风格。杨芝斌先生说：

> 高荡不仅是在做旅游，还有传承布依族文化这样一个功能，实际上就是要把高荡保存下来，要把布依文化传承下去，还有就是要让高荡人通过旅游富起来。

作为布依文化载体的老石板房，不仅为游客提供一个观赏的去处，更为研究布依文化提供了"活化石"。高荡古寨在发展中看到了旅游只是发展的手段，旅游必须要为民族发展服务，提高人们的物质生活水平只是其中的一个方面，更需要看到民族的全面发展，民族的物质文化和非物质文化都需要在旅游中得到保护。"联合国对文化遗产采取的态度是'利用'，而不是'开发'。利用是指在确保历史真实性和发挥其文化的精神功能与文化魅力的前提下获得经济收益；开发则是一心为了赚钱而对遗产妄加改造，造成破坏。"❶高荡古寨保存完好的老石板房和承载其上的布依文化是高荡发展旅游的核心，高荡人正是践行着"利用"布依文化遗产发展本民族的经济。

---

❶ 冯骥才：《传统村落的困境与出路——兼谈传统村落时另一类文化遗产》，《传统村落》2013年第1期，第11页。

旅游发展促进了高荡古寨基础设施的完善，高荡古寨在旅游发展之前的通村公路十分狭窄，遇到车辆交会时很难错开，而且这条通村公路途经3个村寨，大约需要40分钟才能到达高荡古寨。2015年从镇宁县至高荡古寨的柏油路投入使用，不仅缩短了距离和路程，还提高了行车的安全度，给高荡人带来了方便。现在不仅有固定的公交车去往镇宁县城，而且还可以遇到很多顺风车可以搭载。笔者在田野调研时，曾错过回城的公交车，但是很快就有热心的顺风车师傅搭载回城，民风的淳朴总是在生活的细节里体现。环境卫生的改善是高荡人感触最深的，村里的巷道都改成了水泥路，以前的泥土路在下雨时，路面总是很滑，外出几步脚上就沾满了稀泥，走到哪里都"脏乎乎"的。现在的路干净很多，而且旅游发展公司雇用村民打扫卫生，走在路上很少看见垃圾，高荡人保护生活环境的意识也提高了。一位57岁的男子说：

> 以前路上全是牛粪、猪屎，很脏的。现在已经很好了，寨子里面有专门的人打扫卫生，而且环境变得干净多了，大家也不乱扔垃圾了。环境都是大家的，大家都要爱护嘛。

同样在其他传统村落也存在旅游发展带动当地基础设施的完善，如处在大山之中的西江千户苗寨，经过长期科学的发展已经形成"西江模式"，旅游环线公路、朗山公路、芦笙场、风雨桥、苗族博物馆等基础设施不仅方便了游客，也为世居于此的苗族带来了便捷。

伴随着老石板房的改造和新石板房的修建，承载其上的营造技艺和仪式却走向弱化的趋势。目前高荡古寨的民居匠人只有四人，年龄都在50岁以上。近二十年里，古寨没有再建老石板房，新石板房的修建也以工程承包队的形式修建。单纯对老石板房的修缮并不能让营造技艺得以实践和传承，因此匠人对技艺逐渐生疏了。特别是老石板房建造中的仪式活动，除了工匠师傅仍旧记得一些片段外，其他匠人大多已经忘记了。布依族没有自己的文字，民族历史以口述的形式相传，建房仪式中的口述经文没有记载，匠人长期缺乏实践，对口述经文的内容不再熟悉。然而这些仪式却是反映布依族发展的重要依据。比如匠人在修建房屋时要"敬鲁班"，上梁仪式中的对四句，搬入新家的"问答"等，从内容到形式都反映了布依族的生活方式。其中值得考究的是，高荡古寨至今仍然使用布依语作为日常用语，但是在这些建筑仪式中，匠人念的经文和四句都是用汉语的形式讲出来的，这其中承载了布依族文化和汉文化之间的交流互动过程。据说有文献记载，"布依族修建石板房的技艺源于汉族的传授"（没有找到原文），因此推测"敬鲁班"的汉语讲述也就说得通了。即使是老石板房中最隆重的上梁仪式，也在新石板房的建造中省略，追求简便快捷的生活方式与"纷繁复杂"的营造仪式显得格格不入，实用性占据了上风。砖完全替代了石木成为新石板房的材料，房屋的修建也变得程式化了，包工队完全替代了传统的匠人，因此承载在老石板房里的建造仪式也大多被"省略"了。

面对老石板房承载的布依文化的消失，在社会发展的趋势下，追求更舒适的生活是人之常情。但是高荡人仍旧坚持着用布依语作为交流的语言，而并不是为了"赶时髦"不愿说本民族的语言。笔者曾经在调研一个传统民族村寨时，村里人就因为自己说话有口音会被别人笑话而不愿意在日常生活中使用本民族语言。高荡人长期以来一直坚持讲布依话，就是对本民族文化的肯定，也是保存民族文化最有效和最直接的方式。政府对高荡古寨老石板房仪式的恢复也做着努力，2010年贵州书画院前往高荡采风，并将其作为贵州省政协书画院挂牌创作基地，吸引了大批的书画爱好者前往采风；2016年7月24日，在高荡古寨举办了"2016西南聚落研究青年学者论坛"，与会嘉宾交流参观了高荡古寨，并对其保存完好的布依风貌评价颇高，也引起了学者们对古寨老石板房的兴趣，部分学者当即开始老石板房的田野调研。老石板房的营造技艺和仪式弱化的趋势是社会发展的自然选择，人们唯一能做的就是让这种趋势以最慢的速度发生，并且用最有效的方式把这些非物质文化遗产记录下来。

西江千户苗寨、肇兴侗寨、郎德苗寨等人们熟知的民族村寨都是古村落保护中的成功案例，这种"在开发中保护，在保护中发展"的模式使村落的传统格局、建筑景观、生活方式都得到了有效的保护。高荡虽然还不被外界所熟知，但其自身以旅游带动经济、让旅游服务于高荡人的发展模式得到了高荡人的支持与肯定。高荡古寨保存着独特的布依文化，采取符合本村寨、本民族的发展模式，才是长远发展的关键。

协调旅游发展和当地人的传统生活方式是每一个以旅游模式为发展手段的古村落都面临的问题。高荡传统上是以农耕文明为主的村寨，村寨的整体布局和居住房屋都体现了这一生活方式。房屋围绕着山间平坝，方便了耕种田地。"在以农业生产为经济主体的地区，水对人们的重要性是不言而喻的。"❶ 位于田间的方井也是为了灌溉农作物而建，为田间稻谷提供了充足的水源。老石板房采用三层的房屋结构，每一层都有自己独特的功能，采用石板房顶不仅充分地利用了当地的石材，而且石头易于传热的功能使存放在第三层的谷物不易受潮。长久的农耕生活使高荡人对田地产生了依赖，只有足够宽阔的土地才让他们觉得心里踏实。但是，随着旅游发展和传统村落的保护，高荡的耕地大部分已经用于种植景观植物和建设基础设施，种植田地的收入无法满足生活的需求，年轻人外出务工已经成为人们追求美好生活的必选方案。虽然高荡古寨正在打造旅游，但是并不像西江千户苗寨、肇兴侗寨等传统村落，村民完全可以依托于旅游带来的经济发展满足自己的生活。高荡古寨的旅游发展完善了基础设施建设，但是目前还尚未吸引大批的游客前往古寨旅游，古寨中从事旅游发展相关活动的仅是一些剩余劳动力。因此高荡古寨目前还处于从传统村落到旅游发展之间的过渡期，村民失去原有的土地，特别是年龄较大的人，处于生活的迷茫时期。这些老年人对失去耕地十分敏感，耕地是他们的生活保障，现在失去了这层世代依据的保障让他们对自己的未来生活不知所措。他们清楚地认识到自己无法像年轻人一样外出打工谋取生活来源，在家中又没有任何的经济收入。虽然旅游发展过程中，政府将需要劳动力的工作分配给他们，但这样的机会并不多。

旅游发展为高荡古寨的保护提供了经济基础，但伴随其中的异地搬迁也给高荡人的生活带来了影响。在笔者调研时，有20余户的村民居住在一幢临时修建的房屋中。因原有房屋（大部分是新石板房）与高荡古寨的村落保护规划不相符而被拆除了，而新修建的房屋还没有竣工，无法投入使用。另外，新修建的安置房地点设置在位于距离古寨两公里处的公路旁边。安置点看似方便了这几户的村民，但这不仅让他们从原有的生活环境中抽离出来，而且还使他们失去了原有的生活方式。安置点的房屋空间格局不同于老石板房和新石板房，特别是第三层的仓储空间基本已经去掉了。部分搬迁的村民在寨中仍有田地种植农作物，收割以后的农作物将无处储藏。

加快旅游业发展的步伐，让高荡古寨的村民不仅成为旅游中的被动受

---

❶　曹霄：《山区农村聚落的布局与空间组织——以贵州西江千户苗寨为例》，《贵州民族研究》2011年第1期，第21页。

益者，而且让他们成为旅游发展中的一员。"旅游开发的目的是当地村民如何在旅游发展中获益和增加就业机会，而村民参与旅游是旅游开发目标的有效途径，也应该成为成功的旅游开发模式的核心。"❶ 将旅游发展作为他们的生活方式的一部分，从传统的农耕生活方式转变为旅游发展的生活方式，在转变中寻找到生活的依托和保障。

余 论

我国目前有4157个传统村落，这些纳入传统村落的古寨都面临着传统民居保护的问题，现代化、旅游发展、外来文化等因素都直接影响到传统民居的保护。传统村落的存在价值就在于居住其中的人，人们积极主动地保护本民族的文化才是长久的发展方式。在保护传统民居中，高荡古寨充分认识到这一点，无论是老石板房的修缮还是新石板房的修建都要尊重高荡人的意愿，作为生活其中的高荡人，他们永远都是古寨的主人。高荡古寨的发展模式是值得肯定的，人们以"旅游服务文化"的思想保护高荡的传统民居，得到了当地人的支持和肯定，使高荡古寨独具特色的老石板房保存至今，为研究布依族文化提供了充分的历史资料。无论是政府还是当地居民都看到了民族文化远远优于经济发展，但经济发展有时能够保护民族文化，因此两者之间的结合需要不断地探索和实践。

保护传统民居的目的是为了保护传统文化，但是具体的保护措施却是各不相同的。高荡古寨传统民居的保护不能通过复制其他地方的保护模式而实现该目的，同样高荡古寨的保护模式也无法被其他地方所复制。在保护传统民居时必须认清该地区的特点，采取因地制宜的保护方式才能实现民族文化和经济发展之间的有效协调和长远发展。

---

❶ 陈莉莉、邓婕、曾相征：《少数民族村寨开发村民受益研究——以西江千户苗寨为例》，《民族论坛》2011年第10期，第66页。

关于"青海藏区扶贫开发和后续产业发展"的调研报告

——以玉树州治多县、玉树市和果洛州玛沁县为例

张兴权[*]

引言

藏区扶贫是事关全面建成小康社会的重大现实问题。众所周知，全面建成小康社会，最艰巨最繁重的任务在农牧区，农牧区的重点难点在贫困地区。从这个意义上可以说，藏区又是难中之难。习近平总书记关于"精准扶贫"的重要指示，为欠发达地区，特别是藏区、贫困地区全面建成小康社会明确了目标，是我们全面推进藏区精准扶贫工作，实现以精准扶贫推进整体脱贫的行动指南。要实现精准扶贫就要注重精准发力，抓到关节点、根本处，提高扶贫的精准度。这就需要通过深入藏区实地调查研究，结合当地实际，准确把握扶贫工作的难点和症结，进而系统分析产生贫困的深层次原因，为切实增强藏区扶贫开发工作提供相应的具有针对性和实效性的建议和措施。正是基于这样一个认识，我们选择玉树州治多县、玉树市和果洛州玛沁县作为调研目的地，通过走访贫困户、实地观察、召开小型座谈会、查阅相关部门文献材料等形式，调查了解贫困村和贫困户的基本情况，分析存在问题的原因，并尝试性地提出我们的建议和措施。

之所以选择上述调研目的地，是基于这样几个考虑：一是这两县一市同属三江源自然保护区核心区，自然地理条件较为接近，支柱性产业均以畜牧业为主，扶贫开发工作的共同点较多，也基本能代表青南地区整体扶贫开发的现状；二是同为藏区，这两县一市分属玉树、果洛两州，又各有

---

* 张兴权，青海民族大学政治学院副教授。

特色，在可发展的特色优势产业方面所具有的条件存在一定的区域性差别；三是从合力推进"四个全面"战略布局落实以及融入国家"一带一路"建设的角度来看，这两县一市乃至整个青南藏区在立足资源优势，加大资源整合，加强生态环境保护，实现可持续发展方面具有很大的协调合作空间和必要。

一、基本情况

1. 治多县基本情况

治多县属青海省玉树藏族自治州辖县，位于省境西南部，州境中西部，东部与玉树县接壤，南与杂多县相邻，西接新疆、西藏自治区，并与海西州代管区相连，北与曲麻莱县、海西州毗邻。距省会西宁市921公里，州府玉树市195里，109国道、青藏铁路穿腰而过。县府驻加吉博洛格镇。治多县地势高耸，地形呈西南高东北低，平均海拔在4500米以上，海拔最高6860米，最低3850米，高差超过3000米。治多县年均气温0℃以下，年降水量不足400毫米，光照充足，辐射强烈。冷季长达近10个月，昼夜温差大，属典型的高原大陆性气候。治多县光能资源丰富，年日照可达2700小时，年太阳辐射总量达到640千焦/平方厘米以上，太阳能光伏电源已在全县范围内推广应用，普及率达90%以上，进一步开发应用具有十分广阔的前景。动植物资源及各种矿产资源颇为丰富。因是长江发源地，故素有"中华水塔"之称，县境内河流、湖泊众多，河流多属长江水系，水利资源十分丰富，水能理论蕴藏量达200多万千瓦。全县人口3万余，以藏族为主，占总人口的97%，之外还有汉、回、撒拉等民族，是一个以藏族人口为主的纯牧业县。面积8万余平方公里，下辖5乡1镇。第一、第二、第三产业在整个经济构成中的比例分别为65%、15%、20%。近几年，在上级政府和部门的帮助下，加大了基础设施建设力度，基本完成了通村砂路、通乡公路硬化及配套桥、独立桥工程建设，建成了畜产品交易市场、综合集贸市场并投入运营，人畜饮水项目建设基本覆盖全县，生活垃圾填埋场工程也建设到位，聂恰河电站等电力工程的建成运行结束了治多县无电的历史。如何开发利用丰富的文化资源和得天独厚的自然资源，已成为了治多县迫在眉睫的议题。

2. 玉树市基本情况

玉树市地处玉树藏族自治州东部，东和东南与西藏自治区接壤，西南与囊谦县为邻，西和杂多县毗连，西北与治多县联境，北和东北与曲麻莱、称多县以及四川省相望。玉树市地形以高原为主，整个地形西北和中部高，东南和东北低，地形复杂，地势高耸，地貌以高山峡谷和山原地带为主，间有许多小盆地。最高海拔5752米，最低海拔3350米，平均海拔近4500米。全市纵跨长江与澜沧江两大水系，两大水系支流遍布全市。通天河、扎曲、巴曲在境内流过。玉树市属典型的高原高寒气候，全年无四季之分，只有冷暖两季之别，冷季长达七八个月，暖季只有四五个月。年均气温3℃，年降水量487毫米。有耕地5000公顷，可利用草原116.3万公顷，森林2.9万公顷。动植物资源和矿产资源较为丰富。在基础设施方面，随着灾后重建项目陆续完成，全市所有乡镇和绝大多数村都通了公路，建成并投入运营玉树巴塘机场。玉树灾后电网调度自动化系统调试完成，35千伏结古配电网工程投运，18个行政村、154个安置点、1万多户农牧民顺利通电。教育、医疗卫生机构和体系逐步完善。市辖村镇都通了自来水。在市国民生产总值构成中第一、第二、第三产业的占比分别为63%、17%、20%。在玉树市一产业包括牧业和种植业。退牧还草（生态移民）工程，以草定畜工程等按计划顺利推进。以结古寺、文成公主庙、藏娘佛塔等为代表的丰富的人文景观和以巴塘热水沟、隆宝滩自然保护区、巴塘草原等为代表的高原垂直生态自然景观为玉树方兴未艾的旅游业诉说着绚烂的前景。全市10万人口中藏族占93%左右，其他民族有汉、回等。

3. 玛沁县基本情况

玛沁县地处青海省东南部，果洛藏族自治州东北部，东与甘肃省玛曲县毗连，北与海南州同德县、兴海县相邻，西与玛多县、达日县接壤，南与甘德县相连。县境内西北部和北部，高山环绕，积石山脉绵延全境，阿尼玛卿雪山逶迤北部，山脉走向为西北、东南向。气候属大陆性寒润性气候，东西部差异较大。西北部寒冷湿润，东南部由寒温潮湿逐渐到冷温湿润。年平均气温 -3.8℃~3.5℃，气温低，日温差大。年降水量400~600毫米，多集中在6~9月。无明显四季之分，冬季寒冷而漫长，时间长达八九个月。春季干旱多风。夏秋季短而多雨，并常伴有暴雨和冰雹。大多地区均无绝对无霜期。县境地域辽阔，地形变化大，高低落差悬殊。动植物资源丰富。面积1.34万平方公里，其中草场面积1763万亩，可利用草场面积1628万亩，占草场面积的92%多，属典型的高原山地类型，平均海拔4100米以上。现辖6乡2镇35个行政村、7个社区、96个牧业合作社。人口5.3万人，以藏族为主体，约占91%，此外还有汉、回、撒、土、蒙古等其他民族。玛沁县是一个以牧业为主，兼有小块农业的县，在整个经济构成中第一、第二、第三产业的占比为62%、19%、19%。基础设施方面，玛沁县是整个果洛州的交通枢纽，多条省道经过县境，正在修建中的花久公路贯穿县境，县乡公路（柏油路）和乡村公路（砂石路）基本将全县紧密联系在一起。正在建设中的大武机场即将投入使用。人畜饮水工程建设力度逐年在加大。全县14个贫困村中尚有11个村未进入大电网。

二、扶贫开发的现状及产业布局调整、结构优化面对的困境

1.扶贫开发的现状

自"十二五"以来，扶贫开发工作得到了党和政府的高度重视，两县一市立足当地实际，制定了扶贫攻坚规划，通过实施整村推进、易地搬迁、"雨露计划"等一系列扶贫开发项目，使贫困状况得到了一定程度的改观，但贫困面较广，贫困程度较深，贫困人口较多，返贫率较高的基本状况并未得到实质性改变。反而，因近几年虫草价格扶摇直上掀起的"虫草热"现象而形成的"小富裕，大贫困"局面对实现精准扶贫带来了更大更复杂的问题，因为这种局面的形成加大了贫困识别的难度。我们在同玉树市扶贫开发局相关人员交流时，他们反映，当前实施精准扶贫首先要为贫困村（户）建档立卡，建档立卡工作虽已基本完成，但有些问题尚待进一步完善。谈及贫困识别问题，他们说，原则上国家自上而下制定了相应的标准，如贫困村的识别按照"一高一低一无"标准进行，即行政村贫困发生率比全省高一倍以上（16.4%），人均纯收入低于全省平均水平60%以下，无村集体经济。在这个标准下，以"村自愿申请，乡镇审核，县扶贫开发小组审定"的程序来确定。贫困户的认定，主要以家庭收入为主，具体标准主要看人均是否达到2300元。在总体规模上，以30%为限来确认贫困村（户）。

对已建档立卡的贫困村、贫困户，两县一市扶贫工作部门在党委、政府的领导和支持下，明确扶贫开发的目标、重点，制定实施措施，认真安排，周密部署，使得各项扶贫开发政策得以有效开展。在治多县，立足保

护三江源自然生态的国家宏观战略的前提下，结合当地实际，利用北京定向扶助的政策便利，有序推进生态移民工程。鼓励牧户在享受政府政策性补偿之外，有条件地发展探险旅游产业，民族文化产业，改变传统畜牧经营模式等。虽然这些政策的推出和实施，与其初衷尚有较大差距，但无疑，已为下一步的扶贫开发奠定了一个基础。在玉树市，近两年扶贫开发主要加强整村推进和实施"雨露计划"。据市扶贫开发局介绍，整村推进项目覆盖全市6个乡镇，注重产业培育和扶助，建构"企业 + 基地 + 牧户"的产、供、销一体化模式来带动牧民增收，如相古村藏柳苗圃实验基地建设。由扶贫开发局向农户提供树苗，百姓自己种植，政府每亩林地按400元 / 年的标准给予补偿土地租用金，树苗长到50厘米以上可移栽，移栽收益归农户。据介绍，这个项目已经获得省林业厅认可，如实施良好，将会向玉树州6县推广。同时，市扶贫开发局投入207万元推动"雨露计划"项目❶，要求贫困户、贫困村按需要上报参加具有实用性、技术性的短期技能培训班，以1500元 / 人的标准予以补助，同时亦为那些家庭经济困难（登记在册）的中高职业学校在读学生提供补助。玛沁县在推动各项扶贫开发工作中，尤其重视连片扶贫开发产业项目建设。仅2014年一年，全县投资2097万元，实施9个连片扶贫开发产业项目。比如投资100万元的闹日岗多宫琼乳制品加工扶贫基地项目，目前该项目已建成并投入运营。雪山乡扶贫开发游客服务中心建设项目，该项目总投资150万元，其中90万元为国家财政扶贫资金，60万元为贫困牧民按0.6万元 / 户的标准自筹。这些项目的实施在实际的扶贫开发中发挥了多大的作用，以及这些项目建设的后续工作又该如何跟进，项目的受众有什么样的评价呢？围绕这些疑问，我们在两县一市走访了部分贫困户。在治多县城移民安置点，贫困户丹增（全家6口人：母亲、丹增夫妇、3个孩子）对我们说，他家全年的收入主要由这么几块组成，一是草山补贴，这基本占了家庭收入的一半多，二是低保（他母亲享受一等低保，每半年发一次，一次2100元），三是打工收

---

❶ "雨露计划"以政府主导、社会参与为特色，以提高素质、增强就业和创业能力为宗旨，以中职（中技）学历职业教育、劳动力转移培训、创业培训、农业实用技术培训、政策业务培训为手段，以促成转移就业、自主创业为途径，帮助贫困地区青壮年农民解决在就业、创业中遇到的实际困难，最终达到发展生产、增加收入，最终促进贫困地区经济发展。它的全面实施，标志着我国的扶贫开发工作由以自然资源开发为主阶段，发展到自然资源开发和人力资源开发并举的新阶段。

入（主要是挖虫草，他们自家原来的草山无虫草，据他所说除挖虫草之外好像就不打其他零工了）。由于全家都已迁居县城，原来所养的牦牛已卖光，因此也就谈不上畜牧收益了。问他了解哪些国家的扶贫政策时，说不太清楚。当我们向他介绍从县有关部门所了解到的一些帮扶政策和具体措施时。他没有表示明确的态度，反过来要求我们向有关部门反映一下他家的情况，以便获得更多的资助和补贴。问他对安置点生活是否满意时，他说要是用水、用电再稳定些那就好了。其他如孩子上学，小病医治都比以前好多了。在玉树市德尼格巴塘移民区。由于该移民区属于震后安置区，因此其移民来源较为复杂，300多住户除了来自玉树市巴塘、隆宝、上下拉秀等乡镇外，还有部分来自囊谦县等外县。我们到移民区时恰好是午饭时刻，看着孩子们端着米饭，夹着炒菜，脑海中设想的牧民生活画面顷刻间就给颠覆了。我们走访的第一家住户是来自囊谦的，据他介绍，他全家9口人，除了他跟妻子和4个（2～8岁）孩子之外，还有一个出家当和尚的哥哥和两个当尼姑的姐姐。他介绍说，全家经济收入主要以回囊谦挖虫草为主，那边虫草产量不高，收入也就很低，作为生态移民所享受的各种政策性补助均在原籍囊谦领取，大概是每年1万元左右。没有加入合作社，也不经商，更无牛羊。对目前的生活还算满意。正在交谈时，移民区的村主任来了，村主任明白了我们的来意后，很热情地向我们介绍了移民区的基本情况。他向我们反映，移民区的排水系统不好，大雨会导致积水现象。基本的卫生设施也太落后，希望上级政府能解决一下。事实上，我们一进村就发现，几乎遍地的人畜粪便。无论从哪个方面来说，这个事关群众日常生活的事情是该好好解决一下。在玛沁县西部移民点，该移民点住户属于退牧还草移民，基本来自玛沁县优云、当洛、党项、察玛河等乡，由于该移民点距县城约220公里，路途较远，交通条件不太便捷，虽然移民点的基础设施建设如水、电、路、通信、教育（幼儿园）、医疗卫生（医务室）、娱乐健身（广场）基本一应俱全，但入住率不高。导致入住率不高的原因主要有：为孩子上学迁往县城；由于退牧还草，卖完牛羊外出打工；还有部分人是卖屋还债等。一住户对我们说，他的经济来源基本依靠政府补助，即每年6000元的草山补偿，2000元的取暖补助，以及人均1500元的老人（55岁以上）、孩子（16岁以下）补助。原来的草山不产虫草，不会说汉话，又没有一技之长，所以除国家补贴外就无其他收入来源了。在交谈中他反反复复地念叨，搬迁前比现在好。让人吃惊的是，当我们告诉他，可以通过由国家资助扶持的产业脱贫项目实现致富时，他茫然以对，好似这些与他毫无关系。综上看来，藏区的扶贫开发，按照中央精准扶贫的要求来看，确实要做的工作还有很多很多。政策推进、项目实施与真实脱贫需要之间的衔接，确实需要改进、加强。如不然，问题会越积越难的。由政府部门组织实施的扶贫开发项目从理论上来讲，是覆及其他贫困人口的。在实际的实施过程中，出现个别遗漏在所难免。但愿我们在调研中遇到的这种政策受众不知道扶持政策的情况仅仅是个偶然的例外。从根本上讲，扶贫攻坚、精准扶贫等归根结底都是为了整体脱贫。因此，我们虽然为在调研中出现的这些情况感到遗憾，但我们坚信，扶贫开发不是选择性扶贫开发。

2. 产业布局调整、结构优化面对的困境

通过培育和扶持生态畜牧业合作社来带动牧民增收，从而达到脱贫致富的目标，也就是从产业上扶贫。从理论上讲，这是一个推动藏区扶贫开发的较佳选择，也是藏区脱贫的根本出路所在。并且在实践中，启动这种模式已有几年的时间了，应该说已经产生了一些比较成功的做法和积累了一定的经验。从相关部门提供的书面材料和数据来看，合作社经济已呈遍地开花，蒸蒸日上之势。但实际的情况并不尽然。除个别合作社运行良好，联户牧民能获得分红型经济效益外，多数合作社仍属"大架子，空壳子"类型，国家用于扶持合作社培育和运转的资金用途和流向倒是值得关注。对那些确实已经发挥了产业扶贫的积极效应的典型，它们的成功经验应予以重视，如玛沁县下大武白藏羊养殖基地、拉加镇生猪养殖基地，玉树市扶贫产业园（通过租赁灾后重建的农畜产品交易中心因地处偏僻而闲置的铺面入驻村办企业），治多县曲那滩温棚蔬菜种植基地等。

用产业扶贫来带动藏区脱贫，新兴产业的培育和扶持是关键，合作社经济的兴起在这方面发挥着生力军的作用。对传统产业的改造同样也很重要。从结构上讲，藏区经济相对单一，在我们所调研的两县一市，基本都以传统畜牧业为支柱性产业，其余种植业、林业及其他类第一产业所占比重较低，第二、第三产业基本属于起步阶段。鉴于青南藏区在整个国家生态系统中的重要性和突出地位，包括我们所调研的两县一市在内的整个青南藏区产业布局、结构优化务求立足于顺利实现传统产业的转型升级，新兴产业的破茧而出乃至苗壮成长。就目前而言，低效的传统放养式的畜牧经营已严重滞后于社会发展的步伐。实现畜牧业的转型升级，首要的是，要实现畜牧业布局调整进而实现结构优化。生态移民、退牧还草等重大举措在客观上加速了传统畜牧业布局的调整。在调研中，相当受访群众向我们表示，随着搬迁，他们卖完了原先赖以为生的牛羊，沦为依靠政府补助为生的贫困群体。实事求是地说，作为转型升级的阵痛，出现这些现象也是在所难免的。发展中产生的问题就要以发展的办法来解决。众所周知，传统畜牧业属于靠天吃饭，抵御自然灾害的能力低下，青南藏区又大多是"五年一大雪灾，三年一中雪灾，年年有雪灾"，因此，也就不难理解返贫率何以高了。畜牧业由传统粗放性的放养式经营向现在集约性的精细化经营转变，连带会带动它的衍生（如乳、肉、革、草等）产业的发展。通过畜牧产业内部结构的精细化，一方面拓展了畜牧产业的发展空间，丰富了产品的类型，深化了产品的结构，增强了畜牧产业的增殖能力；另一方面，也会有效弥补产业抵御自然灾害的能力，从而有效保护由此而致的扶贫成果，降低返贫率。在调研中，我们了解到，目前实现畜牧产业转型升级的最大的制约因素在于，缺乏具有专业知识的技术人员和懂市场的管理人员。政府出资扶助、牧户联户经营的生态畜牧业合作社，作为实现畜牧业转型升级的载体，正如前述，其积极的带动作用尚未真正发挥。客观地说，这得需要一个过程。真要实现它的预期目标，优先需要培养一批有知识、懂市场、会管理的专门人才。夯实人才储备的基础上，畜牧产业的规模上水平，产业集聚化效应和生态化特色才会得到体现。

另外，藏区群众长期生活的文化积淀，完全可以作为吸引外来游客的宝贵资源。文化资源的开发，并以此为基催生的文化产业，一方面，会给本民族的精神文化生活开辟新的发展可能；另一方面，也会为民族经济的发展创造新的增长点。在治多县调研时，县文化局的同志介绍说，他们充分利用当地丰富的文化资源，举办藏区情歌暨尕加洛文化旅游节，并借此将当地的传统工艺推介给来自四面八方的游客，积极地推动了当地文化产业的发展。目前已注册了3个小型文化企业（传统手工编织、特色风干肉、藏式缝纫），并产生了一定的经济效益。入驻玉树市扶贫产业园的4个以民族服饰、民族工艺品、民族饰品等商品生产为主的企业，无疑是对民族文化资源开发利用的典范。玛沁县"玛尔洛"乳制品商标的注册并被省工商局评为著名商标，其中深含着藏族文化的风韵。可见，民族经济的发展如能做到将民族文化的深厚底蕴创造性地嵌入相应的产品中，不仅能推动民族文化的发扬，也会推动民族经济的发展。上述文化产业的兴起，对藏区脱贫致富来说，同样具有重大而现实的意义。

从脱贫致富的角度来说，通过劳动力转移来增加贫困户收入，是一个很好的出路。劳动力转移，从短期来讲，可以直接增加贫困户家庭经济收入，从长期来说，可以为原有产业实现转型升级做好人才储备。如前所述，目前制约藏区扶贫开发成果巩固的最薄弱环节在于人才的缺乏。正是由于人才的缺乏，才使得产业转型升级举步维艰，甚至使得蔚为壮观的合作社经济名实难副。有鉴于此，两县一市党委、政府和扶贫部门把发展劳务经济作为加快脱贫致富步伐的一项战略性措施在抓，围绕把劳务输出培育成一项大产业的目标，实行培训、就业、维权"三位一体"的培训输转模式，这一定程度上促进了贫困户增收，但由于诸多因素的影响（比如在相当一部分贫困户中存在的"等、靠、要"思想和一些人坚持的"小富即安、不富也安"观念等），使得通过加大劳务输出增强扶贫开发能力的预期目标难以有效实现。据两县一市扶贫部门统计，在贫困户的收入构成中，劳务输出型收入占比在10%左右，而政策性补偿收入高达80%以上，其他则为采挖虫草等收入。可见，通过劳务输出解决脱贫致富问题和为产业布局的调整、产业结构的优化充实人才、知识、技术储备的路还要走很长。在同受访的贫困群众交流时，他们对"为什么不想出去打工赚钱"所陈述的理由中，比较集中的是，语言不通，找不到工作；没有技术，有活干不了；担心上当受骗等。由此看来，提升青壮劳动力的劳动技能，关键在于解决交流沟通问题。建议在藏区实施"雨露计划"务必应把语言教育列为培训必要内容。同时应有目的、有计划地组织当地劳动力向外劳务输出。在这方面，农业区如平安县等地的有些做法就值得借鉴。该县劳动力向外输出不仅覆及国内，甚至已走出国门。这样的劳务输出不仅加速了地方脱贫的步伐，也带动了整个地方经济社会的全面发展。

3.藏区扶贫任务维艰的原因分析

通过调研，我们认为，藏区扶贫开发虽有一定成效，但难以有效巩固扶贫成果，陷入贫困—脱贫—返贫这样的怪圈而难自拔的困境，其原因在于：第一，自然条件严酷，生产生活成本高。两县一市建档立卡的贫困村（户），绝大多数地处高寒地区，山大沟深，交通不便，信息闭塞，居住分散，地广人稀，使得牧民在教育、医疗、水电、交通等方面的支出居高不下，相当比例的贫困户在医疗方面的支出占到了生活支出的一半以上。加强畜牧业基础建设是实现畜牧业经营由传统粗放的数量型经营向集约质量型经营转变，提高牧民收入的先决条件。以目前牧民群众的经济能力而言，是无力承担基础建设所需的投入的。基础设施的缺乏和滞后，必然导致生产生活成本的居高不下，加之增收无门，再次沦为贫困也就在所难免了。第二，致贫、返贫原因复杂。概括起来，主要有因灾、因病、因学、因缺生产资料、资金、技术等。如在玛沁县，因缺生产资料而致（返）贫的贫困户有404户1368人，占精准扶贫建档立卡的30%，缺技术致贫的有873户3140人，占精准扶贫建档立卡的66%，因病致（返）贫12户40人，占精准扶贫建档立卡的1%。虽然因病致（返）贫比例不高，但像肝包虫病、结核病等地方病预防和治愈难度大，一旦患病，对贫困村（户）来说，将造成很大负担。此外，严酷的自然环境意味着自然灾害（尤其是雪灾）几乎年年难免，低下的抵御自然灾害能力往往在面对灾难时显得无能为力。在调研中，当我们听到玉树市上拉秀乡多拉村的生态畜牧业合作社发展势头喜人时，问其原因，有一个理由很是让人铭刻心底，即该村几乎是年年无雪灾。遗憾的是，在调研期间无缘一睹这块深得上天垂青的风水宝地的妙绝颜容。第三，基础设施薄弱，产业发展滞后，增收渠道狭窄。从调研来看，两县一市精准扶贫建档立卡的贫困村都地处偏远，水、电、路等基础设施建设到位率偏低。如在治多县，目前基本解决了县城周边的通电用电问题，多数贫困村尚未通电，用水方面，人畜饮水工程建设很难覆及边远村落。在玛沁县，14个贫困村只有3个实现了通电，道路建设方面，14个贫困村现有公路里程仅占全县公路里程的10%。在治多县，虽然已摘掉了无电县的帽子，但对很多的该县偏远牧区来说，通电仍然是个可望而不可即的奢望。从产业发展来看，两县一市产业结构基本相同，都以草原畜牧业为支柱产业，相对而言，玛沁县和玉树市兼有小块种植业，治多县则为纯牧业县。近几年，两县一市根据实际对产业结构进行了调整，单一的产业结构有所松动，与要形成多元共存互补的产业结构的调整预期目标远未达到。畜牧业仍然保持着较传统的经营方式，畜产品因缺乏深加工而商品化率很低，如治多县畜产品的商化率在30%左右，玛沁县为22%，玉树市为24%。商化畜产品基本属于初级产品，因而其经济效益并不高，加之由于自然条件和各种人为因素的影响，草场退化严重，自然灾害频繁，这无形中增加了商化畜产品的成本。降低畜产品成本、提升畜产品价值的出路在于实现畜产品深加工和精加工。这就得通过畜牧产业的转型升级方能实现。可见，藏区脱贫归根结底还得依靠产业布局调整、结构优化。畜牧业之外的其他经济，如虫草采挖、高原旅游、民族工艺、文化产业等基本跟贫困村关联不大：贫困村基本都不属于虫草产区，与中心村镇或县城州府距离较远，且大多至今未通公路，居住分散。第四，贫困人群整体素质偏低，思想观念跟不上发展要求。调研中，我们发现，贫困人群普遍存在受教育程度较低、缺乏适应社会需要的劳动技能、思想观念跟不上发展要求这些严重影响脱贫致富工作的问题。造成这些问题的原因极为错综复杂，尤其像受教育问题，它是各种历史的、生产生活的、环境的，以及其他现实的原因综合作用的结果，不可轻易结论。缺乏相关技能、思想观念跟不上时代，确实在贫困人口中普遍存在，如在治多县，大多数贫困人口单纯依靠政府补助及救助，几乎无贫困人口从事经营性行业。据治多县工商局统计，全县登记在册的700多户个体经商户，90%以上为外地其他民族经营，不到10%的藏族个体经营户多为玉树市等县的外地人。在玛沁县大武镇街道建设务工人员中很少看到当地人，原因不在于嫌工钱低，主要还是缺乏相应的劳动技能。据受访贫困户说，他们一般到州上、县上主要从事基本不需要任何技能的环卫工作，或者就去给人放牧，好像除此之外，就想不起其他什么门路了。第五，退牧还草、生态移民、定居工程等项目实施的负面影响。这些项目实施的初衷是为了更好地推动牧区经济社会的协调发展和保护自然生态实现自然与人的和谐共处。但在实施过程中由于缺乏科学、全面、精细的论证，过多采用行政方式，难免会发生一些负面效应，这会在一定程度上给扶贫开发带来不利。比如，由于定居地远离草场，加大了放牧的难度，使得部分牧民舍弃牛羊，欲转向其他产业，但因受限于缺乏相关劳动技能难于融入，只好以接受政府补贴为生活来源。我们在定居点调研时，听到有牧民为"生计"以低价转让安置房，深感忧虑。虽然这类事情较为少见，但却值得予以相当的关注。我们应该把移民定居作为一个系统工作来对待。所谓系统，就是指不仅要为那些为了服从退牧还草、生态保护的国家宏观发展需要而迁移的牧民解决"居"的问题，还要为他们解决"业"的问题。相当一部分牧民因移居而舍弃原有的畜牧之业，一时又（因各种原因）无相关之业可事，势必会使其养成只靠政府补助和救助的生活方式，这就会在无形中极大地弱化他们依靠自己实现脱贫致富的能力。"失业"的困惑积压下的负情绪通过什么样的方式加以有效化解，确实值得我们在推动藏区扶贫开发工作的同时予以高度的关注。最后，目前的扶贫开发机制尚需进一步完善，扶贫开发的政策思路需要调整。扶贫开发从救济式扶贫向精准扶贫的跨越凸显了党和政府对扶贫工作的高度重视。但在实际工作中仍然存在形式上重视实质上不重视的情况，重专项扶贫轻行业扶贫、重项目扶贫轻后续管理的现象。同时社会各界参与扶贫，行业、专项、援建、社会"四位一体"的大扶贫格局形成有待时日。只有各种扶贫机制形成合一个相互协调、相互补充的合力机制，扶贫开发的整体性效应才会得以发挥和体现。

三、结论和建议

1.结论

扶贫开发是一个系统性、持久性的艰巨工作。实践表明，以往的救济式扶贫虽然具有工作轻松、见效快的特征，但其成果缺乏持久性，返贫率高，易使受助人群养成"等、靠、要"思想和行为的缺点也很明显。相对来说，通过培育和扶持产业发展来实现脱贫致富更具有稳定性和持续性。从这个意义上来说，藏区脱贫致富的根本出路在于产业脱贫。产业扶贫关键在于实现原有产业转型升级的前提下，因地、因情制宜地培育和扶持特色产业和优势产业，培育与扶持必须倾向于那些具有发展后劲的、可持续的产业。在调研中，我们发现，目前要培育和扶持适合青南牧区实际的特色产业和优势产业，首当其冲，要优先完成现有产业布局的调整和结构的优化。因此，清醒认识、科学研判产业布局调整、结构优化所面对的现实问题，是实施产业扶贫的先决条件。通过调研，我们认为，当前影响产业布局调整、结构优化的主要问题有：第一，作为三江源自然保护区核心区的青南藏区，培育和扶持产业发展必须要解决好生态恢复、保护与产业发展之间的兼容问题。任何产业的发展必须以不影响这一地区的生态环境为前提。第二，产业培育与扶持要充分依托本地区深厚的历史文化积淀和得天独厚的自然资源，鉴于本地区生态保护与建设在整个国家宏观发展战略中的重要性，不适于发展依靠自然资源的开发生产性产业，因此，产业发展要着眼于生态畜牧业和文化、旅游产业。由此看来，如何解决发展这些产业的人才、知识、资金等问题是当务之急。第三，培育和扶持产业发展与民族文化、习俗、生活方式等之间的契合问题。民族文化产业作为"朝阳产业"，具有广阔发展的前景，它具有投入低、能耗小、效益高等的特点，发展好民族文化产业不仅有利于民族传统文化的保护和传承，也会极大地促进民族地区社会经济的全面协调和发展。发展民族文化产业，当前需要完善政策引导和管理，包括文化保护（尤其要防止掠夺式文化开发、利用）、人才培训（市场型）、金融政策支持（基础设施投入、资金投入等）等。当然，问题不止于此，能科学、合理、有效地解决了这些问题，产业扶贫必是大有可为。

2. 建议

随着"十二五"规划的逐步完成，青南藏区的扶贫开发完成了规划要求的基本任务。扶贫开发成果的获得离不开广大扶贫工作者的艰辛付出和努力。同时这也说明，所采用的扶贫措施是适合实际并切实可行的。但要将扶贫成果长期巩固，使之具有可持续性，完全实现脱贫致富的目的，达到藏区全面建成小康社会的宏伟目标，就必须采取以下措施。

第一，建构新型扶贫开发格局，拓宽扶贫政策。要言之，所谓新型扶贫开发格局，就是指在这个格局帮扶下，贫困群众具备自身脱贫致富的能力和机会及可能。这个格局在结构上必须是综合的，在政府主导下将各种扶贫主体整合起来，形成扶贫合力；在功能上，它以"输血"为基础，推动实现帮扶对象"造血"的功能，即在这个格局下，通过实施专项扶贫、行业扶贫、社会扶贫及援建扶贫等项目，培育和扶持适合当地实际的特色产业、优势产业，以产业带动脱贫致富。在政策层面，要拓宽惠民渠道，鼓励创新创业，并给予相应的政策保障和支持。如围绕合作社经济发展，必须要出台和完善相应的法规和制度，我们不仅希望它挑起帮助贫困村（户）脱贫致富的担子，更希望它通过不断完善自身运行机制，增强应对市场风险的能力。

第二，巩固扶贫成果，关键在于加大通过发展产业实现脱贫致富的力度。青南藏区的产业发展的突破口应立足于发展文化产业和以旅游业为核心的服务业。发展文化产业要建立在对民族文化充分尊重的基础上，不仅不能把藏区民族文化视为扶贫的阻力，而且更要将它当作一种有可能成为藏区人民实现持续性脱贫致富和不断发展的资源来看待。藏区文化是藏族人民在适应大自然的社会实践中创造的对当地自然生态环境具有强大适应力的文化，它通过藏族群众的日常生活、服饰、艺术、歌舞等载体得以表现。只有身临其境，才能被它所吸引、震撼。玉树市扶贫产业园出品的民族服饰、手工艺品大受欢迎，实质上所凸显的就是藏族文化的魅力。旅游业对地方经济的带动效应是显而易见的，青南藏区所拥有的可资发展旅游业的人文资源和自然资源是极为丰富的，开发好青南藏区的旅游资源对实现本地区脱贫致富和经济社会的可持续性发展具有关键性意义。要实现上述目标，一个基础性的工作就是要加大教育扶贫的力度，扶贫开发、可持续发展，归根结底关键在人。此外，前述的政策、资金支持也是必不可少的。

第三，借助三江源保护区建设和"一带一路"倡议实施的大好机遇，着力完善生态建设补偿机制。作为丝绸之路经济带建设中国西部核心区组成的青南藏区，自然生态环境较为脆弱，随着经济发展尤其是能源合作的开展，生态环境的承载负担会日益加重，如不注重环境保护势必引发区域环境风险，甚或导致不可逆转的灾难性环境后果。环境的这种"负外溢效应"，必须得予以高度重视，如不然，就会影响到整个国家生态安全，给丝绸之路经济带倡议的实施，区域经济合作的发展等都会产生不利的副作用。着眼于国家的整体发展，"一带一路"倡议下的区域经济合作实现长久、可持续的发展，当下的青南藏区更应加强生态环境的恢复和保护，从而有效规避和减免环境风险的发生。"经济发展的过程是社会变革和政策调整的过程，任何社会变革和社会政策的调整都会引起利益格局的变化，随着利益格局的变化，各种社会经济主体的行为博弈也会随之发生变化，与此相适应的制度安排也需要作出调整，并通过制定激励机制来规范主体行为。"众所周知，三江源地区的生态价值远高于其经济价值，经济开发所能带来的经济收益与付出的生态环境成本根本无法相提并论。鉴于此，对青南藏区人民来说，恢复好、保护好自然生态环境就是对国家各大宏观发展战略的最大贡献。也正因如此，三江源人民为保护三江源生态作出的重大贡献理应得到尊重，并应以制度甚或立法的形式得以保障。用制度或法规来认可和保障付出，利益得以保证，必会为生态环境建设尽心尽力，才会有助于资源节约型、环境友好型社会的建设，也更能从根本上巩固扶贫开发的成果，避免返贫率的提高。

我们知道，青南藏区扶贫开发的路还很长，只要我们明确思路，找准突破口，充分利用三江源自然保护和"一带一路"倡议所带来的发展好机遇，培育好、扶持好适合当地实际的特色产业、优势产业，扶贫开发必将走上可持续发展之路，扶贫开发乃至建成藏区社会全面小康社会的目标必将实现。

藏族多续人语言系属分类初探 *

韩正康 **

摘　要　语言的分类不仅是单纯的语言问题，还关系着相关族群的相互认知，并对族群关系产生影响。本文通过对历史文献及相关材料的梳理，说明藏族多续人与藏族里汝人和藏族尔苏人均为元明时期脱苏人的平等分支，相互间不存在包含关系，并进一步说明多续语与里汝语和尔苏语之间是脱苏语的方言关系，不存在多续语和里汝语属于尔苏语的方言的情况。

关键词　藏族多续人；语言；系属分类

藏族多续人是指世居于四川省西南部安宁河上游地区自称为"多续"的藏族人群，行政区划主要属冕宁县。该族群"目前大约有2000人"❶，是藏族中一个人口较少的支系。

一、藏族多续人的自称和他称

该族群称呼其语言为 $do^{33}\text{Ȿu}^{33}na^{33}$（多续那），其中 $do^{33}\text{Ȿu}^{33}$（多续）为该族群自称，"do^{33}（多）"的意义不明，疑为藏族传说中的六大姓氏中的"董"，多续人为亡魂开路的《开路图经》中有多处地方记载有"木布董氏"一词，如15格"你是木布董氏族的人吗？白母狮子让路，索多尼玛邬噶山神，上札、上董氏的男女，这里遇见光明和祖貌，乃是木布董氏的根子

---

* 本文系2016年度中国语言资源保护工程专项任务"民族语言调查·四川冕宁多续语"（项目编号：YB 1624 A 108）研究成果之一。

** 韩正康，男，藏族，四川省民族研究所助理研究员，研究方向：民族学、藏学、民族语言学。

❶ 韩正康、袁晓文：《藏彝走廊：族群互动背景下的多续藏族认同研究》，《中南民族大学学报（人文社会科学版）》2014年第2期。

啊！"而19格有"原始六大氏族任何一族啊！……"❶等记载，都使我们不得不将"多"与"董"联系起来。另外，"多续"一词在唐朝时记为"东钦"，这里的"东"与原始六大氏族的"董"更为近音。"ɕu³³（续）"有"人"的意思，在多续语里，这个"人"不是单个"人"的"人"，也不是多个"人"的"们"，而是指一类人，类似于汉语中的"汉人""客家人""闽南人"的"人"，以及"石匠""铁匠""木匠"等的"匠"之类，译为"族群"或"人群"更为合适。这样我们大致可以把"多续"一词翻译为"董人""董氏族"或"董族群"，意思是"藏族原始六大氏族中的董氏"。na³³（那）为"话、语言"等意思。汉文史书称包括该族群在内的所有藏族为"西番"，该族群的人认为这一称谓具有歧视性，因此较为反感。彝族称为 vo³³tɕu³³（俄助），指"土地的主人"，这是由于彝族是后来者，在当地，彝族现在的居住地在过去大都是藏族的居住地。在彝语里，vo³³tɕu³³（俄助）的称呼至少包括了所有的藏族，甚至包含了部分藏族以外的一些人口较少的民族，如云南的普米族，德昌县的傈僳族，但指称的主体是藏族。

二、多续语的语言归属

清朝乾隆年间四译馆编写的九本《西番译语》中，其中有一部的"番字""西番""番僧""番汉""番人"的"番"，藏文转写分别为 gtog so、tog so、rtog so、rtog sug、tog su，而汉字注音均为"多续"，正因为此，日本学者西田龙雄将这部《西番译语》定名为《多续译语》。《多续译语》是目前所知最早使用"多续"一词的文献，自此以后，语言学界基本都使用"多续"一词作为该族群的名称，而在民族学界除"多续"一词外，还出现了"多须""多虚"等写法。

多续语在语言归属的划分上有不同观点，这些观点主要可以分为两种类型，一种是藏族多续人自己的认知，另一种是来自于语言学界的划分。

1. 自称 do³³ɕu³³（多续）的群体对多续语的自我认知

藏族多续人在介绍其语言的时候，往往称呼其为"藏语"，并认为是藏

---

❶ 陈宗祥：《冕宁藏族苯教送魂九路初探》，载李绍明、刘俊波编：《尔苏藏族研究》，北京：民族出版社，2007年，第636页。

语的一种"地脚话",这种认知是该族群藏族认同在语言上的心理反映。同时,该族群将藏语书面语称为"官话",并认同德格话为标准藏语,这是"官话"在语言上的具体指称。该族群认为,"官话"通行于整个藏族地区,但各地有很难直接与"官话"相通的"地脚话",这些"地脚话"均为藏语,但地位没有"官话"高。由于藏语在传统上划分为卫藏、康巴和安多三大方言区,而康巴方言是以德格话为标准,所以以上认知用现代语言学来表述,就是多续语属于藏语康巴方言下的一个次方言,即藏语—康巴方言—多续次方言。

2.语言学界对多续语的定位

与藏族多续人的传统认知不同,学术界对多续语有多种系属分类,其中以孙宏开教授的分类最为著名,对学术界影响也最大。孙教授将多续语归入尔苏语的范畴,并将其认定为尔苏语的中部方言,同时将尔苏语划入羌语支中❶ 按照孙教授的分类,我们将多续语的语言归属表述为:汉藏语系—藏缅语族—羌语支—尔苏语—多续方言(尔苏语中部方言)。刘辉强教授也认同这种观点。❷

房建昌教授认为多续语"也许是一种受羌语、普米语、彝语、嘉绒语及古汉语同化较多的藏语混合方言"。❸ 按照这一说法,多续语是一种藏语方言,只是可能在历史演进的过程中受到了羌语、普米语、彝语、嘉绒语和古汉语的影响,被这些语言程度不同的同化,逐渐成为一种藏语混合方言。房建昌教授认为,即使经过"同化",但多续语仍然属于藏语的范畴,是一种"藏语混合方言"。按照房教授的观点,可以将多续语的归属表示为:汉藏语系—藏缅语族—藏语支—藏语—多续方言。

黄布凡和尹蔚彬两位教授通过对多续语的调研,认为"多续语既不是尔苏语的方言,也不属于羌语支,是否属于彝语支或其他语支,有待于多方面的进一步比较"。❹ 所以两位教授对多续语的表述应该是:汉藏语系—藏缅语族—语支未定—多续语。

❶ 孙宏开:《尔苏(多续)话简介》,《语言研究》1982年第2期;《六江流域的民族语言及其系属分类》,《民族学报》1983年第3期。

❷ 刘辉强也持这种观点,参见刘辉强的《尔苏语概要》,李绍明、刘俊波主编:《尔苏藏族研究》,北京:民族出版社,2007年,第462页。

❸ 房建昌:《西田龙雄与〈西番馆译语的研究〉》,《西藏民族学院学报》1983年第2期。

❹ 黄布凡、尹蔚彬:《多续语概况》,《汉藏语学报》2012年第6期。

与此有关的研究还有瞿霭堂教授，瞿霭堂教授虽然没有直接提到多续语，但他认为"藏语支还包括嘉戎语、羌语、普米语、门巴语、珞巴语、独龙语、怒语以及上文提到的近年在甘孜、阿坝、凉山州一带发现由藏族使用的那些语言"。❶ 多续语属于在凉山州的藏族所使用的语言之一，所以依照瞿霭堂教授的分析，多续语属于藏语支语言，其表述方式应该为：汉藏语系—藏缅语族—藏语支—多续语。值得注意的是，瞿霭堂教授认为没有羌语支，其认定的藏语支语言包含了孙宏开教授认定的所有羌语支语言。

美国的张谢蓓蒂和张琨两位教授合撰的《嘉戎语的历史语音》在叙述中谈到了西田龙雄与他们的私人通信中认为《多续译语》所反映的语言是一种"近似于现代嘉戎语梭磨话的古嘉戎语"❷。对于嘉绒语来说，语言学界对其认知是很复杂的，有藏语方言说❸、藏语支说❹、羌语支说❺，嘉绒语组说❻ 等，现在尚无定论。按照此次通信的内容，结合嘉绒语复杂的分类形式，则多续语所处的位置可能是：汉藏语系—藏缅语族—藏语支—藏语—嘉绒方言—多续次方言；汉藏语系—藏缅语族—藏语支—嘉绒语—多续方言；汉藏语系—藏缅语族—羌语支—嘉绒语—多续方言；汉藏语系—藏缅语族—嘉绒语组—嘉绒语—多续方言。

综上所述，藏族多续人对自己语言的认知比较符合民族学观点，而语言学界的划分目前尚没有统一的结论，但语言学的研究是基于一种实证科学的基础上，同时为民族学在相关领域的拓展提供了一扇窗口。同时，民族学的研究是基于历史和民族两个方面，为语言学的深入指明了方向，这是由于任何一种语言跟任何一个族群一样，都是随着时间的不断推移而发生着变化。对多续语系属分类的分歧，很大原因是对多续语的调查研究还不够深入，相信随着调查的进一步推进，研究的进一步深入，对多续语的

❶ 瞿霭堂：《藏族的语言和文字》，《中国藏学》1992年第3期。

❷ 冯蒸：《国外西藏研究概况》，北京，中国社会科学出版社，1979年，第148～150页。

❸ 赞拉·阿旺措成：《试论嘉戎语中的古藏语》，《中国藏学》1999年第2期；春花：《〈满蒙藏嘉戎维五体字书〉概论》，《满语研究》2008年第1期。

❹ 瞿霭堂：《中国藏族语言文字研究五十年》，《中国藏学》2004年第1期；彭学云：《论嘉绒语的借代关系》，《中国藏学》2010年第3期。

❺ 孙宏开：《古代羌人和现代羌语支族群的关系》，《西南民族大学学报（人文社会科学版）》2011年第1期。

❻ 孙天心：《嘉戎语组语言的音高：两个个案研究》，《语言研究》2005年第1期；《嘉戎语动词的派生形态》，《民族语文》2006年第4期。

认知将会越来越清晰。

三、多续、里汝和尔苏在认同上的差异

孙宏开教授敏锐地发现了多续语与里汝语和尔苏语之间非同一般的亲密关系，并按照"宜粗不宜细"的原则将其划分为同一语言的不同方言。语言的划分是一种学术建构，将三者划为一种统一的语言，则有可能掩盖多续语与其他二者间难以交际的事实，但如果将其分为两种不同的语言，则忽略了相互之间在血缘和文化上的亲密关系。对于多续语与里汝语和尔苏语的关系而言，笔者认为属于同一种语言的不同方言可能更符合实际情况，这主要是三者之间不仅仅在语言上关系亲密，在其他文化形态上也属于同一种文化类型，在血缘上相互间也应该是同一个群体。

孙宏开教授将鲁汝归入里汝，将鲁苏归入尔苏，加上多续，就形成了三个分支，并将其语言分别称为尔苏语的三个方言，这种分类在三个相关族群中产生了不一样的反响。多续语、里汝语和尔苏语总的冠名是尔苏语，显然在族群称谓上"尔苏"就成为了三个族群统一的称呼，原本平等的三个族群，"尔苏"就成为了高一级的名称，而"多续"和"里汝"则屈居于下。所以这个系属划分在尔苏族群中获得了较广泛的认同，但尔苏在与其他族群交往的过程中，发现他们并不认同这种观点。多续人不认同属于尔苏的说法，在强调双方均为藏族的大前提下强调双方的差异性，这种差异性强调最多的恰恰是语言的不同。里汝人和鲁汝人在承认他们与尔苏人在语言上大致相通以外，强调自己不是尔苏，因为在里汝语中有专门的"尔苏"一词，这一词语专指藏族纳木依人和纳日人，说明"尔苏"这一指称与汉语"摩梭"的指称是一致的。所以用"尔苏语"来作为三者总的命名，不仅没有加强不同族群之间的相互认同，反而给各族群带来不小的困惑。

四、多续与里汝、鲁汝、鲁苏和尔苏的历史关系

1.多续简史

藏族多续人是现在冕宁县境内最早的原住民之一，直到清朝中期以前，藏族都是冕宁地区的主体民族。石器时代居住于此的原始人类可能是

多续人最古老的源头，秦汉时期包括雅安市、凉山州等地在内的大渡河、安宁河、雅砻江三大流域居住的古代人群称为牦牛夷或牦牛羌，包括了莋人、邛都人等，这些人群经过融合，形成唐朝的东蛮，东蛮分为勿邓、两林、丰琶三部。《新唐书·南蛮传》载：

> 勿邓地方千里，……又有东钦二姓，皆白蛮也，居北谷。
> 剑山当吐蕃大路，属石门、柳强三镇，置戌守捉，以招讨使领五部落：一曰弥羌、二曰铄羌、三曰胡丛，其余东钦、磨些也。

《蛮书》载：

> 台登直北去保塞城八十里，吐蕃谓之北谷，天宝以前，嶲州柳强镇也，自入吐蕃更增修崄。

"台登"指现在的冕宁县泸沽镇，治所在今泸沽镇梳妆台，"北去八十里"的位置与现在的冕宁县城相当，这个地方有一座城，叫作"保塞城"，"保塞城"在唐朝天宝年间以前叫"柳强镇"，吐蕃占有该城后，称这座城为"北谷"，并进行了扩建。今冕宁县城及其附近地区一直是藏族多续人的居住地，可见，唐朝时期居"北谷"的"东钦"应该就是"多续"的先民，并属于"五部落"。吐蕃在这里建立的有效统治使吐蕃人成为现在藏族多续人祖源的重要源头。到宋朝时，《建炎以来朝野杂记·边防记·边防二·左须夷人出没》载：

> 乾道六年，雅州沙平夷人与岩州夷人相攻，沙平求援于左须夷人杨出耶，因而获胜，出耶者，本黎州五部落夷人也。

"黎州州治今汉源县，其缴外即今大渡河以南之地，'左须'与'多续'音近且地望相符，说明'左须'可能就是指'多续'而言。"❶ 除此之外，这里的"五部落"应该与唐朝时期的"五部落"一致，"左须"在唐朝"五部落""弥羌、铄羌、胡丛、东钦、磨些"中，只与"东钦"音近，说明宋朝

---

❶ 袁晓文、陈东：《尔苏、多续藏族研究及其关系辨析》，《中国藏学》2011年第3期。

的"左须"就是唐朝的"东钦"。元明清时期，包括多续人在内的藏族被称为"西番"。《元史》载："致和元年（1328），云南土官撒加布降，奉方物来献，置州一，以撒加布知州事，隶罗罗宣慰司，征其租赋。"❶元朝在多续地区设苏州，治所在今冕宁县大桥镇境内，以撒加布为知州进行管理，这是冕宁历史上最早的土司政权。

明代成书的《四川土夷考·宁番卫图说》记载：

> 宁番卫，古苏州地。故名其蛮曰脱苏，其人凶犷强悍，刀耕火种，迁徙无常，不以积藏为事。……若五宿、若结古、若热唧瓦、若扯羊、若纳纳碑、若马蝗沟等番，虽叛服不常，亦多驯挠听命。❷

这里的"脱苏"应该就是唐朝时候的"东钦"、宋朝时候的"左须"，也就是现在的"多续"的先民，这是由于以上出现的六个地名均为藏族多续人的村落，如"五宿"现在称"伍宿"，依然为藏族多续人为主的村落，"结古"现在称"结果罗"，最后一户藏族多续人迁离此村落的时间是20世纪90年代末，现在此村落居住的是彝族，但彝族最早迁入此村落的时间是在民国时期，其余四个地名现在依然在使用。这些地名使我们相信，藏族多续人虽然是不同时期的古代族群相互融合的结果，但并不是这些古代族群的简单混合物，而是以一个固有的族群为基础，融入其他族群的一部分形成的。正是这样，在历史上的不同时期，总是有一个居住在现在多续人居住区的与"多续"这个名称相近的族群存在，这些居住在现在多续人居住区的，与"多续"这个名称相近的族群就是藏族多续人的重要源头之一。

据曹学佺《蜀中广记》卷三十四宁番卫说：

> 元时于邛都之野立府曰苏州，借苏示之义以名之也。国初言土官怕兀它从伊噜特穆尔为乱，于是废为卫，降官为指挥，环而居者皆西番种，故曰宁番。宁番城周凡二千丈，在建昌北九十里。东连越嶲界，北至西天乌斯藏，西邻三渡月落口。❸

---

❶ 《元史》卷三十《泰定帝二》，北京：中华书局，1973年，第686页。
❷ （明）谭希思：《土夷考·宁番卫图说》，云南省图书馆藏旧钞本。
❸ （明）曹学佺：《蜀中广记》卷三四，西南大学馆藏《钦定四库全书》影印本。

从以上两则史料可以看出，元朝苏州府的主体族群是"脱苏"，《蜀中广记》记述的应该是宁番卫的管辖范围，由于宁番卫是"古苏州地"，所以与元朝苏州的管辖范围大致相当。"在建昌北九十里"，南与当时礼州下属泸沽县相邻，"东连越嶲界"则是以小相岭为界，"北至西天乌斯藏"应该是与现在的康区相接，"西邻三渡月落口"说明西到雅砻江。按现在的行政区划来看，元朝时苏州和明朝宁番卫的辖地范围"就是从冕宁北至汉源及甘孜州境，东至越西"。❶这一区域在元、明时期居住的主要族群是"脱苏"，目前此区域居住的藏族人群主要有多续、里汝、鲁汝、鲁苏、尔苏、纳木依和木雅。

2. 脱苏与纳木依和木雅

明朝时期的这一区域世居有藏族纳木依人，据咸丰《冕宁县志》的记载，藏族纳木依人应该主要居住在安宁河以西。"纳木依"一词与"脱苏"在发音上相差太大，跟"脱苏"可能不是同一个部落。再者，学界一般人认为藏族纳木依人的远祖是"磨些"人，这一人群在唐朝时期是与"东钦"并列的"五部落"之一，这说明，最迟在唐朝时期，"多续"与"纳木依"已经分化为两个部落。

田野调查中发现，在冕宁县大桥镇和冶勒乡等地以前居住着一种被多续人称为"弥那"（$mi^{53}na^{22}/me^{53}na^{22}$）的人群。依照多续语来分析，$na^{22}$是话的意思，则"弥那"是操"弥"话的人，这种使用"弥"话的人是否就是藏文书籍记载的"弥约"人，也就是木雅人？这种可能性是存在的。据笔者调查，新中国成立后，在冶勒乡尚有两户"弥那"人家，一户姓蒲、一户姓叶，他们自称是"多续"，后向南迁徙，与多续人居住在一起，说明"弥那"与多续长期毗邻而居，已经完全认同多续了。自此，在冕宁的"弥那"人已经完全融入了多续。

《宋史》卷四九五《蛮夷四·西南诸夷·邛部川蛮》载："黎州西三百里有弥羌部落。"这个"弥羌"可能跟"弥那"有关系，甚至可能就是弥那。黎州为今之汉源，"西三百里"则与现在的藏族木雅人的居住地大致相符，其居住地大致在苏州府北部辖区的西面，不在苏州府辖区内。

目前在石棉县的上八堡有藏族木雅人居住，如果"弥那"人是木雅人的话，则他们曾经应该是一个整体。据周群华研究认为西夏灭亡后，党项

---

❶ 何耀华：《康巴、"东蛮"与宋朝的历史关系》，《云南社会科学》2000年第6期。

人的"一支横越松潘草原，沿金川河谷南下，经丹巴、乾宁到达木雅"。❶
李璟认为"这支西夏人，其后代便是今天的木雅人"。❷如果此说成立，则
说明现在四川西部地区的木雅人到达这里的时间应该不会早于苏州府设立
的时间，但周群华和李璟的研究跟史书对"弥羌"的记载有出入。如果藏
族木雅人是唐朝的"弥羌"的话，则说明至少在唐朝时期，藏族木雅人的
先民已经与藏族多续人的先民分化为不同的部落。可见，不论藏族木雅人
是西北党项人南迁，还是唐朝时期的"弥羌人"的后裔，均与元朝"脱苏
人"没有直接的包含关系。

在2016年4月7日对石棉县藏族木雅人王××的访谈也可以从一个侧
面看出，木雅人在元朝时期可能还没有定居于今石棉县境内：

> （木雅）王家现在有两三千人，目前有19代，每代24年算，有450
> 多年，藏族姓3i33wa33，传说我们祖先三兄弟起源于青海某个部落，
> 走路出来，从青海到阿坝、到姑咱、到康定，翻折多山到新都桥，往
> 九龙方向走，到九龙县城、到乌拉溪、到里伍、到三垭、到洪坝的杉
> 木坪子、到洪坝与石棉交界处的立萨拉，后来到了猛种堡子。❸

3. 脱苏与里汝、鲁汝、鲁苏和尔苏

剩下的四个族群——里汝、鲁汝、鲁苏和尔苏，他们很有可能跟多续
一样，都是"脱苏"人的后裔。这是因为现在石棉县和汉源县大渡河以南
地区以及九龙县东部地区属元朝苏州管辖，而这些地区居住的世居人群正
是鲁苏人和鲁汝人，冕宁县境内说鲁汝话的人主要居住在和爱藏族乡和青
纳乡，他们是在清朝康熙、雍正年间三渡水战役后由九龙东部地区迁入。
木里的里汝人主要是清朝后期开始，受彝族西迁压力影响，由迁居而来的
里汝人和多续人融合形成。可见，部分里汝人迁出元苏州府辖地的时间是
在清朝及清朝以后的时期，由此笔者认为，鲁汝、鲁苏和里汝都属于脱
苏，是脱苏人不同分布区的名称。

---

❶ 周群华：《党项、"弭药"与四川西夏遗民》，《宁夏社会科学》1993年第4期。
❷ 李璟：《对木雅藏族的民族学与历史学考察——以四川石棉县蟹螺乡木耳堡子木雅人为
例》，四川大学硕士学位论文，2006年。
❸ 访谈对象：王××，男，藏族，访谈时间：2016年4月7日下午2：12，访谈地点：四川
省石棉县城。

目前学术界称为"尔苏"的藏族人群主要分布在甘洛和越西两县，几乎都在大渡河以南，也就是"大渡河缴外"。《元史·地理志》载：今越西等地"称邛部川，治乌弄城，昔磨些蛮居之，后仲由蒙之裔夺其地"。此事件应该发生在大理国时期，龙西江推测"其时大概应在宋末"❶。民族学界一般认为"磨些蛮"为现在摩梭人和藏族纳木依人等纳系族群的先民，可见越西等地在宋朝时期的主体居民不是现在藏族尔苏人的先民，现在居住在越西等地的藏族，很可能是在这以后才迁入的。

另外，据方国瑜《彝族史稿》摘录的1961年四川省志馆调查该省"西番族"提出的问题中有这样的记载：

> 木里、盐源两县和九龙县的部分西番，自称"普尔米"（意即白人）；甘洛、越嶲二县西番，自称"尔苏"或"多虚"；冕宁西番的自称比较复杂，大部分自称"多虚"，而"多虚"又分为"米纳"和"吉苏"，该县沙坝地区的西番自称"俄普"，此外，木里卡拉乡、倮波乡的西番自称"吕汝"。❷

这个记载给我们提供了两个重要信息：一是居住于甘洛、越西两县的目前被学术界定名为"尔苏"的藏族，至少在1961年及其以前有"多续"这个自称，至于为什么后来只自称"尔苏"而不自称"多续"，恐怕跟学术界在学术上只称"尔苏"不称"多续"，形成的学术倒灌现象有关；二是"弥那"是多续的一部分，这应该是指"弥那"已经融入多续的事实。

在甘洛、越西调研时，当地很多藏族传说其先祖由冕宁迁入的历史可以和上面的材料相互印证。如甘洛县民宗局的藏族尔苏人周××讲，其家族最早居住在冕宁，后来迁到九龙，后又由九龙迁到甘洛。西昌学院的王××教授曾说，在甘洛、越西等地有部分藏族被称为"波罗板"❸，意思是近代从冕宁大桥迁过去的藏族人，这是因为以冕宁大桥为中心的地区在脱苏语中称为"波罗板"。这说明冕宁藏族在历史上就有不断向现在的甘洛、越西等地迁徙的传统。李星星根据他的田野调查资料判断，认为"尔

---

❶　龙西江：《凉山境内的"西番"及渊源探讨》，李绍明、刘俊波主编：《尔苏藏族研究》，北京：民族出版社，2007年，第350页。

❷　方国瑜：《彝族史稿》，成都：四川民族出版社，1984年，第405页。

❸　"波罗板"，或称"波罗把""波罗巴"，是指冕宁县大桥镇原土司衙门为中心的一片区域。

苏阿塔家到甘洛清水，韩播、门格家到则拉，几摩尔家到凉山，时间都在明以后。按最早的韩播家早不过26代算，大致也在明洪武初。"❶ 种种迹象表明，甘洛、越西一带的尔苏人是从冕宁东迁的"脱苏人"。

藏族东迁越西、甘洛的原因是什么？在越西、石棉等县有的藏族姓氏为"抛乌"，李星星研究员认为："明初苏州'土官怕兀它'可能就是鲁苏抛乌家的祖先。如是，则鲁苏抛乌家先民至明洪武年间还居住在冕宁腹心地区。在明朝平定月鲁帖木尔叛乱之后，鲁苏抛乌家先民可能才撤出冕宁腹心地区，而向边缘迁移。"❷ 李星星的这个判断是由于"怕兀"与"抛乌"在发音上非常接近。据《土夷考》记载：

> 自洪武初年，土酋怕兀他从月鲁帖木儿作乱，总兵徐凯奉檄征剿，后罢州治，废土官，改为指挥使司。❸

据此可以进一步推论，明朝洪武年间对以怕兀他为首领的"脱苏人"用兵，导致部分"脱苏人"东迁，这是甘洛、越西藏族的主要来源。东迁甘洛、越西的"脱苏人"中应该有相当部分是怕兀他家族及其部众的后裔，而怕兀他本身就是"脱苏"人的首领，其家族也属于"脱苏"这个群体。截至2010年，抛乌家在越西县有272户1080人，甘洛县有11户43人，石棉县214户642人。❹ 特别是在越西县，人口普查数据显示，2010年越西县藏族人口总数为2518人，❺ 则抛乌家族占该县藏族人口总数的42.89%，剩余藏族中应该有相当部分是追随怕兀它家族的"脱苏"部众的后裔。

诸多证据显示多续、里汝、鲁汝、鲁苏及甘洛越西两县称为"尔苏"的藏族人群是关系极其密切的群体，均由同一个母体——"脱苏"分化而来，他们在语言文化上有较之于其他藏族族群更为亲密的关系，是不足为奇的了。

---

❶ 李星星：《归程》，北京：民族出版社，2017年，第144页。

❷ 李星星：《蟹螺藏族》，北京：民族出版社，2007年，第344页。"鲁苏"是石棉县藏族脱苏人的自称。

❸ （明）谭希思：《四川土夷考·宁番卫图说》，云南省图书馆藏旧钞本。

❹ 黄戈汝都谱编委会：《黄戈汝都谱》，西昌：西昌人民印刷有限责任公司，2016年，彩页第25页。

❺ 国家统计局人口和就业统计司、国家民族事务委员会经济发展司：《中国2010年人口普查分民族人口资料》（上册），北京：民族出版社，2013年，第1031页。

五、多续话与里汝话、鲁汝话、鲁苏话和尔苏话

一般来说，方言的形成与人口迁徙、自然环境、经济类型、民族接触和行政区划有关❶。多续与此四者是同一个族群——脱苏人分化而来，那为什么多续语与四者之间均通话困难呢？这跟明朝时期行政区划的调整有一定关系：

> 明洪武年，平西侯沐英进驻建昌，苏州治所由苏州坝迁至今冕宁县城。此间，月鲁帖木耳为乱，苏州土官怕兀它率众番万余人从之，平定后废西番土知州，置"苏州卫军民使司"。洪武二十六年置"宁番卫军民使司"。并将卫治附近番人编为四图，纳入行政区划。以苏州坝为中心，北至勒丫河、咱尔山。东至羊糯雪山西坡，西至牦牛山东坡的番民，经琼国公兰玉大军征服后，设土千户领之。❷

明朝初期，由于苏州土官怕兀他反叛朝廷，遭到镇压，这以后明朝政府裁撤苏州府，改设宁番卫。宁番卫自设立之日起，其行政区域就在不断的调整，以下设的千户所来说，有一个、三个、四个、五个等不同记载，❸这些不同的记载说明当时的形势比较复杂，为了更好地加强对当地的统治，明王朝对宁番卫内部的土司及其辖区进行调整，并不断增设军事机构。此时的宁番卫辖地的藏族主要是现在藏族多续人的先民。在牦牛山以西、勒丫河和咱尔山以北地区的"脱苏"人故地，现在主要居住的是鲁汝人和鲁苏人。所以可以肯定地说，脱苏人开始分化的时间应该是在明朝，也就是宁番卫行政区划被大规模调整的时期，距今近600年，经过近600年的分化，最终形成了今天的格局。

清朝后期开始，大凉山地区的彝族大量迁入冕宁，对藏族多续人的生

---

❶ 陈荣泽：《藏语方言的分布格局及其形成的历史地理人文背景》，《中南民族大学学报（哲学社会科学版）》2016年第2期。

❷ 多吉：《西南藏族地域文化初探》，《西藏大学学报》1993年第3期。

❸ 对于明朝宁番卫下辖千户所的数量，《明史·地理志》记载为一个，《明史·四川土司》记载为三个，《四川土夷考》记载为四个，《明实录》记载为五个。

境造成挤压，最终多续人失去了自己最后的聚居地，❶这些地区原本与石棉县、九龙县、越西县和甘洛县藏族的居住地隔山相连，是一块完整的聚居区域。这些聚居区的丧失，使得多续人与这些藏族群体之间在居住地上不再相连，成为了一个居住在"孤岛"上的弱势族群。语言上与这些藏族人群的交流也几乎中断，这可能是多续话与里汝话、鲁汝话、鲁苏话和尔苏话分化到基本不能交流的一个重要原因。

到民国时期，藏族多续人逐步成为散居族群，其语言中大量的固有词语流失，语言趋于简单化，并失去活力，多续话最终成为极度濒危语言。据孙宏开教授介绍，20世纪80年代他在冕宁调研多续话时，随行的有一甘洛陈姓藏族，陈××与多续老人之间可以用各自族群的语言进行基本的交流。❷这进一步说明，现在多续话与里汝话、鲁汝话、鲁苏话和尔苏话难以交际，跟多续人对多续话的掌握程度比较低有关。

除《多续译语》外，在九部《西番译语》中还有一部《栗苏译语》，栗苏话是里汝话、鲁汝话、鲁苏话和尔苏话的母体，均由其分化而来，这说明里汝话、鲁汝话、鲁苏话和尔苏话至少在清朝乾隆年间还是一个整体。可见脱苏语首先从明朝开始逐步分化，最迟在清朝乾隆年间已经分化为多续话和栗苏话，两者已经有较为明显的差别，在清朝乾隆年间以后，栗苏话才慢慢分化为里汝话、鲁汝话、鲁苏话和尔苏话。分化时间的早与晚是多续话与这四种话难以交流的第三个重要原因。

六、多续语系属

从"脱苏人"与多续人和里汝人、鲁汝人、鲁苏人和尔苏人之间的关系可知，尔苏人与这些人群并不存在包含与被包含的关系，而是平等的并列关系，均为"脱苏人"的分支。

由于族群的分化，脱苏语在明朝由于行政区划的调整，逐步分化为多

❶ 据《冕宁县志》记载："清代同治年间，凉山普雄一带黑彝家支开始大量西徙安宁河谷及牦牛山东西山麓，到民国中期，除河谷坝区和锦屏山区外，几乎遍布全县山区和二半山区。民国初，罗洪、俄伍等家支的部分支系从冕宁继续向西扩张到盐源、木里、九龙的部分地区。"冕宁县地方志编纂委员会编纂：《冕宁县志》，成都：西南交通大学出版社，2009年，第98页。
❷ 2017年8月1日，孙宏开先生及其夫人到成都，下榻蜀西路全季酒店，下午1点左右，笔者在宾馆拜访了他，向他请教了一些与多续语有关的问题。

续方言和栗苏方言，清朝乾隆年间以后，栗苏方言逐步分化为里汝话、鲁汝话、鲁苏话和尔苏话。由于这四者之间开始分化的时间并不长，相互之间在语音、语法和词汇上有较为严密的对应关系，相互间的差距还没有达到方言的程度，所以应该确定为栗苏话的不同土语，共同构成"脱苏语"的栗苏方言。鉴于此，脱苏语方言关系应该是：

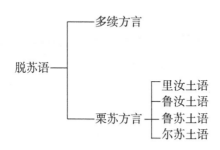

目前针对脱苏语的研究不多，加之语言学界对多续语的划分尚存在藏语支、羌语支和不确定语支等不同意见，甚至属于藏语方言还是独立语言尚存争议，这存在一个以什么样的标准来认定一种话是独立语言还是某种语言的方言的问题，即使制定一个标准，那这个标准是否具有科学性尚不能确定。鉴于此，笔者这里既不认定脱苏语的属于什么语支，也不确定其是否是独立语言。

以文化扶贫促脱贫攻坚

肖惠华[*]

摘　要　通过解读文化扶贫攻坚，加大对特色文化产业的培育和开发，让民族文化成为振奋精神、鼓舞士气的催化剂，增加农民收入的富矿，破解发展难题的突破口，有效阻断贫困的代际传递，真正达到民族文化促扶贫攻坚的目的。

关键词　文化扶贫；脱贫攻坚

一、什么是文化扶贫

文化扶贫是指从文化和精神层面上给予贫困地区以帮助，从而提高当地人民素质，尽快摆脱贫困。传统的扶贫主要是从经济物质上进行辅助，而贫困地区要改变贫穷落后的面貌，既要从经济上加强扶持，更需要加强智力开发。扶贫不仅要扶物质，也要扶精神、扶智力、扶文化。

文化扶贫方式主要有事业扶贫和产业扶贫两种方式。事业扶贫以创建国家公共文化服务体系及繁荣发展各项文化事业为主。产业扶贫是指以市场为导向，以经济效益为中心，以产业发展为杠杆的扶贫开发过程。

二、文化扶贫意义

1. 有利于推动社会全面进步

由于文化扶贫工程不是单一地就文化抓文化，而是把文化、教育、科学普及等与满足农民求知、求富、求乐的要求和发展农村经济紧密地结合起来，这就不仅能使文化更好地为经济建设这个中心服务，而且能够使文

---

　*　肖惠华，楚雄彝族文化研究院院长。

化更好地与之同步协调发展。

2. 有助于实现我国农业生产方向的调整

随着农村经济的发展，国家提出了把农业发展的方向尽快转移到依靠科技进步和提高劳动者素质的轨道上来，努力建立社会主义大农业，加强林业发展，加快渔业技术改造，开拓农村的第二产业和第三产业。

3. 有利于提高劳动生产率，促进经济的快速发展

随着时代的前进，市场经济的发展，文化与经济"一体化"的趋势在增强，文化功能负荷在增值。一方面是各种产品的文化含量、文化附加值越来越高，另一方面是文化不再是单一地满足人们的娱乐要求，而是要在更大范围内为经济发展提供精神动力和智力支持。

三、如何充分发挥文化扶贫的积极作用

习近平总书记在中央政治局第三十九次集体学习时发表重要讲话，强调要更好地推进精准扶贫、精准脱贫，确保如期实现脱贫攻坚目标。"扶贫先扶智，治贫先治愚。"贫困地区之所以贫困，除了客观原因之外，同群众知识贫乏、观念滞后、视野狭窄、思维陈旧也有密切关系。文化扶贫，就是要革除贫困者因贫守旧的贫穷文化，用新的文化价值观念改造旧的、迂腐的文化价值观念；用文化充实扶贫内涵，提升群众的精神境界和道德素养，重视文化领域的扶贫攻坚战。

1. 充分发挥文化扶贫的引领作用

长期以来，中国中西部偏远贫困山区由于文化程度低，再加上长期处于封闭落后的环境中，"等、靠、要"的思想严重。当前在推进精准扶贫的关键时期，更要注重文化扶贫的思想内涵和教化作用，从文化扶贫入手，向贫困者推广新文化、新知识、新理念等新的价值理念，树立先进典型，激励脱贫意志，以社会主义核心价值体系引领农村社会思潮，逐渐提高贫困群众的文化素质，从而达到文化富民的效果。要立足实际、因地制宜、因地施策，盘活历史文化存量资产助力文化扶贫，充分挖掘和盘活乡土文化资源，让贫困群众由衷产生文化获得感和精神充实感，进而转化为自强不息、建设家乡的决心和力量。

2.充分发挥政府在文化扶贫中的主导作用

进一步探索政府购买公共文化服务的新形式、新业态，积极引导和鼓励公民、法人以及社会各界参与进来，共同探讨公共文化服务设施的运营和管理。以群众的迫切要求为出发点，以经济文化的繁荣为落脚点，努力实现"精准服务"配送，要纠正一些地区文化扶贫工作中理想化、行政化倾向，改变自上而下"派送"文化的做法，在满足广大群众基本文化需求的同时，还要有针对性地对贫困山区和少数民族地区进行分类指导，将基层公共文化服务路径细化明确到村、户，不断增强公共文化服务的生活化、本土化。

3.充分发挥好基层党组织的战斗堡垒作用

支部和党员是实现全面小康的主力军，要把基层党建目标任务与文化扶贫目标任务有机融合，形成"以党建带扶贫，以扶贫促发展"的工作格局，实现党的建设和文化扶贫"无缝对接"。面对目前基层还普遍存在群众文化生活匮乏、思想素质偏低、政治理论水平不高的情况，基层党组织更要充分发挥党建助推扶贫作用，集中党员干部的智慧和资源，学做改促、分析优势、查找短板，要以"文化活动经常化、文化服务优质化、文化氛围无形化"为准则，严格落实"两学一做"学习教育常态化长效化制度，因地制宜地有效发掘文化潜力，突出地域特色，创新文化扶贫思路，增强扶贫实效。要时刻牢记党的服务宗旨，带头用好党的富民政策，准确把握村民文化需求，全面补齐文化短板，利用"模范带头人"的影响力积极宣传，激发群众内在活力，逐步提升群众的思想文化素质，丰富群众的业余文化生活，充分调动贫困地区群众的文化积极性和创造性。

从某种意义上来说，文化不脱贫，就不算真正的脱贫。必须坚持文化脱贫和物质脱贫互助共推，统筹推进，筑牢农村文化之基，补足信仰精神之钙，引领脱贫发展之舵，这是扶贫攻坚系统工程中的文化脱贫责任与担当，也是实现真正脱贫的必经之路。

四、民族文化促脱贫攻坚的重要举措

1.要在文化扶民上用真功

近年来，我国扶贫开发取得了阶段性成效，但任务依然艰巨。从扶贫开发过程来看，往往出现"今日脱贫、明日返贫"、越扶越贫的现象。究其原因，客观因素当然存在，但最根本的还是精神家园的塑造未能跟上，文化贫乏。物质经济上的扶贫，虽然能起到"立竿见影"的效果，但难以解决长远性、根本性问题。古人云，"授人以鱼不如授人以渔"。推动扶贫开发，需要在思想认识上、教育培训上和思想道德建设上下功夫，才能从根本上拔掉"穷根子"。

2. 要在扶"志"上用真功

"人穷，志不能穷。"扶贫开发，关键在"人"，在"人"的志向和决心。当前，有些贫困地区贫困群众的"等、靠、要"思想还比较严重，缺乏自力更生、艰苦奋斗的精神。推动扶贫开发，不仅是上级党委政府的重要任务，更是地方干部群众的分内之事。没有广大群众的广泛自觉参与，党委政府"包办"，难以实现脱贫致富。必须加强思想教育和舆论引导，发动广大群众一起干，才能解决根本问题。

3. 要在扶"知"上用真功

推进扶贫开发，教育是前提和基础，知识是关键。贫困地区的教育落后是造成大面积贫困的深层原因。国内外经验表明，通过向低收入者提供取得高收入所需的教育机会，是发达国家、发达地区治理贫困的重要手段。教育扶贫，就是着力于让教育成为播撒现代文明的"播种机"、让知识成为孕育富裕的"脐血"。只有全面提升贫困地区教育发展水平，提高贫困群众素质能力，才能从根本上阻断贫困代际传递。要巩固和提升教育质量，建立义务教育"控辍保学"责任机制，推动民族地区双语教育，加快现代职业教育和远程教育。加大学生资助力度，积极协调和落实学前教育、中职教育、高等教育等奖励补助和优惠政策。加强教师队伍建设，拓展乡村教师补充渠道，落实好贫困地区教师的职称（职务）评聘和生活待遇，真正让教师下得来、留得住、干得好。

4. 要在扶"德"上用真功

有人曾说：新中国头 30 年是解决"挨打"问题，第二个 30 年是解决"挨饿"问题，今后 30 年是要解决"挨骂"问题。现在经济发展了，批评声却更多了，大家埋头苦干，有时却得不到理解认同，这有工作做得不到位的问题，也有宣传教育缺乏针对性、有效性的问题。面临复杂的扶贫开发实情，在时时审视自身工作的同时，要加强宣传教育，不断提高群众的精神文明素质。要加强"知恩、感恩、报恩"教育，引导贫困群众给予扶贫开发工作更多的理解和支持。要加强思想道德教育，大力弘扬社会主义核心价值观，推动形成文明健康、勤俭节约、自立自强、遵纪守法的良好风气。

5.要在文化惠民上使真劲

推动公共文化服务标准化均等化建设，是保障贫困群众基本文化权益的主要途径。从整体看，全省贫困地区尤其是"四大片区"公共文化服务体系建设还比较滞后，这是我们扶贫开发中的"短板"。必须树立底线思维，抓住薄弱环节，补齐工作"短板"，用社会主义先进文化抢占阵地，切实解决好服务贫困群众"最后一公里"难题。

6.要在基础建设上使真劲

基础设施，是解决公共文化服务"最后一公里"的瓶颈制约。公共文化服务体系要做到贫困群众住在哪里，公共文化服务的触角就要延伸到哪里。贫困地区尤其是"四大片区"大部分地处偏远，交通非常不便，气候环境恶劣，条件相当艰苦。而文化惠民扶贫任务件件都是硬任务。必须咬紧牙关、迎难而上、扎实推进。

7.要在产品供给上使真劲

文化无形无影，看不见摸不着，但会在无形中影响人们的客观认知和价值判断，主导社会主流意识。先进的文化引导人们健康积极向上，而落后的文化却让人们愚昧消极没落，落后的文化"杀人于无形"，危害相当大。要做到守土有责、守土尽责、守土负责，大力开展文化惠民活动，加大优秀文化产品供给，用社会主义的先进文化去占领群众的生活时间和心灵空间。要实施文化惠民重大工程，组织文化惠民演出、农村电影放映、全民阅读和全民健身，开展丰富多彩、积极健康的文体活动，不断满足贫困地区群众精神文化需求。

8.要在提升服务上使真劲

近年来，按照中央和省委部署，围绕"建得起、用得上、推得开、可持续"的工作思路，基层公共文化服务体系的服务功能进一步提升。实践证明，文化院坝不仅让群众娱乐了身心，提高了思想素质，而且成为了党委政府了解群众的重要窗口、联系群众的重要桥梁、引领群众的重要阵地。要以文化院坝建设为抓手，积极推动基层公共文化服务体系建设。要摸清底细，做好规划，结合前期幸福美丽新村、乡镇综合文化站等建设实际，充分了解和尊重群众意愿，确定建设点位和建设目标。

9.要在文化富民上出真招

发展文化产业既是贫困地区转方式调结构的重要抓手，也是带动贫困群众致富奔小康的有效路径。贫困地区群众脱贫致富，根本要靠的是发展产业、实现就业。文化惠民扶贫，实质上就是发挥文化的力量，帮助困难群众搭上致富奔小康的快车。要发挥好贫困地区自身文化特色、资源禀赋和比较优势，在发展文化产业上为贫困地区开辟一条文化富民新路。

10.要在重点项目上出真招

文化重点项目是文化富民快车的引擎。文化富民，首要是做实一批重点项目，抓好项目精准规划。要加大项目包装推介力度，整合要素资源，创新工作机制，充分发挥市场作用，选准选强实施单位，推动项目尽快落地。要加强基础设施建设、土地使用、税收政策、资金投入等方面的政策配套，推动文化产业重点项目规划实施，使已建成项目精准见效。

11.要在特色打造上出真招

"特色"，就是要走"差异化""个性化"的发展路子，形成各自的核心竞争力。贫困地区有的地缘相接，有的风物相近，在有限的区域内，必须突出地方特色，搞错位发展。要建设特色基地。特色文化基地具有强烈的聚集效应，应立足贫困地区的资源禀赋，因地制宜规划建设一批特色鲜明、优势突出、带动力强的文化产业基地、园区和集群，吸引更多文化企业入驻发展，提升规模化集约化水平，如四川阿坝、绵阳北川打造的羌绣基地效果已初步显现。要打造特色村镇。将特色文化产业发展纳入新型城镇化建设规划，纳入幸福美丽新村建设，延续历史文脉，承载文化记忆，打造一批文化特点鲜明、主导产业突出的特色文化示范乡镇、示范村。要培育特色品牌。没有文化的旅游没有生命力，只能"看山看水看月亮"。文化产业富民应将各地文化资源优势转化为文化产业优势，核心是要形成文化品牌优势。

12.要在发展创新上出真招

近年来文化产业界流行一句话叫"无中生有""有中放大"。也许老祖宗什么也没给，只给了一条生命，给了一颗"脑袋"，但有些地区却在"无中生有"的创意中走出了一条生路。要创新利用文化资源。文化资源是不可多得的财富，利用得好能产生倍增效应，利用不好就造成无效浪费。应持有一种敬畏的态度，倍加珍惜、科学利用，不能走过去照搬、模仿的老路。要创新政策工具。统筹发挥财税、农业、国土、工商、旅游等相关部门职能作用，跳出条条框框，研究形成一套行之有效的政策组合，为文化产业发展提供政策保障。要创新实施手段。发挥政府主导作用，有效整合市场、社会、群众的力量，形成政府科学引导、市场有序参与、社会积极响应、群众主动脱贫的工作格局。其中，要管好政府之手，用好市场之手，让社会伸出手，让群众自己动手，保持发展定力，一张蓝图绘到底。

五、如何实现民族文化促脱贫攻坚目标任务

脱贫攻坚是一项事关民生、事关全局、事关治国理政的重大任务。文化具有意识形态和产业形态双重属性，在脱贫攻坚中，既需要发挥精神层面的滋养作用，也需要在产业实体上的支撑。因此，筑牢知识之基、补足精神之钙、引领发展之舵，是扶贫攻坚系统工程中宣传文化工作的责任与担当。通过扶志、扶智、扶德，加快贫困群众科学文化素质提升和风俗习惯、生活方式、心态观念、文明程度的改造，加大对特色文化产业的培育和开发，让文化成为振奋精神、鼓舞士气的催化剂，增加农民收入的富矿，破解发展难题的突破口。

1. 立奋斗之志

"志不立，天下无可成之事。"长期以来，过分偏重于送爱心式扶贫，以送代扶产生了懒贫、赖贫现象，一些贫困群众人穷志短，生活没信心、发展没动能、脱贫没门路。要想打赢扶贫攻坚战，必须首先解决贫困群众的思想观念和精神状态问题。文化扶贫要着重从思想上剜穷根，让其穷而思变。从中央到地方，各级制定出台了许多有力的扶持政策措施。要注重用政策的激励作用和舆论的力量催生贫困群众的致富志向和脱贫决心。通过组织基层理论宣传员宣讲，手机、电脑、电视"三屏"互动等宣传形式，阐释扶贫工作政策，宣传自力更生、艰苦奋斗的典型，加强思想教育和舆论引导，批判"等、靠、要"思想，形成强劲的推动力。从根本上调动贫困群众的积极性，需要增强其"认同感"和"存在感"。注重发挥文化的浸润和鞭策作用，开展"脱贫户讲致富故事"的脱贫致富典型宣传活动，让脱贫户讲述自己的致富故事，同时组织创作了一批具有教育引导和启发激励作用的相声、小品等群众喜闻乐见的文艺作品，鞭笞懒贫，批判赖贫，解决穷不知耻、贫不思变、富不感恩的问题，群众乐于接受、易于理解，有效地激发了贫困群众主动参与脱贫项目的积极性和主动性。

2. 聚创业之能

常言道："授之以鱼不如授之以渔。"要把培养致富技能和发展特色文化产业作为文化扶贫的重要切入点和突破口。

一是变"授鱼"为"授渔"，使"输血"变"造血"。我们整合农民培训、企业用工培训等各类资源，将有劳动能力的贫困人口全部纳入职业技能培训。通过开展技能培训、人才培养、文化培植、信息输送，全面提升贫困群众思想认识水平和素质能力，帮助贫困家庭劳动者掌握脱贫的技能，提升他们的就业创业能力，阻断贫困代际传递。实施"综合文化服务中心示范工程"，建设覆盖县乡村的三级公共文化服务网络和"智慧农村"平台，组织相关专家和技术人员，在线上与群众互动，随时解答群众疑难问题；同时在农业生产的重要时段、关键节点，以现场视频形式对农作物种植、畜牧养殖进行实时指导，手把手地教，使贫困家庭都能掌握1～2门种植或养殖实用技术。

二是变资源为财源，开辟增收渠道。以丰富的历史文化、红色文化、民俗文化等"一地一品"式的特色文化资源，以"文化＋扶贫"模式，加大文化资源的挖掘整理、开发利用力度，发展特色文化小镇、文化产业园、文艺节目演出，以文化与旅游的深度融合，拓展贫困人口增收空间。要依托文化遗产和文化传统优势，积极开展技能培训，建设生产基地，将农民变成产业工人，在群众增收的同时，使优秀传统文化也得到弘扬和传承。

三是实施"互联网＋"改造，提升传统的农业生产经营模式。立足生态优势，发展"互联网＋生态农业""互联网＋生态观光"等项目，广泛应用互联网、新媒体等技术对农产品生产、销售、库存、需求信息以及休闲旅游项目进行实时发布，开通网络交易平台，实现农产品、文化旅游产品网上直销。同时，探索建立医院挂号、票务预订等网上预约系统，丰富服务内容，以科技改变生活，提高群众生活质量。

四是坚持"送""种"结合，外力帮扶与自我发展并举。建立市、县、乡三级贫困村文化巡演机制，确保每个贫困村每年不少于一定数量的文化演出活动，推动送文化下乡活动常态化。在送文化下乡的同时，加大力度培养当地人才，成立文化服务队，打造本土文化活动品牌，形成自我发展的长效机制。只有基层文化活起来，文化繁荣才有基础，人民群众才会有更多的获得感。

3. 育文明之风

脱贫攻坚不仅要解决经济落后、物质生活贫困问题，还要扬美德、树正气、育新风，推动"口袋"和"脑袋"共同富裕。注重通过道德的力量解决部分贫困群众"等、靠、要"思想严重问题，解决脱贫攻坚内生动力不足问题，解决经济脱贫与精神脱贫不同步问题。面对一些贫困群众观念落后、陋习不除、精神面貌难以改变等问题，必须大力加强社会主义核心价值观宣传教育。要从移风易俗入手，全面推行"红白理事会"等制度，修订村规民约，建设村史馆，开展文明家庭创建活动。要加强个人品德、家庭美德教育，通过组织村民评议活动，开展身边好人、创业能手、致富标兵评选表彰，树立先进典型，让群众学有榜样、做有标杆。同时，要动员全社会力量，进一步加大对农村的投入，按照"美丽乡村·文明家园"标准，推进社会主义新农村建设，指导开展文明村镇创建，建立农村环境卫生长效机制，推动群众富、产业强、农村美。

结　语

一个创意，九分策划；一个规划，九分设计；一分部署，九分落实。打赢脱贫攻坚战，实现贫困人口如期脱贫、贫困县全部摘帽，任务十分艰巨。文化惠民扶贫作为精准扶贫的重要内容，要增强政治责任感和历史使命感，铁肩担责、攻坚克难，以决战决胜的坚定信心和从严从实的工作作风，奋力夺取脱贫奔康的全面胜利。

民族关系视野下的宋人"省地"问题探讨

杜芝明[*]

摘　要　"省地"出现于宋代,是宋人在西南边疆民族关系中常用的习语。"省地"主要指王朝直接控制区域,是包括政治、经济、军事、文化等的综合性概念,但对于"新疆",宋人却少以"省地"称之。"省地"强调郡县制与羁縻制、统治与非统治的区域分野,明显具有的"边"内涵,呈现出"双边"特征,是王朝的"内边"与"外边",又以"内边"为主。"省地"体现了"三省制"内涵、"二元制"结构的空间化。

关键词　民族关系;宋人;省地

在社会、经济、文化等极其发达的内部环境与严峻的外部环境下,宋人对许多事务有了新认识,出现许多习语,"省地"就是其中之一。最早引起人们关注的是《诸蕃志》中关于交趾"不能造纸笔,求之省地"的记载。[1]可分为三个阶段:第一阶段,注意到了但无任何注解,如清人李调元(1734~1803年)有"案省地二字亦未详"[2]之语,20世纪50年代冯承钧注意到了[3]。第二阶段,对"省地"作出了解释,先后有苏继廎、朱瑞熙与张其凡、杨博文等学者。20世纪80年代苏继廎有"省本为公署称,似指帅府,而省地即帅府所辖地"[4]之语,这应是学者最早注释;在探讨宋与境内少数民族关系时,朱瑞熙、张其凡说"有些隶属正辖州县,其地区为'省地',

---

　*　杜芝明,重庆中国三峡博物馆民族民俗文化研究所副研究馆员。

　❶　《诸蕃志校释》卷上《交趾国》,(宋)赵汝适著,杨博文校释,北京:中华书局,2000年,第1页。

　❷　(宋)赵汝适:《诸蕃志》,文渊阁四库全书本。

　❸　《诸蕃志校注》,(宋)赵汝适著,冯承钧撰(校注),北京:中华书局,1956年,第2页。

　❹　《岛夷志略校释》,(元)汪大渊原著,苏继廎校释,北京:中华书局,1981年,第54页。

其居民称'省民'"❶，这是第一次较完整的解释；杨博文有"本书所指省地，似应指帅府所在地——静江府"❷之语，杨氏引苏氏所论不全并将其空间仅缩至靖江府。第三阶段是深入探讨阶段，以杨武泉、薛政超、安国楼等为代表。杨武泉指出："省地、省民、省界，为宋人习语。'省'指朝廷中之中书、门下、尚书三省，可代表朝廷。故王朝直辖之地区、人民、疆界，即为省地、省民、省界。"❸ 而"宋人习语"中，"省地"并不仅仅是"王朝直辖之地区"；薛政超统计了《续资治通鉴长编》《建炎以来系年要录》《宋史》中"省地"出现次数，并指出："唐五代时并无'省地'之观念""'省地'一词始见于《续资治通鉴长编》""'省地'是宋政府直接管辖之地""省地随着政府拓边、溪洞之民纳土，省地随之扩大""蛮瑶侵扰，政府弃边，随之缩小"；❹ 安国楼的《宋朝"省地"范围的拓展及其政策》《论宋朝边区的"省地"划分问题》二文第一次专门对"省地"问题做出了系统探讨，指出：省地则是特有的区域地理划分概念，指的是宋朝稳定管辖的州县属地，也就是正辖州县或称经制州县之地；主要和最常适用的是西南边区；广南西路边区，省地、省民则包括所有羁縻地区和人户。❺

学界对"省地"概念比较明确，但在"省地"政治、地理以外的其他内涵、广南西路"省地"内涵二元性是否与宋交关系存在联系、"省地"出现背景等方面还需要进一步探讨。在前人研究基础上，故撰此文以求教于方家。

一

"省地"概念出现于宋代，最初见于与交趾关系中，天圣六年五月，广南西路转运司言："交州李公蕴令男、弟领众，使壻申承贵为乡导，入省地

---

❶ 朱瑞熙、张其凡：《中国政治制度通史·宋代卷》，北京：人民出版社，1996年，第274页。

❷ 《诸蕃志校释》，（宋）赵汝适著，杨博文校释，北京：中华书局，2000年，第4页。

❸ （宋）周去非：《岭外代答》，杨武泉校注，北京：中华书局，1999年，第72页。

❹ 薛政超：《唐宋湖南移民史研究》，北京：中国社会科学出版社，2015年，第128页注释。

❺ 安国楼、史彬彬：《宋朝"省地"范围的拓展及其政策》，《中国边疆史地研究》2017年第1期；安国楼：《论宋朝边区的"省地"划分问题》，《浙江大学学报（人文科学版网络版社科版）》2016年7月，第3、4、7页。按：二文差异明显：前文涉及省地概念、拓展、政策（经济、法治等）；后文探讨更为深入，主要涉及"省地"概念、区域性、经济政策、与羁縻州差异等。

打劫，累行根逐，并不放还人口，虑久远终为边患。"❶后来，在域内民族关系的文献中记录日益增多，这是否存在泛化现象，不确定！对于"省地"概念，以安国楼为代表的学者已探讨比较清楚，"省地"是指"朝廷稳定管辖的州县属地，属区域地理概念""宋王朝稳定管辖的州县属地""羁縻州非省地，但对交趾而言均属省地"。❷"稳定管辖的州县属地"实为王朝直接控制的区域，这一概念主要体现了"省地"政治、地理方面的内涵，而"省地"还具有经济、军事、文化、族群等方面的内涵。

（1）"省地"的经济、文化、族群内涵主要是通过"人"即省民来体现，又主要为少数民族群体。

"省地"经济内涵主要指"输纳赋税"，宋人甚至将其作为"省地"（省民）唯一标准。元丰三年四月，乌蛮乞弟部与宋打誓后，围攻罗个牟村，"于是，奉职任光秀诣江安告急。梓夔路都监王宣耻不与打誓，江安令阿宗范复以言激之，遂檄戎、泸等州。都巡检王谨言、江安驻泊都监郭晏，悉以兵会"，"是日，梓夔路钤辖司言宣等全军战没"。❸此事利害攸关，梓州路转运司与中央有这样的对话，元丰三年四月辛亥，梓州路转运司言："体量乞弟等三月己巳赴纳溪寨立誓归顺。罗个牟村蛮止为收藏乞弟奴婢，有任光秀妄以生南罗个牟村为省地，报王宣以蛮人侵犯，致轻易出兵陷没。缘罗个牟村蛮熙宁七年后方量纳官税，不同省地熟夷纳二税役钱。"诏："罗个牟村蛮既纳税赋，即是省地熟户。见在图籍，并系熟夷，不委所奏，有此异同。今不独为王宣接战所因，缘系久远地界事。令转运、钤辖司审实以闻。"❹该段对话体现了任光秀、梓州路转运司、中央（"诏"）三方关于罗个牟村"省地"地位的不同观点。任光秀认为罗个牟村为省地，此论转自"梓州路转运司言"，其原因不明，但从"罗个牟村自熙宁十年熊

---

❶（清）徐松辑：《宋会要辑稿》蕃夷四之三二，北京：中华书局，1957年，第7729页。薛政超认为，"省地"一词始见于《续资治通鉴长编》卷一八七的"嘉祐三年八月庚申"条（《唐宋湖南移民史研究》，北京：中国社会科学出版社，2015年，第128页注释）。

❷安国楼：《论宋朝边区的"省地"划分问题》，《浙江大学学报（人文科学版网络版社科版）》2016年7月，第1、7页。

❸（宋）李焘：《续资治通鉴长编》卷三〇三，"元丰三年四月戊申"条，北京：中华书局，2004年，第7382~7383页。

❹（宋）李焘：《续资治通鉴长编》卷三〇三，"元丰三年四月辛亥"条，第7385页。按，郭声波指出："此段史料提到'生'与'熟'的区别标准为是否交纳税赋，这是极为重要的。"（郭声波：《宋代泸属羁縻州部族及其社会文化在探》，《四川大学学报（哲学社会科学版）》2000年第3期，第83页注释1）

本始团结之。约，蛮有仇杀，汉为救援。"❶ "乞弟誓毕，即率众围罗个牟夷，责税不入。罗个牟，熊本所团结熟夷也。"❷ 从"熙宁七年后方量纳官税""量纳税物以羁縻之"❸ 等可以看出，任光秀的理由是罗个牟村有纳税。梓州路转运司观点是：罗个牟村是生南族群（"生南罗个牟村"，此并非任光秀的观点）❹；罗个牟村不是省地熟夷，原因就是二者所纳税不同。中央认为既纳税赋即为"省地熟户""见在图籍"，从诏书后面的要求看，可能中央以为罗个牟纳的"二税役钱"❺。任光秀、中央的观点代表了一部分宋人的思想即"纳税"也就"在图籍"，其人也就成为"省地熟户"（"省民"），而其居住空间也就是"省地"了，那么"纳税"就成为"省地（省民）"的唯一标准。中央对梓州路转运司的观点并不认同，但没想到转运司所奏"有此异同"，而且这涉及地界问题（"缘系久远地界事"），故"令转运、钤辖司审实以闻"。调查的结果是"后逐司奏罗个牟村蛮但量纳税物以羁縻之，实与省地熟蛮不同。"❻ 这证实了梓州路转运司所说，罗个牟村蛮虽熙宁七年后方量纳官税、熙宁十年才被熊本团结之，其目的不是直接控制，而是"以羁縻之"，这与王朝直接控制的"省地熟蛮"（"省民"）不同。在熟夷、省地熟夷与王朝经济关系的差异事关"久远地界事"，说明经济关系在"省地"内涵中具有十分重要的作用。同时，大量省地熟夷的存在，说明省地上居住人群即省民不是单纯的汉群体，而是汉夷群体。

而赋税的经济关系与州县城寨建立的政治关系一起构成了"新省地"内涵。"潭、邵间所谓上下梅山，其地千里，马氏以来，瑶人据之，号莫瑶。国朝有厉禁，制其耕垦出入，然岁久公然冒法，又稍招萃流浪。"熙宁间，湖南转运判官蔡奕说："省地养此，后日为大患。今变瑶为汉无难也，开其酋以祸福，使为土民，口授其田，略为贷助，使业其生，建邑置吏，

---

❶ （宋）李焘：《续资治通鉴长编》卷三〇三，"元丰三年四月戊申"条，第7382～7383页。

❷ 《宋会要辑稿》蕃夷五之二六，第7779页。

❸ （宋）李焘：《续资治通鉴长编》卷三〇三，"元丰三年四月辛亥"条，第7385页。

❹ 关于"生南"，郭声波在罗始党问题中指出："生南界（简称生南或生界）……未设羁縻州县，亦未成为'编户'，故仍曰'生南'（郭声波：《宋代泸属羁縻州部族及其社会文化在探》，《四川大学学报（哲学社会科学版）》2000年第3期，第83～84页）。如果正如其所论，"生南"即"生界"，那么罗个牟村在熙宁七年量纳官税后，由生界变成了熟户即熟界之民；熙宁十年熊本团结后，关系更进一步了！

❺ 薛政超所说："省地生活的蛮瑶为熟瑶，著于图籍，纳二税役钱"，应该就是根据此条材料而来（薛政超：《唐宋湖南移民史研究》，北京：中国社会科学出版社，2015年，第128页注释）。

❻ （宋）李焘：《续资治通鉴长编》卷三〇三，"元丰三年四月辛亥"条，第7385页。

使知有政，如此而已。"后蔡奕与章惇开梅山，"画田亩，分保伍，列乡里，筑二邑隶之。籍其田以亩计者二十四万，增赋数十万，遂招怀邵之武冈峒蛮三百余族，户数万，岁输米以万记。纳其所畜兵仗，以其地建二寨。"❶在开梅山之前，耕垦省地有"公然冒法"的瑶人，也有"招萃流浪"，故有"省地养此，后日为大患"之说，说明瑶人已为熟瑶；开梅山之后，在梅山建立城邑、堡寨，熟瑶成为"分保伍，列乡里"的编户"省民"，也具有"变瑶为汉"之举，"岁输米以万计"。蔡京等关于少数民族纳土的上奏具有代表性，大观二年九月一日，太师、尚书左仆射兼门下侍郎、魏国公蔡京等言："据黔南等路奏，安化上三州一镇山河土地尽献纳朝廷，上州周围三千五百余里，户一万，人六万五千，永为王民"，"又辰州蛮人覃都、管骂等三十五栅团人各纳土，输出贡""涪州夷人骆世华归顺中华……情愿请税承输，……措置建立州县城寨。又上夷州首领任应举乞将所管夷州四县进纳入官，与置州县，输纳税赋。又下夷州首领任汉宗等各愿将所管东西四程、南北五程见佃土地即请税承纳，余尽献入官。又南平军夷人木攀族首领赵泰等献土归化，见耕佃土地请税，作汉家百姓……又播州夷人杨光言所管系唐朝所建地唐州平，生户一万余家，乞献纳朝廷。又宽乐州、安砂州、谱州、四州、七源州县先次纳土归明，愿将所管州县纳税，永为王民……"上表称贺。❷在开边大背景下，广西、荆湖、川峡等路少数民族纳土变成了王朝治理下的"新省地"，内涵包括地理（"具其地图以闻"）、户口数、"永为王民"（"作汉家百姓"）、"与（列）置州县"（"未耕之地并乞入官"）、"输纳赋税"等五项主要内容，这五项内容揭示了两个方面的变化：一是空间管理上，由羁縻变成了直接控制区域，以户口数、建立管理州县体制为标志；二是族群身份变化，以进入图籍（户口数）、成为"王民""输纳赋税"为标志。这变化为少数民族进一步全面"王化"奠定了基础。

新省地不断扩大，新群体不断加入，使汉户、（省地）熟夷的"省民"这一群体不断充实，丰富了省地的族群内涵，省地成为汉户、熟夷、新的各少数民族群体等共同生活的区域；同时，也深化了省地的族群内涵，除了散居沿边的少数民族，还包括了各酋长所领（羁縻州峒）的少数民族。

（2）省地虽然指王朝控制的整个区域，但强调直接控制区域的边缘，

---

❶ （宋）刘挚：《忠肃集》卷十二《墓志铭·直龙图阁蔡君墓志铭》，北京：中华书局，2002年，第249页。

❷ 《宋会要辑稿》蕃夷五之九三，第7813页。

是王朝控制民族地区的前沿，"省地"军事内涵十分明显，主要表现在战略地位上。

神宗熙宁三年（1070）八月十五日，辰州言："权发遣下溪州事彭师晏言：'退纳啫溪地土，乞承父仕羲知州名额。'州司欲乞放行进奉，及建明溪寨、通望、连云两堡，却于啫溪口北岸筑一堡，差明溪寨兵马监押一员并两堡兵丁守把，据其要害，绝蛮人侵占省地便利。" ❶除建明溪、通望、连云等三堡（寨）外，还于原彭氏所据的啫溪口北岸筑一堡，并由三堡（寨）派人把手，该堡地理位置十分重要（"据其要害"），并与其他三堡（寨）相互配合，以达到"绝蛮人侵占省地便利"的作用。相较于北宋中后期"堡寨的真正作用在于同西夏争夺边境地区的人口和土地资源，并满足宋军的后勤补给需求" ❷的非纯军事功能，以"据其要害"四堡寨为代表的西南区域堡寨主要发挥的是控扼要害、防备与控御少数民族的军事功能，这与初期（北宋建立到至道二年阶段）西北地区"堡寨尚未参与宋夏战争，其功能主要为控制境内羌戎蕃部" ❸是一致的。同时，四堡寨作为深入"蛮地"护卫"省地"、防御蛮人的据点，"省地"属性明确；但"绝蛮人侵占省地便利"的"省地"并不包括三堡寨，说明在特定语境下，"省地"内涵是特定的。对于该区域堡寨功能，南宋朱辅在"十庄院"条有注解："数十年前，瑶僚侵占虾蟆行寨，省地土人申请招致靖州仡佬防托，借田买屋以居。" ❹虾蟆行寨是王朝在五溪地区的军事据点，是为了防御瑶僚而设，属省地范围；随行寨被侵占，因省地土人之请，在省地土人与行寨间建起了一道屏障即十庄院；十庄院也具有军事堡寨的功能，也属省地范围，招致的仡佬具有省地熟夷身份，应与梓州路转运司口中的省地熟夷纳"二税役钱"不同；"省地土人"之"省地"军事内涵不明显，"土人"可能为较早"王化"的省地熟夷。概念上，虾蟆行寨、十庄院"省地"属性明确，强调军事性，但宋人标签的"省地"强调政治性、经济性。

相对于堡寨省地的军事性而言，州县省地往往具有一定军事战略纵深，否则宋人也将其排除在省地之外。"威、茂州亦有土丁，各州二百。威州之丁，月给米三斗，骁捷可用，夷人亦畏之。茂州之丁，半市人，无

---

❶ 《宋会要辑稿》蕃夷五之八四、八五，第7808 ~ 7809页。
❷ 程龙：《论北宋西北堡寨的军事功能》，《中国史研究》2004年第1期，第89页。
❸ 程龙：《论北宋西北堡寨的军事功能》，《中国史研究》2004年第1期，第90页。
❹ （宋）朱辅：《溪蛮丛笑·十庄院》，学海类编第119册。

月给，半有为夷人庸耕者。盖二郡皆斗入夷腹中，无省地。茂州每合教，则土丁悉从夷人假衣甲器械以为用，事已复归，殊为文具。"❶威、茂二郡作为正州，其下领有县、堡寨等。《宋史》载，茂州"县一：汶山。寨一：镇羌。关一：鸡宗。南渡后，增县一：汶川。领羁縻州十……"；威州"县二：保宁、通化。领羁縻州二"。❷二郡及所领县、寨为"省地"无疑，但宋人却认为二郡"无省地"，这是由"斗入夷腹""茂州旧领羁縻九州，皆蛮族也。……茂州居群蛮之中，地不过数十里，旧无城，惟植鹿角"❸等地理位置决定的，连成边的土丁"为夷人庸耕者"，甚至"从夷人假衣甲器械"为用。淳熙五年，胡元质所论一定程度上说明了问题："威、茂两州，即灌口之障蔽。大率沿边诸州城，资堡寨以为蔽，堡寨赖州城以为援。惟此两州不然，堡寨参错于中，州城孤立于外，而属部蕃落周分环据，二三百里之间，官路仅留一线以达于两州。若边事不宁，孤城坐见隔绝。"❹威、茂二州与堡寨不能相互"为蔽""为援"，堡寨"参错"、州城"孤立"，"边事不宁"则"孤城坐见隔绝"的地理位置决定了威、茂二州"无省地"的情况。两段材料代表部分宋人对"省地"的认识："省地"不仅是具有政治、经济内涵的朝廷直接管辖州县、堡寨属地，也是具有军事内涵的地理空间即具有一定战略纵深、能有效控制的地理空间！这也是北宋中后期"弃边"行动中，大量深入溪洞的"省地"堡寨被弃的原因之一。

"省地"是以政治、地理为基础，囊括了经济、文化、军事、族群等在内的综合性区域概念。不同地理空间、语境下，"省地"内涵的侧重点存在差异：州县"省地"多侧重于政治、地理、经济内涵，但无战略纵深的州县一般无"省地"；堡寨"省地"作为王朝直接统治的神经末梢，强调军事控制作用，起着藩篱内、防御外的作用，这也包括了开边后在堡寨基础上建立的大部分州县。在"重文轻武"国策下，地方首长往往由文臣担任，但堡寨首脑却往往由武人担任，如嗒溪口北岸筑的堡寨即由"明溪寨兵马监押一员并两堡兵丁守把"❺。兵马监押为军职名，"武臣三班使臣差充；文

---

❶ （宋）李心传：《建炎以来朝野杂记甲集》卷十八《黎雅土丁》，北京：中华书局，2000年，第416页。

❷ 《宋史》卷八九《地理五》，北京：中华书局，1985年，第2214页。

❸ （宋）司马光：《涑水记闻》卷十三，北京：中华书局，1989年，第252页。

❹ （宋）祝穆：《方舆胜览》卷五五《茂州·形胜》，北京：中华书局，2003年，第982页。

❺ 《宋会要辑稿》蕃夷五之八四、八五，第7808～7809页。

臣京官知县、知监、知镇兼任；内侍官亦差充"，"寨兵马监押，军职名。宋在沿边诸寨置兵马监押。……寨兵马监押可迁为寨主。"❶ 可以看出，虽然文武皆有差充兵马监押，但堡寨是往往由武臣差充。

二

与其他区域"省地"强调的是王朝直接统治区域不同，广南西路"省地"根据不同语境、区域、对手等呈现出两种内涵的双轨制。该特征与宋交关系演变存在一定的联系。

首先，"省地"指王朝的直接统治区域，其背景是在域内民族关系中，又主要是宜州地区。元丰五年六月，宜州管下溪峒安化三州因天灾"致罗世念等结集劫掠"，朝廷力图赈济以免"一方生灵枉被杀戮"，"乃差权荆湖南路转运使朱初平、广南西路转运副使马默，仍赐斛斗二万石"。神宗在诏书中明确了赈济的目的，"朝廷之意，非欲取其地，但欲省地及蛮蜑各免饥殍、侵略之灾，毋得辄有开拓招纳，别致生事"。❷ 而赈济没有阻止其入寇，元丰五年七月庚子"广西转运司言：安化州蛮为寇，乞权禁止入省地卖买。诏广南西路经略安抚司经制宜州溪峒司相度指挥"。❸ "省地"与安化州区域相对，是王朝直接统治宜州及周边区域的边缘，是民族之间经济文化交流之地（"禁止入省地卖买"），是安化蛮"劫掠""入寇"区域。

安化三州在宋末开边浪潮下，成为"省地"的范围。安化州蛮"于元符、建中靖国初结集，入融、柳州界烧劫居民"。崇宁二年二十九日，广西经略司言："宜州溪峒申：安化三州一镇蛮贼蒙光有等结集作过，将官黄忱等部领军马到地名卸甲岭、吴村寨等处，与贼斗敌得功。"经过军事斗争，大观二年安化蛮主动献纳朝廷，成为"省地"，九月十一日黔南经略安抚使张庄言："据安化上三州一镇山河土地尽献纳朝廷。上州周围三千五百

❶ 龚延明:《宋代官职辞典》，北京：中华书局，1997年，第451页。
❷ 《宋会要辑稿》蕃夷五之七，第7770页；《续资治通鉴长编》卷三二七，"元丰五年六月辛酉"条，第7876页。
❸ （宋）李焘:《续资治通鉴长编》卷三二八，"元丰五年七月庚子"条，7904页。

余里，户一万，人六万五千，永为王民。"❶南宋初年，朝廷内外交困，安化蛮与朝廷关系紧张，侵扰"省地"时有发生。绍兴三年五月十八日，广西路经略安抚司奏："安化县将蒙全剑、蒙八旺等结集三千余人入省地作过，官兵与贼斗敌，其贼败回巢穴。契勘蛮人自元符初出犯省地，至崇宁间蒙朝廷东南第八将黄忱领将兵前来，同本路兵丁痛行掩杀，方得宁息。今若不重立赏格，募人杀戮，切恐将来大段猖獗。"❷"安化县将"的称呼可能说明：安化蛮纳土后，羁縻州应无降为羁縻县的可能，而是成为宜州管辖的正县，到南宋初年其"省地"属性应无变化。如此，蒙氏作过"省地"不是纳土的安化县等范围，而是纳土前的王朝直接统治区域，这与"元符初出犯省地"的内涵一致，而后者区域明确即融、柳州界（"于元符、建中靖国初结集，入融、柳州界烧劫居民。"）后来，安化州应恢复了羁縻州地位，绍兴二十九年，"诏加安化上州蒙自临等七人官勋及赐钱帛有差"。❸羁縻州身份恢复，管理弱化、融合进程受阻，安化蛮仍时不时侵扰省地，"淳熙十二年，广西经略司言蛮人出犯省地"。❹

宜州管辖的南丹州经历与安化州相似，曾进入"省地"范围。大观元年，朝廷克南丹州，擒莫公佞，并以南丹州为观州，置依郭县，从而将羁縻南丹州纳入直接统治的"省地"范围。大观四年，以莫公佞弟莫公晟袭刺史，以南丹州还之，复于高峰寨置观州，南丹州又恢复了羁縻州身份，此后，其在"羁縻州"与"省地"身份之间不断变动。莫公晟又于政和间献地，被封为广西兵马铃辖，后来又"逃归"。宣和四年，与其子归朝。绍兴三年十月辛丑，莫公晟犯观州，"公晟既掠省地，广西经略司遣人开谕，令供结状，且要其子武翼郎延稳为质。公晟乞别除一职事，主管弹压一方，遂从之"。绍兴四年九月辛酉，任命"南丹州防御使莫公晟知南丹州、兼管内溪洞都巡检使、提举贼盗公事"。朝廷并于该年，废观州为高

<hr>

❶《宋会要辑稿》蕃夷五之八，第7770页。按：献纳为"安化上三州"还是"安化三州"，《宋史·蛮夷传·抚水州》与《宋会要辑稿》记载同，而《文献通考》卷三三一《四裔八·抚水蛮》（北京：中华书局，1986年，考2598。）载为"大观二年以三州一镇，户口六万一千来上"。《宋史》载："其酋皆蒙姓同出，有上、中、下三房及北退一镇"，《文献通考》只无"北退"，从上、中、下三房看，安化三州应分属三房，《文献通考》载："绍兴二十九年，诏加安化上州蒙自临等七人官勋及赐钱帛有差"，那么献纳的"安化上三州一镇"也许为"安化三州一镇"，当考。

❷《宋会要辑稿》蕃夷五之八，第7770页。

❸（元）马端临：《文献通考》卷三三一《四裔八·抚水蛮》，北京：中华书局，1986年，考2598。

❹（元）马端临：《文献通考》卷三三一《四裔八·抚水蛮》，考2598。

峰寨，存留木门、马台、平洞、黄泥、中村等堡寨。绍兴二十四年，公晟率诸蛮来归，以延沈袭职；广西经略安抚使吕愿中谕降诸蛮三十一种，得州二十七，县一百三十五，寨四十，峒一百七十九及一镇、三十二团，皆为羁縻州县。绍兴三十一年，延沈为诸蛮所逐，"归死省地"。❶南丹州的"省地"身份无论是在"失去"与"获得"之间怎样变动，宋人习语中极少以"省地"称之，而以"新边"概之，绍兴三年莫公晟围观州，朱胜非奏："崇、观、宣和间所开新边"，❷而莫延沈"归死省地"也并非新纳羁縻州县，而是一直为王朝直接控制的州县堡寨。观州从南丹州移置高峰寨以及后来被废为寨，其身份因高峰寨"省地"身份而从未发生变化，"公晟既掠省地"即指此。

其次，"省地"包括了邕州管下羁縻州区域，尤其是沿边州峒。嘉祐七年十月，广西经略安抚司言："知火峒忠武将军侬宗旦、知温闷洞三班奉职侬日新愿以所领雷火、计诚诸峒内属，却给省地归乐州，永为省民。"❸熙宁三年正月二十六日，广南西路经略使潘凤言："广源州侬智高残徒卢豹、黎顺、黄仲卿归明，乞各与左班殿直，于省地溪峒顺安州居住。"从之。❹两则材料存在一个共同特点：侬宗旦等内属、侬智高属下归明后，皆被迁往了新区域即省地羁縻州（归乐州、顺安州）。归乐州隶属邕州右江，❺顺安州隶属经历邕州、顺州、邕州变化，元丰二年四月丙辰，广南西路经略司言："顺安州、贡峒等旧隶邕州，昨宣抚司因收复广源，分隶顺州，乞还旧隶。"从之。❻广源州侬智高残徒等人归明后居住的顺安州恰是嘉祐七年侬宗旦归明前所居住区域（勿恶），"嘉祐中，侬宗旦以勿恶等峒归明，赐名顺安州。治平中，侬智会以勿阳峒归明，赐名归化州。今侬氏所领州

---

❶ "南丹州"事见：(宋)李心传：《建炎以来系年要录》卷六十九、八十，"绍兴三年十月辛丑"条、"绍兴四年九月辛酉"条，北京：中华书局，2013年，第1354、1511页。《宋史》卷九四《蛮夷二·南丹州》，第14201页；卷九〇《地理六·广南西路·观州》，第2248页。按：《系年要录》载：绍兴三年，莫公晟接受广西经略司建议，故有四年之任命；而《宋史·蛮夷二》却说"公晟未受命"，《中国行政区划通史·宋西夏卷》应据此也说：大观四年"于高峰寨置观州。其后公晟进攻不已。直至绍兴二十四年（1154）始复朝贡，以二十七州、一百三十五县为羁縻州县。"（李昌宪著，上海：复旦大学出版社，2007年，第636页。）因此，绍兴四年，公晟是否受命，当考。

❷ 《宋史》卷九四《蛮夷二·南丹州》，第14201页

❸ 《宋会要辑稿》蕃夷五之六五，第7799页。

❹ 《宋会要辑稿》蕃夷五之六六、六七，第7799～7780页。

❺ （宋）王存：《元丰九域志》卷十《羁縻州》，北京：中华书局，1984年，第505页。

❻ （宋）李焘：《续资治通鉴长编》卷二九七，"元丰二年四月丙辰"条，第7233页。

峒，初不隶南平，而归化等州系右江控扼咽喉之地，制御交趾、大理九道白衣诸蛮之要路。乞诏交趾，诘其侵犯归化州之故，及令尽还略去生口，绝其长恶未萌之心。"❶内属或归明后的侬氏不是被原地安置，而是迁往沿边羁縻州，而原居住的"峒"被赐为"州"成为邕州管下羁縻州，完成了羁縻化的进程，王朝控制力更得以加强，而且还给予了"省地"身份，该"身份"当源于"系右江控扼咽喉之地，制御交趾、大理九道白衣诸蛮之要路"及作为宋与交趾、大理等周边政权、民族的缓冲地带的重要地位。

顺安州（勿恶等峒）、归化州（勿阳峒）等邕州左、右江沿边州峒所具有"省地"身份，在宋交关系，尤其是疆界划分中体现最为明显。交趾"不能造纸笔，求之于省地"，苏继庼指出"省本为公署称，似指帅府，而省地即帅府所辖地"。❷苏论并没有明确是否包括间接辖地，从材料看，帅府所辖地应为直接辖地。"省民"是与"省地"相对的概念，宋人认为"省民"是交趾人口的主要来源，《桂海虞衡志》载："其国土人极少，半是省民。"❸"省民"主要是广西人，广西族群构成的多元性决定了"省民"包括直接统治下的汉人和羁縻制下的少数民族。"皇祐二年，邕州诱其苏茂州韦绍嗣、绍钦等三千余人入居省地。德政表求所诱。诏尽还之，仍令德政约束边户毋得侵犯。"❹据宋王朝安置邕州内属、归明州峒惯例及"尽还之"的决定，苏氏入居的"省地"应为邕州左、右江羁縻州区域。这里"省地"相对于交趾而言，属王朝疆域范围，是宋王朝控制力的体现。邕州沿边羁縻州峒作为"省地"身份在疆界划分中体现最为完整，元丰七年（1084）十月，敕交趾郡王乾德省："勿恶、勿阳二峒已降指挥，以庚俭、邱矩、叫岳、通旷、庚岩、顿利、多仁、勾难八隘为界。其界外保、乐、练、苗、丁、放近六县，宿、桑二峒，并赐卿主领。""上电、下雷、温、润、英、遥、勿阳、勿恶、计、城、贡、渌、频、任峒、思景、苟纪县十八处，从南画界，以为省地。"❺"八隘为界"之北的十八处"省地"皆为羁縻州峒，之南的六县、二峒划给交趾管辖。"省"指"朝廷中之中书、门下、尚书三

---

❶ （宋）李焘：《续资治通鉴长编》卷三四九，"元丰七年十月戊子"条，第8373页。

❷ 《岛夷志略校释》，（元）汪大渊原著，苏继庼校释，北京：中华书局，1981年，第54页。

❸ 《文献通考》卷三三〇《四裔七·交趾》引《桂海虞衡志》，考2594。

❹ 《文献通考》卷三三〇《四裔七·交趾》，考2592。

❺ （宋）李焘：《续资治通鉴长编》卷三四九，"元丰七年十月戊子"条，第8372、8373页。

省，可代表朝廷"，❶十八处区域打上了"省地"标签，体现了朝廷管辖权，划分"你"与"我"区域的意图十分明显。

邕州沿边羁縻州峒被划入"省地"及"省地"的记载呈递减趋势，与宋人以交趾为藩属心态、宋交关系不断弱化存在关联。宋自诩汉唐继承者，恢复"汉唐旧疆"一致是努力的方向，不论是收复幽云地区，还是在西北李氏问题认识上，皆是该心态的表现。交趾属于汉唐疆域范围，直到五代才逐渐走上独立道路，但与西北旧疆不同，宋人没有主动收复思想，这与对南、北旧疆的地位、环境、族群等方面认识的差异性有关。"国家比以西北二边为意，而鲜复留意南方，故有今日之患，诚不可不虑也。"❷交趾已由中央王朝直接控制区域变成了一个相对独立的政权，但宋人心里起初并没有适应该变化，以藩臣待之，正如学者指出："在秦汉以来的历代封建王朝统治的领土上（今越南北方）出现了一个新的独立国家——交趾，而宋朝的统治者却未能适应历史的变化……认为交趾是中国封疆王朝的藩属""以宗主国自居"。❸交趾地位与辽、西夏不同，与邕州左右江羁縻部族的情形也存在差异，所以宋人在双方关系中以"省地"加以区别，这与在其他区域运用"省地"习语相同，但其内涵存在差异。伴随宋人对交趾地位认识的逐步适应以及二者宗藩关系的不断弱化，"省地"在文献的记载也呈现了相应的变化。宋与交趾关系，学界研究颇多，在交趾日趋独立时间上比较一致即唐末五代，而在何时独立立国问题上，却众说纷纭。❹五代时，交趾国已日趋独立并建立了政权；宋建立后，与宋保持着藩属关系，在宋朝先后制以"检校太师充静海军节度观察处置等使安南都护兼御史大夫上柱国济阴郡开国公"，"封交阯郡王"，宝元初"进南平王。德政死，子日尊立，自称大越国李氏第三帝"，"其国僭伪自李日尊始"。❺"僭伪"表明：周氏眼中，此时二者关系明显具有藩属关系，交趾为宋藩属之臣。

---

❶（宋）周去非：《岭外代答》，杨武泉校注，北京：中华书局，1999年，第72页。

❷（宋）李焘：《续资治通鉴长编》卷一二二，"宝元元年十一月甲辰"条，第5册，第2883页。

❸ 粟冠昌、魏火贤：《宋王朝与交趾关系叙论》，《中国边疆史地研究》1991年第2期，第78页。

❹ 按：众家观点见汤佩津《北宋真、仁宗时期对交趾的政策》，《中国历史学会史学集刊》第38期，2006年，第76～78页。

❺（宋）周去非：《岭外代答》卷二《外国门上·安南国》，北京：中华书局，1999年，第56～57页。

但在淳熙元年二月一日，"令有司讨论赐国名典故以闻。于是特赐安南国名"，遂封李天祚为"安南国王"，淳熙二年八月七日"安南国请印，乞以'安南国王之印'六字为文"。孝宗说："彼来有请，所当给赐。印之制度大小，务令适中。小则非体，大则恐僭。令礼部检照旧制奏闻。"❶从孝宗答复看，二者仍是宗主国与藩臣关系。成书于淳熙五年的《岭外代答》将其归入"外国门"，采自"国史"的《宋史》也将其与西夏等列入"外国传"，交趾也就由《太平寰宇记》中的"徼外南蛮"变为了"外国"，而《宋会要》《宋史》等记录也没有此前详细，这一定说明：赐名"安南国"后，二者关系虽名为藩属，但关系已无此前之密切。同时，《宋会要》《宋史》等关于"省地"的记载也减少了，这一变化也一定程度说明宋与西夏、辽关系中，"省地"（"省界"）记载少的原因。

宋人"省地"习语，范围为整个广南西路，又主要是宜州、邕州两大区域，这与地理位置、民族分布格局与实力有关，"宜处群蛮之腹，有南丹州、安化三州一镇、荔波、嬴河、五峒、茅滩、抚水诸蛮。南丹者，所谓莫大王者也。自宜稍西南，曰邕州。邕境极广，管溪峒羁縻州、县、峒数十"。❷"省地"在两大区域呈现出不同内涵：宜州，主要指王朝直接控制区域，并随区域变化呈现出演变，但宋人对"新省地"极少以"省地"称之；邕州，包括了沿边州峒，由主要出现于侬氏问题、与交趾关系中。

三

"省地"概念出现于宋代，它像营建以都城为中心的各层级中心城市一样，"宣示王朝的合法性或正统性权威、突显凌驾于臣民之上的国家权力，区分华夏与非华夏、'化内'与'化外'"。❸"省地"是宋人将"三省制"内涵、郡县与羁縻"二元制"结构的空间化体现。

"省地"最基本内涵是王朝直接控制区域，强调王朝的控制力与权威，是"三省制"内涵空间化的体现。"省地"乃"省"之地，何为"省"？杨汝泉先生说："'省'指朝廷中之中书、门下、尚书三省，可代表朝廷。故王

❶ 《宋会要辑稿》蕃夷四之四九、五〇、五一，第7738~7739页。
❷ （宋）周去非：《岭外代答》卷一《地理门·并边》，北京：中华书局，1999年，第4页。
❸ 鲁西奇、马剑：《空间与权力：中国古代城市形态与空间结构的政治文化内涵》，《江汉论坛》2009年第4期，第86页。

朝直辖之地区、人民、疆界，即为省地、省民、省界。"❶ 20世纪80年代，苏继庼认为："省本为公署称，似指帅府，而省地即帅府所辖地。"❷ 安国楼指出：在北宋建立之前，"省"作为朝廷、官府之义使用已比较常见，如"系省"之用法等，宋代对官田、官钱之类，也常称"省田""省钱"。❸ 以此看，"省地"概念出现是中央政治机构——"三省"内涵地理空间化的结果。而中书、门下、尚书三机构是在魏晋南北朝时期才先后"定制称省"❹，隋代确立"三省"制度，唐代得以完善，此时"三省"制还没有与地理空间相结合，直到宋代"省地"的出现！"省地"之"省"代表"三省"，而"三省"又是朝廷代名词，学者指出："宋朝的'朝廷'，在北宋前期，是指最高国务机构中书门下和枢密院。神宗元丰改制后，改为门下、中书、尚书三省和枢密院。"❺ 宋人对"朝廷"有定义，如靖康元年，监察御史余应求说："三省、枢密，是之为谓朝廷，陛下与谋议大事，出命之所也。"❻ 文天祥也说："三省、枢密，谓之朝廷，天子所与谋大政、出大令之地也。"❼ 有宋时期，"三省"权力呈现出阶段性差异，但"三省"一直是"朝廷"代名词，那么"三省"之地的"省地"体现的是朝廷管辖之地（直接管辖之地），强调朝廷权力所达到的空间范围。从这个角度说，"省地"出现于宋代，是"三省"制度形成发展、演变与人们地理知识日益丰富的背景下，❽ 政治思想与地理思想最终融合的产物，体现的是"三省制"内涵的空间化。

"省地"是宋人在民族关系中常用的习语，具有"边"的内涵，与"边

---

❶ （宋）周去非：《岭外代答》，杨武泉校注，北京：中华书局，1999年，第72页。

❷ 《岛夷志略校释》，（元）汪大渊著，苏继庼校释，北京：中华书局，1981年，第54页。

❸ 安国楼：《论宋朝边区的"省地"划分问题》，《浙江大学学报（人文科学版网络版社科版）》2016年7月，第3页。

❹ 见杨友庭：《三省六部制的形成及其在唐代的变化》，《厦门大学学报（哲学社会科学版）》1983年第1期；白钢主编、俞鹿年著：《中国政治制度通史·隋唐五代卷》，北京：人民出版社，1996年，第27、65页。

❺ 白钢主编、朱瑞熙著：《中国政治制度通史·宋代卷》．北京：人民出版社，1996年，第192页。

❻ （宋）赵汝愚：《宋朝诸臣奏议》卷二三《君道门》，上海：上海古籍出版社，1999年，第233页。

❼ （宋）文天祥：《文山先生全集》卷三《对策·御试策一道》，四部丛刊初编本。

❽ 学者指出："中国古代真正对西部地区进行的较为广泛的地理考察，并留下较为丰富的西部地理类文献始于唐而兴盛于宋。"（马强：《唐宋时期中国西部地理认识研究》，北京：人民出版社，2009年，第39页。）宋代地理学概况，可见潘晟：《宋代地理学的观念、体系与知识兴趣》，北京：商务印书馆，2014年。

界""边""极边／沿边"等一起构成了宋人关于"边"的认识体系。作为民族关系中的习语，"省地"凸显其基本内涵是通过强调"边疆省地"体现的，故具有"边"的内涵，从而具有"双边"特征即与周边民族政权的"外边"、与域内民族的"内边"，以"内边"为主，主要位于西北、北方、西南三大区域，在西北与北方，主要是"外边"即宋与辽、夏相邻的边区，除各有一处"省地"概念外，❶ 还有与之同意的"省界"概念，在宋辽边界问题上，熙宁十年十一月己未，代州言："北界西南安抚司牒称：去年九月南军擅入当界，烧毁刘满儿田禾等舍屋，请严行诫约，及追取价直。"神宗批："此与真定壤界，若不明指照据，速定分画，即含容日久又成争端。"乃诏"安焘亲诣真定穷究，即具所检北人所种田土烧毁因依，仍选官照验案籍，具侵与不侵省界及当分界去处画图以闻。"❷"省界"为宋辽接壤区域，此类认识也不多。在西南 ❸，"省地"概念使用最多，包括"外边"（与交趾相邻的羁縻州峒区域）与"内边"（与羁縻州峒相邻的边区），而以"内边"为主，强调统治程度的差异性，是郡县与羁縻"二元制"结构的空间化"宋朝省地划分的概念主要和最常适用的是西南边区，即川峡、荆湖及广南西路边区，是相对于系属的羁縻州县或其他附属、非附属性质的外围部族地区而言"。❹ 省地具有的"双边"的特征及其在空间上的差异是由"省地"内涵、郡县与羁縻"二元"治理结构、南北民族分布格局差异、周边民族政权在宋人地位差异性等综合因素决定的。

省地／省界是宋人在民族关系中常用习语，是政治、地理、经济、文化等综合性概念，具有双边特征（"内边""外边"❺），又以内边为主。"内边"主要是川峡路、荆湖路、广南西路与羁縻少数民族接壤的区域，其主

---

❶ 学者指出："现存宋代文献中，针对与辽、夏相邻的宋界边区，大致各有一处涉及省地概念"。（安国楼：《论宋朝边区的"省地"划分问题》，《浙江大学学报（人文科学版网络版社科版）》2016年7月，第3页。）

❷ （宋）李焘：《续资治通鉴长编》卷二八五，"熙宁十年十一月己未"条，第6989页。

❸ 宋人西南区域观念，见杜芝明《王朝疆域下宋人的"西南"区域观念及演变》，《云南社会科学》2016年第6期。

❹ 安国楼：《论宋朝边区的"省地"划分问题》，《浙江大学学报（人文科学版网络版社科版）》2016年7月，第3页。

❺ "'极边'在空间上有'内边'与'外边'组成。'外边'体现的是治与不治之间的分界，强调的是政治边疆，也是宋人对陆地疆域范围的一种认知，……'内边'所体现的就是郡县制与羁縻制在空间上的分割，强调的是族群边界即文化边疆。"（杜芝明、黎小龙：《"极边"、"次边"与宋朝边疆思想探析》，《中国边疆史地研究》2010年第2期，第40页。）

要是朝廷管辖的州县镇寨属地。"外边"主要位于宋辽、宋夏与宋交的接壤区域,前者指王朝直接管辖区域,后者还包括了羁縻州峒。省地"双边"性呈现的空间特征,是宋人对域内外民族地位认识、民族关系与分布格局、民族治理差异性等因素所决定的。

"省地"具有显著"边"特性,是宋人对"边"认识体系的组成部分,但与其他"边"在内涵存在差异。王朝对外开拓战略下,疆土不断扩大,新疆土取得了"省地"身份,但宋人少以"省地"名之,而习语中的"省地"仍主要指开边前王朝直接控制区域。这说明"省地"不是具有政治内涵就够了,还需具备经济、文化、军事等内涵,换句话说就是"新省地"只有在足够长时间的"民族融合"/"王化"背景下才能被宋人所认可,这也是大量熟夷("省地熟夷")居住区域被认可的原因之所在。

宋代是习语使用频繁时期,宋人常用的"边疆/边界"习语众多,以此为切入点探讨宋代边疆问题,具有重要意义,这应为边疆研究所关注。

传承与互动：中缅边境非物质文化
遗产布朗族弹唱研究 *

王 舫**

摘 要 边境民族非物质文化遗产是我国文化遗产的重要构成部分。近年来，我国实施一系列非物质文化遗产传承与保护政策措施，中缅边境非物质文化遗产"布朗族弹唱"传承得以繁荣发展。本文以中缅边境非物质文化遗产布朗族弹唱的传承与保护为例，从文化传承与文化互动二者的关系切入，分析其传承的主要方式即"以传承促互动，以互动求传承"，力求在文化传承、互动中，保护我国非物质文化遗产，提高国家文化软实力。

关键词 传承；互动；布朗族弹唱；非物质文化遗产

我国非物质文化遗产是各个民族在长期的社会生产、生活实践中积淀而成的，它是维系、联结各民族深厚情感的纽带，更是中华民族文化软实力的重要组成部分。"布朗族弹唱"是我国云南省布朗族特有的非物质文化遗产。云南布朗族属于跨境少数民族，主要居住在西双版纳傣族自治州勐海县与缅甸毗邻的布朗山乡、西定乡、打洛镇等地。双江、永德、云县、澜沧县、墨江县以及施甸县等中缅边境地区也有分布。本文论述的"布朗族弹唱"所属区域主要指勐海县打洛镇。"布朗族弹唱"是其群众喜闻乐唱的一种民族传统文化表现形式，主要由布朗族民歌发展而来，因其表演时以布朗族弹拨乐器"叮四赛"（布朗语，布朗族三弦）伴奏而得名。表演方式有独唱、对唱、合唱等，即兴而唱是其重要特色。除丧葬仪式上不唱

---

* 本文系2017年云南民族大学校内青年基金科研项目"布朗族弹唱传承与文化互动研究"（项目编号：2017QN30）阶段性研究成果。

** 王舫，女，1990年生，河南商丘人，云南民族大学云南省民族研究所教师，中国西南民族研究学会秘书，研究方向：民族文化。

外，其演唱场合不受太多限制，赕佛、上新房、结婚、节日等仪式中，均可演唱。由于其拥有鲜明的民族文化特征，"布朗族弹唱"于2008年被列为国家级非物质文化遗产。伴随着传承实践活动开展，布朗族弹唱传承实践活动不仅形成了"以传承促互动，以互动求传承"的互促式传承方式，也促进和加强了中缅边境少数民族的友好往来与文化交流。在布朗族弹唱传承与文化互动中，我国文化软实力逐步提升。

一、布朗族弹唱传承与文化互动的关系

文化互动主要指不同文化之间的交流与融合，是不同民族间相互借鉴的一个过程。❶"布朗族弹唱"的传承发展离不开对境内外民族文化的借鉴与吸收，尤其离不开与境内外布朗族文化的交流与互动。"布朗族弹唱"传承与发展的本身便是文化互动的一种实践和表达方式。文化互动需基于不同群体的共有文化而进行，"布朗族弹唱"承载着布朗族共有的历史与文化，"布朗族弹唱"传承与文化互动二者的关系是相互促进和互为依托的。

（一）以传承促互动："布朗族弹唱"传承为文化互动搭建新载体

布朗族弹唱传统的传承方式是民间自发性传承，以村寨为单位，采用师徒制的形式学习和传承。"布朗族弹唱"于2006年被列入云南第一批非物质文化遗产名录后，政府主导的传承活动逐渐成为其文化互动的主要途径和新载体。以勐海县打洛镇曼夕下寨为例，村寨生活传统的文化互动载体主要有：宗教仪式中唱宗教歌，日常生活中男女恋爱"串姑娘"时唱色排宰调，上新房时的新房调，结婚仪式中的曲调，传统节日期间庆祝节日的曲目。其被列为国家级非物质文化遗产名录后，当地政府采取积极主动的保护和传承方式，建立布朗族弹唱传习所、举办布朗族弹唱培训班和桑康节布朗族弹唱邀请赛等，不但使布朗族弹唱呈良好态势传承发展，探索出新形势下多样化的传承方式，而且这些共同构成了文化互动的新载体，促进了边境布朗族的友好往来、文化互动与和谐发展。具体说来，"布朗族弹唱"传承为文化互动搭建的新载体主要有以下几点：

一是布朗族弹唱传习所构成原生地传承空间和载体，为文化互动创造

❶ 邹丽娟：《多元文化互动语境下的大理白族传统习俗》，《贵州民族研究》2009年第2期。

良好、固定的空间环境。2010年5月，勐海县文化馆组建了国家级非物质文化遗产保护和传习场地——布朗族弹唱传习所，在打洛镇曼芽村挂牌。2014年8月，第二个传习点设在打洛镇曼夕下寨布朗族弹唱省级传承人玉坎拉家。同时，为传习所配备了教学用具，聘请传承人为教学人员，定期开展传承和学习活动。以曼夕下寨传习点为例，2015年7月，省级传承人玉坎拉及其丈夫岩温伦（民间艺人）、州级传承人岩赛站（新）在学生暑假期间组织"布朗族弹唱少儿培训班"，吸引了寨子里及邻近寨子里共19个7~10岁儿童，一起学习布朗族弹唱。学习弹唱儿童的父母也会陪着孩子一起去学习，村寨内部形成了良好的学习氛围。澜沧县芒景村布朗族多次来到曼夕下寨学习布朗族弹唱，并向岩赛站（新）购买手工制作的布朗玎。原生地传习点的建立为布朗族弹唱的学习、传承与文化互动搭建了新载体，让更多布朗族群众参与到传承实践活动中。

二是布朗族弹唱培训班成为跨地域文化互动的媒介与载体，促进其文化交流。布朗族弹唱培训班一般会召集西双版纳所有布朗族村寨代表人员参加学习，如打洛镇、布朗山乡、西定乡、勐满镇等地。培训班的开展让各地布朗族有机会齐聚一起认识、了解和交流文化。培训班从2008年开始举行，每年一次，培训实践为每次多为一周，多由勐海县文化馆举办，传承人授课，负责向参与学习者讲述某一曲调的文化内涵、唱法等。据州级传承人岩赛站（新）说："培训班第一批有58人，在曼夕村委会举办；第二批有62人，在曼芽村寨举行；第三批有68人，在布朗山乡政府举办……我们可以见到各个寨子的布朗族，大家在一起学习，培训结束后，我们会留电话、微信，他们一有时间都会回来我们这里交流，澜沧布朗族邀请我去教他们三弦。"布朗族弹唱培训班的开展，不仅打破了传统的以家庭或村寨为单位的传承单位限制，拓宽了布朗族弹唱传承的空间，促进了布朗族弹唱传承实践活动的多样性发展，也加强了不同地区布朗族的文化交流。

三是桑康节盛典构成节日期间民族情感表达和文化互动的重要载体，促进其文化互动。2015年4月9日，西双版纳州布朗族桑康节在勐海县打洛镇曼永村寨举行，主办方和布朗族协会邀请了景洪市大渡岗乡布朗族代表团、勐腊县克木人代表团以及缅甸掸邦布朗族代表团一起庆祝桑康节，且境内布朗族代表团参与了布朗族弹唱邀请赛节目表演。桑康节结束后，景洪市大渡岗乡邀请曼芽村布朗族弹唱"朗芽乐队" ❶ 到其乡镇参加其节日表演。节日期间，各地布朗族主要以布朗族弹唱邀请赛的形式加强走访与互动。

布朗族弹唱传承促进了其跨地域、跨国界，跨民族的文化交流与互动，同时为文化互动搭建新载体。如今的布朗族弹唱已经成为其社会的一张文化名片，在其社会生活、文化交流等方面发挥着重要的作用。

（二）以互动求传承：文化互动促进布朗族弹唱活态传承

长期以来，边境民族在婚姻、集市、节日、宗教等方面，以民族血缘和亲缘关系为基础，进行着广泛的文化交流与互动。郭家骥说，民族交流的层面主要有婚姻交流、劳务交流、语言文字交流、民族节日交流、宗教文化交流等，❷ 从这些来看，多方位、多层面的文化交流都将为布朗族弹唱传承与保护创造适宜的文化环境。由于打洛镇布朗族地理位置特殊，这里的文化互动既包括境内民族文化互动，又包括跨境布朗族文化互动。以文化互动的主体划分，布朗族文化互动的主体主要包括个体层面和群体层面。

第一，从个体文化互动的层面来看，中缅边境布朗族最常见的个体互动方式主要有婚姻、劳务、走亲访友和宗教活动等。无论是境内布朗族间，还是境内与境外布朗族间的婚姻交流都较普遍。婚姻让布朗族弹唱曲调在不同布朗族村寨间传播与传承。在日常社会生活中，布朗族弹唱按照村寨命名，其曲目被命名为"曼夕调""曼芽调""西定调"和"缅甸三岛调"（三岛是缅甸掸邦第四特区布朗族的一个主要聚居地）等，虽然村寨之间距离不远，但是各村寨有各村寨的演唱特点和不同之处。随着现代传媒的发展和交通运输的便利，布朗族群众走亲访友更加方便、快捷，各个村寨不仅会唱本村寨曲调，也掌握了其他村寨的曲调唱法。文化交流与互动为其传承互动带来助推力。

第二，从群体文化互动的层面来看，布朗族文化互动主要体现在其民族节日方面。在节日庆典中，境内外布朗族群众齐聚一起，共同庆祝。如勐海县一年一度的茶王节，布朗族、傣族、拉祜族和哈尼族等主体民族都

---

❶ 朗芽乐队是曼芽村自发组织的布朗族弹唱乐队，主创是岩的，兼唱现代流行歌。

❷ 郭家骥:《云南周边跨境民族文化交流互动与边疆繁荣稳定》,《云南社会科学》2015年第6期。

要组织和表演其民族的文艺节目。2016年茶王节，曼夕下寨省级传承人玉坎拉把布朗族弹唱和其民族的茶叶历史文化融为一体，编排和表演了精彩歌舞节目"布朗族祭茶魂"，让更多人认识和了解了布朗族弹唱和其茶叶文化。又如布朗族国家法定假日"桑康节"的确立使布朗族意识到国家对其的重视，促进其对本民族文化的保护，这些文化互动活动都在为促进布朗族弹唱的活态传承创造良好的社会文化环境。

总之，文化传承与文化互动二者互为依托，相互促进。在建设"一带一路"的背景下，做好非物质文化遗产传承，加强文化交流与互动，关系到国家文化软实力的提升，意义重大。

二、传承与互动中增强国家文化软实力

马翀炜从内与外两个视角分析了文化遗产对我国文化软实力的作用，首先从遗产对国家内部的视角来看，文化遗产有加强国家内部凝聚力之作用，其次从遗产对国家外部的视角来看，文化遗产具有促进国家对外交往的作用。❶ 作为国家级非物质文化遗产的布朗族弹唱，其传承与互动对内加强了其民族认同和内部凝聚力，对外则有加强国家认同，维护边境和谐稳定，促进中缅两国政治、经济等多方面的战略合作，提升我国文化影响力的巨大作用。

（一）"布朗族弹唱"传承强化其民族认同和内部凝聚力

打洛镇是一个多民族聚居的边境口岸，布朗族、傣族以及爱伲人等长期以来生产、生活于此。长时间以来，布朗族受傣族文化影响较大。布朗族在拥有属于本民族的桑康节法定庆祝时间后，布朗族弹唱邀请赛在桑康节期间隆重举行，布朗族群众民族认同感逐渐加强。很多布朗族群众说，他们以前庆祝桑康节，都是和傣族一起庆祝，过节穿新衣也多穿傣装，现在布朗族每逢过节都是到打洛镇布朗族裁缝商店里缝制布朗族服装。节日、服饰和布朗族弹唱都已成为布朗族的文化象征符号，培养了其民族认同感，加强了内部凝聚力。

---

❶ 马翀炜：《从边疆、民族理解国家文化软实力》，《西北师大学报（社会科学版）》2015年第1期。

近年来布朗族弹唱的申遗成功，传承实践活动如火如荼地开展让其群众意识到本民族文化的独特性和重要性，加强了其民族认同感。笔者在访谈布朗族弹唱传承人时，很多传承人民族认同感强烈，他们会刻意去强调和说明他们与周边民族的不同之处，曼夕下寨传承人说，只要是布朗族，就算语言不太一样，只要唱起"布朗族弹唱"，他们都能理解对方表达的意思。"布朗族弹唱"成为其民族认同的重要文化符号。同时，打洛镇布朗族村民意识到布朗族弹唱传承的重要性，鼓励年轻人创建学习小分队，鼓励布朗族儿童从娃娃抓起学习和传承。以曼夕下寨为例，截至2016年5月，已形成火花队、森林队、西打雷队、三弦队、老人队、小花队等15个队自发学习和演唱"布朗族弹唱"。由布朗族弹唱而结成的学习群体，不仅平时在一起学习弹唱和参加节日表演，村寨日常生活中，他们也形成了互帮互助、团结协作的小集体，增强了内部团结与凝聚力。

在布朗族弹唱的传承与保护活动中，其民族认同感的加强同时培养了其文化自觉意识和文化自信心。首先来自传承人的文化自觉和文化自信使得布朗族弹唱的传承实践活动得以开展。其次来自社区成员的文化自觉和文化自信使其增加对本民族文化的热爱和认可，主动参与到布朗族弹唱的实践活动中并自发组织演出队，进行布朗族弹唱节目的表演等。在传承实践中布朗族的民族认同感、文化自信心不断加强。

（二）"布朗族弹唱"传承成为文化软实力重要构成

文化发展会促进国家软实力的增强，国内民族以国家认同为基础的文化交流有助于国家内部凝聚力的加强，在与世界各国展开文化交流中，也会使中国文化更加有影响力和吸引力。❶ 对"布朗族弹唱"来说，其传承不但加强了其民族认同感和凝聚力，而且也加强了其国家认同感，成为国家文化软实力的重要组成。

布朗族弹唱被列为国家级非物质文化遗产后，建立了较健全的传承人机制，设立了固定的传习所，每年举行布朗族弹唱培训班和举办布朗族弹唱邀请赛，从中央到地方的各级政府机构和文化部门，再到村寨传承人传承实践活动，布朗族弹唱传承已形成和建立较好的传承机制和氛围，布朗

---

❶ 马翀炜：《从边疆、民族理解国家文化软实力》，《西北师大学报（社会科学版）》2015年第1期。

族民族认同感加强的同时，国家认同感也在加强。而在一江之隔的缅甸掸邦第四特区，布朗族弹唱的发展没有传承与保护的相关政策和措施，布朗族弹唱在缅甸只能是靠着布朗族群众的自发性传承。生活在边境上的布朗族则会有比较的心理，境内布朗族深刻感受到与缅甸布朗族的不同，他们的布朗族弹唱传承受到国家政府的重视而较好地传承发展。他们为自己的民族文化传承发展而文化自信心增强。对比之下，缅甸布朗族弹唱只是民间艺人自发性的学习，没有建立传承人机制，没有传承人津贴政策支撑等。中缅布朗族开始明白这些不同都是因其所属国家不同，"国家"意识在他们心中凸显。境内布朗族国家认同感逐渐加强。

同时随着布朗族弹唱的传承发展，缅甸布朗族开始到打洛镇布朗族村寨学习布朗族弹唱曲调和唱法等。节日期间、平日里走亲访友都为其学习布朗族弹唱创造了适宜条件。笔者随曼夕下寨的州级传承人岩赛站（新）去缅甸掸邦第四地区曼等村寨访亲友时，曼等村寨的民间艺人受曼夕调影响大，一开唱就是曼夕调，本村寨的传统曲调唱法已经记忆模糊。近年来，布朗族弹唱有了新的发展，表现在传承人对歌词的改编方面，出现了对国家政策的解读与传唱等，缅甸布朗族在文化交流中加深了对中国政治、经济和文化等方面的认识和了解，这些文化价值观念等的传播也将提升我国文化影响力。

所谓"以文会友，以友辅仁"，这是《论语》中君子之交的方式。人与人、国与国之间都应以此为准则，创造以文化交流与互动的氛围，加强双边、多边的政治、经济与文化协作搭建平台。尤其是现代语境下的布朗族弹唱，作为文化交流和互动的媒介和载体，促进不同国家政府组织间的文化交流，如布朗族桑康节期间或者是缅甸掸邦第四特区庆祝新米节时都会互相邀请和共同庆祝。布朗族弹唱传承人、优秀民间艺人多次应邀到国内大城市北京、上海等和世界各国如法国、日本、泰国、缅甸、马来西亚等表演，促进国与国间的文化交流与合作。边境非物质文化遗产传承将成为我国特色鲜明的一套文化价值体系，通过境内外民族文化交流与互动，中国文化将更加具有吸引力。

在这样的背景下，布朗族弹唱作为中国文化传播的媒介与平台，充分发挥了国家文化软实力的作用，不但加强了境内布朗族的国家认同感和内部凝聚力，而且作为中缅两国共有的文化资源，将助推"一带一路"倡议的实施。

三、布朗族弹唱传承与文化互动的现实意义与启示

在"一带一路"文化交流机制的建设中，我们必须找到不同文化体系中的共通文化带。而非物质文化遗产是"一带一路"沿线各国加强文化交流的共同文化载体。在这样的背景下，如何借助优越的地缘优势和边境少数民族共有的文化资源，增进边境亲缘民族及周边民族间的了解，维护边境和谐稳定发展，在传承与互动中提高文化软实力，对服务"一带一路"建设具有现实意义。

首先，继续拓宽以"布朗族弹唱"为媒介和平台的文化交流、互动路径。当下，以"布朗族弹唱"为媒介的文化交流、互动形式有每年定期举行的布朗族弹唱培训班，桑康节期间的布朗族弹唱邀请赛以及村寨内部自发组织和开展学习活动的布朗族弹唱小组。这些活动是远远不够的，还应加强中缅两国政府间以及民间非政府组织间的文化交流与互动。中缅两国政府应积极介入和组织多种形式的文化交流、互动活动，如开展学术研讨会、举行原生态民歌大赛等。又如中缅胞波节的举行，对深化中缅胞波情谊、推动双边经贸繁荣发展已产生深远而重要的意义。非政府组织如布朗族协会和中国缅甸边境文化交流协会已对加强中缅两国的文化交流与合作发挥了很大作用。因此，中缅两国政府应继续加强更深层次的交流与合作，加强文化交流基地建设，积极拓宽文化交流、互动的视域，探索更多路径与方法。

其次，要加强以布朗族弹唱为媒介的文化旅游产业发展，促进布朗族弹唱活态传承的同时，加强以此为基础的文化交流与互动。第一，根植于中缅布朗族共有的传统节日，桑康节期间，中缅布朗族、境内各地布朗族共聚一地，民间艺人和群众交流互动。第二，要借助优越的地理优势，打洛镇布朗族距离缅甸掸邦第四特区仅有一江之隔，打洛口岸的开放为此地的旅游业发展带来了新机遇。打洛口岸翡翠店、森林公园、独树成林旅游景点的布朗族弹唱表演不仅为当地布朗族群众带来经济收益，也让更多人认识和了解了布朗族文化。可以在此基础上，建立和完善民族文化旅游产业链，形成规模，扩大影响力。第三，要运用好现代多媒体技术做好文化宣传和推广，以中缅传统文化为基础，开发影视剧作品，展现边境少数民族的文化和精神品质。

　　最后，文化遗产对软实力建设至关重要，应将其纳入战略资源，加强软实力建设。❶ 加强对边境民族地区非物质文化遗产的传承和保护，不仅有助于促成边境各民族不同文化的交流和互动，也能保障边境民族地区的和谐与稳定。❷ 与此同时，也将对我国"一带一路"倡议的实施带来助推力，最终将提升我国文化软实力。

---

　　❶　张政伟、王运良：《试论文化遗产保护对国家软实力的作用》，《中国文物科学研究》2008年第4期。
　　❷　黄彩文、子志月：《布朗族非物质文化遗产保护传承的实践思考——以"布朗族弹唱"为例》，《楚雄师范学院学报》2013年第1期。

芒市傣人的饮食、疾病与治疗

——一项民族学分析

黄昕莹[*]

摘　要　文章描写了芒市傣人生活居住生境地的地理生态环境、季节更替以及饮食习惯，总结了作为四大民族医药之一的傣族医药的理论体系、诊断治疗方式和药材选用技巧，通过深度访谈和案例分析的方法阐述了疾病的产生与地理生态环境、季节更替以及饮食习惯之间的微妙关系，并且调查了傣族社会中巫医同源、神药两解的现状。提出了少数民族传统医药应该在已取得的针对传染病及外源性疾病的显著疗效的基础上，进一步与中医、西医相结合，深入挖掘少数民族地区的地理、生态、饮食与疾病间联系的地方性知识，针对治疗生活方式以及生态环境所造成的疾病上挖掘新的生机。

关键词　环境；饮食；疾病；治疗

中国是一个具有多种生态环境类型的国家，由于各地的气候类型与生态环境各不相同，形成了多种独具地域特色的饮食文化。以主食为例来说，从先秦开始，黄河流域与长江流域就形成了各具特色的饮食习俗，不同的作物种植区域的主要谷物成为各地最主要的粮食，南方人喜米，北方人好面，这样的饮食格局沿袭至今仍未改变。根据多年的考古与文献资料的考据，有学者指出了"最早驯化野生稻的是古代百越民族"。[❶]"长江以南的古代百越民族后裔，分布广阔，支系众多。但总的来说，其居住环境有一个共同的特点，即分布在平原低地和靠近江河湖海、水道纵横的地区，居住在山区和云贵高原的越人，也沿着较低平的河谷平坝居住。这样的地理生态环境与人们活动的交互作用，使百越各族在生产和生活上表现

---

　　*　黄昕莹，云南民族大学云南省民族研究所博士。

❶　李昆声：《百越——我国稻谷的最早栽培者》，《云南省博物馆建馆30周年纪念文集》，云南省博物馆，1981年。

出善种水稻、多吃水产、居住干栏、文身断发、龙蛇崇拜等与水息息相关的稻作文化。"❶

在过去漫长的交通闭塞的历史进程中，一个地方的饮食食材多半来源于本地，而与外地交易所得的食材则极为稀少，那么这个地区的饮食习俗与文化必定与当地的气候类型、生态环境和物产情况有着密切的关系。德宏芒市坝在20世纪中叶以前都还是瘴气严重的瘴区，因瘴气导致的疾病经常夺人性命，今天德宏民族居住地垂直分布也与当时的瘴疠情况有关，德昂族、汉族、景颇族都因为惧怕坝区高温带来的疾病而搬迁到高山上居住，当地汉族人常说的"芒果开花，准备搬家"体现了汉族等民族在进入热季时就开始准备搬到高山上去度过瘴疠严重的热季和雨季，当地傣族也留存着一句俗语"要到芒市坝，先把老婆嫁"，形象地说明了外地人来到瘴区一旦身染瘴疠极其容易性命不保的情况。在这样的情况下，芒市傣族群众以其独特的饮食习俗与医药经验对抗疾病，得以在平坝河谷地带世代居住生产生活。

一、生态与饮食

傣族是云南省德宏傣族景颇族自治州的五个世居民族之一，也是跨境而居的少数民族之一，在境外被称为傣族、佬族、掸族、阿萨姆族。傣族历史悠久，是中国古代百越支系之一，早在秦汉时期的汉文典籍《史记·大宛列传》《汉书·张骞传》中称当时的傣族先民为"滇越"，《后汉书·和帝本纪》则称之为"掸"。公元1世纪，汉朝史籍称之为"擅""僚"或"鸠僚"；唐宋时期称之为"金齿""黑齿""花蛮""白衣"等；元明清时期，称之为"白夷""百夷""伯夷""摆夷"等。❷因居住地域、使用语言、风俗习惯的不同，傣族内部的自称因分布区域不同而不同，居住于西双版纳的傣族自称"傣泐"，居住于德宏的傣族自称"傣那"，居住于红河中上游新平、元江等地的傣族自称"傣雅"，居住于瑞丽、陇川、耿马边境一线的傣族自称"傣绷"，汉族则对傣族有"汉傣""旱傣""花腰傣"等称呼。傣族的民族语言为傣语，属于汉藏语系壮侗语族壮傣语支，德宏傣语方言

---

❶ 宋蜀华：《论中国的饮食文化与生态环境》，《中央民族大学学报》2001年第1期。
❷ 参看《傣族简史》编写组：《傣族简史》，北京：民族出版社，2009年。

是云南傣族两大方言之一，以德保土语的芒市话为标准音。

傣族有自己的历法，从月序上看，傣历基本上比中国农历早三个月，农历十月就是傣历的一月，若遇到农历十月之前的月份出现闰月的情况，则傣历月序就只比农历早两个月。绝大部分的傣族聚居在亚热带、热带地区，四季不分明而干湿分明，所以傣族一般将一年分为三个季节，即冷季、热季、雨季，每个季节四个月，冷季为傣历1～4月（阳历11月至次年2月），热季为傣历5～8月（阳历3～6月），雨季为傣历9～12月（阳历7～10月）。

芒市地处云南西部，德宏州东南部，东、东北接保山市龙陵县，西南连瑞丽市、畹町经济开发区，西、西北与梁河县、陇川县隔龙江（陇川江）相望，南与缅甸交界，国境线长68.3公里。芒市的地形是"八分山、二分地、三山两坝一条河"。东北至西南走向的山地之间为宽谷盆地，盆地中部被三台山隔断，形成两个平坝，芒市河沿此流入龙江。芒市地处低纬高原，热量丰富，气候温和，属南亚热带季风气候，具有夏长冬短、干湿分明、日温差大、年温差小，日照时间长、雨量充沛等特点。

云南是全球生物多样性集聚区和物种基因库，位于云南西南部的德宏又以其物种资源丰富度和富集度而闻名全国，被称为云南生物多样性的"黄金十字带"。[1] 德宏州府芒市地处亚热带地区，终年丰富的热量和充沛的降水量形成了复杂多样的生物类型，仅植物方面，据1999年高等植物调查统计，全市高等植物257科，2564种。属国家级重点保护植物39种，其中国家Ⅰ级保护植物4种，国家Ⅱ级保护植物17种，国家Ⅲ级保护植物18种，省级重点保护植物19种，其中省Ⅱ级保护植物5种，省Ⅲ级保护植物14种。[2] 芒市拥有丰富的森林资源，有100余种用材林木，药用植物250多种，野生动物资源和矿产资源也十分丰富。

傣族的饮食食材与傣人居住地的生态环境密切相关，傣族地区湿热温润的气候、充沛的雨量和充足的日照使得当地植被茂盛、物产丰富，傣族

---

[1] 以云南省瑞丽县为中心，东经90°～105°宽、3000千米长，南北方向，是生物多样性种质资源的通道；北纬20°～25°宽、3000千米长的十字交叉地区，东西方向，是种源资源的天然培育地。这就是地球生物多样性的"黄金十字带"，蕴藏着地球上从热带、亚热带、温带到寒带的丰富的生物多样性资源，是生物类型极为丰富的地区，有着从热带到寒带的所有生物类型，是个名副其实的生物"圆明园"。

[2] https：//baike.baidu.com/item/芒市/35830？fr=aladdin.

人喜欢在房前屋后的庭院里栽种各类瓜果蔬菜的习惯也丰富了傣族人的日常饮食食谱。外地人进入傣族的村寨和田间地头，会发现许多不知名的"野花野草"也都是傣族人餐桌上独具特色的美味。傣族一般居住在地势平坦、水源丰富等十分适合水稻种植的地区，具有较高的水稻种植技艺，粮食作物以水稻为主。与西双版纳地区的傣族喜食糯米不同的是，德宏芒市的傣族主食以粳米为主，糯米则制作成泼水粑粑、粽子，或者在菜肴中辅助使用，芒市地区傣族作为主食食用的粳米主要是软米，德宏盛产优质软米，唐代就有"土俗养象以耕田"，元代"芒市谷子遮放米"已经享誉中原地带，到了明清时期，遮放香软米就被指定为贡米。芒市的软米具有发性较小、黏性大、香甜可口的特点，冷却后容易捏成团且不易黏手，方便傣族冷食和手抓的饮食习俗。世代农耕的傣人在外出去田地劳作时，午饭往往比较简单甚至不返回家中，他们常常用芭蕉叶或竹编饭盒携带早上煮好的米饭，劳作间隙感到饥饿时就拿出冷饭来配以腌菜等一些简单的佐味菜，用手抓食，或用树枝等物品随手制作简易的筷子。

发达的稻作农业为酿酒提供了原料，傣族是有着深厚的酒文化的民族，饮酒历史悠久，《摆夷传》中就记载了德宏傣族以饮酒为乐，并流行饮酒，饮酒的量也较大。❶ 历史上傣族酿酒的方法经过了多次的改良，现在主要以小锅烧酒为主，芒市风平镇弄么村的傣族小锅烧酒在芒市地区享有盛名，弄么村几乎家家户户都会烧酒，烧酒使用的米一般是软米，水则使用自家的井水而不用自来水，水质的好坏直接影响着烧酒的质量和口味，据说"含泥的地质结构涌出的泉水用来酿酒最好"。❷ 烧酒一般要分为蒸酒饭、拌酒药、发酵、蒸馏四个过程，为了烧出的酒质好，蒸饭一般仍然采用传统的柴火灶台，柴火是西南桦最好，当然也有些人为了省时省力开始采用更现代的高压蒸锅，米蒸到蒸熟略硬的时候就可以出锅了，出锅后适当降温就可以开始拌酒药了。酒药拌匀后就放入准备发酵的大缸密封，"大米里的糖分在时间与微生物的作用下发生转变，经过10～15天的时间，糖分物质就转化为酒精"，❸ 这样的液体在许多傣族餐馆中也有售卖，被称为"水酒"，口感香甜，酒精度数在20度以下。发酵完成后，要往发酵的大缸里放入水进行搅拌，然后再放置几天，就可以进入最后的蒸馏阶段

❶ 江应樑：《傣族史》，成都：四川民族出版社，1983年，第350～351页。
❷ 秦莹、莫力：《德宏傣族民间科学技术》，芒市：德宏民族出版社，2014年，第71页。
❸ 秦莹、莫力：《德宏傣族民间科学技术》，芒市：德宏民族出版社，2014年，第70页。

了，蒸馏的过程就是利用酒的汽化点低的原理，小火烧制，酒的蒸汽蒸腾碰到锅顶部遇冷液化，经引酒管流入接酒的容器。有些人家用的引酒管是竹子做成的，这样的烧酒还会有轻微的竹香。

一般100斤软米可以烧出30～40斤50～53度的白酒，头锅酒大概在60～70度，之后酒精度依次下降，人们根据自己的需要选择取酒的数量，相同重量的米，取酒量与酒精度数成反比，取酒越多度数就越低。烧酒的时间并不固定，但是一般夏天产量略高，而冬季产量稍低，出酒量最高的是清明节前后。烧酒的整个过程中，柴火的选择、拌酒药的时机、火候的掌握都直接影响着酒的口感，这些技巧都靠烧酒人自己拿捏掌握。

德宏民间有一句评价各民族饮食的俗语："辣山头、酸摆夷、苦傈僳、臭崩龙、甜汉人。"傣族人喜食酸辣的口味，尤其嗜酸，酸味的来源多样，有些以醋调味，有些用柠檬、酸茄、酸木瓜等植物的果酸，还有些则利用食材发酵后产生的酸味。酸腌菜、水腌菜、干腌菜、酸帕菜都是以酸味爽口著称的素菜，毫不夸张地说，傣家人的日常生活离不开这些菜肴。傣族人的肉食也喜欢酸辣口味，酸肉、撒达鲁都是非常酸爽的佳肴。酸肉是用猪皮和糯米作为原料，利用发酵的原理制作的一道口味酸辣的菜肴。"首先将猪皮用火烤黄后放入水中浸泡30分钟，然后将外表的焦皮去除，切成薄片上锅隔水蒸40分钟。糯米浸泡后蒸熟，放凉后加入清水冲拌，然后再放入将猪皮用辣椒粉、八角、草果、花椒叶、盐进行搅拌，腌制5天左右，猪皮与糯米混合产生的酸酐酸味浓烈"，❶ 这是一道极具傣家特色的酸辣口味的菜肴。

除了嗜酸以外，傣族人还喜欢吃苦味、辣味和生鲜的东西，傣家人认为吃酸味可以消暑开胃、助消化，苦味可以清热解毒，吃辣的可以发汗、增进食欲、预防伤风，吃生鲜的东西既能吸收肉质的营养，又清新爽口不油腻。在炎热的天气里傣族人常吃苦味菜肴以清热解毒，"撒撇"就是一道集苦味与生鲜为一体的极具特色的德宏傣族经典菜肴。"撒"是傣语中拌生的意思，"撇"是傣语牛苦肠的意思，"撒撇"的意思也就是苦肠水拌生肉。牛苦肠就是由胃入肠的一部分肠子，内部往往还有一些尚未消化的草料，杀牛时取出这段苦肠，将苦肠内的汁水倒出后放入锅中熬制一两个小时，待水分熬干时，将火候调小，开始翻炒，使锅内的东西呈现略糊的状态，

---

❶ 秦莹、莫力：《德宏傣族民间科学技术》，芒市：德宏民族出版社，2014年，第57～58页。

这种粉末就是制作撒撇苦水的原料，之后再将这些炒干的粉末放入锅里加水煮沸就形成了苦水。傣家人爱吃生鲜，最正宗和原生态的吃法就是选用生牛里脊，用小锤将肉捣为肉泥，然后配以切的极细的韭菜，加上盐、味精等佐味料与苦水混合腌制十多分钟，然后再用德宏特有的涮涮辣调味，之后就可以用烤熟的牛舌、牛肝、牛肚和米线蘸食。苦子、马蹄菜、刺五加也是傣家餐桌上常见的苦味菜肴。苦子的味道很苦，有时也用于做撒撇的苦水。苦子还可以用来炒菜，德宏傣族很喜欢用苦子和腌菜炒菜，味道独特。苦子具有降压效果，腌菜味道酸爽，既照顾了傣族人爱吃酸味的喜好，也达到了药用的功效。

香料众多也是傣家菜的特色之一，德宏亚热带气候和明显的立体气候为各种植物生长提供了优越的自然条件，让德宏成为植物香料库。滇南多香料，傣家菜肴则依靠多种多样的香料植物创造出独特和丰富的味觉体验。"在云南丰富的野生蔬菜植物资源中，香料植物是一类具有特殊芳香气味的植物资源，这些香料植物香型各异、香味别致，既可做菜，也可作为调料佐餐调味，大部分的香料植物都具有清热解表、祛风除湿、开胃健脾、安神醒脑的保健功效。"❶芒市傣族常用的香料植物有罗勒（九层塔）、野薄荷、刺五加（五加风）、刺芫荽（缅芫荽）、香蓼（香柳）、刺花椒、木姜子（山胡椒）、香茅、蓼味砂仁（大芫荽）等，这些香料有些生长在水沟边、滩水旁或河边湿地里，有些长在路边、灌丛，有些生长在亚热带地区的林下阴湿处，有些生长在向阳坡地。傣族人用这些香料做菜，有的凉拌生食，有的煮汤，有的是包烧的佐味料。

二、傣医与治疗

傣族医药是我国四大民族医药之一，与藏医药、蒙医药、维吾尔医药一起并称为我国四大民族医药。傣医药是傣族人民在漫长历史过程中与疫病抗争所总结的有完整理论体系、特色诊疗方法、民族风格和地域特色以及大量历史医疗文献的传统医学。

傣医的理论体系主要来源于南传上座部佛教中"四塔""五蕴"的概

---

❶ 杨敏杰、张丽琴等：《云南野生食用香料植物资源》，《中国蔬菜》2005年第4期，第32～33页。

念，在佛教中，"四塔"代表着地界、水界、火界、风界四界，"五蕴"代表着色、识、受、想、行。傣医理论体系以"四塔"和"五蕴"来指代世间的物质元素和精神因素，认为风、火、水、土四种元素既是自然界物质构成的基础，也是人体的基本构成，四元素的平衡与否直接关系到人体是否健康，四塔是功能的、辩证的，四塔的盈亏没有绝对的好坏，要想保持身体健康，就要寻求一种动态的平衡。五蕴则是影响人体健康的五种精神要素，即色、识、受、想、行。

表1、表2是笔者在参考了多篇学术论文后总结归纳而成。

表 1　"四塔"构成

"四塔"	巴利文音译	功能❶	身体对应	症状（过剩）	症状（缺乏）	症状（衰败）
风塔	"佤约"	使人正常活动	功能活动（呼吸、消化、生殖）	头晕目眩、头疼、神经错乱、抽搐	消化不良、气虚无力、头晕耳鸣	持续高热、烦渴、耳后重大、迅速死亡
火塔	"爹卓"	产生热量	能量（热量）	发烧多汗、牙龈肿痛、便血尿血	腰肢酸冷、阳痿早泄、月经不调	手足乱动，前额出汗、目不识人，病情变化迅速
水塔	"啊波"	使人体内阴凉	体液	水肿、腹泻	皮肤瘙痒、口舌干燥、大便秘结	大汗、流涎、舌僵难言、二便失禁，多致死亡
土塔（四塔之本）	"巴他维"	使人形固	骨肉（心肝脾肺肾、胰胃胆肠膀胱、膈膜、气管、骨肉筋齿甲发）	身体僵硬、疼痛、恶心呕吐、烦躁、便秘	纳差、心悸无力、消瘦、大小便失调	听觉嗅觉失灵，可致死亡

---

❶　参见姜宇波等：《傣医"暖"的探析》，《中国民族医药杂志》2009年第10期，第18～19页。

表2　"五蕴"构成

"五蕴"	巴利语音译	对应器官或功能
色蕴（形体蕴）	"鲁巴夯"／"录巴康塔"	人的外表形态（腑脏、骨骼、肌肉等）实体
识蕴（心蕴）	"稳雅那夯"	人的认知能力等精神现象（心与五官、九窍）
受蕴（受觉蕴）	"伟达那夯"	人的情感和知觉
想蕴	"先雅那夯"	人的理性活动（思想、思维能力）
行蕴（组织蕴）	"山哈那夯"	人体发育、生长、衰老、死亡之变化过程

　　傣医的理论体系为"四塔"和"五蕴"所支撑，四塔的失调会导致身体发生疾病，而每个季节都各有不同，一般来说，"发病于热季的疾病，为土之功能失调，发病于雨季的疾病，为水失调，发生于冷季的疾病，为火失调，另外每月交替所生疾病，则为风失调所致"。❶

　　傣医在用药方面则广泛取材于傣族生活的环境中，傣族人对于药物的使用和采集有着独有的看法，药物一般就地取材、多为生用、很少炮制，一般采回药材来直接洗净改刀成合适的大小后就晾干或晒干，并且主张多晾少晒，忌暴晒或烘烤，以防药性流失或改变。药物的生长、采集和取用部位也密切与生长环境、季节时令相关。

　　傣医认为植物生长的环境和药物的效用相关，例如生长在深箐沟的药材大多都有清热解毒和治疗风湿的作用，生长在水塘边的药多有治疗风湿和利水消肿的作用；开红花的药多有止血、补血、调经的作用；长在树上的寄生物很多都有抗过敏和节育的疗效；开白花流白浆的草药很多都有安神、镇静的功效；生长于悬崖峭壁、带有肿结的药物很多可以治疗骨折和跌打损伤。

　　一年冷、热、雨三季和一日早中晚，不同时间采摘药物和采集药物的部位不同都会影响药性、药效。冷季万物生长缓慢，植物药效成分多聚积在植物的根部，所以植物的根茎部位的药材一般在冷季采集，热季时植物生长最为旺盛，花繁叶茂，所以这个时节一般采用植物叶片、花朵部位的药材，雨季时植物生长到一年中最为繁茂的季节，所以雨季则是茎皮用药或全株入药的药材采集的最好季节。根据季节时令的特点，不同季节用药

---

❶　康朗伦:《竹楼医述》，昆明：云南民族出版社，2003年。

的偏重有所不同，冷季毛孔闭，汗少则人体水塔偏盛，容易咳嗽、痰喘和肢体冷痛，这个季节适合多用辣味的药物，以驱寒、温热、止痛。热季天气炎热，出汗多，毛孔打开，人体容易受风邪和热邪入侵，宜多用苦味药以清热、解毒、凉血。雨季时雨水多、蚊虫多，水湿盛行，肠道疾病多发，所以可以多用一些香、涩味的药，以达到扶正祛邪、收敛除湿的效果。芒市民间傣医傣药堂的傣医双岩告诉笔者："采药的时间是有讲究的，比如用根的药，我就是干天采，11月底到第二年2月份的比较好，用叶的药就是叶子长得最好的时候去采呀，4月份以后的比较好。"❶ 这样的说法在笔者访问的其他几位傣医那里也得到了证实。

笔者在芒市调查期间，拜访了多位傣族民间医生，他们有的擅长骨科，会徒手接骨，对于治疗封闭性骨折和软组织挫伤有着丰富的经验，在实践操作中取得了显著的疗效；有的是世代相传的草医，靠祖传的验方对一些固定的疾病进行治疗，他们擅长治疗的疾病多半是当地人高发的疾病；有的是半路出家，跟人学习了一招半式的草药知识，然后再通过自己后天的努力和摸索，逐渐掌握了治疗一些疾病的草药方子，以此来为人治病；也有既接受过正规学校的医学学习和训练，又是世代行医的傣医世家的传人的中、西、傣医结合治病的医生。这些医生在风平乃至是芒市都远近闻名，甚至通过口耳相传，还有一些外地人前来求医问药。

通过访谈，笔者向风平的傣医们了解到，目前当地人高发的一些危重疾病主要以肝炎、肝硬化、肾结石、胆结石、风湿为主，由于地处边境，流动的缅甸人也带来了一些疾病，这些疾病一般都具有传染性，例如疟疾、肺结核、梅毒等。

"风湿多，一个是我们这里栽谷子，要去水里栽，泡的多了，会得病。还有我们这里雨水天太潮湿了，随时都是湿漉漉的、潮潮的，环境的因素还是比较大的。"❷

"我们傣族爱酒，肝病人多，肝炎、肝硬化、肝腹水都多，有些人不打预防针，也会传染肝炎，我这里常年放着配好了的治疗肝炎的药，拿来化验单，看一下转氨酶，就可以知道合不合适吃这个药了。结石、风湿、

<hr>

❶ 访谈人：双岩（男，傣族），访谈地点：芒市风平镇芒赛村团结村民小组，访谈时间：2017年7月27日。

❷ 访谈人：方岩（男，傣族，1967年生），访谈地点：芒市风平镇芒赛村委会邦相寨，访谈时间：2017年7月25日。

肺结核的人也多，我都有配好的药。得病了吃草药是要忌嘴，肝炎就是不能喝酒，不能吃羊肉、狗肉；打摆子的人就不能吃酸的东西；结石的人就不能吃豆、鸡蛋。"❶

"现在梅毒多了，是老缅传过来的。老缅太脏了，不讲卫生，不注意去跟他们睡了就会被传染。梅毒难治呢，女的比较好治，男的很难治。来找我看病的，就是说给我什么症状，撒尿疼、酸，尿里有脓。就可以给他们药，但是药比较贵，吃的时间长，很多人看不起，耽误了，有些人最后得去医院手术，我听说的有一个男的，最后（阴茎）斩掉了一截才保住。"❷

"雨水天和干天得病不一样，干天最容易咳嗽，雨水天蚊子多、虫子多，容易拉肚子，容易皮肤上不好，换季的时候就容易有感冒。"❸

综上，可以看出疾病的诱因是多样的，环境、饮食、季节以及人际交往都可能是疾病发生的诱因。傣医们对于疾病发生的原因都能够综合、辩证地看待。

傣医的治疗分为内服、外敷、针刺、拔罐、按摩、熏蒸、连子固定、佩挂、捏脊、灰碗熨等方法。在乡村中最常见的方法有内服草药、外用药治疗骨折和跌打损伤以及按摩、刮痧等物理疗法治疗上火、感冒、头痛、咽喉痛、扭伤等疾病。

草药方面有单方也有复方，例如鸡蛋花可以治疗咳嗽和支气管炎，苦石莲（老鸹枕头）可以治疗咽喉炎，鱼腥草可以治疗消化不良、小儿疳积、腮腺炎、黄疸型肝炎，山奈可以消食、止痛，三丫苦可以治疗风湿性关节炎。复方一般分为两种情况，一种是傣医们家传的秘方，这种方子往往不对外公布，传承时很严密，甚至是传男不传女的。还有一种情况就是已经被记录在案的验方，傣医验方数量很大，著名傣医李波买、肖波伦合著的《德宏傣药验方集》（一）（二），季瓦戛著、段国明译的《天下人民健康》都是非常著名的傣医傣药验方集，有许多治疗各类咳嗽、胃痛、关节炎、

---

❶ 访谈人：方岩（男，傣族，1967年生），访谈地点：芒市风平镇芒赛村委会邦相寨，访谈时间：2017年7月25日。

❷ 访谈人：冯波所练（男，傣族，1943年生），访谈地点：芒市风平镇风平村委会弄么寨，访谈时间：2017年7月24日。

❸ 访谈人：双岩喊（男，傣族，1994年生），访谈地点：芒市风平镇芒赛村委会团结村民小组，访谈时间：2017年7月27日。

风湿骨痛、刀枪伤、皮肤疾病、跌打损伤、呕吐、腹泻、发烧、牙疼、咽喉不适、腮腺炎、闭合性骨折、妇科疾病、消化不良、痔疮、结石等疾病的验方。"傣族聚居地气候炎热、空气潮湿，热带传染病如疟疾、霍乱、伤寒发病率路高，皮肤病、风湿关节炎等易发作，加上身处湿热环境，喜食生冷食物，消化系统的疾病也很常见。"❶除了这些历史上常见的疾病外，现在癌症、高血压、糖尿病、痛风的发病概率在傣族地区也呈现上升趋势，芒市民间傣医傣药堂的傣医双岩向笔者介绍：

> 现在找我看病的疑难杂症变多了，什么癌症、痛风、高血压都很多的，我这里有一种配好的可以代茶饮的药可以治疗痛风，虽然没有西药那么快速见效，但是我这个药是从根本上解决问题的，吃一段时间，再去化验血尿酸，都会降低的，还可以补气血，口味又好，不像药那么苦。癌症找我看的也多，州医院有个主治大夫退休了，查出来肺癌，2012年来找我看病，吃草药，没有复发了，现在都还好好的，在家领着孙孙了。❷

在农村，繁重的农活常常导致跌打损伤类疾病的发生，这种疾病前去医院要不然就没有明显的疗效，严重的大夫一般建议做手术处理，而骨折或者挫伤的患者一般又行动不便，前往城里的医院治疗，不仅交通费用高，而且治疗费用也高。风平镇芒赛村委会的芒别寨居住着一位当地有名的傣医腾波岩伦，他设在家中的诊所作为芒市中医一技之长医疗点常常是人满为患，病人们排队等着他帮忙接骨、按摩、换药，等等。他在家中设了一个简易的住院部，摆放了十几张床，这些床供路途较远或行动不便的病人居住疗伤，床位费一天是30元。

> 我们家是专治跌打损伤，祖传的。我是22岁的时候开始学这门手艺的，跟着爷爷和爸爸学，给人接骨，帮人按摩。如果骨头断了，就接起来，最好是去拍个片子过来给我看看，接好了骨就用药酒揉，然

---

❶ 钱韵旭、李莉、李晓蕾：《与地理环境息息相关的傣族传统医药》，《中国民族民间医药》2010年第21期，第8～10页。

❷ 访谈人：双岩（男，傣族），访谈地点：芒市风平镇芒赛村团结村民小组，访谈时间：2017年7月27日。

后敷药，然后再打上石膏固定起来，隔两天换一次药，换一次药是50块钱，连着药酒揉和包药。骨折的话住在我这里20天就可以出院了，出院后一周或者十天来换一次药就可以了。腿的话，一个月差不多就可以用拐杖走路了。扭伤的话一周就好了，最多换三次药就差不多了。像膝盖有积水我也可以治，先把积水抽出来，然后用药酒揉，再包药，颈椎病也可以用药酒揉。我的药酒就是一种，没有很多种，用十几种药材配起来的，包的药又是另一种，里面有八九种药。❶

在访问腾医生之前，笔者就在风平镇风平村弄么寨碰到了一位他的患者：

我是2017年5月13号在田里做农活时摔伤的，当时我还想自己走回家，结果走了两步就走不动了，我就去了芒别寨子找滕医生，滕医生看过后就说是脚踝处的小骨头断裂，如果给他治1个月就可以走路了。我第二天又去芒市骨科医院看，照了X光片，确实像滕医生说的那样，但是医院的医生要让我做手术，我害怕做手术，所以就还是找滕医生治了。他就是用一种药水揉，然后用药包敷上，然后打上石膏，刚开始的时候是隔一天换一次药，40天以后就变成七八天换一次药，他跟我说可以走路了，但是我自己不敢走，我还要用拐，我觉得脚还是没有力气，但是现在已经不疼了，也消肿了。比起医院做手术，他这个肯定是要慢一点，但是不用开刀，而且比医院应该便宜一点，我现在花了两千多块不到三千块钱。❷

傣族人日常遇到感冒、中暑、头疼等身体不适的情况很喜欢刮痧，刮痧不一定要找傣医，村寨中很多人都会刮痧，一般拿随手可得的金属罐子底部的边缘，配上一点油脂类润滑剂即可实施刮痧。弄么寨子的若咩岩方保就在家中开了一个按摩刮痧的小诊疗室，她几乎每天都要接待好几个前来要求她帮忙捏筋和刮痧的病人，这些人多半是寨子里的村民，也有从缅甸来这里打工的外地人。笔者在她家访谈时就遇到了两个前来请她帮忙看

---

❶ 访谈人：腾波岩伦（男，傣族，1965年生），访谈地点：芒市风平镇芒赛村委会芒别寨，访谈时间：2017年7月25日。

❷ 访谈人：焦玉帕（女，傣族，1973年生），访谈地点：芒市风平镇风平村委会弄么寨，访谈时间：2017年7月17日。

病的人，一位是她的好友"老孔雀"❶方桂英。方桂英因为夜里没有睡好所以昏昏沉沉的头疼，还有点感冒，她来请若咩岩方保为她按摩一下头部并且刮痧。还有一位是一名从缅甸来弄么打工的年轻人，他干活扛大米时扭了腰，腰直不起来，来请若咩岩方保为他正筋。

> 我从小出去放牛，经常会有人扭伤了，我就自己慢慢摸索着帮别人按，把错位的筋摸准了，然后慢慢地给它捏到原来的地方，我是可以摸得出来的。如果有些人吃不下东西，那可能是因为肠胃不通，我也可以通过摸，然后按，让他的肠胃顺了，这样就吃得下饭了。现在差不多每天都有人来找我帮忙，我要把这个手艺教给我孙子，但是现在他还没学会，他按摩还行，但是找筋找不准。❷

傣族人的日常饮食中也蕴含了许多食疗保健的功效，傣族人的饮食丰富，烹调手段多样，早已形成了具有民族特色饮食文化的"傣味"餐饮，其独具风格的饮食文化中蕴含了丰富的食疗保健知识，傣族的许多食材都有着宝贵的药用价值，这些食药两用的食材在帮助傣族人保健身体、疗愈疾病等方面起到了不能低估的重要作用。例如傣家人喜爱使用的鱼腥草，就是一味天然的抗菌消炎良药，鱼腥草中所含的抗菌成分对于卡他球菌、流感杆菌、肺炎球菌、金黄色葡萄球菌都具有十分明显的抑制作用，傣家人日常多食用鱼腥草可以对感冒咳嗽、妇科炎症、黄疸型肝炎等起到一定的治疗调理作用。再例如傣家人喜欢用香茅草来搭配制作食物，香茅草中具有柠檬醛、香茅醛，是一种具有浓郁柠檬香气的草本植物，它性味甘、辛、温和，具有祛风通络、除湿健脾、温中和胃的功效外，还具有一定的消炎、降压作用，对于在炎热潮湿地区生活的傣族人是十分有效的调节身体的食物，香茅草泡水饮用不仅祛湿、扶正、通络，而且还可以中和食肉产生的酸性物质，使身体保持适当的酸碱度，有效防病。

傣族人的日常饮食丰富多样，十分符合现代养生观念中"杂食"的理念。此外宗教信仰和生活环境使傣族人素食的习俗由来已久，傣族人喜爱食用天然蔬果，黄瓜、莴笋、刺五加、水香菜等都是傣族人日常喜爱食用

---

❶ 朋友们对省级孔雀舞非物质文化遗产传承人方桂英的昵称。

❷ 访谈人：若咩岩方保（女，傣族，1942年生），访谈地点：芒市风平镇风平村委会弄么寨，访谈时间：2017年7月19日。

的蔬菜。蔬菜往往具有低脂肪、低热量、高纤维、高微量元素的特点，多食蔬菜不仅可以避免高血压、高血脂、高胆固醇、高血尿酸，还可以保持体重、延缓衰老、稳定情绪，让人神志爽、思维敏捷。傣族地区地处热带亚热带区域，瓜果种类丰富，傣族人爱吃瓜果，有谚语说"种上果树不愁没有果子吃"，芒市地区有各种各样的水果，例如滇波罗蜜、芒果、火龙果、番石榴、橄榄、羊奶果、西番莲、柠檬、木瓜、菠萝、酸角，等等。傣族人喜爱用羊奶果切碎凉拌折耳根，喜欢用番木瓜切丝做成番木瓜撒，食用芒果则方法多样，熟透的芒果剥皮直接食用，半生不熟的青芒摘下来去皮切片蘸着盐巴和辣椒面又是一番风味。多种多样的应季水果不仅装点了傣家人房前屋后的庭院，更丰富了傣家人的食谱，补充了人体所必需的微量元素。

三、巫术与治疗

民族医药与民族文化不可分割，每个民族的宗教信仰都深深影响着他们的生死观、宇宙观、身体观和疾病观，以至于许多民族传统医药中不可避免地都存在着医巫不分的童年时期，一方面每个村寨里都会有几个会帮人"叫魂""点香"的巫医，另一方面民间的草药医生也在村民应对疾病的过程中发挥了极大的作用。时至今日，在对于疾病的治疗上，芒市傣族保持着公共医疗、草药治疗与巫术治疗共存的疾病治疗方式，随着医疗条件越来越好，交通便利，大部分傣家人生病还是会前往医院进行治疗，在接受以西方医疗体系为核心的公共医疗的同时，许多人同时会选择看傣医，甚至找傣族的"巫医"来为自己疗病。

笔者在芒市风平弄么寨进行调查时，就与村寨中的"巫医"有过交谈，她向笔者介绍傣族人的灵魂观和她通过"上身做梦"的方式为患者叫魂以治疗疾病的事情：

> 我们傣族人说人有很多魂，有一百二十个那么多，像一个人如果要是没力气、没胃口、出汗多就是因为有魂丢了，哪里的魂丢了，哪里就不舒服，或者就是有外面不干净的鬼来咬了他。像这种情况，他们也会去医院看，但是有时候真是奇怪，医院去查，样样都是好的，但是人就是不舒服不好，所以就来找我看，我给他们点香，就会好了。

有好多保山、怒江那边的人都知道我，有的老人病重了，家里人就来请我，车子来拉我去给他们点香，有些人真的就会好起来了。我做这个不是谁教我的，是我多年前生过一场大病，医院治不好，人不舒服，整天躺着，吃不下饭，就只是吃一些水果和牛奶，人像是做梦一样，每天就给自己拜佛、点香，后来就好了，就可以听到那个声音了。我给人看病点香的具体的事情我都不知道，我像是做梦一样，说过的话、做过的事情我自己都不知道的，有时候梦里还会写字，写的字有的不是我们傣族的或者你们汉族的，我自己都看不懂，但是病人或者病人家里的人就可以看明白的。点香必须要属马或者属虎的日子，其他时间它（那个声音）不会来的。❶

除了帮人治疗疾病外，这位民间巫医还帮人驱鬼、叫魂：

要是点香的时候算出家里有脏东西，我就帮他们弄，要取三个不同的水井中的水，用绵桃叶和蒿子煮水，然后用绵桃枝叶沾着这个水在家中到处泼洒，就可以将鬼驱除了。除了驱鬼，还有一种是身上的魂掉了，我就会拿鸡蛋给叫魂，如果叫得回来，鸡蛋会立得起来，奇怪吧！拿着鸡蛋给病人吃了，病就好了。❷

傣族还有琵琶鬼咬人的说法，被琵琶鬼咬了，除非找人将鬼抓走，否则就会一直生病，傣族有句谚语"没有琵琶鬼的村寨会被雷劈"，可见琵琶鬼的普遍程度，被琵琶鬼咬了后会久病不愈，如果不把附在身上的琵琶鬼捉走，就会一病不起，所以说起琵琶鬼，年长的傣族人都带有几分畏惧，不愿多谈。由于害怕引起琵琶鬼的憎恨和妒忌而惹祸上身，傣族人养成了少口舌、不偷窃、不攀比的民族性格。

我们弄么以前有个学生生病，他家的人去找了外边的巫婆过来看。好奇怪呀，这个巫婆是外地人根本不知道我们寨子的事情呀，他就说是因为我们弄么寨子里的某某某是琵琶鬼，这个学生就是被这个琵琶

❶ 访谈人：帕小过（女，傣族，1963年生），访谈地点：芒市风平镇风平村委会弄么寨，访谈时间：2017年7月27日。

❷ 同上。

鬼给咬了。但是我们知道的，琵琶鬼这个是有根的，是一代一代传的，她说的这个某某某的根上都不是琵琶鬼，这人家里没有人是琵琶鬼，所以我们村子里的几个老党员就去试探这个某某某，结果她告诉我们她读书的时候去风平一个同学家住，穿过同学的衣服，还用了同学的梳子和摸脸油。然后我们又去问了这个风平的人，她就讲'你们这个弄么的某某某真是不好，来我家偷偷拿我的衣服穿，还偷偷用我的化妆品'。这下我们就知道了肯定是风平这个人是琵琶鬼，我们傣族人是有这个说法，如果你穿了琵琶鬼的衣服，她身上的鬼就会过到你身上去，这个某某某偷偷穿了琵琶鬼的衣服，所以就有琵琶鬼过到她身上了，她自己都不知道的。所以我们傣族如果要借别人的衣服，是要出钱给别人的，这样鬼才不会跟过来。❶

在傣族社会中琵琶鬼身份敏感，大家既不敢招惹琵琶鬼，也不愿意和琵琶鬼有过多的接触，尤其在婚配时，琵琶鬼的家族很受歧视，没有人愿意和琵琶鬼的家族结亲，所以在村寨内很难找到婚配对象，一般都要去外地不了解情况的人家通婚。虽然人们畏惧琵琶鬼，但是如果真的确定某一家是琵琶鬼而又经常害人时，寨子里也会毫不犹豫地惩罚这些琵琶鬼，历史上芒市风平那目寨就出现过将琵琶鬼全家赶出寨子撵去缅甸的事情。应对琵琶鬼的办法，除了不主动惹是生非以外，也有专门会捉琵琶鬼的人，芒市风平镇弄么村的方桂英家曾为村寨头人，她的外公曾经就会抓琵琶鬼。

我外公以前是村里的头人，他就会抓附在人身上害人的琵琶鬼。看他抓鬼时，就是从病人的身上、腋窝、大腿根这些地方去抓，你也看不到他抓了什么，但是他抓起来放在个罐子里封起来，罐子里真的像有东西想要逃脱出来一样，发出嘭嘭嘭的碰撞的声音呢。我外公抓了琵琶鬼就放在罐子里，然后拿出去埋起来。有的时候一个人被咬了，身上不止有一个琵琶鬼，会有好多呢，只要抓不完，他就还是会病。❷

---

❶ 访谈人：方桂英（女，傣族，1942年生，傣族孔雀舞非物质文化遗产省级传承人），访谈地点：芒市风平镇风平村委会弄么寨，访谈时间：2017年7月19日。
❷ 同上。

时至今日，看似荒谬的巫医依然存在于傣族社会中，但是人们对于巫医的依赖程度随着医疗条件的提高以及医疗机构选择的多样性已经大大降低，巫医的"法术"更像是一种可有可无的心理安慰，或人际交往中的润滑缓冲。村寨里的年轻人已经不再对琵琶鬼谈之色变，而巫医们则不得不开始不断拓展新的"业务"，无论是巫医还是琵琶鬼都在向着高速现代化发展的傣族村寨中不断嬗变，甚至有一天可能走向衰亡。

结　语

无论时空如何转换，人们都一直密切地关注着疾病以及如何治愈疾病的问题，然而对于疾病的理解和相应的措施却因时因地而大有不同。非西方的医学观点常常被认为是原始的、神秘主义的甚至误导人们的，但少数民族上千年斗争疾病的实践中积累的对于草药、季节、环境、饮食的经验和知识告诉我们疾病也许并不仅仅能通过医院中的详细分科、仪器检验、病理分析、西药及手术等手段诊断和治疗。傣族先民以佛教四塔、五蕴以及冷、热、雨三季为概念，描述了大、小两个宇宙的运转：大的宇宙是人类生存环境和外在世界，小的宇宙则是人体这个精密运转的仪器。平衡是傣医理论中人体保持健康的要素，既要保持与外界大宇宙的平衡，还要保持体内四塔五蕴的平衡。大宇宙有着冷、热、雨三季变换，有潮湿和干燥、炎热与寒冷、高山与平坝等的对照，大宇宙为小宇宙提供着饮食、居住环境，同时也存在着致病的细菌、病毒和气候条件。环境、饮食与疾病在傣族人的生活中以微妙的关系彼此联系、互动和影响。傣族人"对于区域生境内各种动植物资源的认知不仅限于满足日常的衣、食、住、行之需，这种认知还体现在对生境自然资源的利用广度和深度上"，❶傣医药就是在佛教基本概念和傣族人对其聚居区独特地理气候条件的认识下催生的，具有2500多年的文字记载，在历史上瘴疠严重的傣族聚居地区为傣族人民保持健康起到过十分重要的作用。目前，"我国疾病类型具有发达国家与发展中国家的过渡性特点，防治重点将由生物性传染病逐步转移到心

---

❶　江帆：《地方性知识中的生态伦理与生存智慧》，《山东社会科学》2012年第11期，第82～87页。

血管性疾病和癌症上，同时应对疾病与人类生态系统和地理环境的关系做全面研究。"❶ 少数民族传统医药应该在已取得的针对传染病及外源性疾病的显著疗效的基础上，进一步与中医、西医相结合，深入挖掘少数民族地区的地理、生态、饮食与疾病间联系的地方性知识，针对治疗生活方式以及生态环境所造成的疾病上挖掘新的生机。

---

❶ 陈国阶:《我国疾病类型与生态地理环境的关系》,《地理研究》1985年第2期。

旅游与地方社会人居环境变迁

潘 宝[*]

摘 要 旅游的发展在改变地方社会现代进程的同时，也改变了地方社会的人居环境。为了塑造旅游形象以及吸引更多的旅游者，地方社会不仅改变了原有的建筑风格，也将地方社会打造为旅游者视野中的宜居休闲之所。而原来居住于地方社会的人们，因为大量旅游者的进入而改变着原有的生活方式，他们的居住环境也发生了变化。人居环境因旅游而产生的消极影响，需要在旅游过程中制定适于地方社会的生态策略，以便促进地方社会旅游的可持续发展。

关键词 大众旅游；地方社会；人居环境；变迁

一、大众旅游与地方社会人居环境

大众旅游（Mass tourism）的存在意味着生活于现代社会中的个体，其转变为旅游者是极容易的。便利的交通、消费社会的影响以及对远方的想象等因素都激发了个体转变为旅游者的欲望。另外，大众旅游也将更多的地方社会转变为旅游目的地，大量的旅游者进入地方社会，改变的不仅仅只是地方社会的现代化进程，也将地方社会人居环境置于旅游活动中。这里所说的人居环境，主要指的是地方社会原住居民的人居环境，包括水环境、声音环境等内容，是与旅游者相对的居住环境。

从地方社会的角度分析，原有的人居环境变迁是缓慢的，特别是当现代因素较少时，而随着旅游的飞速发展，尤其是当地方社会将旅游作为其主要发展模式的时候，人居环境就处于急剧变迁的过程中。适宜当地人居

* 潘宝，人类学博士，大理大学民族文化研究院助理研究员，主要研究方向：民族文化与旅游、文化遗产。

住的环境，并不一定适于旅游者；而以旅游为导向对地方社会人居环境进行一定程度的改造，虽然能够接待更多的旅游者，但却并不一定适于原住居民。

以丽江古城为例，地方社会人居环境变化经历着旅游者越来越多这一过程。居民的饮用水由雪山水、泉水变为自来水，道路全部铺成石板，居住环境被各种噪音污染，街道上散布的宠物粪便等，这些变化对古城原住居民的直接影响就是，既提高了其生活的成本，又给其日常生活带来不便。由于大量旅游者进入古城，更多的客栈和饭店使得古城更多考虑的是如何服务旅游者，而非古城居民。超市消失、卖菜场所消失使得居民日常生活很不方便，只能步行去古城外面购买生活用品；因旅游者过多，需花费更多的精力与体力；旅游者过多，老人生病救护车进不去；凌晨两三点游客还在拉着行李箱在古城里走动，影响居民休息；小孩与大人有时被宠物咬伤，居民与外来者发生冲突；旅游者以及客栈和饭店产生大量垃圾，气味难闻。古城类似人居环境的变化，使得越来越多的原住居民离开古城。

单纯从旅游者的角度分析，地方社会接待与服务旅游者的水平直接影响着旅游者的体验。地方社会在进行旅游发展的时候，也多以旅游者的视角审视自身旅游发展的水平，有可能忽视了人居环境的变化，甚至有可能造成旅游者越来越多，地方居民越来越少的情况发生。美国学者迪安·麦坎内尔（Dean MacCannell）曾指出，"现代化同时把这些东西与它们所在的民族与地域分离开来，打破了这些族群的完整性，并把这些族群从传统的依附带入现代的世界，旅游者们在现代世界里可以努力发现或重新构筑某一文化遗产或某一社会标识物"。[1] 这就说明，旅游者的旅游行为所改变的，除了人居环境外，更将地方社会的人们带入受旅游影响的过程中，地方社会原有的社会秩序有可能被旅游重构，地方社会人居环境的变迁有可能也以旅游为导向。旅游确实能够为地方社会带来更多的经济利益，地方社会借助于旅游也能够与外部社会更好地沟通与交往，但大众旅游使得地方社会更多关注的是旅游者、更多进行的是旅游目的地形象塑造，而对于地方社会人居环境，则考虑得相对较少。

---

❶ ［美］迪安·麦坎内尔：《旅游者：休闲阶层新论》，张晓萍等译，桂林：广西师范大学出版社，2008年，第15页。

但若旅游的发展是以人居环境的消极改变为代价的话，那么地方社会的旅游发展对于当地居民来说，则有可能意味着他们不得不离开旅游的中心区域，在旅游的边缘选择适于居住的地方。这样的旅游发展，既有可能造成原住居民离开现有居住地，又有可能将这些原住居民排除于旅游发展的过程。最终，地方社会人居环境的变迁成为了外界因素的主导，原住居民则是一种被动的选择。人居环境变迁主要涉及地方政府的旅游管理策略、旅游者的旅游行为、旅游从业者的经营活动等因素。大众旅游是现代社会中的一种现象，也是地方社会人居环境变迁所面对的现象，而人居环境的变迁最直接的，还是与旅游行为相关。旅游活动所引起的人居环境的改变，应从人的角度出发，将人置于人居环境变迁过程中考虑；将旅游者、原住居民、旅游从业人员纳入人本位之中考虑，从而思考旅游行为与人居环境变迁之间的关系。

二、旅游行为与人居环境变迁

地方政府的旅游管理策略是人居环境变迁的主导因素，即地方政府在面对人居环境变迁时，是制定以旅游者为导向的旅游服务策略，还是制定以地方居民为导向的旅游服务策略，导向的不同直接决定着地方社会的人居环境是否适宜居住。而且地方政府的旅游管理策略也直接影响着旅游者的旅游行为和旅游从业者的经营活动。地方政府是旅游活动的主导力量，因此，人居环境的变迁直接受到地方政府在旅游形象塑造等活动的影响。而旅游者的旅游行为则直接或者间接影响着原住居民的人居环境，打乱了人居环境的正常秩序。旅游从业者直接的作用对象是旅游者，两者之间的活动所带来的问题主要集中于所产生的餐饮垃圾、改变旅游目的地原有的人居环境和生态环境。

如古城的水资源，之前古城河道里的水，是从雪山流下来的水，居民洗菜、煮饭都可以用，但现在由于河道垃圾太多，这些水都无法饮用；另外还有井水，古城三眼井较多，煮饭、洗菜、洗衣服，每一眼井都有水的秩序，但旅游者增多、外地居民在古城居住，自来水使用的增多，三眼井也受到了污染。而古城的噪音，如酒吧的声音、旅游者的嘈杂声、狗叫声等直接影响了居民的休息，尤其是小孩还要上学、大人还要上班，这使得古城更不适宜当地居民居住。旅游者最多只是住个三四天，反而觉得古城有特色，但有些原住居民世代居住于古城，若古城只适于旅游者，而不适于这些原住居民，那么旅游者的旅游行为确实改变了古城的人居环境。但旅游却又是地方社会发展的一条现代道路，它将处于边缘的地方社会融入现代社会的发展过程中。地方社会也确实通过旅游发展提高了人均收入，改善了地方社会的一些公共服务设施，但这些改变并不意味着居住于旅游景点中的居民的人居环境是在朝着积极的一面改变的。

这也并不意味着，人居环境的恶化就一定是旅游所导致，或者说，并不能一味指责旅游所带来的消极因素，而是如何在旅游发展过程中，协调各种利益主体，使他们都能够共享旅游发展带来的成果。英国学者约翰·尤瑞（John Urry）曾指出，"旅游者可能会因当地经济和社会的负面发展而受到指责。当旅游者在经济上、民族及文化上与当地的居民之间差距很大时，这种现象就更明显。当地居民在经历社会和经济的快速发展时，这种现象也同样明显"。❶这就说明，旅游者与地方社会环境的变化虽然有着关联，但这种关联并不能绝对主导人居环境的变化。若原住居民或者地方政府只是被动接受旅游行为所带来的影响，那旅游者的旅游行为绝对主导着人居环境的变迁。

因此，原住居民和地方政府应参与至旅游活动中，将旅游者的旅游行为转变为地方社会发展的动力。即使没有旅游发展，人居环境也是处于变迁过程中，只不过，旅游加速了人居环境变迁的步伐，且旅游发展的重点过于关注旅游者和旅游从业者，而有可能忽视了原住居民在旅游影响中的日常生活。旅游发展不可能使得地方社会所有的人都参与到旅游活动中；同样的，旅游活动也不可能影响地方社会所有的人居环境，而是说，在旅游活动直接影响的地方，原来居住于此的人们，他们的人居环境确实因为旅游行为而被改变了。

旅游行为的产生首先在于旅游者对观看远方景观的期待与想象，以及期望体验异域的民族文化。但旅游者的视野并不一定能够与原住居民的视野相一致，或者说，两者有可能在旅游行为中产生冲突，尤其是当过多的旅游者影响了原住居民的日常生活的时候，原住居民从心理上不接受旅游者及其旅游行为也在情理之中。英国学者弗里德里希·奥古斯特·冯·哈

---

❶ ［英］约翰·尤瑞：《游客凝视》，杨慧等译，桂林：广西师范大学出版社，2009年，第75页。

耶克（Friedrich August von Hayek）曾指出，"经济边界创生出了一些以地域为基础的利益共同体，这些利益共同体都具有这样一个极为本质的特征：它们很容易把所有的利益冲突都变成它们之间的冲突，而不是人员构成会不断发生变化的那些群体之间的冲突，因此，它们所导致的那种冲突也就成了某个国家居民群体之间的永久性冲突，而不是位置各不相同的个人之间的那种冲突"❶。这就说明，旅游行为所带来的经济利益，有可能将原住居民与旅游者、旅游从业人员等相关群体相区隔，并导致其相互冲突。也就是说，人居环境的变迁是群体与群体之间相互作用的一种结果，而非只是旅游这一单一因素影响的结果。

原住居民有可能在旅游经济利益的刺激之下，主动适应并参与旅游经济活动，从而由原住居民转变为旅游从业人员；也有可能无法适应已经变化的人居环境，不参与旅游活动而迁移至适宜居住的地方。不可否认的是，无论原住居民居住于哪里，其所处的城镇或者乡村整体的人居环境都会受到旅游行为的影响。

三、人居环境的生态策略

随着生态观念的发展，旅游者与旅游目的地都意识到，生态环境的保护与改善是地方社会可持续发展的必然选择。虽然旅游确实为地方社会发展提供了比较便捷的路径，但在这样的发展过程中，地方社会也应考虑长期居住于此的居民，制定相应的生态策略，使他们的人居环境进一步改善。美国学者戴伦·蒂莫西（Dallen J. Timothy）曾指出，"可持续的旅游应该使当地居民和少数民族从产业中获益。这似乎是显而易见的，但在很多地方旅游业的发展对当地人来说却是弊大于利。就业和社会服务是文化旅游的重要产出，属于任何当地群体参与旅游业的正常期望。而大多数情况下，旅游企业常常隶属于富裕的外国人，并用极少的薪水雇用当地人"❷。也就是说，人居环境的改善，并非与某一旅游主体直接相关，或者说，某一旅游主体的力量可以绝对改变人居环境。而是在旅游语境中，所有受到

❶ ［英］冯·哈耶克：《个人主义与经济秩序》，邓正来译，北京：生活·读书·新知三联书店，2003年，第369页。
❷ ［美］戴伦·蒂莫西：《文化遗产与旅游》，孙业红等译，北京：中国旅游出版社，2014年，第314页。

旅游影响的相关主体，都能够主动参与到旅游活动中，并主动适应旅游交往的规则，将不利于人居环境改善的因素降至最低。

从地方政府的角度来说，人居环境的改善不应仅仅只从旅游的角度考虑，或者只将短期的旅游经济收入作为重点，而是在获得经济利益的同时，能够引导原住居民与旅游者相互沟通与交往，增进彼此的文化认同。旅游发展应当是为了更好地服务于生活于此的人，而不仅仅只是为旅游者服务。因此，地方政府应当制定维护人居环境的规章或制度，在投入一定经济资本改善生态环境的同时，也应提升地方社会的人居环境。如合理规划使用水资源、有效处理餐饮垃圾、完善冲突解决机制，使得地方居民也能在旅游发展过程中获得实惠。

从旅游者的角度来说，因其旅游活动是短暂的，其处于旅游目的地的时间也是短暂的，但其旅游行为却改变了地方社会的人居环境。因此，应规范并引导旅游者的旅游行为，使其不要破坏地方社会的人居环境，提高其环保意识，并对不文明行为进行处罚。另外，也应意识到，旅游者的行为影响的不仅仅是人居环境，也影响着地方社会的形象。旅游者的旅游体验不仅仅只是停留于感官层面，也应主动了解并适应地方社会的风俗文化，将影响地方社会日常生活的因素降至最低。

从旅游经营者的角度来说，其经营的活动不应对人居环境造成破坏，地方政府也应引导旅游经营者。尤其是当外部社会更多的旅游从业者进入地方社会之后，应当尊重地方社会的民族文化，规划其经营活动，使其参与到地方社会人居环境的保护过程中。英国学者贝拉·迪克斯（Bella Dicks）曾指出，"许多旅游业的经济组织（通过大的旅游经营商和宾馆服务）远离当地文化空间，过度沉迷于提供旅游享乐方面的商品服务，而未能认真参与当地社会。不过，当地群体已经逐渐意识到，他们也可以为观众进行自我展示。这意味着，旅游者和当地的接触总是有可能产生更有挑战性的自我与他者展示类型"[1]。这也说明，旅游从业人员更多关注的是其在旅游活动中能否获得经济利益，而在水资源保护、餐饮垃圾处理等方面生态意识淡薄。更突出的问题是，旅游从业人员与当地社会文化之间，存在着一定的距离，有可能造成原住居民不仅不接受旅游者，更不接受旅游

---

[1]　[英]贝拉·迪克斯:《被展示的文化:当代"可参观性"的生产》，冯悦译，北京：北京大学出版社，2012年，第69页。

从业人员。因此，旅游经营者应当在旅游者与原住居民之间建立相互理解与信任的桥梁，理解旅游对彼此的影响，维护地方社会生态环境。

从原住居民的角度来说，既应理解地方政府发展旅游的目的，也应参与至相关旅游行为规范的制定过程中，从旅游发展的客体转变为旅游发展的主体，共享旅游发展成果。无论旅游如何发展，地方社会人居环境的改变都应考虑原住居民的生活方式。美国学者罗伯特·墨菲（Robert F. Murphy）曾指出，"每一种社会习俗或社会制度背后都有一种隐藏的难以觉察的作用，紧随着每一个伟大计划的是一系列完全出乎意料、难以预见的结果。故我们必须审视表面外观和常识经验的实在背后，以便达到蛰伏于表现之下的社会组织和社会生活之流。我们的任务是描述和分析他种体验模式，但更为重要的是注视熟知的对象，从中发现全新之物"[1]。这就说明，旅游生态的保护需要原住居民的参与，分析旅游生态问题也应看到地方社会民族文化因素的影响。一味适应旅游者的旅游发展模式必然造成原住居民的不认同，而一味追求经济利益的发展模式也有可能给地方社会人居环境造成无法修复的后果。原住居民与旅游行为之间，应当是良性互动的，原住居民主动参与旅游活动，不仅改变的是地方社会生活方式，也是一种现代生活方式的转变。

大众旅游使得地方社会被纳入至旅游目的地的转变过程中，生活于地方社会的原住居民，其人居环境也在这种转变过程中被改变了。适宜或者不适宜居住的背后，是地方社会在旅游经济发展过程中所必然经历的过程。环境的破坏并非是大众旅游所导致的结果，有可能是人在面对旅游经济时的一种功利性结果。地方社会的民族文化与旅游者和旅游从业人员之间的行为是相互影响的，表面的旅游现象所导致的人居环境变化，其深层次的原因往往也是一种相互作用的结果。而随着地方社会与原住居民越来越关注生态环境的保护，旅游所带来的消极因素正在成为地方群体所关注的焦点。旅游改变的不仅是人居环境，也改变了地方社会的经济秩序。旅游中心与旅游边缘的存在，亦使得旅游对地方社会的影响产生差异。人居环境是否适宜当地居民的居住，是衡量旅游是否可持续发展的因素之一，只有在旅游过程中解决生态问题，才能进一步为地方社会创造更宜居的环境。

---

[1] ［美］罗伯特·F.墨菲：《文化与社会人类学引论》，王卓君、吕迺基译，北京：商务印书馆，1991年，第24页。

波隆人家：民族旅游中的黎族文化符号

李　利[*]

摘　要　黎族文化符号在海南旅游业中的开发利用，将为海南旅游产品增加独特的文化魅力。在海南槟榔谷黎苗文化旅游区的研究案例中，黎族文化符号内涵了历史脉络，并经过选择、包装进入民族旅游场景，被搬上舞台转化为景区的他者消费。当地居民作为黎族文化的承载者，也进入景区的展演，生活中的文化要素"硬化"为民族的标志与符号。在对景区社会结构的分析中，在场的主导者（景区工作人员）和缺席的主导者（观光者）决定了对黎族文化符号的开发利用，而假戏真做的被观光者则用亦真亦假的日常生活展演黎族文化，共同完成了景区对黎族文化符号的开发利用。

关键词　黎族文化符号；槟榔谷；开发利用

一、问题的提出

黎族文化符号指最能体现黎族自我认同和他者认同，标识民族边界的最典型、最活跃的文化元素。

1. 为何黎族文化能让景区起死回生

海南槟榔谷黎苗文化旅游区（以下简称槟榔谷）位于保亭黎族苗族自治县三道镇甘什村内，距离三亚市约28公里。甘什村分为甘什上村和甘什下村，共93户383人，世代居住着黎族居民，属黎族5大分支的赛方言黎族。槟榔谷创建于1998年，规划面积5000余亩，是以黎苗文化为主题的少数民族旅游景区。相较于海南众多滨海休闲度假旅游地，槟榔谷主打黎苗文化的展示体验，在海南整体旅游形象中独具特色。"波隆"是景区最常

---

*　李利，男，1978年生，湖南常德人，人类学博士，中南民族大学民族学与社会学学院副教授。

见的黎族符号，源于黎语"你好"的汉语音译，在景区遇到的任何工作人员都会主动地向游客问候"波隆！"景区于2015年7月晋升为国家5A级景区，此外还获得了国家非物质文化遗产生产性保护基地等国家荣誉。笔者曾长期居住三亚，自2006年多次前往槟榔谷，粗略地目睹了景区近十年的巨大变化。2015年9月13～23日，笔者对槟榔谷进行了短期的小型田野调查。

从访谈得知，槟榔谷开发至今经历了从槟榔庄园到黎苗文化旅游区的提升与蜕变。其旅游发展历程大致可分为三个阶段。第一阶段：1998～2005年。景区负责人在访谈中坦言，办景区的初衷"跟所有生意人一样，就是搞一个景点，养活一批人，赚点小钱"，"早期景区较小，不规范，就是几间茅草房，几间铁皮房，一个小舞厅，一些商家，一间办公室"这样的规模。景区尝试过经营多种内容，如土人部落，结果海南全岛一下冒出9个野人村，互相克隆，同质化严重。后来又尝试经营田园式的槟榔庄园，但仍面临海南省民族旅游开发初期的同质性竞争，自身特色不鲜明，竞争力不足。

第二阶段：2005～2010年。经过"咨询专家、统一思想、重新规划、正本清源，领导班子决定把黎族文化作为景区发展的根基"。景区最初设计了两个展馆，分别展示黎族服饰和黎族生产生活，收到出人意料的成效，游客接待量剧增。景区于2008年决定创建国家4A级景区，重点打造黎族文化。从黎族的居住环境、生活习惯、织锦服饰、民族歌舞等方面大量收集资料，并聘请专家讲解、鉴别黎苗文化元素，咨询景区规划。此后，景区走上快速发展的道路，游客量猛增，日均客流量达3000多人，节假日更是超过4000人。这又进一步坚定了景区领导层"在海南要想打造具有持续吸引力的文化旅游景点，必须充分利用海南本土独有的黎族文化符号"的思路。也是从那时起景区着力把黎苗文化作为景区的主营项目，把黎族非遗作为景区的灵魂。循着这一思路，槟榔谷收集整理大量有关黎族的文献资料，收购大批黎族非物质文化遗产，建立黎族非物质文化陈列馆，搭建景区原生态大舞台。

第三阶段：2010年至今。2010年7月槟榔谷晋升为国家4A级景区。有了品牌效应，加上同年的海南国际旅游岛建设的大背景，景区迎来了新的发展机遇，提出了新的发展目标和规划，并力图打造一套完整的企业文化。如提出秉承"挖掘、保护、传承、弘扬海南黎苗文化，使其生生不息"

的使命，将自身定位为海南原住民文化的传承者和创新实践者。为什么黎族文化能救这个景区？

2. 理论关照

列维·施特劳斯用现代语言学的方法来分析社会文化现象。他明确指出，那些文化系统中的某些部分，如亲属、食物、烹饪、婚姻仪式、政治的意识形态，等等，都可以看作是一种巨大的语言。马康纳深入剖析了旅游中的这种符号性与现代社会结构和现代人的意识，指出现代性催生的大规模群众旅游，所表现出的实际上是现代社会中的所有要素与其他事物和人重新交融与结合在一起。

我们看到，我国的少数民族文化符号有着清晰的族群历史脉络，而在民族旅游中，创造出的一个民族文化场景，更突显了一个社会结构的框架。历史可否进入结构？资本、权力又与文化符号如何关联呢？

二、利用历史：黎族文化符号的历史之旅

考古实物和历史文献是我们进入黎族文化符号历史之旅的两条主要通道，实物是黎族文化的无声言说，文献则是他者眼中的黎族，由于黎族没有自己的文字，黎族的形象经由他者的文字而呈现在世人面前。前者为主位的彰显，后者则是客位的表述。本部分通过实物和文献的分析，力图展现出一幅置身于历史长河中的黎族文化符号画面，并对这些文化符号进行功能分析，揭示黎族文化符号的生成与建构，这些文化符号的历史流变也反映出中央王朝与黎族地方的关系变迁，同时也是民族交往互动和国家认同的历史过程。

黎族以海南本土民族自居，但对于黎族是否是海南岛上的原初民族，目前尚未有定论。至今考古发现最早在海南岛活动的是距今约一万年的三亚落笔洞人。根据出土文物证明，"三亚人"以打制的石器从事狩猎和采集蔬果维持生活，还不会制造陶器。此外，昌江霸王岭和皇帝洞、东方乐东交界的仙人洞等均有发现史前文化遗址。虽缺乏直接证据说这些便是黎族文化遗址，但作为海南岛最早居民，今天黎族生活中仍存在的烧土陶、石拍树皮布和文身则为史前史的最好证明，因为这三种文化符号均可考证至少存在了4000年。

1. 先秦：雕题与贯胸

《山海经·海内南经》载有"伯虑国、离耳国、雕题国、北朐国皆在郁水南。郁水出湘陵南海。一曰相虑"。先秦时期对黎族先民的认识主要是关注其异于中原的风俗习惯，而以文身、服饰为显著标志。文身、服饰标识出黎族的群体边界，可以说是黎族在先秦时期的文化符号。

2. 秦汉至唐：从"珠崖多珠"到"盘斑布"

为了"利越之犀角、牙齿、翡翠、珠玑"，秦始皇发动了对岭南地区的军事进攻。秦始皇三十三年（公元前214年），"发诸尝逋亡人、赘婿、贾人，略取陆梁地"，设置南海、桂林、象郡，"以谪徙民，与越杂处"等举措，开始了中原王朝对北部湾一带区域的王化治理。此时，海南则属于象郡的外徼。

《汉书》应劭注云："（珠崖儋耳）二郡在大海中，崖岸之边产珍珠，故曰珠崖。"武帝将海南岛纳入汉朝版图却并非为了开疆拓土，而在于这些珠宝。西汉武帝末年（公元前87年），在海南发生了一起黎人暴动的史案。据《后汉书》卷八六《南蛮列传》记载："武帝末，珠崖太守会稽孙幸调广幅布献之，蛮不堪役，遂攻郡，杀幸。"关于"广幅布"，《明府志》有如下注释："调广幅布，谓调取而增其幅也。"❶据考证：汉代规定匹布长40尺，幅宽2.2尺。汉尺比今市尺要小，一汉尺约合今0.593市尺。一匹布的总长约合今27.7尺，幅宽约合今1.5市尺。海南有赋可考的历史始于汉代，虽无田赋课纳的记录，但这段史料提供了佐证。从这段史料也可看出，海南岛在2000多年前出产的布类纺织品，已引起中原人士的青睐甚至贪婪以求。三国吴国人万震在《南州异物志》中写道："五色斑布似丝布，吉贝木所作。此木熟时，状如鹅毛，中有核，如珠绚，细过丝绵。人将用之，则治其核。但纺不绩，任意小轴牵引，无有断绝。欲为斑布，则染之一色，织以为布，弱软厚致。"可见，此时也将此布称为"斑布"。

据《旧唐书·宪宗本纪上》卷十四载：元和二年（公元807年）四月，"岭南节度使赵昌进琼管儋、振、万安六州六十二峒归降图"。这是史书关于中央王朝势力向海南全境黎族地区纵深发展的首次确切记载。盛唐时代，以冯冼家族为代表的南方土酋对皇权的臣服主要体现在定期让冯盎之

---

❶ 《明府志》卷二十九《官师志》一，《官绩》上，汉代《孙豹传》。引自《黎族古代历史资料》（下册），中国科学院广东民族研究所，1964年，第437页。

子"入朝侍帝",并率陈玩等酋长入朝见唐太宗。贡赋上也有了明确的记载。当时黎族进贡的物品有：崖州"土贡金、银、珠、玳瑁、高良姜"。振州"土贡金、五色藤、盘斑布、食单"。儋州"土贡金、糖、香"等。(《新唐书·地理志》卷四三上)

总体来说，从汉到唐，黎族社会逐渐卷入中原王朝，从最初的奇珍异宝供应地到通过冯冼家族统领纳入王朝体系。在王朝的内部治理中，黎族社会处于边缘地位，成为贬官流放之地，却也在客观上促进了黎汉民族融合；而在海上贸易之中，黎族社会则以地域优势成为古代海上丝绸之路的据点，但在今天的文献和考古研究中只能得出显然还是有限的卷入。这种有限卷入的现状在宋代得到改观。

与此对应，通过以上对黎族在政治和经济方面卷入中央王朝的方式和程度的分析，可以看到作为一个族群边界的符号是处于变动之中的。黎族文化符号经历了汉朝"珠崖多珠"的认识到唐朝对"盘斑布"的需求。唐代中叶，黎族妇女织成的被子、食单和盘斑布，被列为上贡朝廷的珍品。

3. 宋元：从"以贸香为业"到实权土官

宋王朝依靠给有实力的黎峒首领授予官职，通过以招抚为主，"以黎治黎"的方式进行统治。在这一时期，黎族峒首逐步演变为宋王朝在黎族地区统治的代言人和贯彻者，同时地方土酋借助朝廷之力日渐强化自身实力。元初期，中央王朝对黎族地区实施前所未有的讨伐，封建王朝的统治势力深入五指山腹地。平黎之后，元朝的治黎政策仍是广泛任用黎峒首，推行土官制度。

唐代的海南开始卷入东西海上贸易之中，但这种卷入还是有限的，海南海外贸易的更大发展是在宋代，即借由香料、牛只的商贸往来，海南卷入广州至阿拉伯的长程贸易体系和北部湾贸易网络之中，并对岛内经济文化产生影响。《诸蕃志》为记载宋代海南的风土物产、文教风俗的重要史料，其中尤其关注到海南香料："海南土产，诸蕃皆有之，顾有优劣耳。笺沉等香，味清且长，琼出诸番之右，虽占城、真腊亦居其次"❶。

在南宋赵汝适所著的《诸蕃志》中，贸香已成为黎人主要的生计来源之一：

---

❶ (宋)赵汝适：《诸蕃志》卷下《志物·海南》，四库全书版，上海：上海古籍出版社，1987年，第26页上。

[海南]环拱黎母山，黎僚盘踞其中，有生黎、熟黎之别。地多荒田，所种秔稌，不足于食，以薯芋杂米作粥糜以取饱，故俗以贸香为业。❶

这同时说明，随着宋代海外贸易的发展，香药、宝货在社会各阶层的广泛使用刺激了对香药的消费需求，海南沉香等物运至杭州可获十倍之利，在厚利驱使下，很多人放弃稻作，成为香药种植专业户，❷这在很大程度上影响了海南岛内的经济结构。

4. 明清：从"生""熟"之别到编户齐民

据《明史》记载："琼州黎人，居五指山中者为生黎，不与州人交。其外为熟黎，杂耕州地。原姓黎，后多姓王及符。"此处提到明成化年间，黎人"渐就编差"，即官府要求他们投靠里甲。

清代，黎族地区建立的土官制主要是在黎族村峒设峒长、总管（或称黎总）、哨官等职。与明代相比，海南村峒数量已大为减少，其原因是大批村峒划入清政府直接管辖，成为清政府的编户齐民，不再称作峒了。而清代所建立的峒长、总管、哨官等黎族土官制，在五指山腹地仍保留下来，并一直沿袭至民国时期。新中国成立前，黎族群众称总管、团董、乡长等类人物为"奥雅"。

可见，传统黎村社会基本上是自治的，即以血缘关系为核心维持地方社会的运作，历代中原政权则通过安抚土酋势力、"以黎治黎"的策略逐步将国家权力渗透到黎族地方社会。尤其从明代开始，借助改土归流、编户齐民等路径，黎族地区被纳入到封建王朝的政治体系之中，加速了琼岛黎区的国家化进程。

综上，黎族文化符号经历了长久的历史流变，符号所代表的民族身份与其国家化进程密切相关，由宋代以前的"外化"之地逐步纳入王朝的"内地"。具体表现为先秦时期的异邦想象，秦汉时期对奇珍异宝的追求，隋唐至宋仍为贬官流放之地。这期间，黎族文化符号主要为异邦的奇风异俗、珍宝及"盘斑布"等诸如此类对中原人士来说的稀罕之物。对黎族来

---

❶ （宋）赵汝适：《诸蕃志》卷下《志物·海南》，四库全书版，上海：上海古籍出版社，1987年，第26页上。

❷ 黄纯艳：《宋代海外贸易》，北京：社会科学文献出版社，2003年，第278页。

说，宋代是个特殊的朝代，主要是开启了明显的内地化进程。因此，宋之后，黎族的民族身份主要以政治维度考量。"熟黎与生黎"区分的唯一标准便是纳入"王土"，身份也由"黎"变为"民"。除了从中原看边缘的视角外，黎族文化符号的形成也是边缘看中原的结果。两者交互作用，这从历代治黎和黎族的反抗中可以看出，而这种反抗又影响了新的中央王朝与黎族关系。

在历史长河中，黎族文化符号并不是一成不变，而是历经变迁，并随着时代潮流继续嬗变。历史积淀下来的黎族文化符号表征着黎族文化的深层结构，是民族记忆的活的载体，深深植根于黎族民间社会和黎族个体心灵深处，维系着黎族成员的认同感和归属感。

三、打造文化：景区对黎族文化符号的开发

1. 景区的选择

目前景区总投资已达1亿元以上，每年仍保持1000万元以上的资金投入，用作景区建设及黎、苗族文物的抢救与保护工作。现在景区对其核心资源的介绍为"一台、二族、四宝、五项、七区、九馆、十绝"。"一台"指一大型原生态黎苗文化实景演出《槟榔·古韵》；"二族"指黎族和海南苗族；"四宝"指镇园四宝，分别为龙被、树皮布、绣面文身和鼻箫；"五项"指五大体验项目，分别为高空滑索、打柴舞、拉乌龟、攀藤摘花、牛拉木轮车；"七区"指非遗村、甘什黎村、谷银苗家、田野黎家、《槟榔·古韵》大型实景演出、兰花小木屋、黎苗风味美食街七大文化体验区；"九馆"指文身馆、黎族民俗馆、陶艺馆、图腾艺术馆、无纺馆、麻纺馆、棉纺馆、龙被馆、蜘蛛文化馆；"十绝"指海南十项国家级非物质文化遗产项目，分别为黎族打柴舞、黎族原始制陶技艺、黎族纺染织绣技艺、黎族树皮布制作技艺、黎族钻木取火技艺、黎族"三月三"节、黎族竹木器乐、黎族船形屋营造技艺、黎族服饰、海南八音乐。

2. 景区的包装

景区对黎族文化符号的开发利用主要可分为静态展示、动态表演和商业展销三类。静态展示首当其冲便是最先进入游客视野的景区建筑。景区大门最显现的便是景区 logo——大力神。大力神这一符号来自黎族神话故事，被认为是黎族的创世神。而在槟榔谷景区，为了充分体现黎苗文化的

原生态，不仅在景区布局上充分回归原始的黎村风貌，在建筑样式上也是对原始建筑的还原，甚至有些是真实建筑的保留。在原甘什村的茅草屋内，经过对原始格局与样式的还原，更加凸显了黎族的文化符号特色，屋内的布置与摆设，均是对过去村民的真实生活空间的还原。茅草屋内虽分为三间，但房间与房间之间均无门，正门前有个木制的小凉台，阿婆大部分时间就在凉台上编织黎锦，并不时与到来的游客打招呼——"波隆"（黎语槟榔的意思，有你好、称赞对方的意思）。进门第一间右边是火塘，左边是简单、陈旧的木制餐桌，餐桌的后面便是床。火塘里烧着木柴，如果是中午，可以看见阿婆在屋里准备午餐。房间里灯光暗淡，烟熏气味很重。居住在茅草屋的阿婆当然会对房屋进行一定的准备和布置，如将屋子打扫干净、物品摆放整齐等，以迎接川流不息的游客。

文化展馆是景区对黎族文化符号集中静态展示的主要途径。景区内现号称9馆（据访谈，实际展馆还不止9处），其中与黎族文化相关的展馆共8处，分别为文身馆、黎族民俗馆、陶艺馆、图腾艺术馆、无纺馆、麻纺馆、棉纺馆、龙被馆。展馆内陈设有上千件黎族民间文物、黎族发展历程图片，以文物、图片及文字等静态的展示方式，向游客传递黎族传统民族文化、传说与历史，是"史书"般的旅游场景。

"文身馆"是对被著名民族学家吴泽霖先生誉为"海南岛黎族的敦煌壁画"的文身的介绍，包括文身所用的工具、文身的过程、文身的图案及大量文身妇女的照片。黎族民俗和陶艺馆则从生产、生活、宗教信仰等多方面，呈现黎族辉煌的历史和灿烂的文化，展出了刀耕火种的农耕工具、狩猎和捕捞工具、露天烧陶、钻木取火、独木舟、藤竹织器、牛骨雕刻、乐器及宗教道具等大批展品。"图腾艺术馆"展出的三亚民间艺术家陈玉湘的彩塑艺术画，以浪漫主义手法展现黎族民俗风情、图腾、织锦和民间故事等。无纺馆、麻纺馆、棉纺馆的展示则完整地揭示了黎族从古老的树皮衣到走向麻纺、棉纺的进化过程。龙被是景区的镇馆之宝，据景区负责人介绍，为了收集龙被，他们与专家小组在中西部山区一待就是一个多月，这才造就了槟榔谷展示全海南最多、最精、最古老龙被的传奇。

动态表演的形式之一便是舞台表演。景区对舞台的设计也颇费心思。舞台后有小山，前有水田，左右种植槟榔树和椰子树。茅草房散布在山坡上，屋檐下挂着粉枪和弓箭。阿婆在门前织锦，阿公抽着水烟编制腰篓，将舞台打造成一个黎族村落日常生活的场景。访谈得知，舞台前的水田、槟榔树、椰子树都是甘什黎村保留下来的，茅草房依山而建，原有地形得以保留，也就留下了美丽的黎族村落。但这却给施工带来不少难题，车辆进不了景区，建筑材料全是人工搬运。整个舞台、看台的设计施工花费了1000多万元。

景区重点打造了一台大型原生态黎苗文化实景演出《槟榔·古韵》。《槟榔·古韵》是对黎苗歌舞艺术及传统习俗艺术化的展演，是在一个实景化的舞台上，将古代黎苗土著居民的生产生活形态以歌舞等艺术形式表现出来。表演约30分钟，由6个节目（包括《钻木取火》《叩拜帕曼情歌对唱》《捏》《舂米舞》《传统服饰秀》和《打柴舞》）串联组成。6个节目衔接紧凑，通过原生态与现代元素的结合，将黎苗文化的神话传说、服饰、工艺、生活起居等进行了艺术化的展示。这些黎锦服饰与民族歌舞被建构为黎族文化符号的艺术表征，标识出民族边界，成为表征黎族文化的文化符号。

在景区动态表演中另一别具特色的便是活态展演，这便是在茅草屋前或凉亭下低头制作黎锦的黎族阿婆，在木棉树下或竹林之中编制腰篓的黎族阿公。在景区，十几位黎族阿婆每天的工作就是在她们的茅草屋前或景区的黎锦坊内编织黎锦。她们使用原始的踞腰织机，就席织锦、精挑细绣。织绣完成一件作品往往需要花费3～4个月甚至更长时间。阿婆制作黎锦所需的棉线由个人自备，她们所织的黎锦归个人所有，既可以带走，也可交由景区代为销售，但几乎所有阿婆所织黎锦都交由景区在黎锦坊销售，每块黎锦上都绣上完成该黎锦阿婆的名字，标价在5000～100000元不等。黎族阿婆织锦既是她们的日常生活，同时又是对黎锦工艺的现场展示，成为景区的一道景观。调查了解到，景区里的黎族阿婆来自于黎族五大方言区的各个地方，很多都是子女在景区工作后动员自己的父母来景区工作的。工作内容轻松，就是坐在那里，可以干自己的事，当然这些阿婆都是有"文面"的，她们的到来本身就是对黎族古老的"绣面文身"习俗的展示。景区讲解员对文面的统一解说是在文身解释中较为普遍认同的一种，即黎族的宗教信仰中最重要的是祖先崇拜，文身是祖宗传下的规矩。如果妇女没有文身，死后祖先鬼就不认她，会变成无家可归的孤魂野鬼。文面被誉为"敦煌壁画"的活化石，将随着这批文面老人的离世而消亡。不少游客前去与文面阿婆合影，阿婆也来者不拒。身着传统民族服饰、编织腰篓的黎族阿公同样如此。在景区，阿婆阿公们虽不是演员，却是最吸引人的表演者。

通过以上静态展示和动态表演这两部分，游客已对黎族文化概况有了了解，也为黎族商品展销打下良好基础。景区内的商品销售主要分为三类：其一，黎族特色饮食，如山兰酒及各种小吃；其二为黎锦展销中心，其三为银器及蛛王黎。按负责人的介绍，目前景区的门票收入仍是最大头，希望能通过产品开发来提高收益。其中黎锦、银饰成为景区创收的两大支点。目前正在跟高校合作开发的黎药也有很好的市场前景。

四、谁在操纵：景区社会结构分析

槟榔谷景区是如何实现对黎族文化符号的开发利用的？这就需要深入了解推动景区设计规划、培训执行的"幕后之手"。本部分主要通过对景区社会结构的分析，将景区运作的总体框架显露出来。作为景区，其社会结构相对简单，主要由观光者、被观光者和景区工作人员组成，以下逐一分析。

1.在场的主导者：景区工作人员

槟榔谷景区共有员工759名（景区人力资源系统中的人数），涵盖了从董事长到基层员工，民族成分14个。其中黎族342人（45.1%），汉族280人（36.9%），布朗族72人（9.5%），苗族29人（3.8%），佤族16人，壮族9人，土家族3人，羌族2人，侗族、藏族、瑶族、彝族、傣族、蒙古族各1人。景区的职位构成主要包括理事会、常务副总经理（董事长助理），下设产品开发总监、人力资源总监、财务总监、营销总监，再通过经理（主管）管理基层的共计12个部门，主要包括人力资源部、财务部、行政部、营销部、接待部、演艺部、雨林部、讲解服务部、滑索服务部、车辆服务部、环保服务部、商业服务部。

我们可将景区所有工作人员分为高层管理人员、中层管理人员和基层员工。高层管理人员是景区开发计划的制订者，主导了景点规划和旅游产品设计。正是高层管理人员在景区的运营中选择了黎苗文化，然后聘请专家进行项目评估、规划和设计。静态展示中的建筑风格、展馆设置，动态表演中的大型演出和活态展演无不体现出对黎苗文化的了解和精心规划，既抓住了黎苗文化的文化符号，满足游客对异文化的好奇，又根据现时代游客对审美和舒适的要求进行改进。景区的设计思路具体则通过中层管理人员在基层员工中得到具体执行，《槟榔·古韵》的形成过程便是最好的说明。这一大型实景演出由景区斥巨资打造，总策划是景区董事长程天富，于2011年1月推出至今，已成为槟榔谷的核心品牌。该节目曾先后出访俄罗斯、加拿大、新加坡、迪拜、挪威、法国等众多国家，把海南黎族文化通过歌舞的形式传播到海外。据程天富介绍，这台节目从策划到演出，历时1年多，歌舞的顾问、导演、作曲来自海南知名的民俗专家和海南省民族歌舞团。景区高层管理人员有了具体规划和设计后，便有演艺部来排练直至最后完成演出。

演艺部由经理总负责，下设行政副经理和业务副经理，前者负责道具组，后者负责服装组和舞蹈组，而音控主持人组直接由经理负责，各组设组长。这些中层管理人员根据景区总体文化制定了演艺部使命、愿景及目标。如在使命上，演艺部提出在文化展示方面：为游客提供一场场精彩绝伦、终生难忘、笑傲四方的海南黎苗文化文艺演出；在文化传播方面：努力练好演艺技能，争做弘扬海南黎苗文化的传播大使；在演艺人才方面：发现、吸纳、培养海南黎苗文化演艺人才，为提供一流演艺服务提供人才保障。而在部门的各中层之间职责分工明确。部门经理负责演艺部各项职能管理工作，并统筹建立健全演艺部管理制度；完成上级交办的各项工作。行政副经理负责部门考勤、绩效、自律、财务、宿舍、员工离入职转正手续办理和部门档案管理及完成上级交办的各项工作。业务副经理负责部门演员节目安排与业务培训基本功练习，以及演出的质量监督、现成执勤和预留及完成上级交办的各项工作。舞蹈组组长负责日常工作管理及完成上级交办的各项工作。道具组组长负责部门演出道具和卫生保洁工具的领取发放维修，与部门卫生检查和劳动跟踪管理及完成上级交办的各项工作。服装组组长负责部门演出服装与化妆间卫生的管理及完成上级交办的各项工作。音控主持组组长负责部门音响灯光设备与主持人和歌手的日常工作管理及完成上级交办的各项工作。

表演这场大型演出的当然是演艺部的基层员工。访谈得知，在调查组调查期间属于海南的旅游淡季，演艺部共有员工87名，而在旺季时演出需要的工作人员一般为一百二三十名。除少数几位艺校出身外，演员的大部分属于热衷于歌舞表演，通过参加类似"三月三"这样大型节目而被老师选中，经过较短时间培训的青年人。也有少数完全没有歌舞基础的村民，通过景区排练进入演员队伍。表演每天四场，每场时长半小时，演员提前十分钟候场。除了每天的演出外，演员还要参加排练和基本功练习。舞蹈演员需要学习节目单中的所有舞蹈，表演开始前分配角色。笔者在演员集体宿舍访谈过程中，虽然条件较艰苦，收入也不高，但能感受到演员们怀抱着成为一流演艺人员的理想，对景区也有较好的认同感。问卷调查显示，基层员工认为景区最吸引人的地方，排在前两位的是工作环境（62.5％）和人际关系（54.5％）。66.7％的员工认为景区是个安家落户的好地方，他们在生活中感觉压力最大的地方在于景区的福利待遇不好（62.5％），收入较低（54.1％），工作压力大（37.5％）。可见，基层员工在认同景区的同时，也有着提高收入水平的诉求。

除了舞台上的演员外，景区中还有一种基层员工引人注目，那就是景区讲解员，景区要求他们以全面的知识和生动的讲解手段，来引领游客欣赏每一处经典。槟榔谷目前共有140多名身着黎族服装、头戴草帽、腰间别着扩音器的讲解员。讲解员带领游客游览固定的路线，在每一个文化景点都要签到，这样一方面保证游客能够完整地游览景区内黎苗文化，另一方面也为每个点的商品销售提供契机。每位讲解员都经过系统的培训。除了基本的解说词、语言、礼仪等基础训练外，讲解员在正式上岗前都会由"前辈"讲解技能与技巧，包括如何"控团"和"拢团"，以及导游词以外的民间知识等。

2. 假戏真做的表演者：被观光者

作为本地居民的黎苗居民，是槟榔谷景区中的重要组成部分。民族身份与民族文化的真实结合，极大地满足了游客对"异文化"的猎奇心理。黎苗居民参与景区表演最直接的动机在于经济收入。居民以"员工"的身份进入旅游空间，对本民族的文化符号进行表演，可以获得工资及其他收入，这极大地激发了居民对黎锦等工艺制作的积极性，腰篓、牛头项链、服装等，都成为槟榔谷景区内旅游表演中的主要艺术品。对黎锦等工艺品的制作，居民拥有自主权，他们根据传统和自己的理解，加工出一套套各具特色的黎锦和各种小工艺品。尽管是景区员工，但景区既是他们的生产空间也是生活空间，他们的劳作过程和日常生活均在这里发生。

3. 缺席的主导者：观光者

景区的设计始终以观光者的需求为导向。观光者对异文化的需求，也是景区对黎苗文化符号开发的原动力，是"缺席的"主导者。于是在槟榔谷景区中，观光者成为不可忽视的力量。无论是景区管理者对舞台的搭建，还是景区讲解员对景区的解说，抑或舞台上的居民，所有的一切都是为了进入景区的观光者进行的。观光者才是景区建构最终的导向。虽然旅游者并未直接参与建构，但始终是一个不在场的主角。无论是景区静态展示、动态展演还是商品展销，都是为吸引观光者而做出的努力。

小　结

通过对景区工作人员、被观光者和观光者的分析，我们可以看到在槟榔谷的民族旅游中，原本存在于日常生活中的文化被挖掘、整合、包装，黎族文化中的文化符号被搬上舞台转化为旅游区的他者消费。当地居民作为黎族文化的承载者，也在景区的舞台化过程中有意无意地进入展演，生活中的文化要素"硬化"为族群的标志与符号，少数民族身份被再建构。黎族居民是舞台展演中重要的表演者，其表演既有对已逝去传统的还原，也有对历史传说的想象创造，更有对现实生活状态的展示。这样的展演在一定程度上引发族群自身的"文化自觉"，标识出民族界限。此外，槟榔谷景区还利用信息技术，让黎族文化符号出现在其官网、官方微博、官方微信及天猫平台上。通过对过海轮渡、海南环岛动车命名，让黎族文化符号搭上高铁享受高速运行，通过在国外演出，进行旅游产品推介，让黎族文化符号昂首走出国门，走向世界！

类似槟榔谷这种将海南黎族文化与旅游相结合，活态传承体验式的旅游在海南还有呀诺达国家5A级景区、三亚鹿回头黎族文化旅游区等，都是抓住了黎族文化这笔巨大资源，注重对本土民族文化的保护、传承和开发。但在目前海南的旅游市场中，黎族文化符号的文化产品还不够丰富，业态还比较传统，如何深入挖掘黎族文化的市场潜力，使其成为一支生力军，成为文化交流的使者，成为海南旅游的品牌，让保护、传承和创造财富进入良性循环，还需要进一步探索。

民族文化符号的保护之责重在政府，传承之责重在社会，开发之责重在市场。当然，不能僵化地理解为只有政府能保护，只有社会能传承，只有市场能开发。各有侧重，既能明确重要职责，又能充分发挥政府、社会和市场三方优势。"三驾马车"缺一不可，只有充分调动这三者的积极性和潜力，民族文化符号才有望得以保护、传承乃至重获新生。

民族地区生计变迁与贫困问题研究

何治民 *

摘　要　我国少数民族分布在众多种类不同的自然生态系统，生活在其间的民族，形成了多样的生计方式，这样的生计方式和环生态环境产生良性互动，各民族利用本土知识，有效规避了生态系统中的脆弱环节，实现了经济发展和环境保护的双重目标。历史上，由于各民族传统生计产出与内地汉民族的主粮结构不一致，其传统优质物产不能纳入中央政权的赋税范畴，为了实现"编户齐民"的统治目标，历史上的中央王朝在少数民族地区进行过多次作物推广，造成了当地民族文化的变迁，甚至一些作物的推行，造成了当地生态系统的退化，生态灾变由此形成，进而造成了当地民族的贫困。在当前的扶贫工作中，各级政府在推行一些扶贫举措时，照搬外地产业扶贫经验，没有考虑民族地区的客观实情，忽略了当地生态环境和民族文化两大因素，因而扶贫成效不显著。总结历史经验，结合当前扶贫实际，要想找到切实可行的扶贫路径，必须以当地生态环境和民族文化为基点，以农业供给侧改革为契机，利用现代科技，对民族地区的传统生计方式进行创新利用，生产优质产品，实现可持续脱贫。

关键词　民族地区；生计变迁；贫困成因

一、文化生态差异与贫困标准

贫困问题是一个由来已久，而且将永恒存在的话题，自从阶级分化以来，就存在贫富的差异，在不同的历史时期，不同的社会内部，不同的社

---

　*　何治民，男，1978年生，湖南邵阳人，吉首大学张家界学院讲师，吉首大学人类学与民族学研究所2015级博士研究生，研究方向：生态人类学。

会之间，都存在着贫富问题。然而，综观中外有关贫困的研究，大多数的学者们聚焦于扶贫的手段和方法，较少着眼贫困的成因的分析。即使在探讨贫困成因的论述中，大多集中于人口、自然环境、交通条件、教育、资金等外部环境的分析，鲜有从文化生态的视角去分析贫困成因的著述。

"文化生态"的概念由斯图尔德首先提出，经过不断的讨论和争议，其主要内涵基本达成了一致。"文化生态"绝不等于文化加生态，也不等于文化的生态或者生态的文化，而是指文化与生态之间经过长期的磨合和适应性最终才得以实现两者之间的和谐共荣，并且是以一种实体性的存在而呈现在人类的眼前，从而成为可以加以直接研究的对象。文化需要适用于所处的自然与生态系统，一经确认，却必然派生出另一个始料不及的大问题。既然人类面对的自然生态系统千姿百态，文化适应于它所处的自然与生态系统后，由此而建构起来的文化就必然具有特异性，必然要与其他文化拉开很大的差距，甚至是整体性的差异。文化的多元并存，就不再仅仅是一个事实，而且是无法回避的人类社会惯例。

在我国，对于不同地区，不同民族间存在的文化生态的差异，早有古代先哲注意到。《礼记·王制》载："中国戎夷，五方之民，皆有性也，不可推移。东方曰夷，被发文身，有不火食者矣。南方曰蛮，雕题交趾，有不火食者矣。西方曰戎被发衣皮，有不粒食者矣。北方曰狄，衣羽毛穴居，有不粒食者矣。中国、夷、蛮、戎、狄，皆有安居、和味、宜服、利用、备器，五方之民，言语不通，嗜欲不同。"先辈注意到，"中国"和"四夷"之间的差异，而且这些差异性较为稳定，"不可推移"。当然，《礼记·王制》中体现出的是古人的"文化多样观"，他们注意到了文化的多样和长期并存的事实，也看到了"中国"与"四夷"在文化上的差异。在《尚书·禹贡》开篇就明确要旨，"禹别九州，随山浚川，任土作贡"[1]。《禹贡》篇记载的就是大禹按照当时不同的生态环境，将天下国土划分为九个不同的州，并且按照这九个州的土地是否适宜当时的主粮——粟的生长，划分为等次有别的九种等级，并且按照所产粟的总量，划分九种赋税等级，同时，也根据不同州的物产，规定了每个州所贡的物品。从其后的史籍来看，司马迁在《史记·夏本纪》中，基本上按照《禹贡》记载当时的情形的。虽然，《禹贡》的文本记载中，并没有直接记录当时各州的贫富情况，但从赋

---

[1] （汉）孔安国：《十三经注疏》卷六《禹贡》，上海：上海古籍出版社，2007年，第189页。

税的等级可以看出，当时的各州之间事实上存在着贫富的差异。值得注意的是，按照《禹贡》的划分标准，土壤的等次和赋税的等级并不十分吻合，如雍州的土地排名第一，赋税却只能排到"中下"（第六），而荆州虽然土地为"下中"（第八），但其赋税却排在"上下"（第三）。❶显而易见，从《禹贡》成书的年代，到西汉王朝，国家的贫富判断标准，是以主粮作为粟的产量高低来衡量的，因而，那些粟产量高的地区，就是富裕的，反之就是贫困地区。

这种贫富评价标准，在司马迁的《史记·货殖列传》中体现得尤为明显。该书载，"楚越之地，地广人稀，饭稻羹鱼，或火耕而水耨，果隋嬴蛤，不待贾而足，地埶饶食，无饥馑之患，以故呰窳偷生，无积聚而多贫。是故江淮以南，无冻饿之人，亦无千金之家"❷。后世学人，大多根据司马迁的字面记载，认为当时的楚越之地，和北方地区相较，处于落后贫穷的地位。但是，若详细考查司马迁对于南方地区的记叙，不难得出结论，江南之地，并不贫穷。"果隋嬴蛤，不待贾而足"，说明的是此地的水果和水产十分丰富，完全可以满足当地人们日常所需。而"地埶饶食，无饥馑之患"的记载，更加说明当地人的生活水平达到了一个很高的状态，土产丰富，粮食充足，江南之地"无冻饿之人"。按照司马迁记载的情况，在当时的时代，楚越之地的人们就算不是"小康之家"，也至少解决了"温饱问题"了。这样的生活还能称为"贫穷"吗？就算放到当今时代，全球贸易解决"温饱问题"的地区还有存在。

既然如此，为何司马迁要将楚越之地定性为贫困呢？关键原因在于当地人"无积聚"。而导致当地人们"无积聚"的原因有二：其一是，无须积聚。楚越之地，一年四季都有丰富的物产，无论狩猎采集，抑或农耕种稻，都能满足日常所需，积聚财富变得无关紧要。其二是，当地所产无法积聚。在当时的江南之地，用"火耕水耨"的方法种植的水稻，无论是产量还是种植面积，都很少，所产稻米，没有多到可以积聚的程度。而除水稻外的其他物产，在当时的技术条件下，根本无法长期保存，以达到积聚的目的。无论是旱地的"果隋"，还是湿地的"嬴蛤"，保鲜期都很短，只

---

❶ 何治民、何煦：《论南方山区生态环境对粟类作物种植技术的规约作用》，《原生态民族文化学刊》2016年第2期。

❷ 司马迁：《史记》卷一二九《货殖列传》，北京：中华书局，1962年，第3270页。

能随产随销，无法长期保存，遑论远距离运输到京师长安了。司马迁的贫富观代表着绝大多数史籍著述者们的观点，他们以自己所处的自然生态背景和民族文化的视角去审视和判断异民族的文化，在贫富标准的问题上，犯下了主观唯心主义的错误。不同的自然生态环境，处在其中的民族文化很不相同，生计方式也会各不一样，以某一种生计方式去评价不同生态环境中的生计方式，同样不能相提并论。

司马迁之后的史籍编撰者，基本上沿用着他的思路，来记录和编撰少数民族的文化事实，通过对这些史实材料的分析，可以看到编撰者对少数民族地区贫富状况的误判。

《后汉书·南蛮西南夷列传》记载，"牂牁地多雨潦，俗好巫鬼禁忌，寡畜生，又无蚕桑，故其郡最贫。句町县有桄桹木，可以为面，百姓资之"。范晔对西南夷地区的判断结论是贫困，其依据很简单，牲畜很少，也不养蚕，故判断为贫穷之地，很显然，这样的简单判断，缺乏事实依据。而，范晔提及的桄桹（榔）木，恰好是当地主要的粮食作物。桄桹木，在成书于三国时期的《临海水土异物志》有记载，作者沈莹根据长期在南方各地生活的经历，对其作出了详细的解释："桄桹木外皮有毛，似栟榈而散生。其木刚，作锅锄利如铁，中石更利，唯中焦根乃致败耳。皮中有似捣稻米片，又似麦面，中作饼饵。"在这里，作者将桄榔木的淀粉物质与稻米粉和麦粉对比，均可作为饵饼食用，桄榔木的其他部位也可以做广泛用途。相同时期的史籍《华阳国志·南中志》也有记载，"有光榔木，可作面，以牛酥酪食之，人民资以为粮"。这里的记载，把当地人们食用桄榔木粉的场景描绘得更详细，当地人是和着牛乳奶酪和桄榔粉一同进食。而这里的"牛酥酪"直接推翻了范晔的推断。能佐以牛酥酪而食，事实上已经反驳了"寡畜生"这一记载。如果在桄榔木林内没有大量的牲畜饲养，牛奶酪又从何而来？事实上，在桄榔木林下不仅可以喂牛，还可以大规模饲养山羊和家禽，原因全在于这种高秆的准木本粮食作物根本不怕牲畜的践踏和觅食，它可以高效实现农业、林业和畜牧业的和谐兼容。当代民族学田野调查资料也可以提供佐证，贵州境内在当时种植着大量的桄榔树（又名董棕），当地老百姓也以董棕内的面状物为主要食物。董棕木质坚硬，可作高质量的乌木筷和箭杆；髓心含淀粉，可代西谷米；叶鞘纤维坚韧可制棕绳，也可以纺织；幼树茎尖可作蔬菜。至于范晔在《后汉书·南蛮西南夷列传》中对牂牁郡的判断的结论，"寡畜生，又无蚕桑，故其郡最贫"，往往被后人误认为当时的贵州地区十分贫穷。立足于不同文化生态的视角，《后汉书·南蛮西南夷列传》中评判牂牁郡为贫困地区的结论就可以得到合理的解释了。当时的牂牁郡之所以被列为最贫困的地方，是由于此地区既没有发达的畜牧业，也不产蚕丝，恰巧这两样东西在当时都需要向政府缴纳赋税，而在此地广泛种植的作为当地主要粮食作物的薏棕却被作者忽略，是因为这种作物不需要向政府缴纳赋税。可见，在当时判断贫困的标准是看当地是否能多向政府缴税。

当下，学界对于贫困的判断标准，也面临着相同的问题。工业文明的强势地位，以其核心价值判断标准，衡量着一切前工业文明的诸文明的价值判断，因而得出的结论也就会产生偏差。站在工业文明的角度看，一切非工业文明的社会和地区，都是贫穷落后的，因而，要想改变贫困现状，唯一的途径就是实现工业化。"贫困陷阱理论""二元经济理论""梯度开发理论"等一系列的经济学理论，都是立足于工业文明的视角，来分析和判断非工业文明的民族和文化，因而，所得出的结论值得商榷。

二、国家政策与生计变迁

通过上文的分析，可以得出如下结论：之前的贫富判断标准，存在着理论缺陷，因而，需要立足于文化生态的视角，去审视不同生态背景下，不同民族文化的价值，并在此基础上判断其贫富。然而，对于一个统一的多民族国家而言，这样的技术手段在实施过程中，会面临着巨大的挑战。基于国家统一的需要，以及行政管理的便利性，推行单一的标准，变得十分重要。秦统一六国后，就实施了一系列推行单一标准的措施。度量衡的一致，货币和文字的统一，"车同轨、书同文"，为统一、强大的帝国奠定了坚实的基础。毋庸置疑，秦的统一措施，在当时的确十分必要，也取得了较大的成效。但由此项措施带来的后续文化生态的影响，自此埋下了根源。

自大禹制定贡赋制度以来，至少在汉代以前，粟便天然地成为最佳的赋税粮种，与其生物属性密切相关。因为当时的赋税政策是实物税，很显然，南方地区的那些食物不能长距离运输，更不能长时间保存。一个中央集权的国家，为了方便管理，必须找到一种能长距离运输，也能长时间保存，还能方便管理的粮食产品来支撑国家政权的运转。而"粟"自然成为不二之选。"粟"的表面包裹着多层种皮，不易变质腐烂，既能长期保存，也能长途运输，食用也很方便，蒸、煮皆可。于是"粟"被统治者选用做官员俸禄，军队的粮饷。我国古代官员的等级用粮食的计量单位"石"去衡量，就因此沿袭而成为一种传统。

粟作为税收的主粮，对南方生态环境造成了较大的影响。首先，《禹贡》中所载的"涂泥"的湿地生态系统，为了种粟，需要排干水分，漏出干燥的土地，这就造成了当时大量的湿地生态系统遭到破坏。其次，在南方的高山山脊区段，人们利用"刀耕火种"的技术体系种植粟。而且，这种种粟的技术体系，一直沿用至今。

三国以降，王朝赋税粮种由粟慢慢转变为麦，大量森林和草原生态系统被开垦为麦地。其后到了宋代以后，水稻逐渐代替小麦，成为帝国赋税的主粮之一，与小麦一道成为王朝的赋税粮种。水稻种植和小麦种植所需生态环境和技术体系很不相同，水稻种植需要的水资源较多，在不同的生态环境下，形成了"雒田""圩田""架田""梯田"等不同的耕作体系。为使产量保持稳定不变，所有的种植技术，都需要满足水稻生物属性的要求。所以，在不同生态环境下种植水稻，只能通过改变技术的方式来应对环境的不利因素，发扬其有利因素，才能确保水稻的稳产高产。不管是海水倒灌，还是"火耕水耨"，其目的都是为了刺激水稻，促进结实。无论是"筑土作堤"的"圩田"，还是随水涨落的"架田"，抑或是随山而垦的梯田，都是为了确保水稻生长所需的浅水湿地环境。

在这些水稻耕作技术中，有些技术能和环境兼容，因而得到长足发展，如元阳的梯田和贵州的"稻鱼鸭共生梯田"。有些技术和环境冲突，给环境带来负面影响，甚至造成局部生态灾变，长江中游地区的圩田技术便是其中代表，圩田修筑规模过大，并向深水区发展，往往会导致排水河道的流水不畅，积变为沿江水患的加剧。堤防维护稍有疏漏，就会酿成江水倒淹的灾变。若在深水区推广架田耕种，避免在深水区实施圩田，水患就可以大幅度减轻。当然，对深水区而言，也可以改种深水性农作物，如菱角，就可以做到比水稻耐水淹，也可以同样有丰硕的收成。对坡面梯田也是如此，在元阳梯田区，稻田面积开辟过广，供水就会造成困难，如果改种木本粮食作物，或者块根类作物，从而避免向高山区开辟稻田，同样可以获得理想的收成，而不至于影响稻田供水。还有些技术在新形势下可以发挥其新的作用，如架田技术在不考虑赋税和管理方面的问题时，可以化解水体富营养化污染，在丰富水域生物多样性水平方面，也可以发挥积极的生态维护作用。

历代政府之所以实施这样的实物税，也是历史使然，并不是当时政府的偏好。但一旦实施实物税，就必然会连带派生出运输和管理方面的重重困难。在当时要化解这些困难，唯一的可行选择，只能是尽可能做到作物的单一化。换句话说，当时政府的这一选择，是客观环境使然，而不是他们决策过程中的过失。因而立足于管理方便，而推行单一作物种植，其实是实物税收的派生结果。

三、生计变迁与贫困问题

单一赋税粮种和其他赋税产品的单一需求，对生态环境造成了影响，造成当地民族生计方式的改变，甚至直接带来了民族地区的贫困。由此带来的多业态经营受损，并不是政府有意为之，而是始料所不能及。如贵州麻山地区，就是因为推广种植麻，对当地生态环境产生了很大的影响，甚至直接造成了当地石漠化灾变的产生。

在雍正年间，朝廷向麻山地区引入了棉麻种植，棉花由于不适应环境而淘汰，麻却被保留了下来。这些作物的引入在当时主要是考虑政治和经济方面的因素。事实上，它们的确增加了当地人的收入，也给当时的政府带来了巨大的赋税收益。但是，这种单一的作物规模种植给麻山地区带来了生态危机，是造成当地喀斯特山地石漠化的主要原因之一。在麻引入麻山地区之前，当地主要民族苗族、布依族和瑶族都采取的是多业态农业经营模式。当地苗族、瑶族主要是农、牧、手工业混合经营，他们在坡地种植构树和葛藤，并在其中放羊。构树叶和葛藤叶为山羊提供饲料，构树皮和葛藤是很好的纺织原料，而深埋地底下的葛藤的块茎则是当地人的主要食物。正是这种多业态共存的经营模式带来了当地农业的可持续发展，也是当地人并不比周围地区落后的主要原因。

然而，麻引进之后，却给当地喀斯特山地生态系统带来很大破坏。麻类是宿根性的多年生植物，根系发达，需要生长在土层较厚且排水性较好的地方，因为排水性差，会导致麻的根系因缺氧而烂掉。而贵州喀斯特山地恰恰是地表土壤稀缺，尤其是在山脊和陡坡面更是稀缺。较厚的土层主要集中在峰丛洼地底部，而此处由于处于低处，虽有较厚的土层，但其伴生的苔藓等植物的根系堵塞了岩石缝隙，造成排水性较差。为了满足麻类的生长需要，需要人为地戳穿地漏斗向伏流和溶洞排水。这样就造成了当地喀斯特山地生态系统的改性。地漏斗的戳穿造成水和土壤向伏流和溶洞渗透，浪费了宝贵的水资源和土壤资源，改变了湿地生态系统为旱地农耕区，种下了麻山地区土地石漠化灾变的隐患。❶ 而到如今，麻的市场地位下降，价格降低，使得当地老百姓的收入急剧减少，这又是导致该地区成为贫困地区的主要原因之一。

此外，贵州喀斯特山地引入的另外一种作物——玉米，更加重了当地喀斯特山地的石漠化。当地原生多业态作物大多是低矮的或者藤蔓植物，能与环境相适应，实现生态系统的可持续运行。要种植玉米，必须牺牲其他作物。在土壤和雨水的保持方面，藤蔓植物明显优于玉米。玉米在生长期内对土壤和雨水的保持极为有限，在雨天不能保持土壤，造成土壤的流失，而晴天不能有效遮阴而使水分更快蒸发。如此循环，该地区的石漠化越来越严重。事实上，就是在推广玉米种植的抗战期间，喀斯特山所能提供的饲料几乎可以说是应有尽有，但无法克服的困难在于这些饲料无法长途运输，只有玉米能经得起长途运输。就这个意义上说，选择推广玉米，并不是政府失职，而是一种迫不得已的选择。其决策的成果也不能低估，因为这个决策事实上已经支持了抗战的胜利，责怪政府的类似决策，显然有欠公正。需要反省自己的恰好在于，为何抗战胜利后不及时调整政策，以政策的方式维护之前行之有效的多业态经营方式，这才是施政需要吸取的教训。

四、余论

贫困和反贫困是人类社会的永恒话题，贫困的成因也是多种多样，对于贫困的判断标准，在制定扶贫举措中，作用巨大。只有立足于文化生态的视角，承认文化的多样性和多种文化并存。并且从民族文化所处的自然与生态系统中，判断民族文化中传统生计方式的价值，并创新和发扬传统生计方式，使之与现代化科学技术体系相结合，以期实现经济增长和环境改善的双重目标，从而真正实现"生态扶贫"。

---

❶ 杨庭硕：《麻山地区频发性地质灾害的文化反思》，《广西民族大学学报（哲学社会科学版）》2013年第7期。